JN029256

新版への序

　2008 年に本書の初版を出版した時には，アメリカの一極優位が基本的な世界の権力構造であった。アメリカのイラクへの強引な戦争が泥沼化する一方で，中国が着々と強大化していたことは十分に認識されていたが，中国もアメリカの覇権の下に第二次世界大戦後に形成された国際政治経済秩序の責任ある一員となるのではないかという期待が強かった。

　しかし 15 年あまりが経過した今，こういった言説を耳にすることはほぼなくなった。米中対立の激化は誰の目にも明らかだ。ロシアがウクライナに侵攻したことによって，主要国間の地政学的対立は顕在化したし，インド，トルコといった新興国も，それぞれの方法で自己主張を強めてきた。そしてなによりも，グローバル化を推進してきたアメリカで，「アメリカ第一」を声高に語るドナルド・トランプが 2016 年には大統領に選出された。そのため，時代の不可逆的な条件とされていたグローバル化に代わって，国家が対外政策の手段として経済を利用するエコノミック・ステートクラフトへの関心が急速に高まった。

　このような現実の大きな変化にもかかわらず，本書は一定の評価を読者から受けつづけることができた。また，学生むけの教科書として書かれたものであるにもかかわらず，意外にも学生以外の一般読者にもそれなりに読まれ，2009 年には櫻田會から奨励賞を頂戴するという思いもかけない名誉もいただいた。おそらく，本書が主として依拠してきた古典と歴史が，時代のめまぐるしい変化を乗り越える手がかりを提供できたからなのだろう。

　今回出版社からの要請に基づいて大幅な改訂を施すに当たっても，偉大な学者たちの論考と先人たちの経験に学びつつ，激しく変動する今を理解しようとする本書の姿勢はもとより，議論の枠組みも初版から変わっていない。だが相良祥之が著者に加わるとともに，初版出版時以降に邦語で出版された多数の文献を，大幅に取り入れることにした。訳文のこなれた古典の優れた新訳や，国

際政治経済学ではむしろ傍流だったエコノミック・ステートクラフトに関連する文献も，改訂に当たって大幅に取り入れることにした。また，現代の若い読者には，新しい事例を取り上げた方が腑に落ちることも多い。そこで最新の諸問題を取り扱う最終章では，鮮度の高い資料を紹介して意欲のある読者の知的刺激となるよう試みた。

　これからも本書が読まれるかどうかはもちろん判らないが，めまぐるしい変化を遂げる時代の波を越えていかなければならない人々，とりわけ若い世代の人々に，本書がこれからの 15 年間もなにがしかの手がかりを与え続けることができることを，我々著者は願っている。

　2024 年 2 月

田所昌幸・相良祥之

初版への序

　ここ2年たらず研究休暇を過ごしているケンブリッジで，知り合いのある国際政治学の大家からこんな話を聞いた。1967年にポンドの切り下げが決められた際，どうしてそうなったのかという質問を学生から受け，「それは経済の問題だから，経済学の先生に尋ねなさい」と応じたところ，その学生は「経済学の先生にききに行ったら，「あれは政治の問題だから政治学の先生のところに行った方がいい」といわれました」と答えたというのである。

　確かに市場で為替レートがどうやって形成されるのかが知りたければ，経済学者に尋ねにいくのは当然だろう。だが当時は固定平価制度を採用していたこともあって，ポンド切り下げはイギリス政府の最高レベルでの政治決断によるものであり，時のヒーリー蔵相は切り下げの責任をとってただちに辞任した。その決定には，景気や財政などの経済的考慮だけではなく，イギリスの国際的役割も考慮されたはずである。実際ポンドの切り下げに伴って，イギリス政府は厳しい財政の引き締めを余儀なくされ，スエズ以東からの撤退を決定せざるをえなくなった。さらにこの切り下げによって，それまでは外貨準備としてポンドを保有していた一部英連邦諸国でもポンド離れが決定的になり，ポンドは国際通貨としての役割を終えることになったのである。話がこうなると，数学的精緻さを誇るフォーマルな経済学理論は，多くを教えない。

　他方，本書の基本をなす政治学も，そもそも外為市場や為替レートのなんたるかを理解することなしには，切り下げの政治的条件や政治的意義を語ることはできない。この切り下げは戦後英国史上どう見ても重要な事件だし，ならば学問的に検討する価値もあるだろう。そして国際政治にも国際経済にも関連しているのは明らかだが，政治学者も経済学者も，ともにそれを本来の自分の領域とは考えていないのである。現実の世界では，大学で教えられている科目に都合のいいように，政治と経済の間に赤い線が引かれているわけではない。この書物で検討しようとするのは，このような国際政治と国際経済の重なりあう

広大な領域にある諸問題である。

　もっとも，こういった諸問題は実際の対外政策や国際ビジネスの世界では日常的に話題にされている。エネルギー価格の変動は，エネルギー需要によって大きく左右され，それは金利や為替レートや景気の動向と関係している。だがそれだけではなく，石油価格の行方を考えるアナリストたちは中東情勢やロシアの国内政治の先行きを無視したりはしない。逆にエネルギー価格の変動の影響を，現代政治分析の専門家は当然織り込むだろう。たとえば石油価格が高騰すれば石油資源を豊富に持つロシアの力は強まるだろうし，アメリカの対中東政策にも影響を及ぼすかもしれない。日本もイランとの関係はおろそかにできないが，アメリカとイランの関係が悪ければ難しい外交政策の舵取りを余儀なくされるかもしれない，といった具合である。

　また，この種の問題関心はジャーナリズムの世界ではおなじみの題材である。自ら現場を取材し，関係者から様々な話を聞きだし，それによって「現実」を生き生きと伝えるのは，ジャーナリズムにしかできない仕事であり，本書もジャーナリストたちの仕事に負っている部分が少なくない。さらに特定の業界や市場に精通しているビジネス・アナリストは，これまたそれぞれの分野では，通常書物や統計に依存してほそぼそと研究を続けているアカデミックな研究者には知り得ない生々しい実態についての知見を持っている。

　だがこの書物は学問的な著作である。それが意味するのは，めまぐるしく変化する現象に取り組むジャーナリスト，企業アナリスト，公共政策に関わる官僚や政治家たちが，しばしば自覚することなく前提としている世界観や問題意識を整理し，立ち止まってそれらを改めて問い直そうという知的態度である。実態を知ると称する実務家の中には，アカデミックな研究者を「非現実的な観念論者」だと頭から見下す人がしばしば見うけられる。確かに学問もきれい事や机上の空論であってはならないが，学問を見下す人々は得てして素朴な前提や狭い組織的利害によって限定された自分の世界観を，批判的に問い直す知的訓練や時間的余裕を欠いている。たとえば，現代の日本の人口問題は，「少子化」としてマスコミでは語られるが，比較的最近まで「過剰人口」が問題とされていたことが思い出されることは滅多にない。「移民問題」は，労働人口の

減少に伴って移民を受け入れるのかどうかという問題設定が一般的だが，「過剰人口」の放出のためとして日本が移民を送出していたのは，それほど昔のことではない。本書は，限られた情報と限られた時間でさし迫った問題の処理のために「役に立つ」解答を出すことよりも，より長くより広い視野で，そして望むらくはより深く現実をとらえようという知的試みなのである。

　本書は，学部学生の教育を意識して書かれている。関連分野でこれまでに蓄積されてきた膨大な学問的知見を整理し，秩序だった知的体系を学生に提供するのも重要な使命である。もちろん，国際政治経済学に広く合意を得ている体系と呼ぶべきものがあるとしても，何か唯一の体系があるわけではない。本書はおそらく多くの北米の大学で IPE として教えられているものより全般的に問題意識の範囲は大きく，方法的には社会科学の古典的発想や歴史的知見から学ぼうとする意欲が強く，先端的なスタイルからはほど遠い。古典や歴史から洞察を得てストーリーを語ることを重視するやり方は，実証的な厳密性を確保し，実験科学のように仮説を蓄積的に発展させるのが困難になるという，あきらかな不利益がある。だがそれは，幅広い問題意識に応じ，人間と人間からなる社会につきものの不思議さ，アイロニー，そしておもしろさを伝えるのには，他に代え難い利点があると私は考えている。

　もちろん，国際政治と国際経済にまたがる広大な領域について網羅的な知識を提供することなど不可能だし，多様な対象を十分に知的な重みのある学問的方法でそれなりに体系的に取り扱い，しかも古典も歴史も事例も扱うというのは，どう見ても私の力にあまる課題である。それゆえこの書物では，左頁の本文と平行して右頁に大量の資料を提示し，古典的著作の「さわり」や，生々しい事例の描写，さらに図表などのデータで，読者になるべく生き生きとした知的刺激を与えられるように工夫してみた。私の努力が成功しているかどうかは，読者の判断によるしかないが，社会科学の巨人たちの豊かな知的蓄積や，現場を知る人だけが語れる生き生きとした叙述に触れることによって，読者がそれぞれの問題意識を発展させるきっかけとなれば，本書の目的の相当部分は達せられたものと考える。

2008 年　　田所昌幸

目　　次

新版への序　i

初版への序　iii

第1章　政治，経済，国際関係 ……………………………………… I

1　国際政治経済学とは何を検討する学問なのか　2

2　経済と経済学　I2

3　政治と政治学　20

4　富と権力の交錯　28

5　グローバル市場と国民国家　36

6　国際政治経済を見る三つの視角　40

第2章　国際政治経済の史的概観 …………………………………… 55

1　グローバル政治経済システムの登場と西洋近代　56

2　自由貿易の展開とイギリス　64

3　戦間期の国際経済秩序の混乱　72

4　パックス・アメリカーナの国際経済秩序　78

5　冷戦の終わりとグローバル化　84

6　グローバル化の夢と挫折　90

第3章　市場経済とその限界 ………………………………………… 99

1　経済的繁栄の条件　I00

2　国際自由主義の論理　I08

3　自由主義の限界　II6

4　国際自由主義の条件——覇権，理念，制度　I20

5　国際貿易制度の変遷　I32

6　国際通貨の制度　I42

第4章　権力闘争の経済学 ……………………………………………… 153

  1　富と権力　154

  2　経済的関与　162

  3　経済援助　170

  4　経済制裁　180

  5　経済安全保障　188

  6　武器生産と移転　200

第5章　社会構造と経済 ………………………………………………… 211

  1　搾取と支配の政治経済学の原型　212

  2　開発論の展開　218

  3　生態論　226

  4　技術革新　236

  5　脱工業社会　248

  6　文化と経済発展　254

第6章　激化する大国間競争下のグローバル化 …………………… 265

  1　グローバル化の新局面　266

  2　国際人口移動の政治経済学　280

  3　安全保障貿易管理と感染症　296

  4　グローバル・ガバナンス　304

  5　地経学と新興技術　320

  6　新興経済大国の国際秩序観　330

  あとがき　339

  資料一覧　341

  索　引　347

第 1 章

政治，経済，国際関係

ジャン・バティスト・コルベール
(1619-1683)

「貿易は平和的手段で戦われる，機転と勤勉
による絶え間のない戦争である」

アダム・スミス
(1723-1790)

「個人の間の取り引きがそうであるように，
国と国の通商も交流と友情を深める道にな
る」

カール・マルクス
(1818-1883)

「労働者は祖国を持たない。……万国のプロ
レタリア団結せよ！」

1　国際政治経済学とは何を検討する学問なのか

　本書は国際政治学の立場から国際経済問題に接近する試みである。今日国際政治と国際経済はもちろん，政治と経済もまったく別個の学問分野とされている（▶ 1-1）。国際政治が国際経済と関係していること自体については，読者に長々と説明する必要はないだろう。2022 年のロシアによるウクライナ侵攻が，日本を含む諸国による厳しい経済制裁を招き，それによってエネルギー価格を始めとする物価の高騰を招いていること。2010 年代から中国が，日本を含めた諸国に対して，様々な経済的手段を威嚇に用いるとともに，一帯一路構想やアジア・インフラ投資銀行（AIIB）などを通じて，活発な援助外交を展開していること。少し思いつくだけでも，事例には事欠かない。

　だが，国際政治学者が本格的に経済問題に関心を持つようになったのは，1970 年代になってからのことである。国際政治学の関心の中心は，伝統的になんといっても戦争と平和の問題であり，経済への関心は二義的なものだったのである。現代的な意味での国際政治学の誕生も第一次大戦後であり，その発展が第一次大戦の戦禍がきっかけとなっていることは言うまでもない。また第二次大戦後，アメリカの学界で爆発的に成長した国際政治研究においても，米ソ冷戦という環境を反映して，軍事・戦略問題が中核的な関心事であった。しかし 1970 年代の初め頃から，軍事・戦略問題を指すいわゆる**ハイ・ポリティクス**（high politics,「高次元の政治」）に対して，伝統的には**ロー・ポリティクス**（low politics,「低次元の政治」）と呼ばれて軽視されてきた経済問題に，国際政治学者も体系的な関心を向けるようになった。国際政治経済学（IPE：International Political Economy）として，今日では学会でも確立した一分野になっている国際政治学の一学派は，このようにして形成された。

▶ 1-1　経済学と政治学のすれ違い

「権力は政治学のおもな主題である。それがどのように獲得されるのか，それがどのように用いられるのか，それが正当性をもつのかが問題とされる。しかし，経済学において権力の概念が欠如していることは一目瞭然である。経済学は，少なくとも観念的には，非強制的な関係，すなわち市場における自発的な交換を研究しようと努めている。政治学と経済学という二つの学問は，権力関係によって形づくられる政治的領域と，自発的な契約によって形づくられる経済的領域という，相異なる生活の領域について語っているのだろうか。

政治経済学（ポリティカル・エコノミー）は，これらの二つの学問を統合しようとする伝統的な試みである。しかし学問分野としては，それは，マルクス主義との連携によって創設された。さらに非マルクス主義的な流れも存在していたが，それらは，権力関係と経済関係とがどのように結びついているのかについて曖昧さに悩まされてきた。それゆえ，政治経済学の研究は周辺化されてきたのである。政治学と経済学という二つの学問は，それぞれ馴染みの蛸壺において，別々の道を追求している。そして，それらのあいだに，公共政策の重要な問題のほとんどが位置している」（R・スキデルスキー『経済学のどこが問題なのか』名古屋大学出版会，2022年，157頁）。

　1970年代になって経済問題が国際政治学者の間で注目されるようになったのは，以下のような，この時代を取り巻く大きな条件の変化があったからである。第一に，圧倒的な経済力を誇ったアメリカの優位性に疑問が呈され始めたことがあげられよう。第二次大戦後，アメリカは圧倒的な経済的優位を背景に，ヨーロッパや日本などの重要な同盟国との経済関係では，余裕のある姿勢で臨むことができた。そのため国際政治問題と経済問題はいわば分離され，西側同盟国の間で国際経済問題の政治問題化は避けられてきた（▶ 1-2）。むしろ日欧の同盟国の経済的な成長が，ソ連との冷戦を戦ううえでアメリカの国益になると考えて，積極的な援助を惜しまなかった。ところが，この頃になると，日本やヨーロッパの経済が実力をつけてきたため，むしろ経済的な競争相手であるという認識が強まったのである。

　またこの時期には米ソの冷戦が緩和し，緊張緩和（デタント）の時代へと国際環境が大きく変化するとともに，開発途上国の自己主張が強まり，南北対立が大きな問題として登場してきたことがあげられる。米ソの冷戦は厳しいイデオロギー的な対立と核戦争の危険をはらみ，人類文明全体に対する切迫した脅威であった。そのため政策担当者の関心も国際政治学者の関心も，軍事・安全保障の問題に集中し，経済問題はあくまでも軍事・安全保障問題に従属すると考えられた。つまり，国際経済問題は，実際の政策運営でも，冷戦という圧倒的な現実の条件によって左右されるロー・ポリティクスだったのである。

　だが，1970年頃からニクソン・キッシンジャーの外交路線が展開され，米ソの緊張緩和が進んだ結果，冷戦的対立が弱まる一方で同盟諸国との関係が見直された（▶ 1-3）。他方で，二回の石油危機に代表される開発途上国の資源ナショナリズムが，西側経済を揺るがす大問題としてたち現れ，それによってアメリカにとっては，日本やヨーロッパ諸国，さらには第三世界との経済問題の比重が飛躍的に高まったのである。その結果，第二次

▶ 1–2 政治問題化した国際経済

「「高次元の外交政策」（High Foreign Policy）と「低次元の外交政策」（Low Foreign Policy）が区別され，前者は国家安全保障や生存の問題，後者が諸国で起こる多数の二次的な問題を指すとされることがある。低次元の外交政策は政府にとって遥かに多くの手間がかかるものだが，政府の高いレベルの人々の関心をひくことは遥かに少ない。伝統的に貿易政策や対外投資政策は，低次元の外交政策の範疇に分類されてきた。……

……歴史的には，貿易問題はしばしば政治問題の領域に侵入し，時には諸国の高次元の外交政策を支配することもあった。だがこのようなことは，過去25年間うまい具合に起こらないようにされてきた。それは主として諸国の経済関係を規律してきたブレトンウッズ協定と関税に関する一般協定によるものであり，これらの協定のおかげで，貿易を低いレベルの問題にとどめることができたのである。……

貿易を規律するルールが確立されたことによって，貿易問題は他の政策領域に侵入することなく，貿易問題自身の領域で議論され解決されることができた。このことは，「複線システム（Two Track System）」とでも呼ぶべきもので，貿易問題が他の交通を妨害することなく，自分の線路を走っていたということである」（R. N. Cooper, "Trade Policy is Foreign Policy", *Foreign Policy*, Winter 1972-73, pp. 18-19）。

だがこのような複線システムは，輸出の自主規制，輸入割当，非関税障壁のために，1960年代の半ばから侵食が始まり，70年代に入るとそれは一層悪化してきた。

「自由貿易を支えてきた諸グループの旧来の連合が崩壊し，それに代わる新たな連合が生まれるか，現状を合理化する説得力のある論理がなければ，露骨な保護主義が現れるだけではなく，対外関係一般に貿易問題がより深く侵入する結果となる可能性が高い。アメリカが1971年に日本に与えた三発のボディーブロー，つまり7月のニクソン訪中の発表，8月の10％の輸入課徴金を含む新経済政策の導入，そして10月の非綿製品の貿易に関する最後通牒の発送，これらのうち，二つは経済的なものであり，日本の死活的な貿易上の利害を脅かすか，少なくともそう見えるものであった。過去2年間，合繊とウール製品の輸出を規制して欲しいというアメリカの日本に対する要求が日本国内で引き起こした政治的な困難に，アメリカ政府は信じられないほどの無神経な態度を示し，ついにはこの問題が日米関係の最大懸案になってしまった。逆に日本はアメリカの要求に応じなかったため，上院での沖縄返還の批准やその他の日米間の重要懸案が脱線しそうになったのである」（*Ibid.*, p. 31）。

▶ 1–3 アメリカによる同盟政策の見直し：ニクソン・ドクトリン

「世界はマーシャルプランの時代から劇的に変動した。我々がいま対処しているのは，より強力になった同盟諸国，独立した開発途上国コミュニティ，それに依然として敵対的ではあるが分裂している共産圏である。

他国は今やかつては介入を要したそれぞれの地域の問題を，自力で処理する能力と責任がある。我々の貢献や成功は他国の事柄に我々がどれほど頻繁にかかわるかということで

大戦後からこの時期までには見られなかった，経済をめぐる国際的な対立が多発した。東西の対立が無くなったわけではないにせよ，米ソの戦略的対立とは異なる種類の重要な国際政治上の問題が存在することを印象づけたのである。

　第三に，戦後すさまじい勢いで国際的な経済交流が発展した結果，国境をまたぐ緊密な国際経済関係が出現したことがあげられよう。貿易や金融を通じて，一国の経済が他国の経済と密接に結びつくと，一国の経済で起こったことが直ちに他国に影響を及ぼしてしまう。そのため，それまでは国内問題と考えられていた多くの問題が，国際政治上の問題に発展してしまう。このような世界ではいったい誰がどうやって，経済秩序を支えればよいのだろうか。こうした新たな条件を背景に，一部では冷戦よりも「相互依存」が世界の特徴をよりよくとらえるキーワードだと考えられるようになった。相互依存の世界では，究極的には戦争によって物事の決着がつく権力政治の世界とは違い，様々な影響力が作用して一方的な勝利も敗北も難しくなる複雑な政治が展開する（▶ 1-4）。少なくとも，経済問題をめぐる国際政治には，軍事戦略問題の従属変数としては捉えきれない独自の論理が作用していることが認識されるようになったのである。

　戦後の日本人にとって，国際政治が経済問題と切っても切れない関係にあるのは，むしろ当然のことだった。戦後の日本は，軍事力をもって権力政治に参加することを避けつつ，経済立国の道をわき目もふらずに邁進してきた。そのため実際の外交活動でも，経済外交が大きな比重を占めてきた。このような傾向は，程度の差はあっても必ずしも日本に限られたものではない。欧州統合を進めてきたヨーロッパ諸国でも，統合の内容の大きな部分は経済分野だし，ASEAN 諸国の会合の多くも経済に関するものである。したがって経済問題は，1970 年代になって突然国際政治上の問題として浮上したわけではないが，ともかくその比重とそれへの関心が急速に大きくなったのがこの時代なのである。

はなく，我々の政策のねばり強さにある。これこそが他国が自分の責任を果たすよう促し，アメリカ国民の真の支持を獲得する最善の方策である。

　私がグアムで発表した「ニクソン・ドクトリン」のメッセージはこの点にある。その中心的な論点は，アメリカは同盟国や友好国の防衛に引き続き参加するが，同時にアメリカは，すべての計画を構想し，すべてのプログラムを立案し，すべての決定を実行し，世界の自由諸国の防衛をすべて引き受けることはしないし，またできないということである。我々は実効性があり，我々の利益になる場合は援助をするであろう。

　アメリカは，もし平和を享受したいのなら，孤立して生きることはできない。我々は世界から撤退する意図はもっていない。我々にとって唯一問題なのは我々の責任を果たし，国益を守りそれによって平和を構築するために，どのようにするのが一番効的かという点である」（First Annual Report to the Congress on US Foreign Policy for the 1970s, February 18, 1970. NSC 125/2, August 7, 1952. 細谷千博他編『日米関係資料集 1945-97』東京大学出版会，1999年，800頁）。

▶ 1-4　相互依存論

　「冷戦期には「国家安全保障」が，アメリカの政治指導者が自分たちの政策に対する支持を得るために用いたスローガンであった。国家安全保障のレトリックは相当のコストを払ってでも，「自由世界」の経済的，軍事的，政治的な構造を強化するために立案された戦略を正当化してきた。またそれは，同盟や対外援助，そして広範な軍事的な関与とともに，国際協力や国連に対する支持を正当化する基準も提供してきた。……

　軍事的な関心の支配的な国家安全保障観が現実を記述する力が低下するにつれ，「国家安全保障」のシンボルとしての力も弱くなった。このことは，概念が曖昧になったということによるのではなく，ベトナム戦争の複雑化に対するアメリカの反応や，デタントの結果，ロシアや中国との関係がかつてほど敵対的でなくなったこと，さらにはニクソン大統領がウォーターゲート事件で「国家安全保障」のレトリックを濫用したことも関係している。その結果，国際主義者の語彙目録の中で，「国家安全保障」は「相互依存」と主要なシンボルの座を分かち合わなくてはならなくなったのである。……

　しかしながら，相互依存と国家安全保障のレトリックやシンボリズムは，しっくりと共存しがたい。もっとも極端な形では，相互依存は利益の衝突は過去の遺物であるとするが，安全保障の方はそれが依然として現実であり，これからも基本的であって，国際政治が潜在的に暴力的であると論ずる。世界政治に対して，どの分析モデルを適用すべきかについての混乱は，アメリカがどのような対外政策を採用するかについての混乱と対応している。相互依存のレトリックも，また国家安全保障のシンボリズムも実のところ，広範な相互依存の諸問題に対する，信頼できる手引きを与えてくれないのである」（J. S. Nye, R. Keohane, *Power and Interdependence*, Little, Brown, 1977, pp. 6-8）。

　日本にとっても 1970 年代は一つの転換点であった。その頃までには日本も先進諸国へ経済的に追いつくという国家目標をほぼ達成し，国際経済秩序の重要な一翼を担うようになっていた。だが同時にアメリカとの間で貿易摩擦が慢性的な外交懸案となりはじめた。また 70 年代は，高度経済成長路線の前提条件が大きく揺らいだ時代でもあった。日本の輸出にとって大前提だと考えられていた 1 ドル＝360 円の固定為替制度は，否応なく変動相場制に移行し，為替レートの乱高下と趨勢的な円高が大きな問題と受け止められた。また二度の石油危機によって，安価な石油を大量に消費する日本経済のあり方が中東の政治情勢に翻弄されることが身にしみて感じられるようになった。

　経済問題に対する関心の高まりは，国際政治研究の手法にも影響を及ぼした。アメリカの大学を中心に，政治研究に経済学的な「科学的」手法が導入され，政治学の議論が急速に理論的に精緻化されたのである。つまり，歴史的，解釈論的な政治研究に対して，検証可能な仮説を提示し，それを経験的な情報で検証する実証的な知的手続きが重視されるようになったのだ。また，一般的に経済学が市場を分析する際に前提としている，合理的なアクター（行為者）の相互作用の結果として政治現象も理解しようとする合理的選択理論やゲーム理論が，この分野での研究にも取り入れられた。さらに，経済学で飛躍的に発展した計量的，統計的な手法も，コンピュータによる情報処理能力が爆発的に発達したこともあって，導入されるようになった。そのためアメリカを中心に発展した国際政治経済学は，国際政治学のいろいろな分野の中でも，理論化への意欲が強い分野となったのである。

　その後の国際政治経済学の発展の背景には，政治学も経済領域の問題を取り扱うだけではなく，経済学に匹敵する「科学的」な学問へと進歩させようとする意欲とともに，いまや市場経済がグローバルな経済制度として定着したという判断があった（▶ 1-5）。確かにソ連が崩壊し，冷戦が終焉

▶ 1-5　経済学化するアメリカの IPE

　自身アメリカ人で権威ある国際政治経済学者のベンジャミン・コーエンは，経済学と政治学の学際的分野として出発したはずの IPE が，ますます経済学の方法論が支配的になっている皮肉を，アメリカのこの分野での最有力学術誌とされる International Organization 誌の掲載論文を材料に論じている。

　「アメリカ学派の IPE の方法論がますます標準化するにつれて，それはますます新古典派経済学の方法論に瓜二つになり，実証主義的分析，フォーマルなモデル化，そして可能な時には体系的なデータ収集と，経験的データの評価に，強く傾いた。出版されるものは，ますます経済学の学術誌で期待されるような数学的で統計学的な技法を特徴とするものとなった。

　これはなぜなのか？　この傾向を疑問に思った経済学者のバーノンは，還元論的スタイルにうっかり影響されているせいではないかと示唆したことがある。「社会科学の分野を越えて一番応用しやすいのは，より単純でより包括的なアイディアである。そしてもし単純さと包括性という基準で考えると，新古典派的な観念は決定的に優位である。」しかし，これには羨望という要素も関係しているように思われる。政治学者はずっと経済学に対する劣等感を持ってきた。……

　……1975 年から 79 年に掲載された 170 の論文のうち，フォーマルなモデル構築を強調しているのは 10% 以下（9.7%）に過ぎなかったが，1980 年代前半（1980-84 年）には，その比率は一層低く 7.4% だった。しかし 1990 年代の半ばまでには，その比率はほぼ 26% に上昇し，2000 年以降の最初の 5 年間（2000-2004 年）には，ほとんど半分（47.5%）にたっした。……

　経済学的手法に熱心になるのはもっともなことだ。それは技法的に洗練されているし，知的にもエレガントだ。何か小さな事柄から，大きなことが理論的に予見出来るのなら，だれがそれを嫌がるのだろうか？　しかし，還元論的手法には，描写のリアリティと実践的な信頼性という観点からは犠牲が伴うことは否定出来まい。批判者が「多くの人々には全く意味をなさない味気ない数学的モデルのごった煮」とよぶもののために，現実の持つ生気が犠牲にされている。他方で，生命が宿ったものの真実が，モデルを簡素にするためにありそうもない前提を置くことによって，しばしば戯画化されもする。アメリカにおける IPE の手法の標準化は確かに，コストがなかったわけではない」（Benjamin J. Cohen, *International Political Economy : An Intellectual History*, Princeton UP., 2008, pp. 41-43）。

した後には，自由主義経済に対抗する強力なイデオロギーはもはや存在しない。旧ソ連やかつての中国がとっていた，国家が経済生活の多くの部分を支配する社会主義経済体制あるいは指令経済（Command Economy）の失敗は，20世紀末までに明らかになった。また市場経済の枠内で国家主導の福祉国家の建設を目指した社会民主主義的な考え方も，官僚機構の巨大化を招き，多くの税金を注ぎ込んだわりには期待された効果があがらず，国家の不効率や腐敗に多くの人々は幻滅した。

　国際経済問題の政治問題化という現実に触発されて展開してきた国際政治経済学だが，その後この分野は以下のような二つの方向で展開したと言えよう。第一は精緻化である。あらゆる学問分野で言えることだが，知識や議論が蓄積されるにつれて，学問のあり方はますます深く狭くなる。万学の父とも呼ばれる古代ギリシャのアリストテレスは，学問を，正しい真理追求のための方法論を追求するテオリア（論理学），より実用的課題に応えるための知識を求めるプラクシス（実践），そして文学・芸術などの創造的制作を意味するポイエーシス（詩学）の三つに分類した。そして望ましい議論の厳密性は，検討対象によって異なると論じた（▶1-6）。今日の学問の多くの部分は大学という制度の下で展開されているが，大学の学部の数を見れば判るように，学問分野の数は今でははるかに多いし，しかもそれぞれの学問分野の中でも，一人の研究者でカバーできる範囲はますます狭く深くなっている。国際政治経済学は，国際政治と国際経済というそもそも広大な分野を総合的に見渡す，折衷論的な性格を持っていたはずなのだが，学問として制度化され純化されるに従って，精緻で厳格な方法論への傾斜が強まった。

　それには，隣接分野である経済学が，物理学の手法に倣って数学を取り入れるとともに，情報処理技術の急速な進歩を受けて統計学を取り入れることで，大きな発展を遂げたのに触発された面がある（▶1-7）。国際政治経済研究も厳密な科学であるべきだという信念は，現代世界の学問研究で

▶ 1-6　アリストテレスの学問観

「われわれの論述は，手題にふさわしい程度に明確にできれば，それで十分であろう。というのは，種々の技術作品の場合と同様，論述についても，そのすべての場合において，いつも同じような仕方で同等の厳密さを求めるべきではないからである。政治学が考察の対象とする美しい事柄や正しい事柄には，多くの相違と変動が見られるのであって，そうした事柄はただ慣習のうえだけで存在しており，自然には存在していないかのように思われるほどである。……

したがって，このような性質の事柄に関しては，このような性質の事柄から論じて，大まかに真実の輪郭を示すことができればよいのである。……それぞれの領域において，事柄の本性が許す程度に厳密性を求めるというのが，教育ある人にふさわしいやり方だからである。数学者から単に相手を説得するだけの蓋然的な議論を受け取ることも，弁論家に厳密な論証を要求することも，どちらも同じくらいに誤っているのである」（アリストテレス『ニコマコス倫理学』京都大学学術出版会，2002年，8頁）。

▶ 1-7　分子生物学の世界

経済学や政治学で広く取り入れられている自然科学の手法は，おおむね（ニュートン）物理学的な前提に基づいている。そこでは原因（独立変数）と結果（従属変数）が切り分けられ，両者の関係についての仮説を実験や統計によって検証することが目標とされる。しかし分子生物学者の福岡伸一は，生命現象の本質は多数の細胞が相互に関係しながら自己の役割を不断に調整し，一定の秩序を再生産する動的均衡にあるとする。人間にはこのような複雑な世界をありのままには認識できないから，因果関係という物語で解釈せざるをえないが，実際には原因と結果は絶えず入れ替わると論ずる。

「機械，すなわちメカニズムの中では，個々のパーツはそれぞれ固有の役割を有する。物質と機能は一対一で対応している。そしてAはBに作用をなし，BはCに作用をなすように見える。一連の因果関係が，線形なカスケードを構成しているように見える。

しかし実は，それは単に，そのように見える，ということにすぎない。タイム・ストッパーの効力を解き，あるいは動画の一時停止を解除すると，対象はたちまち動きを取り戻す。そして次の一瞬には，それぞれのパーツは，先ほどとは全く異なった関係性の中に散らばり，そこで新たな相互作用を生み出す。そこでは個々のパーツは新たな文脈の中に置かれ，新たな役割を負荷される。物質と機能の対応は先ほどの一瞬とは異なったものとなり，関係性も変化する。つまり因果の順番が入れかわる。

しかし今，顕微鏡下で時間の止まった細胞を観察している生物学者の眼は，その一瞬前も，その一瞬あとも全く見ることができない。絵は空間的にも，時間的にも切り取られる。そのとき私は，生命の動的平衡を見失い，生命は機械じかけだと信じる。

この世界のあらゆる要素は，互いに連関し，すべてが一対多の関係でつながりあっている。つまり世界に部分はない。部分と呼び，部分として切り出せるものもない。そこには輪郭線もボーダーも存在しない。

覇権的地位にある北米の大学で制度化されたものであるが，それによって失われたものも大きいかもしれない（▶ 1-8）。

　おそらくそれ以上に重要な展開は，現実そのものが変化したことである。1970 年代には経済の政治問題化が顕著だったが，冷戦の終焉を経て 1990 年代以降いわゆるグローバル化が支配的な傾向になった。そのため，中国のような権威主義国家も国境を越える市場の力に従わざるを得ない。それが，あらがうことのできない時代の潮流，「黄金の拘束衣」なのだと考えられた。市場がすべてなら，必要なのは市場分析を専門とする経済学だろう。国際政治経済学の関心も，市場経済につきものの格差問題や，気候変動や難民・移民といったグローバル化がもたらすとされた新たな問題群に，注がれることになった（▶ 1-9）。

　しかし，冷戦の終焉から 30 年足らずでグローバル化の時代から，歴史は次の局面に動いたようである。ソ連の崩壊とともになくなったはずの大国間の対立が，2022 年のロシアのウクライナ侵攻によって誰の目にも明らかな形で再開された。だが国際政治の基本構造を決めているのは，なんといっても米中関係である。2010 年には日本を抜いて世界二番目の経済規模に躍り出た中国は，日本とはちがって第二次大戦後アメリカを中心に形成された国際秩序に正面から挑戦を始めている。国境を越える経済交流が国境を無意味化するというよりも，それが政治的武器として利用される事例が目立つようになっている。国際政治経済学もこういった現実の変化に応えることが期待されている。

2　経済と経済学

　経済と政治の各々の現象を取り扱ってきた経済学と政治学は，それぞれ長い伝統と大きな蓄積をもつ学問分野だが，人間存在に欠かせない，密接

　そして，この世界のあらゆる因子は，互いに他を律し，あるいは相補している。物質・エネルギー・情報をやりとりしている。そのやりとりには，ある瞬間だけを捉えてみると，供し手と受け手があるように見える。しかしその微分を解き，次の瞬間を見ると，原因と結果は逆転している。あるいは，また別の平衡を求めて動いている。つまり，この世界には，ほんとうの意味で因果関係と呼ぶべきものもまた存在しない。

　世界は分けないことにはわからない。しかし，世界は分けてもわからないのである」
（福岡伸一『世界はわけてもわからない』講談社新書，2009年，274-75頁）。

▶ 1-8　政治学は経済学の植民地か？

　経済学者のハーシュマンは，政治学は経済学の植民地ではないとして，以下のように政治学者を激励する。

　「私は，政治学者には経済的概念の有用性を，そして経済学者には政治的概念の有用性を知ってもらいたい。こうした相互関係は，最近の学際的研究業績には欠如している。というのも，経済学者は，希少性，資源配分といった現象を説明するために開発された概念が，権力，民主制，ナショナリズムといった多様な政治的現象を説明するのにもうまく使えると主張するばかりだったからである。こうして経済学的な概念が隣接する学問分野において地歩を築き上げることに成功する一方，政治学者は，ことさら植民地化されたいという素振りを見せたり，ときには自ら進んで侵略者に迎合することもあった。豊富な分析道具を有す経済学者に対する政治学者の劣等感に匹敵するのは，物理学者に対する経済学者の劣等感ぐらいのものである。おそらくはここで一人の経済学者が立ち上がり，虐げられた仲間が再び本来の自分たちの姿に目覚め，誇りを取り戻せるように，そして，彼らの概念もまた，ただ威厳をもっているだけではなく今も光り輝いているのだという自信を与えられるようにしなければならないだろう」（A・O・ハーシュマン『離脱・発言・忠誠——企業・組織・国家における衰退への反応』ミネルヴァ書房，2005年，19頁）。

▶ 1-9　グローバル化をめぐる論争

　「スーザン・ジョージ　……グローバリゼーションというのは，多国籍企業の権力を不可逆的なものとし，各国間の不平等ならびに一国内部の不平等をますます増大していくように機能する機械である，と私は考えているということです。こうした状況は，全体として，ますますエリートたちには歓迎すべき状況であり，彼らもまたグローバリゼーションを不可逆なものにしようとしてきたのです。

　しかしエコロジー的次元においては，われわれはまったくおくれた状態にあります。というのも，われわれは常に国内総生産の成長しか念頭になかったからです。そもそも，われわれは，「成長」と呼びならわしているものが，往々にして単に過去の誤り，つまり実際には破壊的なものなのに建設的なものと位置づけた誤りを是正するだけのことである，というようなことも判っていません。実はわれわれの自然の財産を破壊しているのに，富を創造しているなどと信じ込んでもいるのです。……

に関連している経済と政治の世界を，非常に異なる方法でとらえてきた。ともあれ経済学と政治学のこれまでの洞察の蓄積を活用するには，両者の「すれ違い」の原因となっている基本的な前提や世界観の相違を把握することから始めなくてはなるまい。

　一般に経済現象として理解されているものは，主として物的な富の生産，消費，分配に関する問題である（▶ 2-1）。人が生存するには，必ず一定の物的条件が必要である。だから物的な富の生産や分配や消費は人間の存在にとって欠かすことのできない課題である。そして富が空気のように代価を支払うことなく無制限に入手できるような状態でないかぎり，希少な富をどのように生産し，消費し，そして分配するのかという問題は，いつの時代の人間にもついてまわる課題なのである。経済学の主流を占める学派は人間を，物質的な富や，無形の財であるサービスから最大限の満足を得るように行動する，いわゆるエコノミック・マン（経済人）であると前提している。そのような前提の下で，経済学は，エコノミック・マンが自己の利益や満足（経済学者の言葉を用いれば「効用」）を極大化するように生産し消費すると，いったい何がどれほど生産され，それが誰に帰属し，どのように消費されるのかという問題に取り組んできた。つまり，富という価値をめぐって展開する合理的な人の営みの集積が経済活動なのである。経済学は，多面的で逆説に満ちた人間という存在から，経済的価値を合理的に追求する一面を切り出し，人間の行動について利益の極大化という簡素で強力な仮説を前提とすることができた。しかも富は，具体的には不動産であったりダイヤモンドであったり，はたまた教育や医療などのサービスなど無数の形をとるが，市場でそれらが取引されれば，すべて貨幣に換算して測定できるので，経済学は計量的，数学的に精緻な分析になじみやすい。そのため，仮説の提起とその検証という自然科学で確立している議論の展開が比較的容易で，分析手法や基本的な概念枠組みが広く共有されるに至った。統計データも整備され，しかもコンピュータによる統計分析

　マーティン・ウルフ　……本質的に言って，あなたが突きつけているのは，今世界で起こっていることの今日的なマルクス主義的分析ですね。つまり，グローバリゼーションは，国家を思うがままに翻弄する企業によって導かれていて，それが根本的に不平等を生み出す経済的プロセスを作動させ，諸国家間の不平等を増大させている。そして，それはまったく新しい現象である，というわけです」（スーザン・ジョージ vs マーティン・ウルフ『徹底討論　グローバリゼーション　賛成／反対』作品社，2002 年，29 頁）。

▶ 2-1　経済学とは

　「経済学は，代替的用途を持つ稀少な手段（ミーンズ）と，目的（エンズ）との間にある関係性としての人間行動を研究する科学である」（L・ロビンズ『経済学の本質と意義』京都大学学術出版会，2016 年，17 頁）。

　「経済学とは，ひとびとないしは社会が，貨幣の媒介による場合，よらない場合いずれをも含めて，いくつかの代替的用途をもつ乏しい生産資源を使い，さまざまの商品を生産して，それらを現在および将来の消費のために社会のいろいろなひとびとや集団のあいだに配分するうえで，どのような選択的行動をすることになるか，ということについての研究である」（P・A・サムエルソン『経済学』上，原書第 8 版，岩波書店，1971 年，9 頁）。

　つまり英米の正統的な経済学とは，希少な財の生産と分配がどのように行われるかを問うものであり，言い換えれば「何を」（価値論），「どのようにして」（市場分析），「誰のために」（分配論）という三つの中心的な問題に取り組んできたのである。

が飛躍的に容易になったため，爆発的な勢いで研究が蓄積されるように
なった。

　富が生産分配される過程（プロセス）あるいはメカニズムとして経済学
が普通想定しているのは，市場である。それは，企業であれ個人であれ，
各々の経済主体が，自らの判断で利益を最大にするように競争するシステ
ムである。このシステムでは，何をどれだけ生産し消費するかを企業や個
人が決めるにあたっては，価格が重要なシグナルとなる。価格が高ければ，
大きな利潤を期待できる生産者はより多く生産しようとするだろうし，限
りある資金を有効に使いたい消費者は消費を抑制し，結果として需要と供
給が均衡して，深刻な品不足も売れ残りも起こらない（▶ 2-2）。

　このような経済過程は，自発的な交換を基礎として組織されている。市
場では各々の経済主体の合意によって取引が成立しているのであって，誰
かによって強制されることはない。また市場には，何をどれくらい全体で
生産するかを決める経済計画も，それを指令する中央制御機関もない。日
夜作用し続ける壮大な経済システムは，いわば意図せざる結果として膨大
な量の生産物を作り，それを分配し，そのメカニズム自身を再生産してい
るのである。言い換えれば，**市場メカニズム**は極度に分権的な性格を持っ
ている。権力者によって何が生産され，消費されるかを命令されるわけで
はなく，全体として計画があるわけではないから，各々の個人がそれに従
う必要もない。その意味で市場経済は，個々人の自由を最もよく保証する
手段であるとも主張されてきた。

　このように中央制御機関もなく，個々人が自由に行動していながら，結
果的に必要なものが生産され分配されるのはなぜか。それは，各々が合理
的に自己の利益を計算できる能力を持っているからであり，同時に各々が
自己の利益を計算する上で必要な情報が，価格に織り込まれているからで
ある。つまり価格は，経済システム全体に秩序を与える神経信号のような
ものである。需給関係を正確に反映した価格がシグナルとなって，市場内

▶ 2-2 市場メカニズム

ありふれた鉛筆を一本作るのにも，実は気の遠くなるほど多くの人々の労力が必要である。まず材木はカリフォルニア州かオレゴン州のヒマラヤ杉であり，これを切り倒すのにはのこぎりやロープやトラックなど数え切れないほどの道具を必要とする。それらの道具を作るには，鉱石を採取し，鋼鉄を作り，それを精錬，精製しなければならない。鉛筆の中心にある鉛芯はもともとはセイロン島で産出する黒鉛が，複雑な工程を経て鉛芯にされたものであり，また鉛筆の端の消しゴムは通常のゴムとはちがい，インドネシア産の菜種油からできるファクティスであり，それを鉛筆につなぐ金具は真鍮であり，それは銅と亜鉛が原料である。こう考えると随分複雑なプロセスだ。

「鉛筆を生産する過程に加わった何千人もの人びとの，どの一人をとってみても，その人がその人の分担分の仕事をしたのは，鉛筆がほしかったからでは決してない。その何千人もの人のなかのある人びとは，この世でそもそも鉛筆なるものを見たこともなければ，鉛筆がいったい何のためのものなのかさえ知らないかもしれない。たとえそうではなくても，何千人もの人びとが鉛筆生産のため，それぞれなりの仕事をしたのは，それぞれなりにほしいと思った他の財貨やサービスを手に入れるための手段のひとつとしてだったのだ。……

それにしても，もっと驚くべきことは，そもそも鉛筆なるものが，チャンと生産されているという，この事実そのものだ。鉛筆の生産に関係したあの何千人もの人びとに対して，誰かが中央集権的な本部にいて，いっせいに命令を下しているというわけではけっしてない。このように，そもそも命令が下されていないのだから，命令が貫徹されるように強権をふるっている憲兵が，一人でもいるわけがない。しかも，あの何千人もの人びとは，あちらこちらの諸国に住んでいて，異なった言語をしゃべり，いろいろな違った宗教を信仰しているだけでなく，ひょっとするとお互いに憎悪しあっている可能性さえある。そうだというのに，このような相互間の相違は，鉛筆を生産するためお互いが協同するのに，なんの障害にもなっていない」（M & R・フリードマン『選択の自由』日本経済新聞社，1980年，20頁）。

▶ 2-3 制度としての市場

「編集長殿。

最新号の貴誌『コレスポンデンス』で山崎正和氏は「市場は（福祉政策による）同時代的な富の再分配もできないし，（資源の節約や環境保護を通じて）未来の世代との再分配も実現できない。またそれは犯罪を防ぐ力もなければ市場にとって安定し安全な環境を維持することもしない」と述べていますが，短い文章にこれほどの間違いを詰め込むのは難しいでしょう。……

自由な民間市場では山崎氏が実現できないと主張したことはすべて実現できるのです。民間の慈善活動は自由な民間市場における活動であり，それは富の同時代的な再分配を実現します。……同様に自由な民間市場を通じて個人は次世代への富の再分配を，資源の節

の個々の経済主体が反応することが前提とされている。国家による規制や干渉に対して経済学が一般的に懐疑的なのは，このような前提があるからである。

　このように市場の精緻な分析を可能にしてきた経済学の世界観では，自立した合理的で利己的な個人の存在が前提とされている。たしかにこれは社会や国家を考える上で一つの強力な分析的戦略であった。同時にその背景には，今日の経済学の基礎が発達した18-19世紀のイギリスにおいて有力だった，伝統的共同体や絶対王政から解放された自立した個人が自主的な契約によって相互に結びつく市民社会像があった。それによって経済は，政治や道徳とは分離された独自の論理をもって運動する一つの自律的世界となり，現実の経済だけでなく，このような市民社会像を前提にした経済学も大きく発展を遂げることになった。

　言うまでもなくこのような世界観は，人間の本質のすべてを表現し尽くしているわけではない。市場による交換は，あくまでも文明の一部を構成する一つの制度なのである（▶ 2-3）。人も国家も富以外の価値，安全や権力や宗教のために，富を犠牲にすることは珍しいことではない。だいたい人や国家が何を利益と考えるかは，まさに人や国家のアイデンティティそのものにかかわる事柄である。また私的所有と交換を基礎にした市場という制度も，経済生活を組織し統合する上でおよそ普遍的なものではない。そもそも自然から必要なものを得る狩猟・採集経済では，私的所有といった概念は意味をなさなかっただろう。現代でも交換だけではなく，贈与も重要な社会的機能を果たしている。儀礼的な贈与は効用の極大化を目指しているのではなく，社会的な関係を確認する重要な意味を持つ（▶ 2-4）。家族内の生計は交換よりも分かちあうことが基本だし，寄付行為やNPO活動は今日の豊かな社会ではますます大きな役割を果たすようになっている。国際関係でも，公的なものであれ民間によるものであれ，援助は無視できる規模ではない。さらに，現代国家は国民の所得に課税し，それを福

約や環境保護を通じて実現できます。それは自分の子孫に対する直接的な遺贈や，資源節約や環境保護をもたらす様々な目標達成のいずれかを任務とする民間財団を設立することによって実現できるのです。……

　山崎氏の市場観は著しく限定的です。市場は広く考えれば，経済的な取引以外の分野にも適用可能です。英語や日本語はいったいどこから来たのでしょうか。それは政府がどの言葉が何を意味するかを決めるべく作業を依頼した結果だとでも言うのでしょうか。そうではなくそれは意思疎通を図りたい人々の自発的な協力の結果なのです。……

　類似のことが科学にも言えます。いかなる政府もニュートンにリンゴの落下の一般理論を発注したわけではないし，アインシュタインに相対性理論を開発するよう命令したわけでもありません」（Milton Freedman, *Correspondence*, No. 5, Winter 1999, p. 2)。

　「私のエッセーへのご批判ありがとうございました。まずもって強調しておきたいのは私が自由市場の建設的な機能の大いなる提唱者であることです。それが証拠にもう 10 年近く前にあなたが下さったアダム・スミスの肖像をデザインしたネクタイをいまだに大切にしています。

　市場はそれ自身としては何も実現しないとするあなたの意見には大賛成です。しかしだからこそ，市場を適切に機能させることによって社会的な善を実現するために市場以外の制度が必要になるのです。あなたの仰せになるのとはちがって，それは市場が個人が自発的に出会って取引をする単なる「場所」ではなく，それが国家を含む様々な制度の合成物である文明の中の一つの制度だからです。……

　市場は言語や科学の起源ではありません。市場は語り合い知識を交換する能力のある人々が作り上げたものなのです。あなたもご存じのことと思いますが，人類学者の教えるところでは，未開社会の間で行われるいわゆる「沈黙貿易」は，様々な複雑な文化的儀式や社交的な慣習を包摂する共通の価値観に基づいています。

　つまり，あなたの立場は自発的に行動する個人が最初に存在して，彼らが協力して文明が成立します。しかし私の立場は文明，あるいは人間が自由な存在として自己を発展させる人と人との関係が先行して存在するというものです。市場や国家その他の制度はすべて，文明の長い歴史の産物であり，同時にそれ自身が文明の構成要素として同等の重要性を持つものです」（Masakazu Yamazaki, *Ibid.*, p. 46)。

▶ 2-4　贈答のネットワークと社交

　万葉学者の上野誠は，同居を始めた祖母が自宅の小さなセンゼー（前栽）で始めたささやかな作物の贈答行為から，贈与と互酬性の本質を見事に綴る。

　「祖母が，花が咲けば花，紫蘇ができれば紫蘇，ミョウガならミョウガを，ご近所さんに配り始めたころから変化ははじまった。……こうしているうちに，祖母はご近所さんの有名人となってしまった。こちらがモノを贈ると，もらった側は，当然お礼をしなくてはならない。我々も，ご近所さんからいろいろなものをもらうことになっていく。田舎から来た野菜，釣ってきた魚，旅行の土産などなど。もちろん祖母は，玄関先で2，3分ほど

祉や教育などに支出しているが，これは市場における分配を政治権力に
よってやり直す再分配機能を果たしている。再分配は時代と場所を越えて
様々な社会集団の重要な機能であった（▶ 2-5）。

3　政治と政治学

　政治は経済と比べるとはるかにとらえどころがないし，政治現象とその
隣接現象との境界もはっきりしない。ともあれ政治は経済よりもはるかに
範囲の広い現象を意味する。そこには雑多で時には矛盾した性質を持つ価
値が介在するので，政治学の輪郭を提示することは経済学の場合よりずっ
と難しい。

　もっとも，抽象的なレベルでは，それがまったく不可能というわけでは
ない。人間が生きていくに際して集団を形成することが必要である限り，
人間は常に他者との関わりの中にある。そして国家であれ部族であれ企業
であれ，成員の間に対立はつきものであり，ある集団が共同行動を組織す
るためには，自発的な協力だけでは不十分である。集団を維持し，必要な
集団的決定を下し，集団的行動を確かなものとするには，時には他者の意
志に反してでもその行動を左右する力，つまり**権力**が欠かせない（▶ 3-1）。
つまり政治学にとって，経済学の関心の中心であった富に相当するものを
敢えて一言でいうなら，他者の行動を制御する能力を意味する権力である
といってよいだろう。人の集団が，純粋に自発的な協力のみで長期にわ
たって維持されることは，家族や宗教集団ですらまれである。とりわけ国
家や国際社会のような大規模な集団では，自然な人と人の連帯だけでは秩
序を成立させることは不可能であり，程度は様々だが必ず対立と強制の要
素が含まれる。したがって，主として物質的な価値に対する支配を意味す
る富に関心を向ける経済学に対して，政治学の関心の中心が，他者の行動

の挨拶のあとに，持参したモノを渡して帰ってくるのだが，その会話から「つきあい」というものは，広がっていくのである。

　さらに，祖母を中心とした人的ネットワークは広がりを見せていく。祖母に，紫蘇やミョウガの育て方を習いたい人が現れ始め，蕗の煮物や梅干しの漬け方を習いにやってくる人もあらわれたのである。大袈裟ないい方だが，技術も広がっていくのである。……

　展開は，それだけに留まらなかった。三年もすると，ご近所さんからミョウガや蕗，梅のみが次々に届きだしたのである。……経済的には取るに足らぬものであったが，祖母は，「センゼー原農耕」のお陰で，73歳にしてやってきた新天地で，自分の居所を見つけたのである」（上野誠『教会と千歳飴』小学館，2021年，67-70頁）。

▶ 2-5　経済統合の諸様態

　「人間の経済における主要な統合形態とは，……互酬，再分配，および交換である。……
　……互酬は，統合の一形態として，財，サーヴィスの動き（あるいはそれらの配置）を，対称的な配列の呼応する点の間にえがきだす。再分配は，対象物が物理的に移動しようと，配置のみが推移しようと，中央に向かう動きと，そこからふたたび外に向かう動きとを示す。交換は，これと類似の意味ではあるが，こんどはシステム内の分散した，あるいは任意の二点間の動きを示す。図式的表示において，互酬はひとつまたそれ以上の対称軸に関して対称的に配列する点に結合する矢としてあらわせるだろう。再分配は星状の図表を必要とするだろう。幾つかの矢は中央に向かい，他の矢はそこから出ていくことを示す。そして交換は，任意の点と結合した矢が，おのおの双方に向いているものとして描かれるだろう」（K・ポランニー『人間の経済』I，岩波書店，2005年，89-90頁）。

▶ 3-1　支配と従属としての政治

　政治とは何かということに関しては様々な考え方があるが，代表的なものとしてマックス・ウェーバーの捉え方を紹介しよう。

　「……「政治」とは，国家間であろうと，国家内の，国家に含まれる人間集団間であろうと，権力に参加しようとする努力，あるいは，権力に影響を及ぼそうとする努力である，と言える……」（「職業としての政治」『世界の大思想23　ウェーバー』河出書房新社，1965年，388頁）。

　また同じくドイツの政治学者・公法学者であるカール・シュミットは，以下のように論じている。

　「……すべての政治的な概念，表象，用語は，抗争的な意味をもつこと，それらは，具体的な対立関係をとらえており，結局は，（戦争ないし革命の形をとってあらわれる）友・敵結束であるような具体的状況と結びついていて，この状況が，消滅するときには，すべて無内容な，幽霊じみた抽象と化するものである。国家・共和制・社会・階級さらには主権・法治国家・絶対王政・独裁・構想・中立国・全体主義国家等々の語は，それが具体的に，なにをさし，なにと戦い，なにを否定し，なにを反駁しようとするのか，を知らなくては，理解しがたいのである」（『政治的なものの概念』未來社，1970年，22頁）。

に対する影響力や支配力を意味する権力にあることには，広範な合意がある。しかし政治には，自発的な協力を組織するための仕組み，言い換えれば制度構築という側面もある（▶ 3-2）

　つまり政治にはこのように，支配と従属という顔と，集団をまとめてそのメンバーの利益を向上させるための協力という顔の複雑な二面性がある（▶ 3-3）。しかも，この権力（あるいは国際政治のレベルでは国力）の概念は政治学にとって中核的なものであるにもかかわらず，富よりもはるかにその把握が難しい。富が貨幣という単位に換算して測定でき，その所在を確定したりその量を測定したりと，操作することが容易な概念であるのに対して，権力は観察したり計量化したりすることが極端に難しい。権力は有効な領域や対象が様々で，一元的な尺度でその大小をはかることはまず不可能である。またそれは社会の秩序に欠かせないにせよ，人の行動を制御するには慣習や自発的な協力に比べると本質的に権力には**限界**がある（▶ 3-4）。しかもそれは，しばしば中毒や反作用を惹起する悲劇性と逆説に富む性質を持っている。

　加えて古典的な政治学が想定してきた人間像は，エコノミック・マンのように，自己の利益を合理的に追求するといったものではない。確かに人は，生存を確保しなければ物理的に存在できないし，食べたり飲んだりといった生理的な安逸を求める衝動からも自由にはなれない。だが，人々を駆り立て歴史を動かしてきたエネルギーは，果たしてこのような安全や利益を求める衝動であったのだろうか，またそれを日夜合理的に追求してきたのが政治の営みだったのだろうか。多くの古典的な政治学者は，人間の魂には利益という言葉には還元できそうもない，不合理な情念が宿っていることを強調してきた。たとえばプラトンは，人間の魂を，利益を求める欲望的部分，知を愛する理知的部分に加えて，「**気概**（spirit）」からなると論じている。それは他者の尊敬を得ようとする名誉への欲求であったり，逆に他者の悪行に自分の正義感が衝突した時に爆発する義憤であったりす

▶ 3-2 協力の組織化としての政治

バーナード・クリックは，政治における制度や協力の側面にも光を当てる。

「……政治の本性とは，多くのひとびとのあいだで正当なものとして受け入れられる方法によって紛争を調停し和解させること，これなのである。……「政治とは権力（power）をめぐるものだ」という主張は，権力がたんなる強制を意味している場合には，メロドラマ的で誤解を招く半真理である。ルソーがいうように，「もっとも強いものでさえ，かれが自分の力を権利へと変え，従属を義務と変えぬかぎりは，つねに主人であり続けるほどは強くない」のだ。つまり政治権力（political power）はつねにたんなる強制以上のものなのである」（『現代政治学入門』講談社学術文庫，2003 年，26，27 頁）。

またデイヴィッド・イーストンは，「政治とは価値の権威的な配分である」という定義を下している。一般に英米系の政治理解では，政治を機能的に捉えようとする傾向が強い。しかしここでも「権威的」という言葉が入っているように，政治には一定の制度化された権力が介在していると考えられている。

▶ 3-3 政治の二面性

大方の政治学者は，政治現象に二つの対照的な要素を見ている。一つは，国家に代表される政治共同体をまとめて，そのメンバーに，治安であれ，治水であれ，福祉であれ，国防であれ，なんらかの必要なサービスを提供する協力的な営みである。もう一つは，政治には共同体にとっての望ましい何かを提供する合理的な営みには尽きない，競争や闘争，支配と従属という権力にまつわる部分である。

このような二面性をフランスの政治学者モーリス・デュヴェルジェは，「ヤヌス神〔前と後ろに二つの対照的な顔を持つギリシャ神話の神〕の双面」と的確に表現している。

「……政治がいかなる時いかなる所においても，相反する価値や感情をふくんでいることこそ，政治の本質であり，その固有の性質であり，その真の意義である。二つの顔をもったギリシア神ヤヌスのイメージこそ，国家の象徴にほかならないのであり，政治の最も深い現実を表わすものである。国家——ヨリ一般的にいえば，社会の制度化された権力——は，常にそしてどこにおいても，ある階級の他階級支配の手段となり，前者の利益，不利益になるように利用される。とともにまた，ある社会秩序を確立し，すべてのものを社会のなかに統合する手段となり，公共の福祉をも目指すのである」（『政治学入門』みすず書房，1967 年，7 頁）。

▶ 3-4 権力の限界

「政治の本質は，自発的な服従の慣習を一定程度の蓋然性のある強制と組み合わせて，人間行動を多かれ少なかれ不完全な形で制御することにある。

行儀よく振る舞い，協力し，政府や法，あるいはなんらかの決定が拘束力のあるものとして従う慣習は，多くの人にとって自発的なものである。……このような多くの人々の慣習がなければ，我々が理解するような形の法律も政府もあり得ない。多くのドライバーが

るが，いずれも激しい怒気を伴った情熱である（▶ 3-5）。実際古来，人々がもっとも激しく争ってきたのは，必ずしも自己の安全や領土をめぐる対立ではなく，貴族的名誉心の葛藤や，究極の正義を定義する宗教やイデオロギーなど世界観をめぐる対立だった。普通は利己的であると考えられている人間だが，これらの問題をめぐって争う時には，むしろその過剰なまでの自己犠牲が印象的である。政治学の古典的な課題の一つは，共同体の秩序形成を助けるために，衣食住の問題とともに，「情念」のみをどのようにして制御するのかということにも向けられてきたのである。

　権力の概念が曖昧で操作しにくいのに加えて，政治を動かす人々の動機が情動によるものであるなら，政治のプロセスを合理的な行動の積み重ねとしてだけ理解するモデルでは不十分なのは当然である。事実，政治学には，経済学が依拠する市場モデルに匹敵するような，強力な説明力があり広く共有されている単一のモデルは存在しない。政治学の描く世界が，雑然としてまとまりのないものになりがちなのはそのためである。だが政治は見も知らない人との一回限りの関係であることはまれで，多くの場合，それは集団内の制度化された人間関係でもある。今日，政治は普通，一定の領域を排他的に支配する国家という制度的な枠組みで展開する。では，国内政治のプロセスは，市場プロセスとどこが異なるのだろうか。第一に国家における政治プロセスは，合意に基づく交換によって組織されているわけではなく，他者に自己の意志を強制しようとする権力的な要素がつきまとっている。実際に暴力が用いられなくても，最終的には暴力的な強制が権力の有効性を裏付けている。この点で，人々が自分の意志と責任において自由に日々の取引を繰り返すことが想定されている市場プロセスと対比できる。

　企業が収入を得るために商品を消費者に売るのは，権力的な手段によるものではない。魅力のある価格や品質を提供することによって，消費者を自主的に貨幣と商品を交換するようにし向けて，売買契約を結ぶのである。

道路の決められた側を通行し，赤信号で止まるから，交通法規は許容できるコストで強制することができる。大多数の人が車を盗まないから，比較的少数の泥棒から警察は道路や駐車場を守ることができる。……

　ルールの遵守はおおむね自発的だが，完全にそうだというわけではない。もしすべてが自発的なものだったら，それは政治ではなく，習俗とか，習慣とか，道徳の世界に属するだろう。政治の領域では，法律に背き，政府に服従しない少数者に対する強制が信頼に足る程度確かであることに助けられて，多数者のルール遵守が保護され強化されるのである。

　強制は，正と負の制裁——つまり罰と報酬——を課すことの脅しに本質がある。現実には罰の方が報酬よりよく用いられる。というのはそちらの方が，普通安上がりだからである。共産主義や，反共主義というイデオロギーの口実で罰を下すのを楽しむ人もいるが，多くの人にとっては罰の方が信頼性が高いと考えられている。大多数の人々が法や政府に従う習慣があるところで，それに報酬を与えるのは，高価だし不要でもあるのは明らかであろうから，その仲間たちのルール遵守や服従から逸脱する少数者に罰を与えるという脅しの方が，より安上がりで効率的に見えるのである」（K. Duetsch, *The Analysis of International Relations*, Englewood Cliffs, 1988 ［1968］, p. 16）。

▶ 3-5　政治における情念

　「欲望が理知に反して人を強制するとき，その人は自分自身を罵り，自分の内にあって強制しているものに対して憤慨し，そして，あたかも二つの党派が抗争している場合におけるように，そのような人の「気概」は，「理性」の味方となって戦うのではないかね？これに反して，自分に敵対する挙に出てはならぬと「理性」が決定を下しているのに，「気概」が「欲望」の側に与するということは，思うに，君はかつてそのような事態が君自身のうちに生じたのに気がついたことがあるとは主張できないだろうし，またほかの人のうちにしてもそうだろうと思うのだが」

　「……自分が不正なことをしていると思う人の場合はどうだろう？……その人が気だかい人間であればあるほど，それだけいっそうその人は，怒ることができないのではないだろうか——餓えても，凍えても，またそのほか，自分がそうした目にあわされるのは正当だと思うような相手から，それに類するどのようなことをされてもね。……その人の「気概」は，そのような相手に対して喚び起こされることをこばむのではないだろうか？」

　「では逆に，自分が不正なことをされていると考える場合はどうだろう？　そのような場合には，その人は心を沸き立たせ，憤激し，正しいと思うことに味方して戦い，餓えても，凍えても，その他すべてそのような目にあっても，じっと耐え忍んで，勝利を収めるのではないだろうか。そして，目的を達成するか，それとも斃れて死ぬか，それとも，ちょうど犬が羊飼いから呼び戻されるように，自分の内なる理性によって呼び戻されて宥められるかするまでは，その気だかい闘いをやめようとはしないのではなかろうか？」（プラトン『国家』4 巻 15，プラトン全集 11，岩波書店，1976 年，315-16 頁）。

市場における取引は自発的な契約に基づいているので，暴力的な強制は犯罪行為である。だが国家による徴税行為は契約ではない。税金の支払いは概ね権力的な強制を伴わずに行われているが，その背後には，脱税は最終的には司法的な措置によって懲罰が科されるという権力的裏付けがある。同時に国家における政治プロセスは，市場のような分権的なものではなく，より組織的あるいは階層的なものである。予算であれ外交政策であれ，国家の意思形成には最終的には一人の最高指導者（伝統的には主権者）が責任と権限をもっている。もちろん国家の指導者も，様々な制度的な制約の範囲でしかその意志を強制できないが，戦争か平和か，降伏か玉砕かといった究極的な決断は，最終的には集団の頂点で実行される。その意味で国家の政治プロセスは階層的である（▶ 3-6）。

　組織の中で人々が一定の役割を果たすのは，各々の個人の自由な裁量によるものではない。各々の省庁や部や課には，法令や省令で役割分担が規定されており，係長は課長に，課長は部長に，部長は局長にそれぞれ指示を仰ぐといった具合に，上司の命令によって組織の一員として行動することが期待されている。それぞれの組織のメンバーの行動は，あらかじめ決められている組織の枠組みによって制約され，権限を超えるような行動には，懲戒や減給などの罰則が科される。組織内部の人々の役割は，交換にもとづく取引ではなく，なんらかの制度やルールによって規定され，それから逸脱した行動には権力的な罰則が科されるのである。

　人間が一人では生きることができず，集団行動を組織しなければならないかぎり，なんらかの政治なしに生きることはできない。だが市場における交換を基礎にする経済が一つの経済制度であるように，今日我々が慣れ親しんでいる主権国家も，政治集団のあり方として唯一絶対のものではない。主権国家が圧倒的に優勢な政治制度になるのは，ヨーロッパの近代以降のことであり，世界中に主権国家のモデルが広がったのは，20世紀の後半になってからのことである。伝統的に政治学が，安定した国家の存在

▶ 3-6 予算過程

　以下は古い文献なので，数字や省庁の名前は過去のものだが，国家の予算過程とフリードマンの描写した市場過程（▶ 2-2）との差は明らかだろう。軍隊組織の比喩が用いられているが，それは軍隊が命令と服従によって動く階層的な組織の代表的なものだからである。つまりそれは，価格を媒介にした自発的な交換のメカニズムである市場とは対照的なものだ。

　「総額 56 兆円をうわまわる国家の予算を編成するのが，総勢 334 人の主計局のスタッフだ。もっと極端にいえば，予算編成の現場指揮官である 9 人の主計官が 56 兆円をうごかす。

　9 人の主計官は各係にわかれている。総理府・司法・警察，防衛，地方財政・補助金・大蔵，外務・経済協力・通産，文部・科学技術・文化，厚生・労働，農林水産，運輸・郵政，建設・公共事業の各係だ。各係の名称をみればわかるように，各主計官はおおむね一または二省庁を担当している。……

　予算編成の現場で指揮をとる各主計官は，旧陸軍になぞらえて「連隊長」とよばれる。各主計官の下には数人の主査（中隊長）と主計官補佐（小隊長）がおり，さらにその下に係長，係員が配置され，一個連隊を構成する。……

　9 人の主計官をたばねるのが，「師団長」と呼ばれる 3 人の局次長である。各局次長はそれぞれ 3 人の主計官を指揮下におく。つまり，主計軍団は三個師団からなり，各師団はそれぞれ三個連隊で構成される」（川北隆雄『大蔵省』講談社現代新書，1989 年，45-47 頁）。

　もっとも，税金の使途を決める一国の予算過程は，上記のような官僚的な過程で完結しているわけではなく，政治家や圧力集団がここに加わる政治的過程がこの外側にある。それでも票や利権や世論によって左右される政治過程も，価格を主要なシグナルにして成立する無数の売買のある市場過程とは別のものであることは言うまでもない。

を前提に様々な思索を巡らせてきたことは心しておくべきである。主権国家が衰退しているかどうかの判断はここではしないが，主権国家そのものが歴史的な一つの制度であり，独立や国益や国力といった概念も，そのような前提があってはじめて意味を持つことは，政治学のあり方を振り返る際に注意すべき点である。

4　富と権力の交錯

　このように経済学と政治学はそれぞれ，富と権力という異なる考察対象に注目して，人間社会を分析してきた。そして富の生産や分配のプロセスと，権力の行使のプロセスについて，大きく異なる理解を示してきた（▶ 4-1）。

　しかし政治にしても経済にしても，人間の営みの一部分であることに違いはない。だから我々の社会生活で政治と経済が深く関係していることに疑問を呈する人は少ないだろう。そもそも現在経済学と言われている学問も，政治経済学として出発した。経済は単に個人個人が物質的な富を得る手段を考えることではなく，共同体や社会全体の管理や運営にかかわるいわば「国家の家政学」でもあった。後に重商主義者と呼ばれる 17-18 世紀の論者は，国際貿易を振興し，それによって金銀などの貴金属を蓄積することによって，国家の政治的な力を増進しようとした。また経済学の始祖として知られるアダム・スミスも，よく誤解されるように市場における人間の利己的な利潤追求を手放しで肯定したのではない。有名な『国富論』も，たんなる富の生産や分配の問題を論ずるのにとどまらず，道徳や社会秩序の基礎を捉えることに目的があった。スミスが『道徳感情論』で共感の意義を強調していることは，意外に知られていない（▶ 4-2）。スミスにとっては，市場とは，他者との不断の取引を通じて，他者の是認や非難に

▶ 4-1 政治学と経済学

「経済学は皮相なレベルでは，政治科学よりも単純である。これは，経済学が経済活動について強力な一つの仮設を利用しているためでもある——つまり，人は経済をはかる，あるいはより精密に，人は所与のアウトプット（産出）のためのコストを最小化する，でなければ所与のコストもしくはインプット（投入）の下でアウトプットの最大化を求める，という仮設がそれである。また，投入と産出が単一のニューメレール，つまり貨幣の物差しで測定できるということも，経済学がより単純にみえる一半の理由になっている。個々の財についても，所得や富といった集計変数についても，コストや価値，価格が表現可能であり，数量尺度による正確な序列化も可能である。……

　これと対照的に，政治科学では“経済人”ほどに強力で簡明な単一の行動仮設は，全く存在していない。政治人間は，実に多様に行動する。投票，意思表示，議員への陳情等々」（C・P・キンドルバーガー『パワー・アンド・マネー』産業能率大学出版部，1984年，3-4頁）。

▶ 4-2 共感について

「人間というものをどれほど利己的とみなすとしても，なおその生まれ持った性質の中には他の人のことを心に懸けずにはいられない何らかの働きがあり，他人の幸福を目にする快さ以外に何も得るものがなくとも，その人たちの幸福を自分にとってもなくてはならないと感じさせる。他人の不幸を目にしたり，状況を生々しく聞き知ったりしたときに感じる憐憫や同情も，同じ種類のものである。他人が悲しんでいるとこちらもつい悲しくなるのは，じつはあたりまえのことだから，例を挙げて説明するまでもあるまい。悲しみは，人間に生来備わっている他の情念同様，決して気高い人や情け深い人だけが抱くものではない。こうした人たちはとりわけ鋭く感じとるのかもしれないが。社会の掟をことごとく犯すような極悪人であっても，悲しみとまったく無縁ということはない。

　私たちは，他人が感じていることを直接体験するわけにはいかない。したがって，同じような状況に置かれたら自分自身はどう感じるかと思い浮かべてみない限り，他人がどんなふうに感じているのかはわからない。仲間が拷問の責め苦に遭っているのに，こちらがのんきに暮らしていたら，どれほど苦しんでいるかを感じ取ることはできまい。私たちの感覚は自分の体から抜け出すことはできないし，それをした人もいないのである。仲間の感じ方をいくらかでも知ることができるとしたら，それは想像によるほかはない。その想像にしても，自分がその立場だったらどう感じるだろうかと思い描く方法でしか，役には立たない。想像の力でなぞれるのは，他人の感覚が感じたことではなく，あくまで自分の感覚が感じとることだけである」（アダム・スミス『道徳感情論』日経BP社，2014年，57-58頁）。

対する想像力，言い換えれば共感する力が発揮される場であった。そして
それによって持ちつ持たれつの関係，他者と相互に認め合い義務を果たす
社交性を基礎にした社会秩序を実現するための仕組みだった。その後，経
済学は市場メカニズムを分析する学問として純化されるにつれて，社会や
人間に対する総合的な視野を喪失していった。それには，国家の干渉を受
けない市民社会が支える自由市場の自律性を是とする，19世紀イギリス
流の**自由放任主義**という思想史的な背景があったのである。

　それでは政治と経済の関係はどのように整理できるだろうか。富と権力
は明らかに関係している。たとえば富を持っている人は，貧乏な人よりも
権力を得るチャンスが大きいだろう。少なくとも，権力は富を得るための
一手段となるのである。また権力なき富者は，貧しい権力者によって収奪
される危険が大きいだろう。もちろん富以外にも**権力の資源**（resources）
はあるし，権力は富を生むかもしれないが，逆に権力を得るために富を消
費してしまうかもしれない。両者に関係があることはわかっても，それ以
上のことを定式化するのは容易ではない。

　また市場メカニズムが働くには，政治を含む非市場的な要素が必要であ
る。まず市場が機能するための前提となる様々な制度は，市場によって供
給することはできず，多くは政治の力で整備するしかない（▶ 4-3）。市場
で交換が成立するためには，そもそも私的所有という制度が確立していな
くてはならない。それには所有権を保障する法律や司法制度が必要であり，
それに実効性を与えるのは政治の力である。さもなければ，市場での交換
より，強者による富の略奪が起こってしまうだろう。無法地帯では，暴力
行使の手段をもっているマフィアやギャングが商取引も支配するようにな
るのは，当然のことだろう。古くから商人は，自分たちの生業の保護を豪
族や王権に頼ろうとしてきた。また政治権力が有効でない場合には，ヤク
ザや用心棒といった私的な保安サービスを購入することが，生き残りのた
めに欠かせなかった。日本を含めて近代国家では，不法行為や暴力からの

▶ 4-3 夜警国家における政治の義務

　市場経済の提唱者として知られるスミスも，政治の義務として以下の三点を挙げている。しかし，市場に委ねるべき部分と政治の領域であるべき部分を区別するのに，万能の基準があるわけではなく，その基準は国や時代ごとに変化してきた。

　国防：文明国の国防には常備軍が必要であることをスミスは分析している。

　司法，治安サービスの提供：社会のメンバーを不正や抑圧から保護すること。

　社会的なインフラの整備：民間では大規模にすぎリスクの大きすぎる公共土木事業を行ったり公共施設を建設したりし，それを維持すること。

　「国がこれら三種の義務を行うのは，どんな個人，小集団にとっても採算が合わないからであるとし，スミスはこのための経費をまかなう財源確保の方法を考察しようとした。その基本的社会哲学によれば，個人の経済的自由の範囲を広くし，政府の干渉をできるかぎり小さくすることが，人間の尊厳の根本要素である「自然権」にとってきわめて重要であるという。と同時に，それが功利主義的な観点からも，経済の効率に大きく役立つと見ていたのである。

　現代経済学の標準的な入門書では，国家の役割と財政政策の目的を次の三つに区分するのが通例のようだ。第一は「公共財」を中心とする資源配分であり，その典型例は司法・警察・消防，国防・外交，教育・文化，道路・港湾，そして福祉・公共サービスなどである。第二は，税制・社会保障制度などの政策手段によって，市場活動の結果生じる「不公正」を是正すること。第三は，「補正的財政政策」によって，経済の安定・成長の維持を図ることである。

　これら三点を，先に見たスミスの「主権者の義務」と比較すると，その内容にかなりの差異があることがわかる。スミスのポイントは現代の教科書の中にすべて含まれている。その意味では後者は前者を包摂している。しかしこのことは，現代の政府がスミスの時代のそれと比べて「贅肉」だけをつけてしまったことを必ずしも意味するものではない。社会自体（物的・精神的環境）も 200 年前と比べて変化したわけであるから，スミスのケースをそのまま現代にあてはめることのほうがむしろ暴論といえる。現代は「みえざる手」の応用範囲，限界が社会問題の複雑さゆえにますます不明瞭になっているだけなのである」（猪木武徳『デモクラシーと市場の論理』東洋経済新報社，1997 年，26-27 頁）。

所有権の保護は，警察や司法などの税金で賄われる公的制度に依存している。だが国家権力が崩壊し，政治への信頼が決定的に失われてしまえば，暴力団への「みかじめ料」や総会屋対策といった形で，富と権力の結びつきが生々しく表面化する。

　また市場で価格メカニズムが働くためには，度量衡や貨幣制度，さらには道路や港湾施設などが必要で，普通それらは国家によって供給する以外にない。このように，市場に任せていては供給できないような財を，経済学では**公共財**と呼んでいる（▶ 4-4）。現実には公共財と私的財の区別は難しいが，市場で十分に供給できないものは，多くの場合，政治の力で税金によって供給されている。だが問題は，政治権力によって所有権を保護するどころか，国家そのものが権力者の私的利益のために所有権を侵害したり，様々な規制を設けて市場機構を損なう危険がつきまとうことである。つまり市場経済のためには，国家は，公共財を十分に供給できるほど強力でなくてはならないが，他方でそれは，権力が濫用されないよう，制限されたものでなくてはならない。そのため立憲制度や独立した司法制度などの国家権力の法による制限が必要で，民主的な政治システムがそのような制度を支えるために最善の政治体制だとするのが，今日の標準的な見解である。

　だが民主主義と市場経済との関係も，一筋縄ではいかない。現代国家は，単に市場を機能させることだけではなく，国民の経済生活に対しても重い責任を担っている。財政政策や金融政策によって経済成長を促進したり価格を安定させたりするマクロ経済政策は，いかに自由市場における自己責任が強調されても政府の役割だと考えられている。経済危機や大量失業は，世論の圧力や選挙の結果を通じて政治問題化され，国家による問題解決が求められる。加えて，市場での弱者である高齢者や身体障害者への福祉政策や，失業者やときには零細企業を支援する政策にも，広範な合意がある。さらには，社会的な「公正」や「平等」といった価値の実現のために，税

▶ 4-4 公共財

　市場経済では，代価と引き換えに商品を買うことによって，その財の利益を享受するのが原則である。しかし質のよい大気や良好な治安のように，直接代価を支払わなくとも享受できるような財もある。そういった性質を持つ財を，経済学者は公共財と呼んでいる。教科書的には，誰かがそれを消費しても他の者の消費を妨げることがない共同消費性という性質と，費用を支払わない者がそれを消費することを排除することができない非排除性という，二つの性質を持つ財を指すとされる。つまりは，その財の便益を価格として市場に織り込むことができないため，費用を払わないで財を享受するいわゆるフリーライド（ただ乗り）の問題が起こるわけである。

　「家計や企業の行動が，補償なしに他の家計や企業に便益や費用をもたらすときには，外部性が発生する。たとえば，大気中に有害な煤煙を放出している工場は，その空気を吸っている人々に負の外部性を及ぼしている。他方，革新はしばしば正の外部性を生みだすと考えられる。外部性が存在する場合に市場が効率的ではなくなるのは，人々が自らの行動がもたらす便益と費用のすべてを考慮に入れないからである。

　一つの財がすべての人々に享受される——すなわち，その便益を享受することからだれも排除されない——場合や，事実，だれかもう一人の個人がその財を利用したとしても追加的に費用がかからないため，その人を排除する根拠がない場合がしばしばある。国防はその一例である。ひとたびアメリカ国民全体を外国の攻撃から守ることにしたならば，アメリカ人すべてがそれから便益を受けることができるため，たとえ新たに子供が生まれ人口が増えたとしても，そのために追加的な国防費が発生するわけではない。こうした財は純粋公共財とよばれ，民間市場では供給されないか，または供給が過小になるのである」（J・スティグリッツ『マクロ経済学（第 2 版）』東洋経済新報社，2001 年，41 頁）。

制や社会保障制度を通じて所得の再分配も実施している。つまり現代の政治には，市場プロセスに介入して市場が機能するよう規制し，その働きを誘導し，さらに市場で分配された富を再分配するという役割が期待されている。どんな時にどのような介入を，どれくらい実施するべきかには簡単な答えはないが，市場メカニズムだけで経済が組織されることがありえないことは明らかである。政治が上のように様々な形で経済に介入するようになれば，民主的な政治制度の下でも，様々なグループが政治的な手段でそれぞれの私益を実現しようとして，様々な競争が展開する。その結果，政治が市場経済の合理的な機能をかえって妨げることもしばしばである。つまり政治権力の確立していないところでは市場経済もありえないが，政治の影響は常に市場経済にとってプラスとは言えない。

　逆に経済秩序のあり方も，政治秩序に様々な影響を与える。政治体制がたとえば君主制であったり民主制であったりするのは，どのような理由によるものだろうか。政治学はこれに様々な解答を与えてきたが，一つの有力な要因は経済生活のありようであろう。民主主義が成立する条件は複雑で，政治学者の間でも見解が分かれるが，利益を求める商業の精神の方が，名誉を求める情念よりも民主主義に適合するという考え方や，極端な貧富の差があれば権力を平等に分かち合うことも難しいだろうとする考え方は，古典的なものである。所有権が保証され個人の経済的自立があってこそ，政治的に自由な市民も成立できるのであって，もし国家が複雑きわまりない社会の様々な要請を権力的手段によって実現しようとすると，つぎつぎに規制を強化することにならざるをえず，結局個人の自由を侵害する全体主義に行き着くという警告も聞かれる（▶ 4-5）。

　現実の政治プロセスも市場プロセスに大いに影響されていることは，あまりにも明らかである。市場における経済実績は，政治的な支持の行方や政権交代に大きな影響を与えるだろう。また市場における富の分布や生産の形態の変化は，長期的には権力の構造そのものも変化させる。戦後の日

▶ 4-5　経済体制と政治体制

「財産の平等が質素を維持するように，質素は財産の平等を支える。この両者は異なってはいるものの，一方を欠いては他が存続し得ない関係にある。そのおのおのが原因であり結果である。一方が民主政から立ち去るならば，原因は必ずその後を追う。……

　商業の精神を維持するには，代表的市民が自ら商業を営み，この精神のみが支配し，ほかの精神によって邪魔されず，すべての法がこの精神を鼓舞し，その同じ法が，その規定により，商業が財産を大きくするにつれてこれを分割して，おのおのの貧しい市民を相当安楽に暮らして他の市民と同じように働くことができるようにし，また，おのおのの富める市民の財産を維持し，または，獲得するためには自分で働かなければならぬほどの中庸的状態におくようにすべきなのだ」（モンテスキュー『法の精神』河出書房新社，1974年，72頁）。

「政府が正義のために計画化に着手すると，政府は個人の運命や境遇についての責任を拒否することはできない。計画化された社会において，われわれすべてが他のものよりも裕福であるか，貧しいかということを知っているのは，だれも支配することができない事情とか，確実に予見することができない事情とかによるのではなくて，ある当局がそうすることを欲することによるのである。そしてわれわれの境遇改善のために向けられるすべての努力は，われわれの支配しえない事情をできるだけ予見し，これに対して準備を整えることに向けられるのではなくて，すべての権力をもっている当局を，われわれの都合のよいように操縦することに向けられなくてはならぬのである。イギリスの19世紀の政治思想家たちの悪夢，すなわち「政府を通ずる以外に富と名誉への道はない」という状態は，彼らが想像さえしなかった完璧さをもって実現することになるであろう。もっともその後，全体主義に移行した若干の国においては，すでによく知られていることではある」（F・ハイエク『隷従への道』東京創元社，1992年，138-139頁）。

「民主主義はきわめてデリケートな植物であり，注意深く滋養を付された土壌にしか繁殖しない。民主主義を確保する条件の一端を見ただけで，民主主義を大量生産するなどという約束がいかに空虚なものか理解できる。民主主義が根付くには，かなりのレベルの法と秩序，経済や教育，その上分厚い中流階級，法の支配に対する敬意，厳正な法曹，さらには自発的な社会団体の豊かなネットワークなどが必要とされ，戦争で勝利するだけでは，即席の民主化など不可能である」（A. Etzioni, "American Fantasy : Instant Democracy", *International Herald Tribune*, March 5, 2004）。

本における農業分野から工業分野への経済的重心の移行は，選挙のスタイルを変え，政治における都市部の影響力を大きくするように作用しただろう。また大規模な工場生産を特徴とする工業から，様々なサービス分野への経済的重心の移行は，労働組合やそれに関連する政治勢力の影響力の低下と関係しているだろう。

　もちろんこのような経済的変動と政治的帰結の関係は，直接的ではなく，非常に複雑である。選挙制度をはじめとする政治制度や，労働組合関連の制度や組織の構造といった媒介的な変数によって，経済変動の政治的な帰結は異なるだろうし，何よりも政治的行動の動機は経済的利益だけではない。また政治権力の資源も経済的資源に限られているわけではない。このような重要な留保が必要だが，経済的変動は利益や権力資源の分布パターンを変化させ，それを通じて政治の長期的な傾向に影響を及ぼすことは間違いない。

5　グローバル市場と国民国家

　国際社会では，市場と国家の関係は一層複雑になる。なぜなら経済と政治が相互に重なり合うだけではなく，国際社会には世界政府がなく，政治の世界も複数の主権国家からなる多分に無政府的な場所だからである。そのため，富と権力をめざす人々の営みは，暴力が制御され，制度が安定し，文化や価値がある程度共有され，社会的慣習が確立している一国内ではなく，暴力が実際に行使される危険が高く，しかも財産や契約を保護する制度をしばしば当てにできない国際社会の中で展開する（▶ 5-1）。しかも国際社会における諸国の行動は，一国内の地方自治体とはちがって，富や福祉を求めるだけではなく，権力や安全を確保する必要が依然として圧倒的に大きい。国際社会では，国の安全や独立は基本的に自力で守らざるを得

▶ 5-1 現代の海賊

　現在でも海運は世界経済の動脈であり，日本にとっては生命線である。公海上ではただちに警察が駆けつけるわけではなく，海上通商路の安全は自然に維持できるわけではない。事実ロンドンに本拠がある国際海事局（IMB）によると，2023 年にも世界で未遂のものも含めて 120 件の海賊行為が報告されていて，そのうち 7 割は，マラッカ海峡およびインドネシア，フィリピン，ペルー，ガーナの各国の沖で起こっているとしている（https://www.piclub.or.jp/ja/news/38861）。

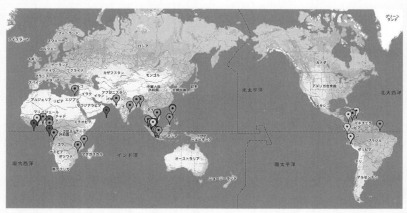

出所）IMB Piracy & Armed Robbery Map 2023：https://www.icc-ccs.org/index.php/piracy-reporting-centre/live-piracy-map/piracy-map-2023-1）

　ソマリアでは 1990 年代以降国家が破綻し，海賊対策に責任を持つ国家が存在しない。そのため海賊は現地の一大ビジネスとなったが，諸国の海軍が共同パトロールを行うようになって事態はようやく好転した。日本の海上自衛隊もこの共同作戦に参加している。
　「海賊グループは，自動小銃とロケット砲などで武装し，漁船やダウ船などを「母船」として利用する。ソマリア本土から数百キロ，さらに沖合 1000 キロ以上の遠洋にまで航海を行い，洋上で高速ボートを走らせ，銃撃しながら民間商船を狙う。梯子などを商船にひっかけ，商船の甲板によじ登っていく。
　船員や航海士がそう選するブリッジ「船橋」に向けて銃弾を浴びせ，商船の運航を支配し，商船をハイジャックする。いったん船内に入ると，船長や乗組員を拘束して，商船をソマリア沖まで移動させ，その後，長い期間にわたって乗組員を人質にする。衛星電話を使って船主側と連絡をとり，人質となった船長や乗組員さらに船体と貨物を解放する条件として高額な身代金を要求する。こうして獲得した身代金は，一隻当たり数千万円から約 10 億円にのぼる。一年間に，身代金の合計が 100 億円を突破するなど，ソマリア海賊は世界の民間商船にとって大きな海洋リスクとなってきた」（竹田いさみ『世界を動かす海賊』ちくま新書，2013 年，65-65 頁）。

ない。富をめぐる営みも，国内社会以上に権力や安全よりも直接的な意味を持っていて，経済的な営みも異なる政治的意義を持とう。簡単に言えば，国際社会は制度化のレベルが低く，経済活動も国家が政治的動機からかかわる度合いが大きいので，政治問題化しやすい。市場を規制し，誘導し，そして富を再分配する必要は，国際社会では世界政府がない以上，国家と国家の政治的な関係によって決められることになる（▶ 5-2）。

　また国際社会では国と国の間で途方もない富の偏在が見られる。一部の開発途上国では人々が文字通り飢餓線上にあるのに対して，豊かな国々では肥満とダイエットが問題となっているくらいなのである。このような極端で大規模な貧富の格差は，民主的な国の中ではとても許容されないだろう。しかし，豊かな国から貧しい国への富の再分配は，一国内の福祉政策と同じようにはいかない。貧しい国も主権国家である限りは，自国の経済問題の解決はその国の責任に属すると考えるのが，国際社会の原則だからである。たしかに豊かな国々の人は，援助を与えることには同意するかもしれないし，慈善事業や国際 NGO にかかわる人も相当数いるだろう。だが各々の主権国家が，自国民に対する責任と同等の責任を他国民に対しても持つと考える人は多くない。

　また何が市場で自由に取引されるべきで，何が政治による介入を正当化するのかを決めるのは，最終的にはそれぞれの社会の価値観だが，国際社会において価値観をめぐる合意のレベルは，国内社会より格段に低い。たとえば文化活動に対して政府が税金によって補助するのは，市場メカニズムをゆがめることなのだろうか。農業も国際競争に晒すのがよいのだろうか。そして，臓器移植などの高度医療を受ける機会をカネで取引することは道義的に正当化できるのだろうか。公共の秩序や社会的な規範，そして一国の社会として守り育てていくべき価値のためには，政治による市場への介入は支持されるだろうが，何がそのような価値かを国際社会ではどうやって決めるのだろうか。

▶ 5-2　グローバル化と国家

「市場には前提条件が必要だ――グローバル市場は特にそうだ。食料や他の必需品の市場は，小さな共同体だと上手く働く。人々はお互いを知っており，繰り返し取引をしているからだ。信念体系を共有していれば，ビジネスマンや金融家の小悪党でさえ貿易や取引を強制される。規模が大きく，広範になるにつれて，制度を支える大きな鋳型が継続的に必要になる。私有権を確立する所有ルール，契約を強制する裁判所，売り手や買い手を保護する取引規則，違反者を罰する警察権力，景気循環を管理し円滑にするマクロ政策の枠組み，金融の安定を維持するためのよく考えられた基準や監視，金融危機を回避する最後の貸し手，健康や安全，労働や環境を公共の規範に準じて守るための基準，競争の敗者をなだめるための補償政策（市場がある種の人々を過酷な状況に置く時，しばしば行われる），ある種の市場のリスクへの保護を提供する社会保障，そしてこれらすべての機能をまかなうための租税。

　つまり，市場は決して自己生成的でも，自己規制的でも，自己安定的でも，自己合法的でもない。よく機能する市場はすべて，国家と市場，自由放任と介入の組み合わせである。その組み合わせはそれぞれの国の選好，国際的な地位，そして歴史的な経路に依存する。しかしどんな国も，公共部門が実質的な責任を負うことなしに発展することはできない。

　国家は国内市場の働きに欠くことのできないものであると同時に，グローバル市場の設立の大きな障害にもなる。……国家の活動は，グローバリゼーションが乗り越えなければならない取引費用の源泉である。ここにグローバリゼーションの大いなる難問がある。国家なしではできないが，国家のせいでできないのだ！」（D・ロドリック『グローバリゼーション・パラドクス』白水社，2014 年，41-42 頁）。

　日本では売春や麻薬の取引は違法とされているが，一部は解禁すべきだとする論者もいる。無理に禁止しても効果はあがらないし，規制によってヤミ市場ができ，犯罪の温床となるくらいなら，むしろたばこや酒と同じように認知した方がよいというのである。実際売春や一部の麻薬が合法である国もあるし，酒が違法とされているイスラーム教国もある。

　世界はこのように様々な価値観とそれに応じた多様な型の秩序を持つ国や社会から構成されているのに，市場の方はますます国境を越えてグローバル化している。そのような場合，国際市場を律するルールはどうあるべきなのだろうか。これは市場メカニズムの分析を主眼にする純然たる経済学の問題ではなく，国際社会における決定のあり方を検討する国際政治学の出番である（▶ 5-3）。だが同時に，国際経済に関係する諸問題は，領土をめぐる争いなどとはちがって，国家間の了解や合意だけで決着をつけることができない場合が多い。経済における決定は，国家だけではなく，市場で日夜取引に参加する無数の人々の実践や，技術革新や経済思想の変動など，国家の手の届かない諸力も大きく作用しているからである。国際政治経済学が，政府当局者だけではなく，民間部門の様々な展開を織り込む必要がある理由はここにある。

6　国際政治経済を見る三つの視角

　以上のように，国際政治経済学は，経済と政治，国内政治と国際政治が様々に交錯する広大で雑然とした世界を対象としている。この世界に何らかの秩序を見いだし，体系的に理解することはできるのだろうか。結論から言えば，国際政治経済学には国際経済学に匹敵するような包括的理論は存在しない。様々な研究者が，様々な理論的前提から限られた範囲の現象を論じているのが現状である。そこで本書では，まず国際政治経済の歴史

▶ 5-3　国際政治経済学の一般的定義

「一方では，政治は主として経済活動の枠組みを決定し，支配グループの利益に奉仕すべく仕組まれた方向にそれを移しかえる。あらゆる形態の権力の行使が経済制度の性質の主たる決定要因となる。他方では，経済過程はそれ自体権力と富を再分配する傾向がある。そのようにしてグループ間の権力関係を変質させるのである。これがひいては政治制度の変革に導き，それによって経済関係の新しい構造が生まれる。したがって，現代世界における国際関係のダイナミックスは主として経済と政治の間の相互作用という機能をもつ」（R・ギルピン『多国籍企業没落論』ダイヤモンド社，1977 年，19-20 頁）。

「……経済学も政治学も，また，経済学と政治学への分化に伴う「政治経済学」の解体も，国家を分析単位とする点で限界をもっていた……。それらは，従来，国家活動の国際的関連をほとんど考慮に入れなかったのである。国家が他の社会的，経済的，政治的な実体の浸透する度合いによって特徴づけられる時代にあっては，国際的な要素への留意が欠落するのは間違いのもとである。……

〔国際政治経済学の対象とする領域は〕一般的にいえば，これまでは分離されていた諸領域，つまり，「国際」経済学，「国際」政治学，国内（国民）経済学，国内政治学の統合によって形成される領域にかかわる。個別的にみれば，このことから，国際貿易，国際通貨関係，南北関係，多国籍企業，グローバルな経済問題，国家の対外経済政策，その他さまざまな個別のトピックスに示されるような問題や論点への関心が生まれる。こうして創り出された一般的領域が国際政治経済学の焦点をなすのであって，そこでは国際的レベルと国内的レベルにおける経済学と政治学とが統合され，それらが相互に独立しては理解されないのである」（S・ストレンジ編『国際関係の透視図』文眞堂，1987 年，2-3 頁）。

的な概観を次章で行った後で，理論的な一貫性は犠牲にして，政治経済学の広大な関心領域を，以下の三つに整理してそれぞれ検討してみよう。それぞれの視角は，相互に関連し重なり合っているが，それでも独自の問題意識と，それに応じたアプローチを持っている。そして最終章では，今日，国際政治経済学の新たな関心を集めている諸問題について見てみよう。

A. 富をめぐる政治学：市場とその限界

　ここで問われるのは，経済的厚生を維持するための様々な政策や政治的条件である。たとえば石油価格の高騰という事態が起こった時に，景気の悪化や物価の高騰といった形で起こる，経済的厚生の低下をどのようにして防いだり，緩和したり，あるいは逆により大きな経済的繁栄へとつなげるのかといった一群の問いかけが，ここでの検討対象である。これは様々な経済政策の検討や実施を通じて諸国家が日夜取り組んでいる問いでもあろう。今日自由な市場経済が，一国単位でも国際的にも，富を作り出すのに最も適した制度であるとする見方は圧倒的に有力である。

　だとすると，この問題群に対する解答は市場経済を基礎とした自由主義的な世界観，国際政治観が色濃く反映されたものになる。諸国家が合理的にさえ行動すれば，世界経済は繁栄し，それにともなって諸国家の関係も調和するだろうと自由主義者は教えてきた。というのは，国際的な交易は一定量の富の奪い合いではなく，自由な交易が富の総量を増加させ，それによってすべての諸国が利益を得るからである。つまり他国が豊かであることは自国にとっても経済的には利益であるし，他国が窮乏化すれば自国が経済的に損失を被るのである。だとすると，諸国が合理的に自国の経済的な利益を追求すれば，国家間の関係にも調和的で平和的な効果があると考えられる（▶ 6-1）。また商業のもつ社会化効果は，一般的に平和的なものであり，商業が国際的に展開されれば，国際社会全体を平和化する効果も指摘されてきた。加えて，商業の精神は，名誉や神の栄光を求める危険

▶ 6-1　貿易の相互利益

「戦争と国際政治では確かに危険だが」と但し書きをつけていることに，注意が必要だが，スミスは市場経済は本質的はウィンウィンの関係であるとみている。

「……隣国が豊かであれば，戦争と国際政治では確かに危険だが，貿易では明らかに有利である。隣国が豊かであれば，敵対関係にある場合には自国より強力な海軍と陸軍を維持できる恐れがあるが，平和な通商関係にある場合には取引の総額が大きくなり，自国産業の直接の生産物か，その生産物を使って購入した商品の市場としての価値が高くなる。勤勉な人にとって，近くに住む金持ちは貧乏人よりありがたい顧客になる可能性が高いが，豊かな隣国についても同じことがいえる。金持ちが製造業の事業主であれば，同じ業種の人にとって確かに危険な隣人になる。しかし，近隣には違う業種の人の方が圧倒的に多いので，ほとんどの人は金持ちの支出で利益を得られる。そのうえ，金持ちが貧しい同業者より安く売ることからも，利益を得られる。これと同じように，豊かな国の製造業は隣国の同じ業種の製造業にとって，間違いなくきわめて危険な競争相手になりうる。だがこの競争は大部分の住民にとっては有利なのであり，そのうえ，豊かな隣国は支出も多いので，他の商品ではありがたい市場になり，大きな利益が得られる。富を築きたい人は貧しい遠隔地方に引きこもろうとは考えず，首都か大きな商業都市に進出しようとする。わずかな富しかない地方では得られる富は少なく，巨額の富が動いているところなら，その一部を得られる可能性があることを知っているのだ。一人，十人，二十人の常識の基礎になっているのと同じ原則が百万人，一千万人，二千万人の判断の基礎になるべきであり，隣国が豊かであれば，自国が富を獲得するのに有利な要因になり機会になると，国全体が考えるべきである。貿易によって豊かになろうとするのであれば，近隣の各国がすべて豊かで勤勉で商業に熱心であるときに，目標を達成できる可能性がもっとも高くなる」（アダム・スミス『国富論』下巻，日本経済新聞出版社，2007 年，73 頁）。

な情念に比べて，散文的ではあってもより害が少ないとする考え方も，繰り返し表明されてきた（▶6-2）。

　だが，諸国家が市場経済を基礎として経済を運営し，国際経済が自由主義的なものになるかどうかは，究極的には政治の問題であり，様々な国際政治の条件に依存する。また，一国の市場が国家によって適切に管理されないと市場経済が順調に機能しないように，国際市場でも市場の外から市場が機能する条件を確保しなければならないだろう。外国の商人の権利が保護されなければ，国際的な交易は不可能だろう。また，貿易が行われるためには，海上の安全な自由通行が確保されなくてはならないだろう。さらに，貿易が行われても，その代金を決済するための国際通貨制度が整備されていなくては，活発な国際市場は成立しない。

　したがってこの視角から政治経済を見ると，様々な集団や個人は自分の利益のために，他者との分業関係を必要とするが，他方でその関係が常に協力的なものになる保証はない。諸国の内部の様々なグループは，それぞれ自己の利益を何らかの形で増進しようとするので，当然衝突が起こる。とりわけ国際社会では，様々な緊張や対立関係を処理する制度が弱いので，多様なプレーヤーが多様な目標や戦略をもって国際政治経済の場で行動すると，様々な軋轢が生じよう。国際社会でもルールの設定や外交交渉などの政治的な手段によって，利害関係を調整したり，摩擦を緩和したりする努力が必要とされる。さもなければ，経済摩擦が政治的な対立に発展する危険すら考えられる。

　というわけで，この視点に立てば，国際政治経済学の中心的な課題は，国際経済をめぐる諸問題を分析し，その管理のための条件や手段を探ることにある。この視点に立てば，様々なプレーヤーが合理的に行動する限り，無政府的な国際社会でも国境を越えた様々な協力が可能であると，一般に楽観的な世界観が出現する。

▶ 6-2　国際経済の社会学

　「商業精神は，戦争とは両立できないが，おそかれ早かれあらゆる民族を支配するようになるのは，この商業精神である。つまり国家権力の下にあるあらゆる力（手段）のなかで，金力こそはもっとも信頼できる力であろうから，そこで諸国家は，自分自身が（もとより道徳性の動機によるのではないが）高貴な平和を促進するように強いられ，また世界のどこででも戦争が勃発する恐れがあるときは，あたかもそのために恒久的な連合が結ばれているかのように，調停によって戦争を防止するように強いられている，と考えるのである」（I・カント『永遠平和のために』岩波文庫，1985 年，70-71 頁）。

　「商業の自然的効果は平和にみちびくということである。ともに取引する二つの国民は相互的に依存するようになる。一方が買う利益をもてば，他方は売る利益をもつ。しかしてすべての結合は，相互的欲望に基礎を置く。

　しかし，商業の精神が諸国民を結合しても，それは同じように個人を結合するわけではない。人々が商業精神のみによって動かされる国々においては，あらゆる人間の行為も，あらゆる道徳的特性も取引せられ，ごくわずかの事物も，また，人道が要求する事物もそこでは金銭とひきかえに行なわれ，またはあたえられる」（モンテスキュー『法の精神』河出書房新社，1974 年，277 頁）。

　「すべての個人は，通貨の統一を求める動きが，類似の国民の間で様々な物事を統一しようとする動きの一例にすぎないことを理解せねばならない。ほとんどの立法上の問題のような多くの問題については，諸国の人々の結びつきや国ごとの特異性などの理由により，国ごとに様々である。しかし商売はあらゆるところで同一である。売り買い，貸し借りなどは，世界中どこでも類似している。そしてこれと関係する事柄も，普遍的に類似性があるはずである」（W. Bagehot, *A Universal Money*, Collected Works, 1978 [1868], Vol. 11, p. 65）。

　「18 世紀を通じてイギリスとフランスでは，「獲得欲」は若干軽蔑されつつも概ね積極的な評価を受けていた。……

　ジョンソン博士はこれとの関連で有名な，特にここでは興味深いコメントを残している。

　　金儲け以上に人間が無害に励むことのできる仕事はない。

この寸評は別の角度から，利益に基づく行動と金儲けが，なぜ情念に基づくふつうの行動に優っていると考えられたかの理由を示唆している。情念は野蛮で危険なのに対し，自分の物質的な利益を求めることは罪がなく，今風に言えば無害なのである」（A・O・ハーシュマン『情念の政治経済学』法政大学出版局，1985 年，57 頁）。

　「……資本主義文明は，合理的「かつ反英雄的」である。もちろんこの二つは，歩調をそろえて進む。産業や商売で成功するには巨大な精力がいる。しかしなお産業的活動や商業的活動は，騎士の意味においては本質的に非英雄的である，——それはすでに剣を振り回すこともなければ，肉体的剛勇の誇るべきものもなく，武装せる馬をおどらせて敵陣に突入する機会も全然なく，むしろ異端者ないし異教徒的でさえある。そして闘争のための闘争，勝利のための勝利という考え方を讃美するイデオロギーも，数字の列に取り巻かれた事務所では色あせてしまうことは了解するに難くないであろう。したがって，盗人や収

B. 権力をめぐる経済学：国策と経済

　しかしこのような見方に対して，諸国家が富だけではなく様々な価値を求めて対立する競争的な世界観から国際政治経済を理解しようとする見方も有力である。国際社会が基本的に無政府的な場所である以上，諸国は自国の安全を常に意識しながら行動せざるをえず，そのために富は目的というよりも権力あるいは国力を強化するための手段としての意味を濃厚に帯びる。石油価格の高騰をまた例にとれば，この問題意識からは，どの国が利益を得て，それがどのような政治的意味を持つかが問われるだろう。原油価格の高騰は，中東産油国やロシアにとっては利益となり，それらの国の政治的立場を強めるだろう。そうなると，たとえば石油消費国である日本やヨーロッパ諸国などは，石油産油国になびき，アメリカの対中東政策や対イラン政策に協力しなくなるかもしれない。そうなればテロとの戦いや核拡散についての政策も影響を受けるかもしれない。国際政治の本質が，無政府的な政治環境における国家と国家の競争関係にあるとすると，国際経済活動の権力に対する意義に関心が向かうのは当然であろう。伝統的には「**重商主義**」とアダム・スミスが呼んだ 18 世紀の一連の議論が，このような問題意識に基づいた世界観の原型を提起している（▶ 6-3）。重商主義の主張に特徴的な点は，貿易では輸出によって貴金属を蓄積することを，消費よりも生産を，そして自由な貿易よりも自国による独占を重視したことである。その根底には，国際経済を国家間の権力闘争の一環として把握しようとする観点があった。このような立場を，**経済ナショナリズム**と呼んでもよかろう。

　経済ナショナリズムの観点から世界を眺めても，市場経済や自由貿易を否定することにはならないし，国際社会には常に対立と紛争が渦巻いているという結論になるとも限らない。だがこの視点は，世界は自由主義者が主張するような一つの社会なのではなく，様々な国家が競争しあう一種の競技場であることを強調する（▶ 6-4）。国家は繁栄や福祉を合理的に追求

税吏の注意を引きやすい資産を持ちながら，しかも自己の「合理的」功利主義と矛盾するような武士気質は，これを持つどころかむしろいやがってさえいるのであるから，産業ブルジョアジーや商業ブルジョアジーは根本的に平和主義的であり，私生活の道徳的戒律を国際関係にまで応用することを主張する傾きがある。たしかに平和主義や国際的道義が，非資本主義的環境のなかで，あるいはまた，たとえば中世のローマ教会の例が示すように前資本主義的主体によって支持されてきたこと——資本主義文明の大部分の特徴についてはそういうことはないが，他の若干の特徴については同様のことが見受けられる——は事実である。にもかかわらず，近代平和主義や近代国際道義はなお資本主義の産物たるを失わない」（J・A・シュムペーター『資本主義・社会主義・民主主義』東洋経済新報社，1995年，200頁）。

▶ 6-3　重商主義

17世紀フランスの宰相コルベールが論じ，また実践した古典的な重商主義者の考え方は，貿易黒字が国内の貨幣量を増加させ，それはひいては国庫の収入になるとする絶対王政の立場からの議論であった。

「国家の威信と力が貨幣の豊富なことにかかっていることは，ただちに合意が得られるものと考える。

このような原則に立って考えると，我が王国は年間1200万から1800万リーブル相当の外国での消費に供するための産品（ワイン，酒，鉄，果物，紙，繊維製品，金物，絹，小物）を輸出している。これはわが国にとっては支払いの準備となり，これを注意深く節約しなければならない。

オランダや他の諸国は，上に述べた資産に対する絶え間のない戦争を仕掛けている。現在までのところ彼らは大変成功していて，我々の輸出が現金の形で我々の領土に入って大きな利益となる代わりに，外国は我々に，彼らの自国製品や，その他の国で生産された財など様々な商品をもたらす。……

このように考えると，明白な結論は我々がオランダ人によって持ち出される利益と彼らがもたらす商品の消費を抑えることができればできるだけ，我々に必要不可欠な物資の支払いに必要な現金の量が増え，よって国家の威信や力や富もそれに見合って増大するという結論になる」（P. Clément ed., *Lettres, Instructions et Mémoires de Colbert*, 1863 in G. and S. Modelski, *Documenting Global Leadership*, Macmillan, 1988, p. 173）。

▶ 6-4　国家論なき自由主義への批判

「もし我々が論理の法則と物事の本質に忠実であろうとするなら，我々は個人の経済と社会の経済を区別し，そして社会の経済については真の政治経済，国民経済（それは国家の本質から出発し，ある国民とその国民の特殊な関係が，現実の世界のなかで，どのようにして経済状況を維持し，また改善するかを教える）とコスモポリタン経済（それは地球上のすべての国民がただ一つの社会を構成し，永遠の平和の下で生きているという前提から出発する）を区

するだけではなく，安全や権力，時には名誉をも追い求める存在なのである。そう考えると，市場経済や自由貿易は，国策の一つの手段である。もちろん繁栄も福祉も国策の目的となる。だが，経済活動を権力からなるべく独立した市民社会の自律的な現象として理解しようとする自由主義的な見方とは対照的に，この視点は富と権力の相互補完性を強調する。そして何よりも経済現象が国家と国家の競争的な権力関係に対して持つ意味に強い関心を向けるのである。言い換えれば，国際社会が常に対立の可能性をはらんでいる以上，国際経済現象も本質的には国家間の権力関係の一環として把握するのが，この見方の特徴である。富の追求は国家の権力行為から独立した自律的な市場の作用というより，国家が安全や権力を求める行動の文脈で把握され，しばしば富は，より高次の国家目標の手段として捉えられるのである。

C. 世界政治経済の構造論：社会システムと経済

　自由主義にせよ経済ナショナリズムにせよ，そこには共通する前提が潜んでいる。市場における協調的な関係を基礎に国際経済関係を把握するのか，それともその権力的競争関係に注目するかの相違はあっても，ともに国家や市場といった制度そのものは所与とされていて，その起源や動態は視野の外にあることである。実は諸国が富を求める営みも，権力を争いあう営みも，その背後にある巨大な力によって長い時間をかけて形成されてきた舞台の上で国家という役者が演じている芝居のようなものかもしれない。いわばその役者たちの演技ではなく，舞台の仕組みに注目して世界の政治経済のあり方を理解しようとするのが，第三の視角である。よって国家や個人といった役者の演技よりも，台本や舞台装置といった役者を支配する非人格的な力の役割が強調される（▶ 6-5）。

　再び石油価格の高騰を取り上げれば，それは，金さえ出せば世界中から好きなだけ原材料が買える，パックス・アメリカーナやグローバル化と総

別せねばならない」（F. List, *The National System of Political Economy of Political Economy*, 1841, in C. Brown, T. Nardin, N. Rengger eds., *International Relations in Political Thought*, Cambridge U.P., 2002, pp. 552-53）。

　「今日の人気の高い学派〔自由主義〕は，まだ現実には存在していない状況をあたかも存在しているかのように仮定している。それは，世界的な同盟と永遠の平和状態を仮定し，そこから自由貿易の巨大な利益を演繹している。このようにしてそれは，原因と結果を混同してしまっている。すでに政治的な統合を達成した地方や国家の間には，永続的な平和が存在する。このような政治的な結合から，商業上の統合も生まれる。つまり，商業上の結合が大きな利益を生むのは，このように維持された政治的な統合の結果なのである。歴史が示す実例で見る限り，政治的な結合が先陣を開き，商業的な結合はそれに続いて起こる。商業的な結合が政治的統合に先行したり，政治的結合が商業的つながりによって成長したりした例は一つもない。しかも世界の現状のもとでは，完全な自由貿易の結果は，世界共和国ではなく，それとは正反対に，後進国が先進国の工業，商業，海軍力に決定的に従属してしまう結果になるであろう。このような結論の根拠は強く，我々の考えでは反論の余地のないものである」（*Ibid.*, pp. 555-56）。

▶ 6-5　モノを通じてみる世界史

　砂糖という身近な商品が，世界を一つに結びつけ歴史を動かす巨大な力となってきたと経済史家の川北稔は論ずる。

　「かつて歴史家は，国や国民を単位として，世界の歴史を考えていました。国民が勤勉に働き，無駄遣いをしなかった国は豊かになり，怠け者の多い国は貧しくなったのだというような考え方です。しかし，カリブ海にいろいろな産業が成立しなかったのは，黒人たちが怠け者だったからではありません。

　じっさいには，この地域が「世界商品」となった砂糖きびの生産に適していたために，ヨーロッパ人がここにプランテーションをつくり，「モノカルチャー」の世界にしてしまったことが，大きな原因だったのです。カリブ海で砂糖のプランテーションが成立したことと，イギリスで産業革命が進行したこととは，同じひとつの現象であったのです。アメリカ合衆国の南部に奴隷制の綿花プランテーションが成立したのも，18世紀までは，世界の綿工場の中心であったインドが綿花プランテーションの土地になっていったのも，いずれも，イギリスの産業革命と切り離しては考えられないことでした」（川北稔『砂糖の世界史』岩波書店，1996年，205-07頁）。

▶ 6-6　マルクスの国際社会像

　マルクスも資本主義が国境を越えて諸国を均質化する力学が働くと考えた。もっとも，マルクスはこれを，最終的には資本主義そのものを破綻へと導く歴史の力学が世界的に進行するむしろ破壊的なプロセスとして捉えていたが。

　「反動家にとってはなはだお気の毒であるが，かれらは，産業の足もとから，民族的な

称されてきた時代の転換点を暗示しているのだろうか。あるいはそれは，安価な化石燃料に大きく依存する世界の産業文明の限界を暗示しているのだろうか。だとすると，石油価格の高騰は，工業社会から脱工業社会への脱皮を促す一つの象徴的な出来事なのだろうか。もしそうだとすると，その次にくるのはいったいどんな時代になるのだろうか。このような巨大な問題意識に応じるには，政治や経済の細かな動きではなく，そのような個別の現象の背後にあって，世界のありようを左右している基本的な仕組みに注目し，その長期的趨勢や傾向を検討せねばならないだろう。言い換えれば，政治や経済の過程を見るのではなく，それらを支配している，社会の大きな力を問題にする**構造論**が支配的なアプローチになる。

　とりわけ経済発展の構造論的な影響に着目して，包括的な社会理論を組み立ててきたのが，マルクス主義である。その内容は論者によって幅があるが，**マルクス主義**は，生産力の発展が歴史を動かす基本的なエンジンだと考える。また，世界の基本的な対立は階級と階級の闘争であり，国家と国家の関係もそれぞれの歴史的な時点で存在していた経済構造の反映にすぎないと考える。マルクス自身は，資本主義経済が世界を資本主義にとって合理的な形で均質化すると考えたようである（▶ 6-6）。だが，戦争や貧富の格差といった国際政治経済の諸現象だけではなく，国家も国民も，そして我々が目にしている国際政治という現象そのものも，資本主義経済というグローバルな基本構造の運動によって説明しようとする発想は，様々な形を取りながら展開されていった（▶ 6-7）。

　もっとも構造論は，マルクス主義の独占物ではない。社会システムの基本構造を何に求めるかは，理論家によって大きく立場が相違する。たとえばマイケル・マンは，イデオロギー，経済，軍事，政治の四つの力が織りなす構造として社会を把握している（▶ 6-8）。他方でダニエル・ベルは，社会的な領域を，人間と物的世界の関係を表す経済的・技術的領域，権力への競争を調整する政治的領域，経験と超越的思想との象徴的意味の世界

土台を切りくずした。遠い昔からの民族的な産業は破壊されてしまい，またなおも毎日破壊されている。これを押しのけるものはあたらしい産業であり，それを採用するかどうかはすべての文明国民の死活問題となる。しかもそれはもはや国内の原料ではなく，もっとも遠く離れた地帯から出る原料にも加工する産業であり，そしてまたその産業の製品は，国内自身において消費されるばかりでなく，同時にあらゆる大陸においても消費されるのである。国内の生産物で満足していた昔の欲望の代りに，あたらしい欲望があらわれる。このあたらしい欲望を満足させるためには，もっとも遠く離れた国や気候の生産物が必要となる。昔は地方的，民族的に自足し，まとまっていたのに対して，それに代ってあらゆる方面との交易，民族相互のあらゆる面にわたる依存関係があらわれる。物質的生産におけると同じことが，精神的な生産にも起る。個々の国々の精神的な生産物は共有財産となる。民族的一面性や偏狭は，ますます不可能となり，多数の民族的および地方的文学から，一つの世界文学が形成される。……

　……一言でいえば，ブルジョア階級は，かれら自身の姿に型どって世界を創造するのである」（K・マルクス『共産党宣言』岩波文庫，1971 年，44-45 頁）。

▶ 6-7　ウォーラーステインの世界システム論

「資本主義世界経済が，ひとつのこのような史的システムを構成している。私の観点では，それは 16 世紀にヨーロッパで存在するようになった。資本主義世界経済は，資本の蓄積への駆り立て，（資本と商品と労働の）価格水準の政治的条件づけ，ならびに長期間にわたり着実に進む階級と地域（中核／周辺）の分極化を基盤とするシステムである。このシステムは，その後の世紀において地球全体を覆うように拡大し発展してきた。それは，今日では，矛盾をかかえた発展の結果として，システムが長期の危機にある時点に達している。

資本主義世界経済の発展は，近代世界のすべての主要な制度──階級，人種／民族集団，家計──そして「国家」をつくりだした。これらの構造はすべて資本主義以降のものであって，それ以前に遡るものではない。すべては結果であって，原因ではないのである。さらに，これらさまざまな制度は，実際上，相互に形成しあったのである。階級，人種／民族集団，家計は，国家によって，国家を通じて，国家との関連において規定されるが，逆にそれらは，国家を生みだし，国家を形づくり，国家を変型するのである。それは，絶えざる運動の構造化された大渦巻であり，その媒介変数は反復される規則性によって測られるが，その細かい点についてはつねに独特である」（I・ウォーラーステイン『世界経済の政治学──国家・運動・文明』同文舘，1991 年，46-47 頁）。

▶ 6-8　マンのモデル

「経済的な〈力〉の手段とは，私が実践の回路と名づけたものである。経済的な〈力〉は，とりわけ社会活動の二つの圏域を統合する。第一は，人間が労働を通じて行なう自然への積極的な介入で，マルクスが「実践」と呼んだものである。この特徴は内向集中的な

を意味する文化的領域の三つにわけて，それぞれの自律性をむしろ強調している。ともあれこの視点に立てば，人類社会の基本的な仕組みを決め，それを日夜変動させている目に見えない構造的な条件を解明するのが，中心的な課題となる。一般に経済の長期的趨勢は，個別的な政治的出来事の集積よりも長期的方向性を特定しやすいので，構造的な与件としてとらえるのに便利である。そのため，長期的な政治の動態を考える上で，経済を一つの構造的な独立変数とすることはマルクス主義に限ったことではない。だがそれ以外にも，技術革新，人口動態，生態系などは，その時々の個別的な政治的決定では制御できない構造的与件である。何らかの構造と個別的な政治行動との関係をどれくらい決定論的に捉えるかはともかく，日常的には我々が意識することすらないほど我々の行動の前提となっている条件を，この視点はえぐり出そうと試みるのである。

　国際政治経済学は，一つの視角で語るには，あまりにも多様で巨大な問題群を取り扱っている。あらゆることを同時に問題として設定できないし，それぞれの視点が一定の問題意識や世界観を前提とすることは避けられない。そして問題の提起の仕方によって，方法や解答も方向づけられる。国際政治経済学も人間を理解しようとする学問的な試みである以上，所与の問いにどのように答えるかということにとどまるのではなく，なぜある問いが発せられるのかということに対する問いかけ，つまり「問いに対する問いかけ」がなければ，学問的な深みは得られない。そして国際政治経済学が人間の営みを語る学問である限り，正確な情報の収集や緻密な概念操作に習熟するだけではなく，設定された問いかけの歴史的・思想的文脈や背景についての洞察を欠かすわけにはいかない。

ことで，働く人びとの集団を，局地的で緊密かつ濃密な協同と搾取とに巻き込む。第二は，自然から取り出された品物は加工と，最終的には消費のために，流通され交換される。これらの「回路」の特徴は，拡大包括的かつ複雑である。経済的な〈力〉はこのようにして，日常生活のルーティーンと民衆による実践の両方に接近し，社会中に分岐している通信輸送回路へと接近している。したがってこれはすべての安定的な権力構造にとって侮りがたい，本質的な部分なのである。しかしながらそれは，マルクスが好んで論じたような「歴史の原動機」などではない。これまでたくさんの時代と場所において，経済的な〈力〉のさまざまな形態は，重要な点で他の〈力〉の源泉によって形成され，再形成されてきた。一般的に言って，経済的な〈力〉の関係の「弱点」は——あるいはお好みの言葉で社会階級というものの「弱点」は，その拡大発展を所有と協同をめぐる実効ある規範に頼ってきたことである。ある時代ある場所では，こうした規範を確立したのは主として軍事平定だった……。別の時代や場所においては，それは主として規範的平和状態，すなわちイデオロギー的な〈力〉の運動がもたらす超越的な規範を通して確立された。……この両タイプにおいてわれわれが見出すのは，経済的な〈力〉と社会階級を再編成するのは主として軍事的あるいはイデオロギー的な〈力〉の構造だ，ということなのである」（M・マン『ソーシャルパワー：社会的な〈力〉の世界歴史』I，NTT 出版，2002 年，562 頁）。

◆文献案内

　自由な市場経済は，政治や社会を含む人間の社会生活にとってどのような意味を持つのか。経済学を専門としない政治学の学徒にとっても，経済学の古典は実に多くを教えてくれる。アダム・スミスの『国富論（諸国民の富）』は『道徳感情論』とともに，大部なので全部を読もうとすると大変だが，読みやすい新訳が出ているので，一部だけでも是非読んでみてほしい。また経済学を専門としない学生が，経済学の全体像をつかむには，ガルブレイス『経済学の歴史』（ダイヤモンド社，1988年），猪木武徳『経済思想』（岩波書店，1987年），松原隆一郎『経済思想入門』（ちくま学芸文庫，2016年）などの学説史が，読みやすく優れている。

　政治と経済，政治学と経済学の関係を基本から検討したものとして，チャールズ・キンドルバーガー『パワー・アンド・マネー』（産業能率大学出版部，1984年）は，博覧強記の経済史家が，人間や社会についての基本的な見方を語ったものである。北米の国際政治経済学の標準的な教科書としては，やや古いがロバート・ギルピン『世界システムの政治経済学』（東洋経済新報社，1990年），およびその続編とでもいうべき『グローバル資本主義』（東洋経済新報社，2001年），また北米の学問的流れに基づいた邦語の教科書としては，河野勝・竹中治堅編『アクセス国際政治経済論』（日本経済評論社，2003年）などが標準的であろう。

◆重要概念の整理

ハイ（ロー）・ポリティクス　　　市場メカニズム　　　権力とその限界
制度　　　気概　　　　社交性　　　自由放任主義　　　権力の資源
公共財　　重商主義　　　　　　　経済ナショナリズム　構造論
マルクス主義

◆例　題

①次のような言説が，時折理系の学生や専門家からきかれることがあるが，これに対して論評せよ。「政治学などにハッキリした答えはだせないし，未来も予測できない。テレビやインターネットから得られる知識で十分ではないか」。

②以下のような事業は，民営化して市場における自由な競争にゆだねられるべきか，それとも税金でまかなう公営とするべきだろうか。根拠を示しながら論ぜよ。
初等中等教育，高等教育，医療サービス，郵便，電力，消防

③次のような主張について議論せよ。
「オペラやクラシック音楽には助成があるのに，J–POPや演歌，漫画やアニメに公的助成がないのは不公正ではないか。これはエリートの文化的嗜好を反映した非民主的政策だから，文化助成から国家は一切手を引くべきである」。

第 2 章

国際政治経済の史的概観

マゼランの帆船「ビクトリア号」

1　グローバル政治経済システムの登場と西洋近代

　政治も経済も常に，人類とともにある現象である。人々は生活に必要な物的条件を確保するために，狩猟・採集生活から農業社会へ，さらには工業社会へとその様式を変化させるとともに，協同のための組織も，部族集団・都市国家や民族国家といった様々な形をとってきた。しかし人類史において，なかでも近代は大きな転換点だった。資本主義，科学文明，主権国家，自由民主主義，人権など，現代を生きる世界中の人類にとって基本的な制度や価値となっているものは，いずれも近代と分かちがたく結びついているからである。

　その近代はヨーロッパに起源があり，それが経済的にも政治的にも世界的に優勢になることによって，一方では主権国家という政治システムが，他方では地球全体を覆う世界経済システムが出現したと理解されてきた。国際政治学者が歴史を参照する際，普通近代ヨーロッパから説き起こすのはこのような理由からである。ヨーロッパの諸帝国以前にも，世界では帝国が興隆し崩壊してきたことは言うまでもない。忘れられがちだが，ユーラシア大陸の中央部を根拠に今日の中国からロシアや中東地域まで広がる，史上空前の版図を擁した帝国は，13世紀に誕生したモンゴル帝国だった。モンゴル帝国の広域的な支配によって，安全な交通システムが確保され，商人たちは安全にユーラシア大陸を商品とともに移動することが可能になった。加えて，塩を裏付けにした塩引とよばれる通貨を発行し，市場インフラの整備も行った。モンゴル帝国はこういった方法で，域内の主としてムスリム商人たちの活動を保護，振興し，そこから徴税することで，軍事的には優勢でも圧倒的に少数の遊牧民が広大な帝国の支配を継続することができたのである（▶1-1）。クビライ帝国の財政は，8割以上が塩の専売取引であり，のこる10〜15％が商税だったと言われている（杉山正明

▶ 1-1 「モンゴルの平和」

　「チンギス・ハーンの跡を継いだ第二代オゴテイ・ハーンは，チンギス時代の法令を成分化・公布して訴訟審理の手続きを定め，幹線道路に沿って「駅伝の制」を整備します。これは約30キロごとに替え馬を用意した駅站（宿泊施設）を置き，ハーンが出した身分保証の牌子を持つ急使や公用旅行者に，乗り換え用の家畜と食料を与えるものです。この駅伝システムは，秦の始皇帝の頃からありますが，モンゴル帝国でもそれを引き継いだのです（写真）。

　この牌子は金・銀・鉄の三種類があり，飛行機の座席のランクをイメージしていただくのがいいと思います。金の牌子はいわばファーストクラスで，最もいい馬を用意され，宿泊施設での部屋や食事も最高レベルです。銀はビジネスクラス，鉄はエコノミークラスという違いです。ローマ教皇の使節がカラコルムまで行った際，すごく扱いが悪かったと悪口を書き残していますが，一銭も払わないでヨーロッパからモンゴルまで旅をしたのだから，当たり前だと思います」（宮脇淳子「巨大化が遊牧帝国特有のシステムにもたらした機能不全――モンゴル帝国の崩壊」鈴木董編『帝国の崩壊――歴史上の超大国はなぜ滅びたのか』下，山川出版社，2022年，51頁）。

モンゴル帝国の最大領域（13世紀）

出所）鈴木編，同上書，56頁。

『大モンゴルの世界』角川書店，1992 年，273 頁）。

　中国やインド，それにオスマン帝国のようなユーラシア大陸の諸帝国に比べれば，ヨーロッパは圧倒的に後進地域だった。しかも当時の世界経済の中心だった東方への交易路でも，オスマン帝国によって東地中海地域の伝統的な通商路が使いにくくなった。様々な隘路や困難が人々を駆り立て，弱点を強みに変えてしまうことは，歴史で繰り返されてきた皮肉であり面白さでもある。ヨーロッパ諸国は，海洋進出という大きなイノベーションで困難を乗り越えようとした。そのため，15 世紀末から 16 世紀に，ヨーロッパから大西洋を横断しアメリカにいたる航路と，アフリカ南端を回ってアジアに達する航路が確立された。いわゆる**大航海時代**の開始である。その結果，諸大陸間の交易が継続的に行われるようになり，世界中の政治的・経済的な出来事が相互に関係するようになったのである。またアフリカから大西洋を横断してカリブ諸島や「新大陸」に夥しい数の人々が奴隷として連れて行かれ，さらに新大陸の原住民族が今日の基準で見れば恐るべき規模の大量虐殺の犠牲となり，その結果ヨーロッパ勢力が新大陸を政治的にも経済的にも支配するようになった（▶ 1-2）。

　また当時，東インドと呼ばれたアジアとの交易でも，ヨーロッパは大きな利益を得たので，その確保のためにここでも政治的関与を強めるようになった。そして新大陸やアジアから得た富は，ヨーロッパ自身にも大きな影響を及ぼした。たとえば大量の貴金属の流入によって貨幣の流通量が増えた。それによって生じたヨーロッパでのインフレは，機敏な商人には利益の機会となり債権者には損失を与えた。さらに新大陸ではサトウキビの栽培が，奴隷を労働力として大々的に始まり，ヨーロッパにはジャガイモやトウモロコシが持ち込まれ，大量に消費されるようになった。それだけではなく，感染症やマスケット銃などの技術，さらには世界の様々な観念や文化も継続的に交流されるようになったのである。つまり地球上の人々の運命が，グローバルな交易ネットワークを通じて結びつき始めたのであ

▶ 1-2 大航海の意義

「計画（Plan）と市場（Market）という二つの基本的な経済組織原理についていえば，市場のほうが計画よりも歴史は浅い。原生人類史の起源は，現在知りうるところでは，約4万年前に遡る。人類はその歴史的存在のうちの最初の3万年間を，集団を構成し，集合的な生活様式や経済様式に埋没しながら，狩猟・採集人として遊動的生活をした。よくわかってはいないが，しかしこの3万年間は，人類は交易や市場（Tausch und Markt）を知らずに暮らしたといって良いだろう」（G・ハルダッハ，J・シリング『市場の書』同文舘，1988年，4頁）。

「中世の遠隔地商人の華々しい活躍ぶりのすべてに眼を奪われがちだが，この時代の経済は，原則としては地域に結び付いていたのだという点が忘れられてはならないだろう。家政経済，地域経済，そして海上の商業空間もすべて，相対的に閉鎖されたシステムの中で形成されたのである」（同，111頁）。

「アメリカの発見と，喜望峰回りのインド航路の発見は，人類の歴史のなかでもとくに偉大で重要な出来事であった。その影響は現在の段階でもきわめて大きいが，この二つの発見からまだ三世紀もたっていないので，これほどの短期間では影響のすべてがあらわれることはありえない。この二つの偉大な出来事から，人類がどのような利点を得られるのか，あるいはどのような不幸な結果になるのかは，人間の知恵では予想できない。世界のなかでとくに遠くにあるいくつかの地域を多少なりとも結び付けることで，そして，それぞれの不足を補いあい，それぞれの生活を豊かにし，それぞれの産業を刺激しあうことで，全体的には人類に好影響を与えていると思える。だが，アジアとアメリカの先住民にとって，この二つの出来事によって得られるはずだった商業的な利益が，それらによって起こった恐ろしい不運のためにすべて失われている。しかしこの不運は，これらの出来事自体の性質によるものではなく，偶然によるものだとみられる。この二つの発見の時期にたまたま，ヨーロッパ人は圧倒的に強い力をもっていたため，遠方の国で，何の処罰も受けることなく，正義にもとる行動をあらゆる種類にわたってとることができた。おそらくは今後，これらの国の住民はもっと強くなり，あるいはヨーロッパ人の力が弱まって，世界各地の住民が対等の勇気と力をもつようになるとも思える。そうなってはじめて，互いに恐怖心をもつようになり，一部の国の不正を抑えることができるようになり，各国が互いの権利を認めあうようになるだろう。だが，各国間の力の均衡をもたらす要因としては，各国が知識とあらゆる種類の改良を伝えあうこと以上のものはないと思える。そしてすべての国が互いに広範囲な貿易を行っていけば，自然に，いや必然的に，これらの点を伝えあうことになる」（アダム・スミス『国富論』下巻，日本経済新聞出版社，2007年，213-14頁）。

る。

　非西洋は西洋との接触によって，以上のような巨大な変容を余儀なくされたが，ヨーロッパは長らく，ユーラシア大陸の西端に突き出た後進地域にすぎなかった。西洋が軍事的にも経済的にもトルコやインドや中国など伝統あるアジアの政治勢力を圧倒するようになるのは，19世紀になってからのことであり，「西洋の衝撃」だけで近代以降の世界史のすべてを説明するのも間違いであろう。大航海時代に，世界経済の周辺にあったヨーロッパが，インドや中国などの世界経済の重心との交易によって世界を大きく変えたにせよ，アラビア海，インド洋，そして南シナ海には，それぞれの地域に固有の通商システムがあり，ヨーロッパ人もそれを利用しながら利益を得ていたのである。

　他方で政治的には，20世紀後半に世界中を覆うようになった主権国家および主権国家システムの起源がヨーロッパ近代にあったことは疑問の余地がない。ヨーロッパで王権がその力を強め，都市国家や伝統的な帝国を圧倒して，自国領域を排他的に支配する主権国家が誕生した。それがヨーロッパ内外の他の政治単位を淘汰し，長らく経済的にも文化的にもイスラーム世界やインドや東アジアの後塵を拝していたヨーロッパ諸国家が，圧倒的に強力になったことは否定しがたい。しかもそれらの諸国家は，ヨーロッパでは一つのシステムを形成し，主権国家間の関係の制度化が進んだことが重要である。外交や国際法など現代世界の国際システムを支える基本的な制度は，近代ヨーロッパに直接の起源を求めることができるからである。

　このような主権国家の支配者だった絶対君主たちにとって，貿易はリスクも大きいが，莫大な利益をもたらす魅力ある収入源である。諸国が争って新大陸やアジアとの貿易を振興したのはそのためであった（▶ 1-3）。この結果，国際貿易を国家の財源，ひいては国力の源として重視する重商主義が絶対王政下のヨーロッパを支配した。重商主義という言葉は多義的で，

▶ 1-3　遠隔地貿易の収益性

　史上はじめて世界一周の航海に成功したマゼランの 5 隻の船団は，1 隻だけが 3 年後にポルトガルにたどり着いた。

　「1522 年 9 月 9 日，マゼラン探検隊約 280 人のうちで九死に一生を得て帰国した 18 人は，何よりもまず神の加護に感謝の祈りをささげるべく，サント・マリア・デ・ラ・ビクトリアとサント・マリア・デ・ランティクアの聖堂に参詣した。3 年前の 1519 年 8 月 10 日には提督マゼランが，きらびやかな武装をして広場に整列する全隊員を代表して，航海の無事を祈り，スペインの王旗を授けられたのと同じ場所である。色あせ，擦り切れた王旗は生存者の手で持ち帰られたが，世界周航の偉業を成した真の功労者マゼランはついに帰らなかった。……ビクトリア〔帰還した唯一の船の名前〕の持ち帰った香辛料は約 26 トン，マゼラン艦隊派遣に要した費用を償ってなお，余りがあった。だが，報いられたのは生還者だけであった」（杉浦昭典『海賊キャプテン・ドレーク』中公新書，1987 年，3 頁）。

　「……わが国の富と財宝を増加するための通常の手段は，外国貿易によることなのである。そのばあいに，われわれがつねに守らなければならない原則がある。すなわち，年々，われわれが消費する外国商品の価値額 value よりもなお多く外国人に販売すべし，ということこれである」（T・マン『外国貿易によるイングランドの財宝』東京大学出版会，1965 年，17 頁）。

　「……外国貿易の真の姿と価値を見よ。それはわが国王の偉大な蔵入であり，わが王国の栄誉であり，貿易商人の高貴な職業であり，わが国の工芸のための教場であり，わが国の必要品の供給者であり，わが国の貧民の仕事の供与者であり，わが国土の開発者であり，わが国の水夫の養成所であり，わが王国の城壁であり，わが国の財宝の源泉であり，わが国の戦争の腱であり，わが敵国の畏怖の種である。これら重にして大なる理由のために，多数の好ましい統治下にある国家はこの職業を大いに奨励し，慎重にその活動を育成するのであり，たんに深慮をもってそれを伸張せしめようとするばかりでなく，強力をもって外国のあらゆる侵略からそれを護ろうとする。なぜならば，それらの国家は，自国とその財宝を支えるものを維持し防衛することが，国策 Reason of State の機軸であることを知っているからである」（同，150-51 頁）。

その内容も必ずしも明確ではないが，ジェイコブ・ヴァイナーの古典的な研究によると，その本質は次の諸点に要約される。(1)富は国防または侵略のために必要な手段である。(2)権力は富の保持または獲得のために必要ないし有用である。(3)富と権力はそれぞれ国家政策の最終目標である。(4)富と権力の追求は長期的には矛盾しない。言い換えれば，物質的富と政治権力の追求は背反することではなく，むしろ相互補完的な関係にあること，ただしそこで重視されていた目標は，国民の福祉ではなく国家の権力であり，富の獲得の手段としても，自由な交換や生産の拡大ではなく，貿易の独占や武力による収奪など権力的な方法が強調されていた点が，顕著な特徴だった。

　以上のような重商主義的な政治経済観は，理論的な考察というより，経験的な政治的現実への対応の積み重ねの結果であった。実際に当時の貿易は，軍事力と一体になった略奪的，冒険的なものであり，金や銀であれ，香料であれ，砂糖であれ，茶であれ，高価な産物の供給と輸送を暴力的な手段で独占することで利益を得ようとするものだった（▶ 1-4）。広大な海上には国家権力の保護は及ばず，航行の安全を確保する条約は存在しないか，あってもあてにならなかった。海賊による略奪は日常茶飯事であり，貿易に従事する者は自らの力で自分の身と積み荷を守らなくてはならなかった。このような状態では，そもそも貿易と略奪との境界も明確ではなく，奴隷商人たちが海賊となって他国の船を襲い，時には国王の海軍力の一翼を担うことも当然視されていた。つまりこの時代の貿易は，軍事と表裏一体の関係にあった。平和な生産や交換よりも，貿易とは限られた量の富を暴力的に争奪することであるという経済観は，当時の現実を考えると，不自然なものではなかったのである（▶ 1-5）。

　当時の重商主義者が貿易黒字を出すことで，金や銀などの貴金属の蓄積に執着したことは，後の自由主義者から激しく批判された。だが当時東アジア貿易で，ヨーロッパ諸国がのどから手が出るほど欲しかったスパイス

▶ 1-4　大航海時代の貿易と暴力

　日本が「鎖国体制」に入る 17 世紀前半，オランダ東インド会社は莫大な利益の出る現在のインドネシアとの香料貿易を独占しようとして，イギリスや現地勢力と激しく戦い続けた。同社の「商務員」だったヤン・ピーテルス・クーンは，利益を得るために血なまぐさい闘争で辣腕ぶりを発揮し，本国の取締役会である「一七人会」からも評価されるようになった。

　「上級商務員」に昇格したクーンは，新しい簿記の技術にもとづいてオランダ東インド会社の経営に関する才気あふれる分析を提示した。その報告書はすぐに一七人会の目を引いた。統計分析に熱中する現代の MBA の元祖ともいうべきクーンは報告書のなかで，17 世紀最先端の経営管理論を駆使し，会社はその複雑な事業からほとんど利益をあげていないと指摘した。そこでクーンは二つの方策を提案した。一つ目は三種類の「高級スパイス」，すなわちナツメグ，クローブ，メースの貿易を独占すること，そして二つ目は現地の労働者の情け容赦ない搾取やオランダ入植民者の招致および奴隷の導入も含め，手段を問わずにこの目的を達成することだった。

　ロントール島の虐殺にかかわったことが，この報告書の提言と，のちのクーンの残虐さに影響を与えたのかどうかは定かではない。しかし確かなことが一つあった。それは，新しい貿易は武力をもって達成されなければならないということである。

> 閣下は経験から知るべきです。アジアでの貿易は閣下ご自身の武器による保護と恩恵のもとに遂行され，維持されなければなりません。そしてその武器は，貿易によって得られた利益でまかなわなければなりません。したがって，戦争なくして貿易はなく，貿易なくして戦争もないと知るべきです」

（ウィリアム・バーンスタイン『交易の世界史』下，ちくま学芸文庫，2019 年，59-60 頁）。

▶ 1-5　戦争と貿易

　カナダの国際政治学者カル・ホルスティは，1648 年から 1989 年までの全部で 177 の戦争を検討し，それぞれの原因を分析している。65 頁の表は，それぞれの時代の戦争が各々の原因とどのくらい関連しているかをパーセンテージで表したものである。17-18 世紀には貿易上の争いが，領土や継承権問題と並んで実に頻繁に戦争原因となっていたことがわかる。だが，19 世紀になると王位継承や宗教問題と同様，貿易は主要な戦争原因ではなくなっていき，第二次大戦後はほとんど姿を消してしまった。

や陶磁器，それに綿や絹などと交換できる商品は，貴金属以外にはあまりなかったのも事実だった。また貿易決済だけではなく，国外への軍隊の派遣や同盟国への援助などのためにも貴金属は王室財政にとって取扱いの容易な富の形だった。つまり政治的にも行政的にも国民経済から資源を調達する能力の限られていた当時の国家が，国民国家全体の生産力の拡大よりも貴金属の獲得を重視したのは，理由のないことではなかったのである。

　ともあれ大西洋航路が開かれたことで，地中海でヨーロッパとアジアとの貿易を担って繁栄していたヴェネツィアやジェノヴァなどの都市国家は力を失い，ギリシャ・ローマ時代から文明圏を形成していた地中海世界は没落した。それにかわって16世紀にはスペインやポルトガルが，さらに17世紀にはオランダやイギリスが国力を伸張させ，政治の重心は徐々にヨーロッパ北西の地域に移っていったのである。

2　自由貿易の展開とイギリス

　重商主義に鋭い批判を加えたのは，よく知られているようにアダム・スミスである（▶2-1）。スミスは，富の源泉は国民一般の生産活動であり，それを刺激するには自由な交換による分業こそが合理的であると論じた。もし富の源泉が，遠隔地貿易の独占や貴金属の蓄積にあるのではなく，生産と平和的な交易にあるのなら，国際経済関係は戦争とは正反対の，すべての国が利益を得る協力的な営みであるということになる。

　権力政治の常識や素朴な直感に反するこのような自由主義的な考え方は，その後，当時貿易で栄えていたイギリスで影響力を急速に拡大した。フランス革命とそれに続く戦争によって，自由貿易への動きは一時中断したが，ウィーン体制によりヨーロッパに平和が訪れイギリスの海上での覇権が安定した1820年代から，開明的な官僚や政治家たちによって，**自由貿易運**

1648-1713

領土	55
通商・航海	36
王位継承	31
戦略的領土	23
国家および体制の生存	23
宗教的保護権	14
条約の強制	14

1745-1814

領土	67
通商・航海	36
王位継承	22
戦略的領土	17
国家および体制の生存	17
政府の構成	14
宗教的保護権	11
植民地の獲得競争	11
同盟国の保護	11
帝国・国家建設	11

1815-1914

国家および帝国領の防衛	55
領土	42
民族独立・国家建設	29
民族統一	26
通商・航海	13
戦略的領土	13
政府の構成	13

1918-41

領土	47
国家および体制の生存	37
戦略的領土	30
条約の強制	30
国家および帝国領の防衛	30
帝国・国家建設	20
通商・資源	20

1945-89

民族独立・国家建設	28
国家および帝国領の防衛	28
政府の構成	28
領土	24
戦略的領土	21
国家および体制の生存	21
民族統一。その確立	17

出所）K. J. Holsti, *Peace and War: Armed Conflicts and International Order 1648-1989*, Cambridge U.P., 1991, tables 3.3, 5.3, 7.3, 9.3, 11.3.

▶ 2-1　アダム・スミスの重商主義批判

　「……このような政治原則（重商主義のこと——引用者）によって，近隣諸国を貧乏にすることが自国の利益になるとされてきた。各国は貿易相手国の繁栄を妬み，貿易相手国の利益は自国の損失だと考えるように教えられてきた。個人の間の取引がそうであるように，国の間の通商も交流と友情を深める道になるものなのに，逆に不和と敵対心を生み出す最大の源泉になっている。国王や政治家の気まぐれな野心すらも，17世紀と18世紀には，商工業者の見当違いの敵愾心ほど，ヨーロッパの平和に大きな打撃は与えていない。支配者の暴力と不正は昔からの罪悪であり，人間の性質を考えれば，改善の余地はほとんどないのではないかとも思う。しかし，商工業者は支配者ではなく，支配者になるべきではないので，その浅ましい強欲と独占の精神はおそらく矯正が不可能だとしても，そのために仲間うちで争うのはともかく，他の階層の平穏を乱すようになる事態は簡単に防げるとも思える。

　この政治原則が当初，独占の精神によって作られ，広められたことに疑いの余地はない。当初にこの原則を教えた人はもちろん，それを信じ込んだ人ほど愚かではなかった。どの国でも，必要とするものをもっとも安い価格で売る人から買うのが，国民の大多数にとってつねに利益になっているし，なるはずである。これはあまりに自明のことなので，証明する手間をかけるのが馬鹿げていると思えるほどである。そして，商工業者が自己利益のために説弁を弄して世間の常識を混乱させていなければ，この点が疑問とされることもなかったはずだ。この点で，商工業者の利害は国民全体の利害と真っ正面から対立している」（A・スミス『国富論』下，72頁）。

動が大きな思想的・政治的運動へと発展していった（▶ 2-2）。

　関税は徴税が容易だったので，伝統的に国家にとって重要な財源だった
が，1840年代になって，時のピール首相は，ナポレオン戦争後に廃止さ
れていた所得税を再導入し，それにともなって輸入品に対する関税の大幅
引下げを断行した。そして国内の農業を保護し安価な外国穀物の輸入に高
関税を課する穀物条例が保護主義の最後の砦となるにいたった。

　当時のイギリスの政治エリートは概ね地主階級であり，彼らがイギリス
農業に不利な政策に合意することはなさそうだった（▶ 2-3）。だが，イギ
リス国内でも産業化の進展とともに，国内の政治勢力のバランスが変化し，
農業に関係する利害が相対的に後退していた。しかも穀物条例の廃止が議
論されていた1845-46年には，アイルランドで深刻な飢饉が生じた。イギ
リスでは人口増加の結果，18世紀末以来，穀物輸入への依存が強まり，
この時期の輸入依存度はすでに10-15％に達していた。そのような状態で
穀物輸入を制限し続ければ，食料価格が高騰し暴動すら起こりかねなかっ
た。このような差し迫った政治的な必要に，前述の自由主義的な考え方の
知的な影響力が加わって，とうとう1846年には穀物条例が廃止され，以
来イギリスは自由貿易を国是として繁栄の時代を築いたのである。

　その後1850年代には一時クリミア戦争によって自由化へのテンポが
鈍ったものの，1860年には時の蔵相のグラッドストンが，大幅な関税の
引下げを断行し，当時残存していた食料輸入に対する関税はすべて廃止さ
れた。またちょうどその頃フランスでは，イギリスの自由貿易論に影響さ
れたサン＝シモン主義者であるミシェル・シュヴァリエが，国家主導の産
業化を推進しようとしていたナポレオン3世を説得して，同年**コブデン・
シュヴァリエ条約**として知られる英仏通商条約が締結された。この条約に
よって，イギリスは製品輸入に対しては一切の関税を廃止するとともにブ
ランデーやワインに対する関税も大幅に低減することを約束し，他方フラ
ンス側はイギリスの石炭や鉄鋼，機械製品などの関税を引き下げる譲許を

▶ 2-2　19 世紀イギリスの自由貿易運動

「私は物質的な利益に重きを置きすぎているとして非難されてきました。しかしながら，この強力な原理〔自由貿易のこと〕の結果を重大で巨大なものであると考える点で，この問題を研究し思いを馳せた他の誰にも引けをとらないと断言できます。この原理の成功が人類にもたらす利益のうちで，物理的な利益は最も小さなものだと私は考えています。より遠くを見ると，次のように見えるのです。自由貿易の原理が，宇宙における引力の法則のように道徳の世界に影響を及ぼし，人々を互いに結びつけ，人種や信条や言語からくる反感を退けて，我々を永遠の平和の絆でかたく結びつけていることが。またさらに彼方には，夢のような話と聞こえるかもしれませんが，遠い未来，もしかすると 1000 年も先の未来について想像してみると，この原理の勝利がもたらす結果，この世界が一変し，現在一般的なものとはまったく異なった政治システムが導入されているのも見えるのです。そこでは壮大で広大な帝国，強力な陸軍や精鋭な海軍を保持し，生命を破壊し労働の成果を無に帰するために資源を使おうとする動機も欲求も，消え失せるだろうということも。人類が一つの家族となり，労働の成果を兄弟と自由に交換できるようになれば，そのようなものは必要がないのですから。そしてもし遠い未来にこの世を再び訪れることができたなら，世界の政府はさながら地方政府のようになっていて，1000 年後の哲学者が，世界史上最大の革命が，我々が今日ここで提唱している原理の勝利に遡ることができると論じている姿を目にするだろうとも信じています」（1846 年，マンチェスターにおけるリチャード・コブデンの演説。G. and S. Modelski, *Documenting Global Leadership*, Macmillan, 1988, p. 292）。

▶ 2-3　穀物条例擁護論

「……イギリスに限らず，すべての国々を観察して，国民的産業の二大部門の間に均衡を維持することは，政権の座にある大臣の第一の義務であり，かつ国家の最高の利益であるといってよい。それは過去 200 年にわたって，すべての偉大なる大臣たちによって認められてきた原理である。この原理の根拠は，ほとんどそれを挙げる必要がない程明白である。われわれが，国民的産業の二大部門間の均衡を維持しなければならない理由は，政治的考慮——国家の安全はもとより人々の幸福や繁栄や道徳に影響を及ぼす社会的考慮——をいる。……この国には，たんに国民的産業の二部門間の均衡を維持すべきだというばかりでなく，農業部門に重きをおくべき特別の理由がある。……それはイギリスにおいては，地方自治制がおこなわれているからである。われわれは，教会の収入や法にもとづく行政や貧乏人の救済を地主にたよってきた。このことは，土地所有者の誇りを満足させたり，奢侈を過度に放任するためになされたのではなく，諸君や諸君の先輩たちが，地方自治制の中に他の諸国に根を下ろしてきた中央集権制に反対する唯一の防壁を，自治政府にとっての唯一の保証を見出していたためである」（ディズレーリの 1846 年 2 月 20 日の演説。宮崎犀一他編『近代国際経済要覧』東京大学出版会，1981 年，77 頁）。

行った。この英仏通商条約は，他のヨーロッパ諸国との通商条約の締結を刺激し，その結果ヨーロッパの主要国は1860年代から自由貿易体制のネットワークを形成し始めたのである。

　プロイセンでも1818年の関税法で，当時のヨーロッパ内では屈指の低関税を定めており，その後プロイセンを核にドイツ関税同盟が結ばれると，このような低関税はより広範な地域に広がるようになった。ドイツが低関税政策を採用した理由には，禁止的な高関税では結局貿易は行われないか，密輸を促してしまうだけで，だとすると関税収入に貢献しないだろう，という「非自由主義的」な動機もあった。だがこの政策の背景にあった重要な動機は，プロイセンの統治階級であったユンカー（土地貴族）たちが輸出に利益を見いだしていたからでもあった。すなわち，当時プロイセンの農業は国際競争力が強く，地主階級のユンカーは自由貿易にこそ利益を見いだしていたからである。

　自由貿易への動きは一本調子で発展していったわけではない。1870年代末から，保護主義的な傾向が強まった。その直接的な原因は，73年から79年まで続いた長期の深刻な不況によって，製造業者が国内市場を確保するために保護を求めたことであった。また80年代にはアメリカとロシアからの大量の穀物輸入が始まり，それによってヨーロッパ諸国の農業が厳しい調整を迫られたため，農民や地主階級と製造業者がともに保護を求めたという事情があった。加えて，この時期のヨーロッパにおける保護主義の再来には，ドイツやイタリアといった新たな国民国家が登場したことに象徴されるナショナリズムの高揚が関係していた。さらに新興国は自国の工業化を促進するために保護政策に訴えたし，鉄道などのインフラストラクチャーの整備や軍備，時には福祉政策のための政府財源が必要だったといったことも保護主義の高まりに関係していた。

　ドイツでは1879年に工業製品および農産物の関税が引き上げられ，85年と88年にも大幅な関税の引上げが続けて行われた（▶ 2-4）。イタリア

▶ **2-4 ビスマルクの帝国議会での演説（1879 年 5 月 2 日）**

「私は，保護貿易や自由貿易を抽象的に議論するつもりはない。……我国は，諸外国の輸入品に対して，門戸を広く開放し，そしてこれらの全ての諸国の過剰生産のごみ捨て場になってきた。ドイツは諸外国の生産の余りもので水浸しにされ，価格は下落を続けてきた。その結果，我国の全ての産業の発展と全体的な経済的地位が痛手を被ってきた。もしも，保護主義を採用することの危険性が熱狂的な自由貿易主義者が語る程大きいとするなら，フランスはとっくの昔に衰退していたであろう。なぜなら，フランスはコルベールの時代から保護主義を採用してきたからである。……

こうした諸問題において，私は，他の有機的組織体に適用された諸理論に対して懐いたのと同様の疑問をもって，科学的諸理論を見ている。……抽象的な科学の金言は，私にとって少しの権威もない。私の意見は，我々が生きている現代の実践的経験にもとづいている。私は，保護主義を採用している諸国が繁栄しつつあり，自由貿易主義を採用している諸国が衰退しつつあると見なしている。強壮な運動選手，巨大なイングランドは，その体力を強化した後に自由市場に踊り出で，そして，「私に戦いを挑むものは誰だ？　誰とでも相手になる用意がある」と言った」（J. E. Barker, *Modern Germany : Its Rise, Growth, Downfall and Future*, John Murray, 1919, pp. 180-81，宮崎犀一他編『近代国際経済要覧』東京大学出版会，1981 年，94 頁）。

▶ **2-5 英米の関税率の変遷**

平均輸入関税，イギリス 1796-1972 とカナダ 1868-1972

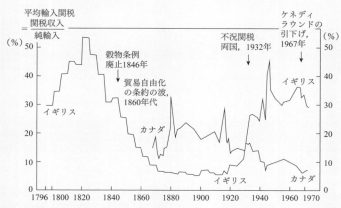

注）総純輸入の百分率としての関税。
出所）C・P・キンドルバーガー，P・H・リンダート『国際経済学（第 6 版）』評論社，1983 年，228 頁。

でも 78 年に大規模な関税引上げが実施され，フランスでも 92 年に平均
25％に達する関税の引上げが行われた。またアメリカでは，独立以来 19
世紀初頭までは，ナポレオン戦争の影響もあって，ヨーロッパとの通商関
係が途絶え，そのため国内産業がヨーロッパからの競争にさらされること
なく一大発展を遂げた。その後，一時関税率が引き下げられるが，南北戦
争以後ふたたび高関税政策がとられ，それはヨーロッパ諸国の貿易自由化
によってもまったく影響されなかった。さらに 1890 年代になると，いわ
ゆるマッキンレー関税によって，貿易政策は一層保護主義的になった。こ
のようにして，第一次大戦が始まるまでには，一貫して自由貿易政策を採
り続けたのは，イギリス，デンマーク，そしてオランダに限定される状態
になっていた（▶ 2-5）。

　また 19 世紀末になると，ヨーロッパの諸列強の間で，アジア・アフリ
カの領土を政治的に支配し，排他的な自国市場として囲い込もうとする動
き，つまり**植民地帝国主義**が強まった。また国内市場では巨大な独占企業
や金融機関が現れるとともに，開放的な市場における競争と，それによる
国際秩序の安定化という自由貿易論者の希望とはかけ離れた現実が出現し
つつあった。関税の相次ぐ引上げや，植民地の争奪戦が目立つようになっ
たことは，ただでさえとげとげしさを増していた欧米の大国間関係のあり
方を反映するとともに，そのような国際政治上の関係を一層険悪化させた。

　それにもかかわらず，国際社会の経済関係が 17 世紀や 18 世紀の重商主
義時代に逆戻りしたわけではなかった。世界の貿易は順調に増加し，おそ
らく第一次大戦前夜の国際経済体制は全般的に開放的で，国際経済の相互
依存関係はきわめて密接だった（▶ 2-6）。国際貿易は保護的になり，植民
地帝国主義が幅をきかせるようになったものの，イギリスは基本的に自由
貿易政策を維持したし，国際資本移動は自由だったので，国際金融の世界
の開放度はきわめて高かったのである。

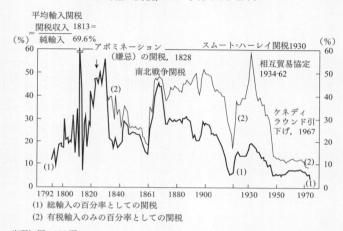

平均輸入関税, アメリカ 1792-1974

出所）同, 228 頁。

▶ 2-6　世界の貿易量と成長

18 世紀以降の世界貿易・工業生産の実質成長率の推移と通商ルールの系譜

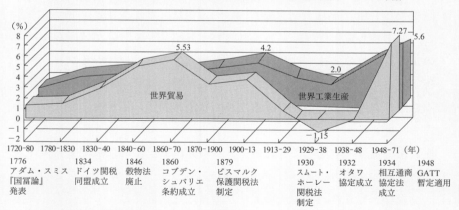

注）世界工業生産の 1720-80 年の値は, 1705-85 年の値。
出所）『通商白書』平成 4 年版, 総論, 218 頁。

3 戦間期の国際経済秩序の混乱

第一次大戦は国際政治と国際経済の両方に巨大な変動をもたらした。戦後ヴェルサイユに集まった諸国の指導者たちは，第一次大戦前の古き良きヨーロッパ秩序の再建を目標とし，「常態（normalcy）への復帰」が追求された。だが，その結果出来上がった国際経済体制は，不安定で脆弱なものになった。

第一次大戦は，国民経済を総動員して 4 年間にわたって殺戮と破壊を繰り返した史上最初の総力戦であった。そのためヨーロッパ経済全体が極端に疲弊しただけではなく，その責任をすべて敗戦国のドイツに帰することで処理しようとしたために，大きな災禍を招いた。戦後処理を定めたヴェルサイユ条約は，ドイツが戦争による連合諸国の損害を賠償するという原則を定め，具体的な賠償額を算定するために賠償委員会が設置された。その賠償委員会は，1921 年に賠償総額を 1320 億金マルク（約 66 億ポンド）とし，返済スケジュールも定められたが，ドイツ経済自身が破滅した以上，そのような巨額の支払いは非現実的であった。それは戦後ドイツとの和解を不可能にするという政治面でのマイナスだけではなく，結局ドイツ経済の立ち直りを遅らせ，ひいては戦勝国の経済的再建の足かせともなったのである（▶ 3-1）。

それまで世界を支配してきたヨーロッパ諸国が経済的に疲弊したのに対して，大西洋の彼方にあったアメリカが，今や圧倒的な経済力をもつ大国として登場してきた。だがそのアメリカは，政治面では自らが提案した国際連盟に加わらなかったし，経済面でも国際経済秩序の再建に積極的に関わるどころか，孤立主義という近視眼的な政策をとった。たとえば，戦時中イギリスやフランスなどの連合諸国は多額の資金をアメリカから借り入れて，なんとか必要な物資を賄ったため，アメリカは一挙に世界に資本を

▶ **3-1　ケインズのヴェルサイユ条約批判**

　「ドイツが年々何十億ポンドにものぼる支払いをなしうると信ずる人びとがいるとすれば，それらの人びとは，いったいどのような具体的商品でこの支払いをさせようと意図しているのか，またいったいどこの具体的市場でそれらの商品が販売可能なのか，を言明すべきである」（J・M・ケインズ『平和の経済的帰結』［ケインズ全集　第2巻］東洋経済新報社，1977年，158頁）。

　「ドイツを一世代にわたって奴隷状態におとしいれ，何百万という人間の生活水準を低下させ，一国民全体から幸福を剥奪するような政策は，おぞましく，また憎むべきものである——もし仮にそれが可能だとしても，もし仮にそれがわれわれを豊かにするとしても，もし仮にそれがヨーロッパの全文明生活の荒廃の種子を播かないとしても，おぞましく，また憎むべきものである。この政策を，一部の人びとは正義の名において説いている。人類史の大事件においては，諸国民の複雑な運命を解きほぐすに際しては，正義は，それほど単純ではない。また，もし仮に正義が単純だとしても，諸国民は，宗教によっても，また天賦の道徳律によっても，敵国の子孫に対して，その親や支配者たちの悪事に報いることを許されてはいないのである」（同，177頁）。

貸す債権国になり，イギリスやフランスなどは戦債をアメリカに負う立場になった（▶3-2）。すでに疲弊していたヨーロッパ諸国は戦債の減免を求めたものの，アメリカは「契約の神聖」を盾にあくまで債務の支払いを求めた。英仏が戦債を償還するには，アメリカに巨額の輸出をして貿易黒字を稼ぐしかなかったが，アメリカは関税の引下げに積極的には応じなかった。結局「ドイツ人に払わせろ」が合言葉になったものの，そのドイツも巨額の賠償に応じようとすれば，国内の生産を拡大し，旧連合国に対する輸出を増やさざるをえない。しかし連合国は，国内経済の立て直しのためにむしろ保護主義政策に傾きがちであった。

　後から考えればこのような**戦債・賠償問題**を解決するには，アメリカが戦債の減免に柔軟な姿勢をとるのが最良の方法だったであろう。だが結局アメリカは1924年，ドーズローンという民間ベースの対独借款で対処することにした。ドーズローンは賠償総額の減免を定めてはいないものの，8億マルクの公債を民間市場で発行すると同時に，賠償の支払いを向こう4年間，年額5000万マルクに制限するもので，これによってドイツのインフレは終息し，経済は安定しはじめた。それとともに，ドイツは英仏への賠償金の支払いを開始し，それによって今度は英仏がアメリカに戦債を返済するという資金の循環が形成されたのである。

　第一次大戦中にはロシアで世界最初の共産主義革命が勃発し，これによって政治面ばかりではなく，経済体制面でも社会主義経済というまったく異質な経済モデルを採用することで，それまでの西欧中心の秩序に対する挑戦が始まった。21世紀初頭までには共産主義の破綻はあまりにも明らかとなったが，第一次大戦後，経済的にも政治的にも荒廃したヨーロッパの多くの人々にとって，搾取なき平等社会を約束する人間解放の思想は，大きな希望の星だった。巨大な産業発展の陰で多数の労働者が貧困に喘ぎ，「帝国主義戦争」で何百万人もの人々が戦場に倒れた資本主義の現実に代わる世界として，共産主義の理想はまばゆい輝きを放っていたのである。

▶ 3-2　戦債・賠償問題

第一次大戦終結時における連合国間債務

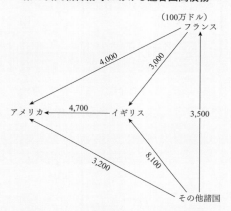

出所）C・P・キンドルバーガー『大不況下の世界 1929–
1939』東京大学出版会，1982 年，21 頁。

　なお 1922 年に米議会で可決された戦債整理法によれば，戦債の償還期限は 25 年以内で利率は 4.25 ％以内でなければならないと定められたが，これは事実上，実行不能な条件であった。

加えて欧米諸国や日本の植民地統治下にあったアジアでは，資本主義は帝
国主義であり，民族解放には社会主義の道しかないという論理は説得力の
あるものだった。そのため覚醒しつつあったそれらの地域のナショナリズ
ムに，共産主義思想が結びつくことになった。このようにして一方で私的
所有と市場における自由な交換に基礎を置く自由主義経済と，生産手段の
公有と国家による生産の集団化・計画化によって特徴づけられる社会主義
という二つの体制原理の対立が，20 世紀の知的情景の基本的な構図に
なったのである。

　そもそも基礎が不安定だったこの時期の西側経済の小康は，長続きしな
かった。1929 年のアメリカの株価暴落は，世界的な経済的混乱を引き起
こすきっかけとなった。世界大恐慌である。世界大恐慌がなぜ生じ，それ
がどのように世界に拡大したのかについては，経済学者の間で論争が続い
てきたが，ここで注目したいのはその国際政治上の帰結である。世界大恐
慌が引き起こした経済的困難によって，諸国は他国の負担によって自国経
済を守ろうとして自滅的な行動をとった。たとえば関税を高めて自国産業
を保護しようとしたり，為替レートを切り下げて輸出を促進しようとした
り，また自国の植民地や勢力圏で独占的な経済ブロックを形成して他国を
締め出したりする，いわゆる近隣窮乏化政策が急速に世界中に蔓延したの
である（▶ 3-3）。アメリカでは，いわゆるスムート・ホーレー関税が
1930 年に定められ，対外経済政策は一気に保護主義色を強めたし，イギ
リスですら 32 年のオタワ会議で前世紀以来の自由貿易主義の伝統を放棄
して，英帝国内には低い関税を設定する特恵関税制度を採用することが決
まった。これによって帝国外との貿易を差別する，閉鎖的な経済圏が形成
された。結果として世界経済は排他的な経済圏に分解し，いわゆる**ブロッ
ク経済**が出現したのである。

　またドイツやイタリアなどの国々では，ナチズムやファシズムの勢力が
急速に台頭した。これらの国々は囲い込むべき植民地も帝国もない一方で，

▶ 3-3 世界大恐慌後の貿易の急縮小

世界大恐慌下の世界では，デフレと急激な貿易の収縮が生じ，破壊的な影響を国際秩序全体に与えた。

1929 年 1 月―33 年 3 月における世界貿易の螺旋状の収縮（75 カ国の総輸入，月額，単位：100 万旧米金ドル）

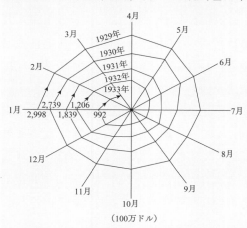

（100万ドル）

出所）C・P・キンドルバーガー『大不況下の世界 1929-1939』148 頁。

▶ 3-4 自由主義的国際経済秩序への挑戦

「……ある民族が生存していくのに必要とするパンは，その民族が自由に使うことができる生存圏の大きさによって決められてしまう。少なくとも健全なる民族たるものは，必要なものは，自らが所有する自らの土地で調達しようとたえず試みるものだ。これ以外の方法などは，いくらそれで民族の食糧が何世紀にわたって確保されるとしても，不健全でまた危険である。国際貿易，国際経済，他国との交易その他もろもろのものは全て，所詮民族の食糧調達のための暫定的手段である。これらの手段は，ある面では予測不可能な要

自由主義的な伝統が弱く，経済的にもとりわけ脆弱だったことが，急進的な政治勢力の台頭の背景にあった。他方で，当時スターリン体制の下で恐怖政治が続いていたソ連の実態は，西側世界では十分に知られておらず，資本主義諸国が大恐慌で呻吟しているのに対して，ソ連では経済発展と労働者の経済生活の改善が進んでいるという神話が信じられていた。そのため，自由主義経済に対する信頼は失われ，自由主義体制は，ナチズムやスターリン主義といった左右の全体主義に挟撃される状況に陥ったのである。第二次大戦は経済的原因だけで始まったわけではないが，自由主義的な国際経済体制の機能不全によって，国際分業を否定して民族の生存のためには自給自足を可能にする領土が必要であるとする**生存圏思想**や，自由主義的な国際秩序は結局持てる諸国に都合のよい秩序にすぎないという議論の影響力が強まり，ナチズムや日本軍国主義，そして共産主義などの，急進的な現状変更勢力の台頭を促したのだった（▶ 3-4）。

4　パックス・アメリカーナの国際経済秩序

アメリカは戦間期の教訓から，第二次大戦後には，第一次大戦後とは大きく異なる態度をとった。アメリカの当局者は第二次大戦中の早い時期から戦後の国際経済秩序の構築にとりかかっていた（▶ 4-1）。1941 年 9 月，アメリカはまだ参戦すらしていなかったこの時期に，イギリスとの間で基本的な戦争目的を確認する大西洋憲章に合意した。アメリカはここで，帝国の特恵関税制度を維持したいイギリスを説き伏せて，自由貿易に基づく国際貿易体制を戦後に確立することを確認した。これを具体化するために設けられたのが，通商面では GATT（関税と貿易に関する一般協定）であり，通貨金融面では IMF（国際通貨基金）である。1947 年に調印された GATT は，本来 ITO（国際貿易機関）へと発展的に解消することが予定されてい

因に，またある面ではその民族の力のおよぶ範囲外にある要因に左右される。民族が生存していくための最も確実な土台は，とにかくいつの時代でも，自ら所有する土地なのである」（A・ヒトラー『生存圏と領土問題』角川書店，2004 年，34-35 頁）。

「吾人は黄金を以てする侵略，富力を以てする征服あるを知らざる可らず。即ち巨大なる資本と豊富なる天然資源を独占し，刃に衂ずして他国々民の自由なる発展を抑圧し，以て自ら利せんとする経済的帝国主義は武力的帝国主義否認と同一の精神よりして当然否認せらるべきものなり。

吾人は戦後大に其経済的帝国主義の鋒鋩を露はし来るの恐ある英米両国を立役者とする来るべき講和会議に於て，この経済的帝国主義の排斥が如何なる程度迄徹底し得るや，多大の疑懼なきを得ず。しかも若し講和会議にして此経済的帝国主義の跋扈を抑圧し得ずとせんか，此戦争によりて最も多くを利したる英米は一躍して経済的世界統一者となり，国際聯盟軍備制限と言ふ如き自己に好都合なる現状維持の旗幟を立てゝ世界に君臨すべく，爾余の諸国，如何に之を凌がんとするも，武器を取上げられては其反感憤怒の情を晴らすの途なくして，恰もかの柔順なる羊群の如く喘々焉として英米の後に随ふの外なきに至らむ。英国の如き早くも已に自給自足の政策を高唱し，各植民地の門戸を他国に対して閉鎖せんとするの論盛なり。英米両国の言ふ所と行ふ所との矛盾撞着せる概ね斯の如し。吾人が英米謳歌者を警戒する所以，亦実に茲にあり，もしそれかくの如き政策の行はれんか，我国にとりては申す迄もなく非常なる経済上の打撃なり。領土狭くして原料品に乏しく，又人口も多からずして製造工業品市場として貧弱なる我国は，英国が其殖民地を閉鎖するの暁に於て，如何にして国家の安全なる生存を完うするを得む。即ちかゝる場合には我国も亦自己生存の必要上戦前の独逸の如くに現状打破の挙に出でざるを得ざるに至らむ。而して如斯は独り我国のみならず，領土狭くして殖民地を有せざる後進諸国の等しく陥れらるべき運命なりとすれば，吾人は単に我国の為のみならず，正義人道に基く世界各国民平等生存権の確立の為にも，経済的帝国主義を排して各国をして其殖民地を開放せしめ，製造工業品の市場としても，天然資源の供給地としても，之を各国平等の使用に供し，自国にのみ独占するが如き事なからしむるを要す」（近衛文麿「英米本位の平和主義を排す」『日本及日本人』1918 年 12 月 15 日号。北岡伸一編『戦後日本外交論集——講和論争から湾岸戦争まで』中央公論社，1995 年，51-52 頁）。

▶ 4-1 ハルの自由貿易論

「障害のない貿易は平和と一対のものであり，高関税や貿易障壁，そして不公正な経済競争は戦争と一対のものである。むろんそれ以外にも様々な要因が作用していることはわかっているが，私はこう考えた。もし貿易の流れが，差別や障壁が少なくなるという意味でより自由になれば，一国が他国に嫉妬を感ずることもなく，あらゆる国々の生活水準が向上する。そうなれば戦争の種となる経済的な不満を消し去ることができ，永続的な平和を達成する好機ではないかと」（Cordell Hull, *The Memoirs of Cordell Hull*, 1948, Vol. 1, pp. 81-82, cited in Richard N. Gardner, *Sterling-Dollar Diplomacy*, McGraw-Hill, 1969）。

たが，ITO がアメリカ議会によって批准されなかったために，暫定的な協
定であった GATT が戦後の西側の国際貿易体制を規定する制度的基礎と
なった。GATT のねらいは，自由で無差別的な多角的貿易秩序を形成する
ことであった。そのために多角的関税交渉（ラウンドと呼ばれた）のため
の制度的な枠組みを提供するとともに，そのメンバーが相互に最恵国待遇
を無差別的に交換することを規定していた。それによって関税交渉の結果
引き下げられた関税率は，自動的にメンバーすべてに波及する仕組みに
なっていた。

　一方 IMF は通貨金融面の国際体制をつかさどるもので，IMF を中心と
する国際通貨体制は，IMF 協定が合意されたアメリカのニューハンプ
シャー州ブレトンウッズの場所にちなんで，ブレトンウッズ体制とも呼ば
れる。このブレトンウッズ体制の目的は，自由な国際交易に資するために，
諸国の通貨を相互に自由に交換できるようにすること，つまり交換性の確
保であり，その上でそれら通貨間の為替レートを安定させること，つまり
固定平価制度を維持することであった。IMF の役割は，国際収支が悪化
して為替レートを維持することが難しくなった国に対して融資を行うこと
によって，交換性を維持しつつ為替レートを安定させることだった。

　実際にはこのような **GATT・IMF 体制** は，戦後初期にはほとんど機能
しなかった。それは，自由な市場経済へ復帰するには，ヨーロッパ諸国の
経済的疲弊があまりにもひどかったためである。しかもソ連との冷戦とい
う予想外の展開を前に，アメリカも国際経済体制の自由化という大目標を
一時棚上げにして，ヨーロッパ諸国の経済的再建を優先する政策を採り始
めた。アメリカは，**マーシャル援助** に代表される経済援助を西ヨーロッパ
の同盟国に散布して，民生の安定によって西側陣営を強化し，共産主義陣
営に対抗しようとした（▶ 4-2）。このマーシャル援助は，1948 年から 4
年間にわたって総額 136 億ドルにのぼり（当時のアメリカの GNP の約 1.3 ％
に相当する），おそらく史上空前の巨大援助プログラムであった。また，

▶ **4-2 マーシャル援助**

「問題の核心は以下の点にある。つまり，今後3，4年の間にヨーロッパが必要とする外国（主に合衆国）産の食糧その他の必需品が，ヨーロッパの現在の支払能力をはるかに上回るものであり，相当な追加援助を得られなければ，ヨーロッパはきわめて重大な経済的，社会的，政治的な情勢悪化に直面するしかない，ということである。……

ヨーロッパの人びとが絶望した場合には，全世界の士気が低下し，騒擾の可能性が生ずるほか，合衆国経済におよぶ影響もはっきりしている。世界経済の正常な状態への復帰に役立つことなら，合衆国は当然なんでもすべきである。というのも，その状態なしにはいかなる政治的安定も確実な平和もありえないからである。……わが国が将来供与するであろういかなる援助も，単なる緩和剤ではなく治療剤であるべきだ。復興事業に進んで加わろうという国に対しては，合衆国政府がかならず全面的に協力する」（大下尚一他編『史料が語るアメリカ』有斐閣，1989年，201頁）。

▶ **4-3 冷戦期のアメリカの対日経済政策**

日本の独立直後のアメリカの対日政策文書は，対日経済政策の目標として次のことに言及している。

「(1)日本が経済的な自立と成長を達成し，十分な生活水準を維持するとともに，日本の防衛を支え，ひいては太平洋地域の防衛に寄与することを助けること。……

(3) GATT の原則に則って関税を削減し，他の政府によって課された他の貿易制限を緩和することで，無差別的で多角的な基礎の上に，日本と他の自由主義諸国との間の貿易の拡大を促すこと。

(6)日本と自由主義諸国との貿易を刺激するとともに，自由主義諸国間で日本に対する資

日本に対しても同様に経済復興を支援する態度をとり，日本にとって伝統的な市場であった中国に引き寄せられ中立的な傾向を強めることがないように，日本と西側諸国との経済関係の強化に努めた（▶ 4-3）。

　このようなアメリカの積極的な支援に助けられて日本や西欧の経済は1960 年代には繁栄を謳歌することになる。日欧の西側資本主義国は 1950年から 70 年までの間に年率 4.9 ％で成長し，貿易も 1960 年から 73 年までの間に年率 8.8 ％で成長するという，歴史的に見ても異例の持続的な高成長を遂げた（▶ 4-4）。

　そして 1950 年代末からは，ヨーロッパや日本の経済も戦後復興段階から脱して徐々に自由化へと動いた。1958 年にはヨーロッパの主要通貨が，そして 64 年には日本の円も，ドルとの交換性を回復した。また 1964 年から 67 年にかけて GATT の**ケネディ・ラウンド**交渉が行われ，これによって世界の関税率は大幅に低下し，国際経済の開放度は大いに高まった。このように，1960 年代のアメリカを中心とする西側世界の経済は黄金期を経験した。このことは，対ソ冷戦を戦うアメリカにとって重要な戦略的意味があった。というのは西側の繁栄ぶりとは裏腹に，ソ連や中国などの社会主義圏の経済では苦境が続いたため，体制間競争でアメリカが決定的に優位に立ったからである。

　他方ソ連では，この頃から様々な分野で硬直的な社会主義経済の限界が露呈し始めた（▶ 4-5）。伝統的に巨大な穀物輸出国だったにもかかわらず，農業集団化によって生産性が低下し，国内の不満が強まり始めたのである。また第二次大戦後に成立した中国の共産主義政権は，毛沢東の指導のもとで，1958 年から無謀な増産計画である大躍進計画を開始した。だがそれは 2000 万人ともいわれる餓死者を出す悲惨な結果に終わり，大規模な社会経済的混乱が生じた。これによって毛沢東は一時指導力を弱めたものの，1964 年からは再び権力中枢に復帰し，今度は文化大革命を開始した。文化大革命の実態は未解明の部分も多いが，国家機構や党組織を麻痺状態に

源の供給を開発する計画を実行に移すことによって，日本が中国やその他の共産主義の支配する地域に必要不可欠な食料や原材料の供給を依存することがないように努めること」（NSC 125/2, August 7, 1952. 細谷千博他編『日米関係資料集 1945-97』東京大学出版会，1999 年，195-96 頁）。

▶ 4-4　パックス・アメリカーナの黄金期

1 人当たりの GDP 成長率

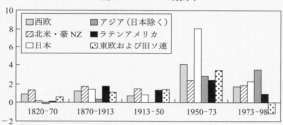

出所）Angus Maddison, *The World Economy : A Millennial Perspective*, OECD, 2001, table 3-1a より作成。

▶ 4-5　指令経済の行き詰まり

「それまでは慎重にかくされてきた経済に関連する情報が，1964, 65 年以後，はじめはソ連の専門雑誌，ついで一般の新聞によって，発表されるようになった。関連情報の多くは逸話の断片の形をとっている。しかし，かならず，そのほとんどが意味をふくんだ逸話である。

これらの逸話によって，《総生産高》指標（企業労働者への報奨金分配とむすびつく）の計算が，いかに《おかしな》結果を生みだしたかを知ることができる。あるトラクター工場が新型機械を製造するのを拒否したことがある。その理由は，新型は古い型より重量が軽い，ところが年次指標は重量，すなわちトン数で計算されてあるから，目標に到達するにはいっそうの生産努力をしなければならない，というのである。

皿を製造するある工場は，小さい金魚の飾りのついた皿しかつくらない。こんどは生産指標がルーブルで計算されている。そして，国家価格委員会はふつうの皿に 50 コペイカ，飾りのついた皿に 83 コペイカの値段をつけていた。

管理者，技師に対して報奨金割り当ての権限をあたえる源泉となる原価削減の指標についていえば，このおかげで，引き渡し製品の品質の全般的低下をもたらした。受けとり先が苦情を持ち出し，当局がしらべた結果，責任企業（複数）は罰金を支払うことになった。しかし，この企業管理者たちは，計画目標を実現しなかったととがめられるよりも，罰金を払うことをえらんだのだ。これまでみてきたように，製品が実際には使えないというケースは無数にある」（G・マルチネ『五つの共産主義』上，岩波新書，1972 年，127-28 頁）。

陥れるとともに，経済も危機的状況に陥り，多大な人的・物的損害を中国にもたらしたことは間違いない。

　このような現実が徐々に知られるにつれ，共産主義の理想は色あせ，経済体制間の競争で，資本主義が圧倒的な優位に立つことになったのである。

5　冷戦の終わりとグローバル化

　1970年代には，アメリカを中心とするこのような第二次大戦後の西側経済の「黄金期」に新たな疑問が呈されるようになった。

　その背景には，アメリカ経済が戦後圧倒的な優位を誇ったにもかかわらず，アメリカ産業がヨーロッパや日本などの同盟国の産業との競争で劣勢に立つようになったことがある。そうなると，アメリカの産業界では日欧の競争相手からの保護を求める動きが強まった。日本側は，不公正貿易を声高に言い立てて輸出自主規制や日本市場の開放を求めるアメリカとの間の慢性的な貿易摩擦への対処に追われることになった（▶ 5-1）。

　アメリカが経済問題で同盟国に対して強硬な姿勢をとるようになったのには，ニクソン大統領が一連のデタント政策，つまりソ連や中国などの共産主義諸国との緊張を緩和する姿勢をとったことも関係している。とりわけ1971年7月15日にニクソン大統領が，それまで国交すらなかった中国を訪問すると突然発表したため，日本を始めとする同盟諸国は大いに動揺することになった。言い換えれば，冷戦を戦うという戦略目標が後退し，同盟国との関係でも目先の個別的な経済的利益を遠慮なく追求するようになったのである。

　こういったアメリカの対中姿勢の劇的転換は，日本では**ニクソン・ショック**と呼ばれることになったが，その一ヶ月後には，第二のニクソン・ショックで国際経済は大きく動揺した。ドルと金との交換性を一方的

▶ 5-1　日米経済摩擦

経済摩擦の推移

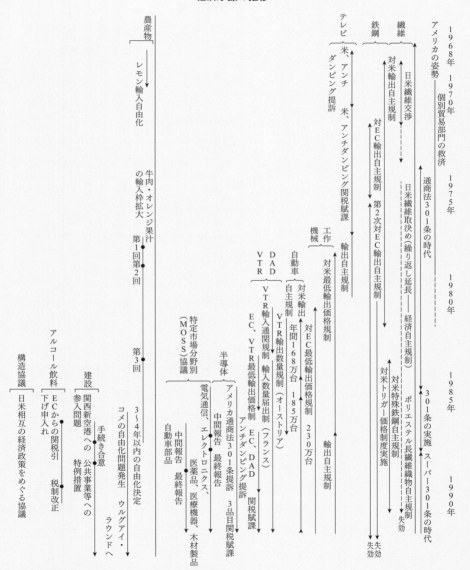

出所）中村隆英『昭和史Ⅱ 1945-89』東洋経済新報社，1993 年，617 頁。

に停止すると発表し，それまで西側経済を支えてきた国際通貨制度である
ブレトンウッズ体制を崩壊させたのである（▶5-2）。これはアメリカ自身
が主導してきた国際経済制度のルールを破壊するものであり，とりわけ
1ドル＝360円の為替レートに固執してきた日本では大きな衝撃をもって
受け止められた。

　しかも1970年代に入ると，当時「第三世界」と呼ばれた開発途上国が，
国際経済秩序の変更を求めて自己主張を強めるようになった。アラブ産油
国が石油を外交政策の手段として積極的に利用するようになり，安価な石
油によるエネルギー供給を前提に成立していた西側経済を大きく動揺させ
ることになった。これに触発された開発途上国が，自国の天然資源をテコ
に国際的な富の再分配を求める「**新国際経済秩序**（NIEO）」を提唱し，数
的に多数派となった国連の場でも，「新しい経済秩序の樹立に関する宣
言」が採択されるに至った（▶5-3）。

　しかし1980年代になると，デタントの時代は終わり，アメリカでは
レーガン大統領の下で，ソ連への対決姿勢が強まり「新冷戦」の時代が始
まった。国内では国家の役割を縮小し，減税，民営化や規制緩和によって
経済成長を達成しようとする「**ネオリベラリズム**（新自由主義）」（▶5-4）
が有力な経済思潮となった。経済摩擦は依然として西側同盟諸国間の外交
的軋轢を生んでいたが，西側同盟の結束の重要性と国際的にも自由市場が
強調されるようになったことによって，西側諸国の間の経済的軋轢を緩和
する力学が作用するようになった。

　ネオリベラリズムは，長らく貧困と停滞の代名詞だったアジアで経済が
力強い成長を遂げたことによっても，説得力を増した。1970年代から東
アジアでは，韓国，台湾，香港，シンガポールなどのいわゆる**NIES**
（New Industrial Economies：新興産業経済）が順調に成長し，それに続いて
ASEAN諸国も順調な経済発展を始めた。富のグローバルな再分配を求め
て高まった第三世界の資源ナショナリズムや，資本主義そのものに低開発

▶ 5-2　ニクソンの新経済政策

　1971年8月15日，アメリカのニクソン大統領は全米向けのテレビ放送で，いわゆる新経済政策を発表した。ちょうどその1カ月前にはキッシンジャー大統領補佐官が北京を訪問し，突如中国との関係改善を発表して西側の同盟国に衝撃を与えたばかりだった。

　「第二次大戦の後，ヨーロッパとアジアの主要産業諸国の経済は，完全に荒廃していた。それらの諸国の自立を助け，彼らの自由を守るために，合衆国は過去25年にわたって1430億ドルもの対外援助を供与してきた。我々がこうしたことは，正しいことだった。

　今日，多分に我々の支援によって，これらの諸国は活力を回復した。彼らは強力な競争相手となり，我々は彼らの成功を歓迎するものである。だが，今や他の諸国が経済的に強力になったのだから，彼らも世界の自由を守る重荷の一部を，公正に分担する時が来たのである。

　為替レートを正常化し，主要な工業国が平等に競争できるようにする時が来たのである。もはや合衆国は，片手を背中で縛って競争をする必要はない」(*Public Papers of the Presidents of the United States : Richard Nixon*, 1971, pp. 886-91)。

▶ 5-3　新しい国際経済秩序の樹立に関する宣言

「第4条（基本原則）新国際経済秩序は，次の諸原則の完全な尊重に基礎をおくべきである。
  (a)　国家の主権平等，すべての人民の自決，武力による領域取得の不承認，領土保全及び他国の国内次項に対する不介入。
  (b)　衡平を基礎とする国際共同体のすべての構成国の広範な協力。これにより世界に蔓延している不平等は解消され，繁栄がすべてのものに保証されよう。……
  (d)　各国が，自らその国自身の開発に最も適当と考える経済社会体制を採用し，かつその結果いかなる種類の差別にも服さない権利。
  (e)　自国の天然資源及びすべての経済活動に対する各国の完全な永久的主権。これらの資源を保護するため，いずれの国も，国家の完全な永久的主権の表現たる権利として，国有化又は自国民への所有権移転の権利を含めて，自国に固有の状況に適合した手段によりそれらの資源及びそれの開発に対する効果的管理を行う権利を有する。いずれの国も，この譲ることのできない権利の自由かつ完全な行使を妨げる経済的，政治的強制又は他のいかなる形の強制にも服することはできない。……
  (g)　自国内でその完全な主権の表現の上に立って多国籍企業が活動を行つている国家の国内経済の利益となるような措置をとることによる，多国籍企業活動の規制及び監督。
  (h)　開発途上国並びに植民地的及び人種的支配並びに外国占領の下にある領域の人民が，その解放を実現し並びにその天然資源及び経済活動に対する実効的管理を回復する権利。……
  (q)　すべての国家が食料品を含む天然資源の浪費に終止符を打つ必要があること」
（国連総会決議3201（S Ⅵ）1974年5月1日採択。杉原高嶺，広部和也編集代表『解説　条約集 2005』三省堂，2005年，585-87頁）。

の原因があるとする従属理論（218頁参照）は，これらの比較的天然資源に恵まれない諸国が積極的な国際市場への参入によって大きく発展したことから，勢いを失った。グローバルな政治経済秩序にとって一層意義深いのは，1979年には鄧小平の指導の下，共産党の一党支配下にある中国が，改革開放政策を開始しそれが大成功したことである。

　さらに国際共産主義の総本山であったはずのソ連でも，1985年にゴルバチョフが共産党の書記長に就任して，ペレストロイカと呼ばれる一連の改革運動を始めた。それは社会主義体制の枠内の改革を意図したものだった一方，西側との軍事的対立を終わらせるとともに，結果的には社会主義体制そのものを解体するに至った。1989年には東西冷戦の象徴とも言えるベルリンの壁が崩壊し，第二次大戦後の国際政治の基本的構造を形成していた冷戦はあっけなく終焉を迎えた。

　加えて1991年には，インドでもナラシンハ・ラーオ政権の下で新たな経済政策へと舵が切られた。インドは1947年の独立以来，一方で民主的な政治体制を維持しながら，経済的には社会主義的色彩の濃い経済運営を行い，外交的には非同盟路線をとるという独自の路線を歩んだ。しかし，その結果，経済的には「ヒンドゥー的経済成長」と揶揄される停滞が長く続いた。そして湾岸危機をきっかけに外貨不足から債務危機に陥ったことから，市場経済化へ大きな転換を行い，関税引き下げや外国企業の参入規制を大幅に緩和するなどの施策をとった。インド経済はその後明らかに成長の速度を高め，着実にその存在感を増すに至った。

　このようにソ連の崩壊という形で起こった冷戦の終焉とともに，市場経済が世界の趨勢になったことは，国際政治経済秩序にとって巨大な意味を持った。第一に，産業社会をどのように統治するべきなのかという20世紀を支配したイデオロギー的問題に最終的な答えが出たことがある。国家が生産や分配を制御する社会主義経済の破綻は，ほかならぬソ連や中国でも認知されたのである。これによって市場経済と自由民主主義という西側

▶ 5-4 ネオリベラリズム

ネオリベラリズムの台頭

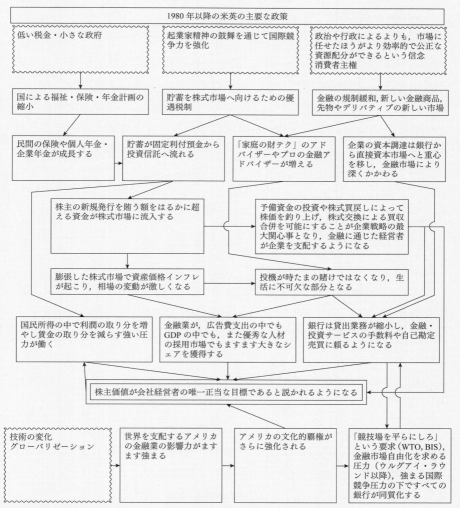

| 1980 年以降の米英の主要な政策 |

低い税金・小さな政府

起業家精神の鼓舞を通じて国際競争力を強化

政治や行政によるよりも，市場に任せたほうがより効率的で公正な資源配分ができるという信念 消費者主権

国による福祉・保険・年金計画の縮小

貯蓄を株式市場へ向けるための優遇税制

金融の規制緩和，新しい金融商品，先物やデリバティブの新しい市場

民間の保険や個人年金・企業年金が成長する

貯蓄が固定利付預金から投資信託へ流れる

「家庭の財テク」のアドバイザーやプロの金融アドバイザーが増える

企業の資本調達は銀行から直接資本市場へと重心を移し，金融市場により深くかかわる

株主の新規発行を賄う額をはるかに超える資金が株式市場に流入する

予備資金の投資や株式買戻しによって株価を釣り上げ，株式交換による買収合併を可能にすることが企業戦略の最大関心事となり，金融に通じた経営者が企業を支配するようになる

膨張した株式市場で資産価格インフレが起こり，相場の変動が激しくなる

投機が時たまの賭けではなくなり，生活に不可欠な部分となる

国民所得の中で利潤の取り分を増やし賃金の取り分を減らす強い圧力が働く

金融業が，広告費支出の中でもGDPの中でも，また優秀な人材の採用市場でもますます大きなシェアを獲得する

銀行は貸出業務が縮小し，金融・投資サービスの手数料や自己勘定売買に頼るようになる

株主価値が会社経営者の唯一正当な目標であると説かれるようになる

技術の変化 グローバリゼーション

世界を支配するアメリカの金融業の影響力がますます強まる

アメリカの文化的覇権がさらに強化される

「競技場を平らにしろ」という要求（WTO, BIS），金融市場自由化を求める圧力（ウルグアイ・ラウンド以降），強まる国際競争圧力の下ですべての銀行が同質化する

出所）R・ドーア『日本型資本主義と市場主義の衝突』東洋経済新報社，2001 年，4-5 頁。

の政治経済モデルが，歴史的に最終的な勝利を収め，大きな理念の対立は
もう起こらないとする歴史の終焉論も，アメリカでは語られるようになっ
た（▶ 5-5）。

　他方で，冷戦が終わったことは，西側諸国を結びつけていた同盟の意味
が後退することにもつながった。そのため同盟国間の経済関係も，1970
年代のデタント期同様，より競争的で対立含みのものになりがちになった。
日本経済がバブル景気に沸いていた頃のアメリカでは，日本は安全保障上
の同盟国ではなく，異質な制度や価値観を持つ経済的脅威なのだという議
論が有力になった。そして日本を「封じ込め」なくてはならないという言
説もアメリカではしきりに語られた（▶ 5-6）。

6　グローバル化の夢と挫折

　冷戦後の国際政治経済を一言で言い表せば，グローバル化の時代と言っ
てよいだろう。グローバル化が何を意味するのかは曖昧な部分もあるが，
国境を越えて財，資本，情報，そして人が活発に移動し，こうした様々な
交流が主として国家による制御ではなく，市場における民間主体の間の自
由な取引の結果によって構成されている状態を意味すると理解すれば無難
だろう。

　グローバル化は結局のところ世界のアメリカ化を意味するとも，広く理
解された。実際にソ連というイデオロギー的にも地政学的にも最大のライ
バルを退けるとともに，わずかの期間だが経済的ライバルと考えられた日
本も 1990 年代の半ばになると経済的停滞状態に陥ったことから，あれほ
ど日米関係を険悪化させた貿易摩擦も雲散霧消してしまった。急進的な市
場主義的言説を繰り返していた第三世界の諸国も，むしろグローバルな市
場経済の枠内で自国の未来を考えるようになってきた。

▶ 5-5　市場自由主義の勝利

「人間がみずからの経済的利益に対する明確なビジョンを抱いているかぎり，進歩的な近代科学の論理は人類社会を資本主義の方向へと導いてくれる。重商主義，従属理論，あるいはその他もろもろの知的妄想によって人間は，こうした明確なビジョンをもてなくされてきた。しかしながら，アジアと東ヨーロッパの経験は今日，相対立する経済システムのどちらがほんとうに正しいのかをはかる貴重な生きた歴史の試金石となっているのである。

欧米やアジアはもとより第三世界においても，普遍的な消費文化がリベラルな民主主義の原理にもとづいてつくられていく。いまやそのことが，社会進歩のメカニズムを用いて説明できるのである。先進技術と労働の合理的組織化によって生み出された巨大な生産性とダイナミズムをはらむ経済世界は，社会を同質化するはかりしれない力をもっている。この力は，グローバルな市場の形成や，多種多様な社会における経済的野心の高まりとその実践を通じて，世界じゅうにばらばらに存在していた社会を一つに結びつけてくれる。

この世界市場経済という魅惑的な力は，あらゆる人間社会をたえず自分の世界へと魅きつけてやまないし，その世界に参加して成功するためには自由市場経済の原理の採用が不可欠だ。ビデオ・テープレコーダーの最終的な勝利，それは自由市場経済の最終的な勝利でもある」（F・フクヤマ『歴史の終わり』上，三笠書房，1992 年，186-87 頁）。

▶ 5-6　日本異質論

「日本は勤勉が何をもたらすかの手本を世界に示しはしたが，この国はおしなべて，自分のことだけにかまけ，民主主義だの，資本主義だの，共産主義だのといった主義主張を広める仕事は他の国々に任せたがるところがある。現に日本の政治家のほとんどは，もし米国にその余裕があるのなら，経済に関係ないことはなるべく米国にお任せしたいと言う。だが，あいにくなことに，米国のリーダーシップ代支払い能力に対する外部からの一大脅威が，抑制の利かないバランスを失した日本の経済成長なのである。世界の貿易体制が機能し続けるには，最強の国々が進んである種の犠牲を払うようでなくてはならない。……たとえ国内に政治的反対があろうとも，自国の市場を開放するのである。……ところが日本は，自らこうした犠牲を払おうという姿勢をほとんど示しておらず，日本の拡張がこのまま続けば，米国のそうする（犠牲を払う）能力もやがては弱まってしまうだろう」（J・ファローズ「日本封じ込め」『中央公論』1989 年 7 月号，60-61 頁）。

「日本が封じ込められなければ，米国に関わるいくつかの事柄が危難にさらされよう。すなわち，自らの外交政策を遂行し，その理想を推進しようとする米国自身の権威，世界最強の諸企業内での米国人の将来性，さらには，第二次世界大戦以来米国がその維持を助けてきた自由貿易体制そのもの等々である。自由貿易体制への主たる脅威の出所は米国の保護主義ではない。日本および，台湾，韓国といった諸国は，自由貿易社会と"発展志向型国家"との間で真っ向から産業競争をすれば，自由貿易社会がいずれは敗れるということを証明して見せた」（同，81 頁）。

クリントン政権の経済諮問委員会の委員長として，アメリカの対外経済政策にも影響力

　今やアメリカの政治経済モデルに代わるものはなく，それは人々が豊かになりたいと思う限り，どうしても着るしかない「黄金の拘束衣」のようなものだ。よってアメリカ的な政治経済モデルに従わない国々には，停滞と貧困しかないとする議論も声高に語られた。また，IT革命によって情報技術の先端を行くアメリカではもはや不況は起こらないとする「ニューエコノミー」論も語られた。しかも国際政治を見れば，アメリカに挑戦できそうな国は見当たらなかった。一極支配のもとで，アメリカは勝利感に酔うことになった（▶6-1）。

　しかしほどなく，グローバリゼーションのマイナス面が表面化してくる。一つには，市場経済に伴う不安定性もグローバルな規模に拡大したことだ。とりわけ国際金融では資本移動の自由化が急速に進んだだけに，金融危機が頻発するようになった。1997年にタイで起こった通貨危機は，一気にインドネシアや韓国にも拡大し，これらの諸国はIMFからの支援と引き換えに，厳しい構造調整プログラムを受け入れざるをえなくなった。新自由主義的なアメリカでは，**アジア通貨危機**が生じたのはアジア経済が，政権と現地ビジネスが癒着し，腐敗や不透明な慣行が横行している「クローニー・キャピタリズム（縁故資本主義：crony capitalism）」だからだという見解が有力だったので，これを一掃することで問題の解決を図るべきだと考えられた。しかし，それは現地の政治秩序に大きな衝撃を与えるものであり，とりわけインドネシアでは30年以上にわたって政権の座にあったスハルト大統領が98年に辞任を余儀なくされるに至った。

　しかし国際金融危機は世界各地を震源としてその後もしばしば起こり，2008年には他ならぬアメリカで，老舗投資銀行のリーマン・ブラザーズが破綻し，それが引き金となって「100年に一度」と呼ばれるほど巨大な衝撃を世界に与えた，いわゆるリーマン危機が起こった。

　このような市場経済の不安定性に加えて，グローバルに経済の市場化が進むと，確実に競争の新たな勝者と敗者が生まれる。これまで国境によっ

を持っていた経済学者のローラ・タイソンは，「戦略的貿易政策」を提唱した。

「……アメリカ企業が並ぶもののない技術上の優位を持っていた頃に役立った通商政策や国内政策が，もはや有効でなくなったということだろう。特に，自前のハイテク製造業を育てようという日本やヨーロッパの努力に，目をつぶってはいられない。さらに，GATTのウルグアイ・ラウンドが最近暗礁に乗り上げたことから分かるように，わが国独自の思想を反映した国際ルールを貿易国側が受け入れるなどと期待するのは，現実的ではない。こうした現実を前にして，われわれは，通商システムの自由化拡大に向けて運動を続ける一方で，わが国のハイテク産業を応援するマクロの通商・産業政策を考案すべきだ」（L・タイソン『誰が誰を叩いているのか――戦略的貿易管理は，アメリカの正しい選択？』ダイヤモンド社，1993年，3頁）。

「日本市場へのアクセスを妨げる障壁は，日本型資本主義独特の構造的特徴に根ざしているため，いかなる単純な解決策にも馴染まない。保護され，急激に成長し続ける市場と，特定の狙いを持った産業政策に後押しされて，日本はエレクトロニクスのいくつかの重要分野で，米国と真っ向から対決するようになった。この競争では，日本企業とアメリカ企業の行動様式の違い，それに日米の規制・制度の違いが主として争点になっている。

こういう違いがある以上，米国の通商政策の骨格となる伝統的原理――無差別で，外国の物でも国内品と同様に扱うという原理――も疑問になってきた。日本は明らかにわれわれとは違うやり口でアメリカの製造業者を不利に扱っているのに，米国は他の貿易相手国と同じように日本を扱うべきなのか？ 当然のように外国業者を差別している日本の規制・制度や，差別が当たり前の日本の慣行を，米国が政府が容認していることを受け入れることが，合理的選択なのだろうか？ アメリカ企業は日本市場で差別扱いを受けているというのに，日本企業をアメリカ市場では国内企業と平等に扱わなければならないのか？……

米国はヨーロッパとも，市場へのアクセスをめぐって衝突している。しかしこの場合，問題は関税や政府の優先的調達など，貿易障壁に関するもので，構造的差異によるものではない。ヨーロッパとの間にも構造的差異は存在するが，日本と米国の資本主義の違いに比べれば些細なものだ」（同，8頁）。

▶ 6-1 グローバル化とアメリカの勝利？

「「日本は世界で最も成功した共産主義国だ」それどころか，世界でただひとつ，共産主義が実際に機能した国だった。嘘ではない。冷戦時代，日本は，自由民主党という政党ただひとつに支配されていた。自民党に統治される一方で，ロシアや中国と同じようにノーメンクラトゥーラ（特権階級），つまりエリート官僚によって牛耳られていた。このエリート官僚が，資源の配分先をしばしば決定していた。日本の報道機関は信じられないほど従順で，おおやけに政府に操作されているわけではないものの，もっぱら政府に誘導されていた。……この従順な国民は長時間勤務を受け入れ，その見返りに生活水準の向上と，終身雇用契約と，ある程度の生活の安定を手に入れていた。日本は強制的な貯蓄制度を持ち，国民も企業も，消費ではなく貯蓄と投資を無理強いさせられていた。もし，ソ連の共産主義が日

て仕切られてきた保護政策や社会保障制度に依存してきた人々にとっては，グローバル化による競争の激化は大きな脅威となり，そのような不満は政治的な反発となって表出される（▶ 6-2）。しかも，そもそも産業化そのものに懐疑的な環境保護論者や，少数民族や文化的伝統は競争的市場から保護されるべきだと考える人権団体や多文化主義者などの様々なグループがそれぞれの理由によって，グローバル化への攻撃を強めるに至った。そして 2016 年にはアメリカでドナルド・トランプが大統領に選出された。トランプは「アメリカ第一」を唱えて，戦後アメリカ自身が主導して形成した自由貿易体制や，NATO を始めとする同盟網を弱体化させる行動を次々にとる一方で，習近平や金正恩らの権威主義的な指導者との「良い取引（good deal）」にまい進した。また，イギリスでは同じ年，EU からの離脱が国民投票で決まった。自由主義的な秩序を扇動してきたはずのアメリカ，イギリスという国で，このようにあからさまに反自由主義的な出来事が生じた理由の一つとして，慣れ親しんだ生活がグローバル化によって経済的にも文化的にも脅かされるようになったと感じた人々が，グローバル化を推進してきたリベラルなエリートに対して抱いた反感があったと見てもよいだろう。

　このようにグローバル化が伝統的な自由民主主義国の内部から様々な形で反発を生む一方，冷戦後のグローバル化の時代の最大の勝者は，その間一貫して急速な経済成長を遂げた中国であった。冷戦終結後，一時は天安門事件によって共産党の支配が危ぶまれたにもかかわらず，その後中国は爆発的な経済成長を続け，2010 年には GDP 規模で日本を追い越し，アメリカに次ぐ世界二番目の規模に達した。1990 年には全世界の GDP に占める比率はわずか 1.5 ％程度だったのが，30 年後の 2020 年には 18 ％近くに達し，グローバル経済に占める重みは 10 倍以上に拡大した。

　中国経済の拡大は，アメリカを含む西側先進諸国も歓迎し，2001 年には WTO への加盟も認められた。日本も 1979 年以降 2022 年に終了するま

本の半分でもうまく機能していれば，モスクワは冷戦に敗れることはなかっただろう。……

　結局は，もし日本が永久に沈滞した状態を逃れたいのなら，ちょうど中国やロシアがそうしたように，日本経済の共産主義的な部分を“民営化”しなくてはならないだろう。効率の悪い企業や銀行は引っ張り出されて射殺され，その死んだ資本をより効率的な企業へと移す。日本の歴史を見れば，日本が新しいシステムに柔軟に適応してきたことがわかるが，それは本当にやむをえない危機的状況に陥ったときに限った話だ。……

　アメリカは，その文化的な規範——柔軟性と透明性——と，グローバル化システムが最も重んじるビジネス規範——柔軟性と透明性——が，ぴったり符合している社会だ。日本には，そのような符合は見られない。あるのは，秘密主義的で不透明な文化と，柔軟性のないことで知られるシステムだ。国の文化的規範とグローバル化システムの規範とのあいだの相違が大きくなればなるほど，グローバル化に適応する道は険しくなる。イスラム教の世界では，信心深い女性は顔をベールですっぽり覆い，世界を寄せつけないようにする。日本は，すっぽりとベールをかぶった島国だ。そのベールは非常に薄く，ときにはほとんど見えないものだが，確かにそこに存在して，気軽に訪れる旅行者が考えるよりもはるかに頑強に，世界を締め出し続けている。

　中国もまた，適応するのはむずかしい——文化的な理由ではなく，政治的な理由でだ。中国には固い意志がある。単に独自の道を行くだけではない。戦略家が犯す最も大きな間違いは，中国はこれから20年で経済的にも軍事的にもまっすぐに成長していき，おそらくアメリカと張り合うようになって，同等の超大国になるだろうと考えることだ。わたしには，そうは思えない」（T・フリードマン『レクサスとオリーブの木』下，草思社，2000年，203-06頁）。

▶ 6-2　エレファント・カーブ：グローバル化の格差の拡大

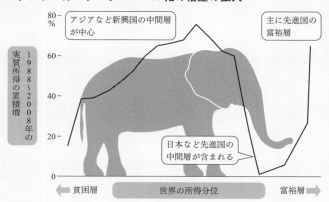

出所）日本経済新聞，2020年10月27日。原文は，Christoph Lakner, Branko Milanovic, "Global Income Distribution: From the Fall of the Berlin Wall to the Great Recession", *Policy Research Working Paper*, No. 6719, 2013.

で，累計で 3 兆 6600 億円という巨額の ODA を中国に供与し，近代化を
積極的に支援してきた。その背景には，中国経済の発展により中国政府と
の外交関係を安定させるだけではなく，中国社会そのものの近代化によっ
て，その行動が穏健なものになり，同じ規範や制度の下で協力し合える
パートナーになるという期待があった（▶ 6-3）。

　しかし 2020 年頃までには，こういった期待は幻想だったという見方が，
欧米諸国でも日本でも広く共有されるようになった（▶ 6-4）。中国共産党
の支配はデジタル技術によってむしろ強化され，民主化はおろかチベット
や新疆における人権問題も一層悪化している。香港の一国二制度は事実上
反故にされ，南シナ海や東シナ海では急速に拡大した軍事力で威嚇的な行
動を繰り返すとともに，台湾についても軍事的圧力を一層強化している。
経済面では 2010 年以降，一帯一路計画（BRI），アジア・インフラ投資銀
行（AIIB）や新開発銀行（NDB）などの一連のプロジェクトによって，戦
後アメリカ主導で発足し進化してきた国際経済制度の外側で，独自の制度
構築に乗り出した。そして様々な局面で禁輸やボイコットなどの方法で経
済力を武器化して，威圧の手段に用いていることから，自由民主主義諸国
はもはや重要な物資やインフラを中国に依存することは危険であるとして，
経済的手段で威圧されないように，デカップリング（切り離し）やデリス
キング（リスク軽減）を通じてサプライチェーンの強靱化に取り組むよう
になった。民主主義と市場経済で世界が覆われるグローバリゼーションの
夢から醒めてみると，諸国が経済的には深く結びつきながらも，対立が常
態化している世界が出現しつつある。

▶ 6-3　グローバル化と中国の台頭

中国の WTO 加盟についてのクリントン大統領のスピーチ（2000 年 3 月 8 日）。

「中国が WTO に加盟すれば 2005 年までに情報機器の関税を撤廃することになり，より良い情報伝達の手段がより安く，より広く行き渡るでしょう。われわれはインターネットがどれほど大きくアメリカを変化させたのかを知っています。われわれはすでに開かれた社会になっています。インターネットがどれほど中国を変えうるか，想像してみてください。

さて，中国当局は確実にインターネットを押さえつけようとするでしょう。「まぁ，がんばってね」と言っておきましょう。それは，釘でゼリーを壁に留めようとするようなものです。（笑い）しかしここで言いたいのは，そういったことを中国当局がやろうとするのは，いかにインターネットのもたらす変化が現実的で，どれほど現状に対して大きな脅威になるのかを示しているということです。これは中国を世界に取り込むのを遅らせるべきだという議論ではなく，これを加速させるべきだという議論なのです。知識集約型の経済では経済的イノベーションと市民の政治的力が大きくなることは，好むと好まざるとにかかわらず，並行して進むことは不可避でしょう」（『ニューヨーク・タイムズ』紙のアーカイブより）。

▶ 6-4　中国の台頭と武器化する経済

「ソ連が崩壊した後，西側諸国は，別の巨大共産主義国家の世界経済秩序への参入を歓迎した。西側諸国の指導者たちは，WTO などの機構に中国を参与させれば，第二次世界大戦後に形成されたルールに基づいたシステムに，中国も拘束されると信じた。また，経済統合によって中国が市場経済へと進化し，豊かになるにつれて中国の人々も民主的自由や，権利や法の支配を切望するようになるとも期待した。

これは，本誌も支持したビジョンであり，中国を閉め出すよりもよいことだった。……しかし今日幻想は打ち砕かれた。習近平主席は，政治も経済も抑圧的になり，国家統制が強化され，しかも対外的にも対立姿勢を強めている。……

かつて中国は，自国の内政をそのままにしておいてくれれば，他国の内政には関心はないと公言していた。しかし，中国はますます権威主義的システムを掲げて，自由民主主義と対抗しようとしている。……今やアメリカにとって経済にとどまらずイデオロギー的なライバルにもなっている」（"How the West got China wrong", *The Economist*, March 1, 2018）。

◆文献案内

　世界経済の大まかな流れを知るには，ロンド・キャメロン，ラリー・ニール『概説世界経済史』（東洋経済，2018年）が信頼できる概説書である。西洋中心的なこういった文献を補うためには，たとえば岡本隆司編『中国経済史』（名古屋大学出版会，2013年）なども参照するとよい。政治と経済を関連させて大きなスケールで論じたものは多くないが，たとえば，D・S・ランデス『「強国」論』（三笠書房，1999年），ポール・ケネディ『大国の興亡』上・下（草思社，1993年），チャールズ・キンドルバーガー『経済大国興亡史 1500-1990』上・下（岩波書店，2002年）を挙げておく。以上のようなヨーロッパ中心の政治経済史観とは異なった独自の見方を提示しているものに，川勝平太『経済史入門』（日経文庫，2003年）がある。

　戦後の国際政治経済史の流れを知るには，猪木武徳『戦後世界経済史』（中公新書，2009年）を一読することを強く勧めたい。また，行天豊雄，ポール・ボルカー『富の興亡』（東洋経済新報社，1992年），田所昌幸『「アメリカ」を超えたドル』（中央公論新社，2001年）が国際金融面から見た戦後史の流れを記している。また貿易レジームの変遷については，英文ながら，Gilbert R. Whinham, "The evolution of the global trade regime" in John Ravenhill ed., *Global Political Economy* (Oxford U.P., 2005) pp. 88-115 が，簡潔に，欧米の正統的な見方を示している。また，貿易摩擦の分析についてはおびただしい数の研究があり，その中ではやや古い文献だが，ジャグディッシュ・バグワティ『保護主義』（サイマル出版会，1989年）やI・M・デスラー他『日米繊維紛争』（日本経済新聞社，1980年）などが優れている。

◆重要概念の整理

大航海時代	自由貿易運動	コブデン・シュヴァリエ条約
植民地帝国主義	戦債・賠償問題	ブロック経済
生存圏思想	GATT・IMF体制	マーシャル援助
ケネディ・ラウンド	ニクソン・ショック	新国際経済秩序
ネオリベラリズム	ウルグアイ・ラウンド	NIES　アジア通貨危機

◆例　題

①第一次大戦と第二次大戦後，ともに戦後の国際経済体制を再建しようとする試みがなされたが，両者を比較し，何が両者の相違をもたらしたのかを検討せよ。

②もし米ソ冷戦が起こっていなければ，第二次大戦後の経済秩序はどのようなものになったのか，根拠を明らかにしながらいくつかのシナリオを提起せよ。

③戦後日本の経済発展に寄与した，国際政治経済的な条件を，戦前や冷戦後の時代との対比で検討せよ。

第 3 章

市場経済とその限界

ブレトンウッズ会議，1944 年（UN / DPI Photo）

1　経済的繁栄の条件

　貧困は，人類につきまとってきた宿痾だった。最低限の物的な必要が充足されなければ人間は物理的に生存できないし，人間が生存できなければ文明も自由や博愛などの美徳も存在できない。そのため経済的な必要を充足し繁栄を確保することは，唯一ではないにせよ，たいていの時代の圧倒的多数の人々の切実な願いだった。国家にとっても，支配領域の経済的な繁栄が，人々の福祉のためであれ，他の国家との競争のためであれ，重要な政策目標でありつづけてきたことは多言を要さないだろう。

　もっとも，物質的繁栄は道義的に人々の精神を堕落させたり，社会を軟弱にしたりするといった，経済的繁栄に対する哲学的な懐疑論も通奏低音のようにいつの時代にも消えることはなかった。実際，富の獲得においては，生存への物的な必要を充足することにとどまらない様々な目的，たとえば他者を支配する権力を確保したり，他者からの認知を得たいといった欲求も動機となっている。たしかに仏教が説くように，富を求める欲求は際限なく自己拡大し，自家中毒症状を引き起こすこともよくある（▶1-1）。

　また国の豊かさとは何を意味するのかは，実のところはっきりしない。金銭に換算できる物質的な富は比較的計測しやすいが，それでも今日広く使われている GDP（国内総生産）も，不完全なものさしであることには注意が必要である（▶1-2）。しかも個人の生活の「質」が高いことをもって豊かさと呼ぶのなら，物質的な豊かさだけではなく，人権が尊重されていることや，政治的な権利が保障されていること，健康や文化的な価値が実現されていることなども含まれるべきかもしれない。だが，そうなると多くの人々が合意する基準は立てにくい（▶1-3）。

　また富を個人生活を支える手段ではなく，集団生活を支える手段と考えると話はさらに複雑になる。ある国の「経済力」が卓越していることと，

▶ **1-1　富裕への文明論的懐疑**

「精神が啓蒙されるにつれて，ますます技能が改良された。まもなく，手当り次第に見つけた樹の下で眠ったり，洞穴にひっこもったりすることをやめて，人々は堅くてよく切れる石の斧のようなものを見いだした。それは木を切ったり，土を掘ったり，枝葺き小屋を作ったりするのに役立ったが，人々は次いでその小屋を粘土や泥で塗りかためることを思いついた。これがすなわち家族の設立とその区別とを形成し，そして一種の私有財産を導き入れた最初の革命の時代であって，恐らくその私有財産はすでにいくたの争いや戦いのみなもととなったことであろう。しかしながら，最初に住居をこしらえ，それを自分で守る力があると感じたのは，おそらく強い者であっただろうから，弱い者は彼らを追い出そうとこころみるよりは，むしろ彼らをまねるほうがより簡単で，より確実だと思った，と信じてよい。……

……簡素で孤独な生活をし，非常に限られた欲求と，それをみたすために発明した道具とをもった人々は，非常に多くの余暇をもっていたので，彼らの父祖の知らなかった多くの種類の安楽を手に入れるためにこの余暇を用いた。そしてこれこそ，彼らが気づかないで自分に課した最初のくびきであり，彼らがその子孫のために準備した，いろいろな不幸の最初のみなもとであった。なぜなら，彼らがこのようにしてますます身体と精神とを柔弱にしていったばかりでなく，こうした安楽が習慣になったために，その楽しみはほとんどすべて失われ，同時に，その安楽は変質して真の欲求となってしまったので，それがなくなれば，それがあった場合に愉快であったよりもいっそう惨めに感じられた。そして，人はそれを所有しても幸福ではないのに，それを失えば不幸であった」（Ｊ・Ｊ・ルソー『人間不平等起源論』岩波文庫，1974年，90-92頁）。

▶ **1-2　GDP の限界**

「……GDP は「経済価値」としてあくまで市場で取引されているモノやサービスの価値のみを計上している。家庭内の家事サービスは GDP の数字に反映されない。したがって，食事が家庭内でつくられれば GDP は不変だが，同じ食事を外食で食べれば，その分 GDP は増える。親が自分で子育てしているときには GDP は変わらないが，保育園に入れれば，GDP は増える。私たちの暮らしの豊かさ，あるいは厚生水準（welfare）の尺度として GDP を使うとすれば，以上の点は納得のいかないところだろう。

探せば，もっとおかしいことはいくらでもある。例えば，冬にインフルエンザが猛威を振るえば，その分医療費は GDP を増やすし，美しい海や川，青い空，清浄な空気などが損なわれ，それを緩和するために環境対策が講じられれば，たとえ元の環境水準が回復されなくても，GDP は増大する」（吉川洋『人口と日本経済──長寿，イノベーション，経済成長』中公新書，2016年，145-46頁）。

▶ **1-3　豊かさの指標**

「開発の基本的な目標は人々が長く，健康で，創造的な人生を享受できるような環境を

その国民一人一人が豊かであることは関係しているが，国民一人一人が豊かでも，人口が少なければ，その国の国際的な経済的存在感は小さいだろう。逆に人口が多ければ，その分その国の国際的な存在感は大きい。さらに国民一人一人が豊かでも，その豊かさを国家目標にどれくらい動員できるかは別問題である。一国の「経済力」が問題になるのは，普通それが国家の対外政策に利用可能な一つの資源だからだが，国民一人一人の豊かさと，国家が集団として利用できる資源との関係は複雑である。

　以上のような留保をつけた上で，なおも物的な富裕水準の向上が依然として重要な課題であることを確認しておこう。物的な富裕は，現在でも人類の大きな部分の切実な関心事だし，豊かな国々でも，経済状況いかんで政権が交代を余儀なくされることもある。それでは富を獲得し，国を豊かにするにはどうすればよいのか。

　富を増やす方法としてまず考えられるのは，自然や他者からの収奪である。自然から富を獲得する狩猟・採取生活は，かつて考えられていたような遅れた社会ではなく，農耕社会とも交易をしながらそれぞれの自然環境に適応した生活様式であったと今日の人類学者は考えている。しかしそこで人が手にする富は，極度の貧困状態ではないにせよ，自然環境に決定的に依存する不安定なものだったであろう。だが農耕という一大技術革命の結果，富の源泉としては人間が自然に働きかける営み，つまり地道な労働による生産活動が決定的に重要なものになった。農耕社会が生まれ，生産物が蓄積されるようになると，暴力によってそれを強奪しようとする勢力も出現する。治水や灌漑といった公共材の提供や，農地をめぐる権利義務関係を制度化するとともに，城壁を作り軍隊を組織することによって暴力的な収奪に対抗する仕組み，つまり国家が必要とされるようになった。繁栄と権力はこのように結びつく。

　今日でも湾岸諸国やエネルギー資源の大口産出国は，自国の資源から巨万の富を得ている。しかし天然資源が豊富であるために，かえって経済発

作り上げることである。これは当然の真理のように聞こえるかもしれないが，物的あるいは金銭的な富を蓄積するというさし迫った関心を前に，しばしば忘れ去られる。

　人間の開発を達成するための手段についての技術的な考慮から，国民所得とその成長の統計的集計値を利用するために，しばしば開発のそもそもの目的が人間を利することである点が曖昧になるきらいがある。それには二つの理由がある。第一に，国民所得統計は多くの目的のために有益ではあっても，所得の内訳，あるいは真の受益者を明らかにはしてくれない。

　第二に，人々はしばしば高い所得や成長率にすくなくとも直接的には反映されない成果を重視するからである。それは例えば，よりよい栄養状態，健康サービス，知識へのアクセス，生計の安定，よりよい労働条件，よりよい治安，満足できる余暇，自分たちのコミュニティの経済，政治，文化活動に参加しているという意識などである。もちろん人々は一つの選択として高い所得を追い求めるだろう。しかし所得は人生の総計値ではない」(UNDP, *Human Development Report*, 1990, p. 9)。

展が遅れ政治も非民主的なものになるか，悪くすると資源の支配をめぐって紛争が起こりがちだとする「資源の呪い」と呼ばれる傾向が指摘されてきた（▶ 1-4）。

　その理由としては，天然資源の輸出によって自国通貨の為替レートが上昇し，それによって製造業などの他の産業の発展が阻害されるという効果が指摘されてきた。オランダでは 1970 年代に自国で産出される天然ガス価格が一挙に上昇したので，棚ぼた式の利益を得たが，結局自国通貨が高くなって製造業を圧迫したことから，こういった問題は「**オランダ病**」と呼ばれている。しかも，天然資源からの収入があてにできる国は，教育やインフラ整備を通じた地道な産業振興よりも，過剰に借り入れに依存する危険もある。

　さらに採掘権の支配が莫大な富につながるとなると，腐敗や，場合によっては外国勢力をも巻き込んだ紛争すら起こりがちである。国民の支持を得るよりも，特定の鉱山を武力で支配する方が，権力掌握にはずっと手っ取り早いからである。アフリカで産出されるダイヤモンドが紛争当事者の資金源になってきた事実も広く知られており，こういった「紛争ダイヤモンド」が現地の武力紛争を長期化させる要因になったことも広く認識されている。もちろんノルウェーやイギリスのように，油田を持っていてもそれが経済的悪影響にも民主政治に対する動揺にもつながらなかった事例もあるが，豊富な天然資源と人口に恵まれているアフリカ諸国の経済的不振は痛々しい。石油を産出するナイジェリアやダイヤモンド資源が豊富なシエラレオネは，その争奪をめぐる争いによって，むしろ大きな災いを招いたように思われる。また確かに湾岸諸国のように石油資源によって非常に豊かな国もあるが，それが政治の民主化や社会の近代化にはつながっていない（▶ 1-5）。

　第二次大戦後の世界で目覚ましい経済成長を遂げたのは，敗戦の結果植民地を失い国内にこれといった天然資源をもたない，日本や西ドイツのよ

▶ 1-4　天然資源の呪い

資源と経済成長実績

資源賦与		国数	1人当たりの耕作面積（ヘクタール）	GDP（10億ドル、1970年）	1人当たりのGDP（ドル、1970年）	1人当たりのGDP成長率（1960-90年、年率％）	1人当たりのGDP成長率（1970-93年、年率％）
資源貧困国	大国 a	7	0.15	21.05	196	3.5	3.7
	小国 b	13	0.16	1.94	343	2.5	2.1
資源富裕国	大国 c	10	0.56	22.99	574	1.6	1.3
	小国 非鉱物資源 d	31	0.57	1.41	250	1.1	0.7
	小国 鉱物 e	16	0.66	1.23	304	0.8	− 0.2
	小国 石油輸出国 f	8	0.44	2.01	831	1.7	0.8
すべての国		85	0.48	5.67	362	1.6	1.1

注）資源貧困国とは，1人当たりの耕作面積が0.3ヘクタール以下の国。大国とは，1970年のGDPが70億ドル以上の国。
a. バングラデシュ，中国，コロンビア，エジプト，フィリピンおよび韓国
b. エルサルバドル，ハイチ，香港，ヨルダン，ケニア，モーリシャス，ネパール，ソマリア，スリランカ，台湾，タンザニア
c. アルゼンチン，ブラジル，チリ，インド，メキシコ，ナイジェリア，パキスタン，南アフリカ，トルコ，ベネズエラ
d. ベニン，ブルンジ，カメルーン，チャド，コスタリカ，コートジボワール，エチオピア，フィジー，ガンビア，ガーナなど
e. ボリビア，ボツワナ，ブルキナファソ，中央アフリカ共和国，ドミニカ共和国，ジャマイカ，リベリアなど
f. アルジェリア，コンゴ，エクアドル，ガボン，クウェート，サウジアラビア，シリア，トリニダード・トバゴ
出所）R. M. Auty ed., *Resource Abundance and Economic Development*, Oxford U.P., 2001.

▶ 1-5　石油による富有化の限界

　「イスラム教アラブ世界でもっとも高い収益を上げているのは，もちろん石油産出国，輸出国である。他の国は「二流」である。OPEC加盟国でも，その富は経済的変質を成し遂げてはいない。これらの国を対象にした世界銀行調査によると，1960年には，アラブ経済をリードする7カ国の平均収入は1521ドルで，東アジアの成長株7カ国——台湾，韓国，香港，シンガポール，タイ，マレーシア，インドネシア——の1456ドルより高かった。1991年，地球全体の海外投資のうち3パーセントが中東アラブに投資され，58パーセントが東アジアに投資されている。

　だが，これらの中東諸国に海外からの投資が必要だろうか？　もっともよい比較対象は，成金に祟られ，放縦と怠惰の道をたどった16，17世紀のスペインである。石油成金も同じである。彼らは石油を金と交換し，その金を払った国に金を送り返した。彼らは先進工業国の企業の株を大なり小なり買い取った。彼らは立派な邸宅やホテル，宮殿を建て，大型で石油をばらまいて走る自動車を購入し，海外に土地を買ってそこに財産を隠し，故郷では許されない服装や振る舞いをした。サウジアラビアは砂漠だらけなのに，大金をはたいてオーストラリアからビーチの砂を輸入した。もっとも無駄で非生産的なのは，武器への莫大な投資で，なかには国際法や国際条約で禁じられているものも含まれる。おそらくそのほとんどは，こうした危険なおもちゃの生産者の歓心を買うためだろう。

うな国であった。その後は香港，韓国，台湾，シンガポールなどのいわゆる NIES 諸国が続いたが，これらの国々もおよそ国内の天然資源が豊富な国ではないものの，いずれも国際市場に積極的に参入することで経済成長を遂げた国々である。

　経済学は，生産を拡大するには生産活動に労働力をより多く投入し，将来の生産の拡大に結びつく投資を増やすとともに，生産効率を増やす様々な革新（イノベーション）の役割が決定的に重要であると教える。とりわけ近代以降，機械の導入による産業革命によって西洋諸国が圧倒的優位に立ったのは，蒸気機関，化学工業などのイノベーションの先陣を切ったからにほかならない。そして 20 世紀末からは，情報技術の爆発的な展開が経済を拡大する巨大な原動力となってきた。

　イノベーションは必ずしも最新技術の導入に限らない。アダム・スミスは分業が生産効率を高めることを強調していた。人はそれぞれが自給自足の生活を送るよりも特定のモノやサービスの生産に専念し，それを他者の生産物と交換すること，つまり分業することではるかに高い生活水準を享受できる。この交換を組織する制度が市場である。自由市場経済において人々は自分の所有物を市場価格で売ったり買ったりすることができる。必要な商品を買う時は一番安いところから自由に買ってよいが，同時に自分が売る商品も，他の売り手と競争して買い手を探さなくてはならない。競争はもちろん個別の市場参加者にとっては厳しいものかもしれないが，だからこそ人々の努力を促し，イノベーションを刺激するので，経済全体の活性化が期待できるのである。

　このような自由市場経済は，繰り返し指摘しているように，政治的な真空状態で成立するわけではない。第一に，市場経済が潤滑に機能するためには，所有や契約が守られなくてはならない。自分の労働の成果が強奪されたり，価格や支払い期日など交換に関係する約束が簡単に破られたりするようでは，市場は円滑に機能しない。また，度量衡や道路の整備といっ

　これらの国々では，単に先進的な経済が発達していないのである。かつてのスペインと同じで，彼らは自分で何かすることを学ぶより，他から技術とサービスを買い取ることばかりしてきた。「真の豊かさとは何か？」とペルシャ湾のある大金融業者^{マーチャント・バンカー}が問うている。

　「真の豊かさとは教育……ノウハウ……テクノロジーです。豊かさとは知識を持っていることです。もちろん，私たちは金を持っています。だけど，豊かではありません。私たちは，顔も知らない父親から金を受け継いだ子供みたいなものです。そういう子供は，金を使うように育てられていません。金が手中にあるのに，使い道を知らないのです。金の使い方を知らなければ，豊かではありません。私たちは豊かではないことになります。

　これを知らなければ，これを理解しなければ，私たちの存在は無になります。私たちはあらゆるものを輸入します。家をつくるレンガを輸入します。レンガを積む人間も輸入します。市場に行って，そこにアラブ人がつくったものが何かあるでしょうか？　何もありません。中国製，フランス製，アメリカ製のものはあります……アラブ製のものはないのです。レンガや自動車や本をつくれない国が豊かといえるでしょうか？　私は豊かではないと思います」」（D・S・ランデス『「強国」論』三笠書房，2000 年，351-52 頁）。

た市場のインフラストラクチャーも，自由市場によって供給されるわけではない。

　以上のような**公共財**の供給に加えて，競争は確実に勝者と敗者を作り出す。平等や社会的安定といった価値は市場では実現できないし，そもそも市場で取引できないような財，たとえば環境や治安は，国家が市場の外部からの徴税によって提供することが期待される。

2　　国際自由主義の論理

　市場における自由競争が繁栄への近道だとしても，それははたして国際社会にもあてはまるのだろうか。アダム・スミス以来の経済学の主流派は，政治権力による略奪や，貿易の保護ではなく，自由な交換や分業を基礎とする生産の拡大によって，消費できる富の総量を拡大することが繁栄への王道であると考えてきた。そのような考え方は国際的な取引にも適用され，スミスは略奪的な遠隔地貿易を独占することで利益を得ようとした重商主義者を痛烈に批判した。このような考え方を国際貿易の分野で厳密に展開したのが，19世紀初めのイギリスの経済学者リカードの唱えた**比較優位論**である。

　リカードが説明に用いた例は，ポルトガルとイギリスの二国がワインとラシャという二種類の財を生産するという単純化を施した上で，貿易が行われた場合の方が，自給自足をするよりも両者の利益が大きいことを示したものであった（▶2-1）。もし気候や地理的条件，そして天然資源の有無といった条件によって，ある国が一つの財の生産に適し，他の国が他の財の生産に適しているような場合，交換＝貿易によって両国がともに利益を得るはずだというのである。これによって，国際社会の基本的性格が無政府的で競争的な性質にあるとする伝統的な現実主義者たちとは対照的な国

▶ 2-1 リカード比較優位論

「アメリカでは，1単位の食料に1時間の労働費用を要し，1単位の衣料に2時間の労働費用を要する。ヨーロッパでは食料にたいする労働費用は3時間であり，衣料にたいする労働費用は4時間である。われわれは，アメリカがいずれの財についても絶対的優位をもっていることを知る。なぜなら，アメリカ

比較優位は相対的費用だけに依存する（アメリカとヨーロッパにおける生産のための労働所要量）

製　　品	必要労働	
	アメリカで	ヨーロッパで
食料1単位	1労働時間	3労働時間
衣料1単位	2労働時間	4労働時間

注）仮説的な例だが，アメリカでは食料と衣料いずれにおいても労働費用がヨーロッパにおけるよりも低い。アメリカの労働生産性はヨーロッパのそれの2倍ないし3倍である（衣料で2倍，食料で3倍）。にもかかわらず，お互いに貿易することが両地域いずれにとっても有利である。

は両財をヨーロッパにおけるよりも絶対的に高度の能率をもって生産しうるからである。しかしながら，アメリカは食料において比較優位をもち，ヨーロッパは衣料に比較優位をもつ。なぜなら，食料はアメリカでは相対的に安価であるのに対し，衣料はヨーロッパにおいて相対的にそれほど高価でないからにほかならない。

　これらの事実から，リカードは両国共がそれぞれの比較優位分野に特化すればすなわち，もしもアメリカは食料生産に特化し，ヨーロッパは衣料生産に特化すれば有利な結果になるだろうことを証明したのである。この状態のもとでは，アメリカは食料を輸出してヨーロッパの衣料のための支払いをし，ヨーロッパは衣料を輸出してアメリカの食料のための支払いをするということになる」（P・サムエルソン，W・ノードハウス『経済学』原書第13版，下巻，岩波書店，1993年，894頁）。

　「比較優位の原理を説明するために古くから使われている例は，ある町でいちばん有能な女性弁護士が同時にその町一番のタイピストである場合である。この弁護士は彼女の時間をどのようにつかうべきであろうか。彼女は，彼女自身の職業上の文書を自分で書いてタイプすべきであろうか。それとも彼女は法律事務に特化して，タイプは彼女の秘書に任せるべきであろうか。明らかにこの弁護士は，たとえ彼女がタイプおよび法律事務の両方で絶対的な技能優位をもっているとしても，彼女の相対的または比較的な技能が最も有効に利用される法律分野の活動に集中すべきである。

　あるいは秘書の立場からこの問題を考えてみてもよい。彼は立派なタイピストである。しかし，彼にとって法務上の調査をしたり訴訟事件の摘要書を書いたりすることは，仮に出来たとしても骨の折れる難事だろうし，事実不可能であると言ったほうがよいかもしれない。彼は，法務上の調査およびタイプのいずれにおいて弁護士よりも絶対的に能力が劣る。しかし，彼は，タイプの仕事では相対的にまたは比較的に能率優位なのである。

　この分析の結論を言うなら，最も効率的な解決は弁護士は法務に特化し秘書はタイプに専念するということである。この結論にとって鍵となるのは「絶対的」と「相対的」という言葉である」（同，893頁）。

際社会像が浮かび上がってくる。

　諸国は異なる経済的な条件を持っていても，各々の国が比較優位にある産業に労働力や資本を集中してその分野に特化し，その製品を他国の産品と自由な貿易で交換すれば，世界の富の総量が増加する。その限りにおいて，平和な交易は一国の経済的厚生にとっても世界の経済的厚生にとっても有利である。リカードが論じているのは，あくまで比較優位であり，絶対優位ではないことを忘れてはならない。よしんばあらゆる産業の生産性が他国と比べて劣っていても，その国は依然として自国内の相対的に生産性の高い分野に特化することで，自由な貿易から利益を得ると比較優位論は教える。この点はきわめて重要である。なぜならリカードの描く世界では，国際貿易は参加するすべての国が利益を得る**プラスサム・ゲーム**であり，リアリスト的な国際政治観が暗黙裡に想定しているような，誰かの利益は他者の犠牲と対応していると考える，競争的なゼロサム・ゲームではないからである。言い換えれば自由貿易論は，世界全体の富の総量は一定ではなく，交易によって拡大できるので，収奪的な手段は不合理であり，生産と交換によってすべての主体の利益を増進できるはずだという調和的な世界像を含意しているのである（▶ 2-2）。

　また自由貿易は，平和への有力な手段となるはずである。なぜなら自由な貿易が保障されれば，国々は経済的な理由から争う必要はなく，むしろ繁栄のためには貿易が，そして貿易のためには平和が欠かせないからである。19世紀流の自由主義の立場に立てば，国際的な利害の対立は本質的にはありえない。実は諸国の**利益は調和**している以上，そのような調和の実現を妨げているものは，人間の邪悪さというより単なる不合理である。したがって，自由な国際的交易によって調和的な国際関係が世界を支配し，平和と繁栄を実現するには，人々が自己利益を抑圧するのではなく，むしろそれを合理的に追求するのが正しいということになる。第一次大戦直前のイギリスでは，ノーマン・エンジェルに代表される論者によって，産業

▶ 2-2　ノーマン・エンジェルの平和論

「ローマ時代には実際，古代の世界ではすべて，領土の征服は征服者にとって目に見える利益を意味していた。それは征服した領地が征服国家自身によってその国家とその市民の利益のために搾取できることを意味していた。そしてそれはしばしば征服された人びとの奴隷化を，つまり征服戦争の直接の結果，奴隷の形で富を獲得することを意味していた。中世では征服戦争は，ノルマン・コンクエストなどで実際に起こったように，動産や実物の金貨・銀貨，征服民の族長で分配された土地などの形の，目に見える利益をただちにもたらすことを意味した。

あとの時代になると，征服は征服地を統治する王朝にとって少なくとも名誉とはなり，競争関係にあった君主との名声や権力をめぐるもめ事が，このような時代の戦争の引き金となった。

よりあとの時代になると，征服国は必ずしも利益を得なかったが，文明全体は，野蛮な人びとを征服することから，時々は無秩序を秩序に変えるという意味で利益を得た。新たに発見された土地の植民地化の時代には，ある一国が他国に先駆けてある場所を植民地化をすると，新たな故郷に出て行った人々が，そこでなじみのない政治的・社会的条件を強制されないという意味で，その国の市民にとって利益になった。

しかし以上のような条件は現在われわれが考察している問題を構成してはいない。われわれが問題にしているのは，土地が領土として占有し尽くされている完全に文明化された国どうしのライバル関係のケースであり，そのような領土を征服することから，それ以外の手段では得られないような物質的利益は得られないという事実なのである。このような条件，――それはわれわれを取り巻く今日の政治的世界の現実なのだが――，「支配」や「軍備による圧倒」あるいは「制海権」は商業や産業あるいは一般的な福祉には何の役にもたたない。50隻のドレッドノート級の戦艦を建造しても，それで小型ナイフがたくさん売れるようになるわけではない。そのため，明日ドイツを征服しようとも，賠償を受け取ったところで，イギリス人一人たりとも1シリング分すらも豊かになりはしない。……

主として過去30年の出来事であるこの深淵な変化の大きな原因は，世界の主だった首都の間の複雑な金融上の相互依存関係であり，それはニューヨークの混乱がロンドンにおける金融上・商業上の混乱となり，もし深刻になれば利他主義ではなく商業上の自衛のために，危機を収拾するようロンドンの金融家を否応なくニューヨークの金融家に協力するよう仕向けるような条件である。現代の複雑な金融は，歴史上かつてないほどにニューヨークをロンドンに，パリをベルリンに依存せしめている。この相互依存は，つい近年に現れた文明の利器の結果である。迅速な通信，即時にして金融商業情報を電信で広めること，より一般的にはコミュニケーション手段が信じがたいほどの速度で進歩したことでキリスト教世界の主だった首都が金融面で密接に接触し，その結果100年前のイギリスの大都市の間よりもお互いに依存しあう関係に入ってしまったのである」（N. Angell, *The Great Illusion*, 3rd ed., London : William Heinemann, 1911, pp. 45-47）。

化の進んだヨーロッパでは，戦争はもはや野蛮で時代遅れの営みになったという議論も様々な形で提起されたのである。このような考え方の背景には，啓蒙によって暗愚と野蛮が克服されるにつれて世界は平和で繁栄するはずだという，楽観的な進歩主義があったことは言うまでもない（▶ 2-3）。

　しかも各人や各国家が自分の利益を合理的に追求していれば自国も他国も平和と繁栄が実現されるとする見方を推し進めると，政治には積極的な役割が期待されない。むしろ自由貿易論を高らかに唱えたイギリス 19 世紀の自由放任主義（レッセフェール）思想は，政治にとって重要なことは，各個人が自由に利益を追求するのを邪魔しないことである，と教えたのである。そのため国家どうしの政治的関係は最小限に抑える一方で，交易を始めとする民間どうしの国際交流，今日流に言えばトランスナショナルな関係をできるだけ密接にすることが，国際関係の平和と安定の鍵になると考えたのである。

　以上のように，自由な国際交易がすべての国を豊かにするとともに，諸国の関係を深め，それによって平和を増進するにしても，市場が機能するためには様々な公共財が供給される必要があることはすでに指摘しておいた。国際交易を維持管理するために様々な国際機構が生まれた。国際河川であるライン川を共同管理するための委員会は，はやくも 19 世紀前半には設立された。19 世紀後半になると度量衡や時間を統一するための国際的取り決めがなされ，国際郵便のための制度を整えるために万国郵便連合（UPU）が設立されている。世界保健機関（WHO）の創設は第二次大戦後だが，その前身である国際公衆衛生事務所（Office International d'Hygiène Publique）の設立は，第一次大戦以前に遡ることができる。

　このように，国際交流が活発化すると政治とは独立した専門的・技術的協力が国際政治においても重要になるとする，**機能主義**と呼ばれる考え方が提唱された。そしてさらには，こういった専門的・技術的な協力関係が，結局は政治的関係にも影響を及ぼし，それを平和的で制度的なものにする

▶ 2-3 経済的相互依存と平和

エンジェルの論じたような利益調和論は，第一次世界大戦後 E・H・カーらによって，ユートピア論だとして批判された。

「したがって，諸国家から成る共同体全体の利益と共同体構成国それぞれの利益とを同一とみる利益調和説を土台にして国際道義を打ち立てようとする試みについては，われわれはこれを不当かつ誤解を招くものとして否定しなければならない。19 世紀においてこの試みは，絶えず拡大する経済——こうした経済のなかでその試みはなされたのだが——のお陰で広範囲に成功した。この時代は，小さな後退によって途切れることはあっても，進歩繁栄の続いた時代であった。

国際経済構造は，アメリカ国内経済の構造とかなり似ていた。経済的重圧は，それまで占領されていない未開拓の領土に進出拡張していくことで，すぐさま軽減された。いまだ一定水準の政治意識に到達していない，安価な労働力や後進諸国家が多く存在した。積極性に富んだ個人はその経済問題を海外移住によって解決したし，冒険的な国家はみずからの問題を植民地政策によって解決することができた。市場の拡大は人口増をもたらし，ひるがえって人口増は市場に影響を与えた。競争で取り残された人びとは，まことしやかに不適者とみなされた。個々人の冒険心と自由競争に基づく適者間の利益調和というものは，当時の理論の健全な基礎となるに十分なほど現実そのものに近かった。

こうした幻想は多少の問題を抱えつつも，1914 年までは続いた。イギリスの繁栄でさえ，その基礎がドイツやアメリカの競争力に脅やかされていたとはいえ，拡大し続けた。1913 年という年は，イギリスの貿易にとっては記録的な年となったのである」（E・H・カー『危機の 20 年——理想と現実』岩波書店，2010 年，129-130 頁）。

もっとも，自由な国際経済交流が平和を保証はしないにしても，平和に貢献するのかどうかという問題への答えは単純ではない。ある統計分析によると，経済的相互依存，とりわけ金融上の相互依存は，武力行使の結果経済取引が出来なくなることから生ずる経済的損失（機会費用）よりも，国家が発するメッセージの信憑性を高めることを通じて，国家の意図の伝達を助けることを通じて武力行使の可能性を減らすとされる。

「通貨上の政策協調や相互依存は，諸国家がなんらかの取引をすることを促す。こういったやり取りを通じて，諸国は相互に利益となる経済的絆を構築する。こういった絆は軽度の衝突しか抑止しないが，その主な効果は，紛争解決の手段の代替となることである。つまり，経済的関係を損なったり破壊したりする政治的ショックが起こると，政治指導者が交渉をする際に不確実性を減少させるような情報が生成される。そして相互依存関係にある国家からの威嚇は，自給持続の度合いの強い国の場合よりも，市場が観察者に，口先だけの政治的メッセージの本気度を伝えるので，はるかに重みがある。また経済的交流のチャネルが多数あることによって，国家が信頼性の高い意思伝達をするのを助け，相手がどれくらい本気なのかを評価するために，使える「語彙」を増やす効果がある」（Erik Gartzke, Quan Li, and Charles Boehmer, "Investing in the peace : Economic interdependence and international conflict", *International Organization*, 55, 2 , 2001, p. 418）。

と考える新機能主義といった考え方も提唱されるに至った。

　第二次大戦後にアメリカ主導で構築された国際連合を始め，関税と貿易に関する一般協定（GATT）や国際通貨基金（IMF）などの国際機関にも，このようなリベラルな考え方が投影している。そして1970年代になると，**相互依存論**がリベラルな国際政治論として国際政治学者の間で影響力をもつようになった（▶ 2-4）。それは，諸国が貿易や金融のネットワークでかたく結ばれると，そこからの離脱にともなう犠牲はあまりにも大きい。したがって互いを必要とする経済的相互依存関係が成立すると，戦争などは非現実的なものになると論ずるものである。

　自由主義的な経済秩序観に対する有力な挑戦者であった共産主義の敗北が決定的になった冷戦後の時代になると，世界的な自由市場経済は，富を増進する方法として最も優れているだけでなく，それが歴史的な必然であるという考え方も強くなった。財だけではなく，資本，情報，そして人も国境を横断して激しく移動するようになり，しかもそれが世界の様々な地域を有機的なネットワークで結ぶようになると，国境の外からの影響が一国の社会生活の深い層にまで及ぶようになる。一般にグローバル化と呼ばれるこの現象が進展するならば，国家の役割はいよいよ小さくならざるをえないのではないか（▶ 2-5）。国家は，戦争を気楽に始めることはおろか経済政策すら自由に実行することはもうできない。下手にマクロ経済政策をとると資本が流出して自国通貨が危機にさらされるかもしれないし，むやみに増税すると企業や資産家は外国に逃げ出すかもしれない。福祉や労働条件の改善，さらには環境保護などを目的とした規制を導入したり強化したりしても，資本や企業はより規制の小さなところへと移動することで，規制を迂回しようとするだろう。つまり国家の経済への干渉は，望ましくないだけではなく，もはや不可能になりつつある。国家はグローバル化という条件の前に無力になる一方で，必要とされる国際公共財の提供については，国際機関やNGOなどの非国家的主体が担う役割が重要だとする，

▶ 2-4　相互依存の国際関係

「……国家の機能は，相互依存の進展により，今まで核心的なものと考えられていたものが，徐々に，協調の対象となり，さらに，分野によっては〈撤廃〉の対象となる。もちろん，国家が存在する限り，財政，金融政策が〈撤廃〉されることはない。また，国内の制度の多くもその性格上〈撤廃〉されるものではない。それらは，たとえば多国間協調の場で，政策調整され，また調和化されていくものなのである。

〈裸〉になる国家

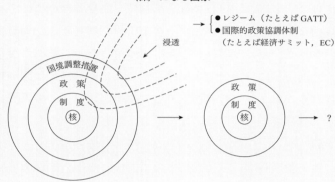

さて，きわめて単純化して，国境調整措置は政策より，そして政策は制度より，より〈撤廃〉しやすく，また国際的な協調・調和化に供しやすいと考えてみよう。そうすると国家の機能は，図に示したような同心円であらわすことができよう。このような国家の機能配置は，外から徐々に浸透され，あるいは〈撤廃〉され，あるいは国際的な協調・調和化に供せられていくのである。さらに，たとえば，国境調整措置の全部が（あるいはその主要な部分が）〈撤廃〉された場合には，国家は，直接に政策，制度で外に対処しなければならないのである。そして，そのときには，政策の多くは国際的な協調の対象となっており，また制度も，国際的な調和化の方向に大きくむかっていることであろう」（山本吉宣『国際的相互依存』東京大学出版会，1989 年，81-82 頁）。

▶ 2-5　国家の退場？

「グローバル経済はそれ自体の論理に従い，独自の利害関係に結ばれた地域ネットワークをつくり出す。それが国と国との歴史的国境をなぞるかたちになることはめったにない。そのため，政治的ではなく，経済的な意味での「国益」が，大幅に意味を失ってしまった。そして製品やサービスに関する情報が広く行き渡るにつれ，いたるところで消費者は，自分のほしいものについて，さらに事情に通じた選択をしうるようになる。そして，どこで生産された製品かということは，ますます問題にされなくなる。

このような舞台では，「政府」も，その象徴としての「国境」も，姿が霞んでしまう。

グローバルガバナンス論も唱えられた。

3　自由主義の限界

　以上述べたように，国際社会でも，生産性を高めるためには市場における民間の自由な交易が望ましいとする自由主義的な考え方が優勢だが，現実の国際的な貿易交渉の世界はむしろ自国産業のために輸出市場を獲得する一方で，外国産業に自国市場を開放することは外交的には譲歩を意味すると理解されることがむしろ普通である。相手国市場への参入機会を交換しあうのが，貿易交渉の現場の実態に近い。なぜこのようなことが起こるのだろうか。

　第一に，再三指摘しているように市場は，所有や契約の保護といった市場自身によって供給されることのない条件，経済学者が公共財と呼ぶものが提供されなければ機能しない。たとえば国際貿易が円滑に行われるためには海上通商路の安全を確保するための様々な仕組みや，それに実効性を与える手立てが必要となる。だが海洋法秩序に裏付けを与える海軍力や，海賊対策を誰がどうやって提供するのかについては，中央政府のない国際社会では，国内政治にはない難しさがある。

　第二に，自由な交易によって生み出される国家間の相互依存関係は，貿易のない場合に比べて双方の絶対的利益に資するとしても，その程度は同じではない。他国の経済的利益をうらやむ必要はないかもしれないが，国際社会では最終的には自国の安全は自国で守らなくてはならないから，自国と他国の相対的利得にも関心をもたざるをえない（▶3-1）。なぜなら自国経済が脅威となる国との関係で弱体化したりすることは避けようとするだろうし，そうでなくてもあまりにも他国経済に依存してしまえば，様々な経済的圧力に対しても脆弱になることが予想されるからだ。この点でも，

直接の出番がないのである。政府がどの製品を生産してよいとか販売してよいとか，その取捨選択をする必要はもはやなくなった。どの製品がいいとか悪いとかを，政府に決めてもらわなくてもいいのだ。「だれの経済的利益に奉仕すべきか」といえば，それは「個々の消費者の経済的利益」である。政府が出しゃばって，グローバル企業の提供する物から消費者を隔離したり保護したりする必要はない。消費者は自分で選択できるのであり，現に選択しているではないか」（大前研一『ボーダレス・ワールド』プレジデント社，1990年，297-98頁）。

▶ 3-1　相対的利得論

　今日の経済学者が注目することはあまりないが，アダム・スミスは貿易のために外国船を使うことを禁じ，自国の船舶に独占的特権を与えた重商主義的立法である航海法を，国防上の理由から高く評価している。

　「航海法は，貿易のためには好ましくないし，貿易で国を一層豊かにするためにも好ましくない。商人にとって取引相手との関係でそうであるように，国にとっても外国との通商関係でできるかぎり安く買い，できるかぎり高く売ることが利益になる。そして，安く買える可能性がとくに高くなるのは，貿易を完全に自由にして，自国が買いたい商品を各国が売りにくるのを奨励しているときである。同じ理由で，高く売れる可能性がとくに高くなるのは，市場に多数の買い手が集まるときである。……しかし，外国人の商人は，輸入の禁止か高関税によって商品をイギリスで売るのが妨げられていれば，イギリスの商品を買いにくることができるとはかぎらなくなる。空荷でくれば，自国からイギリスまでの輸送料を得られないからだ。このため，売り手の数が減るので買い手の数も減ることになり，貿易が完全に自由である場合とくらべて外国商品を高く買う結果になるうえ，自国商品を安く売る結果にもなる可能性が高い。しかし，国防は豊かさよりもはるかに重要であり，航海法はおそらく，イングランドの商業法のなかでもっとも賢明なものだといえるだろう」（アダム・スミス『国富論』下，40頁）。

　続けて，英仏間の通商が持つ安全保障上の意味について論じる一方で，安全保障上の議論を自分の利害のために悪用する人々の存在にも言及している。

　「しかし，両国の間の自由で開かれた貿易がどちらの国にとってもきわめて有利になる点こそが，両国の通商を妨げる最大の障害になっている。隣り合っている国なので，互いに相手が敵国になるのは避けられず，相手国が富と力をつければ，それだけ恐ろしい敵になる。友好関係の利点を高める要因が，敵対心を激化させる要因にもなっているのだ。両国はともに豊かで産業が盛んである。そのために商工業者は，技術力と活力がある相手国の同業者との競争を恐れている。商工業者は敵愾心を募らせ，相手国への敵対心を煽りたてるとともに，それによって煽りたてられてもいる。こうしてどちらの国でも商工業者は，打算的な嘘を主張するものに特有の熱狂的な確信をもって，貿易を制限しないかぎりかならず貿易収支が自国に不利になり，その結果，自国が確実に破滅すると主張してきた」（同，75頁）。

隣人が自分よりも豊かになったからといって身の危険を感じることのない国内の状況と，国際環境は異なる。

　第三に，古典的な自由貿易論の世界は，技術の発展が織り込まれていない静的な世界であり，比較優位を大きく左右するのが，気候や地味などの自然的な要因だとされている。だが，だとすると農業国はいつまでたっても農業国であり，いち早く工業化した国が工業国であり続けることになる。もちろん，農業国として豊かな生活ができるのなら何の問題もない。しかし現実には産業革命以降の一国の生産性の向上は，技術という人為で左右できる要因が非常に大きい。であれば，後発国では，国家が積極的に経済に介入して将来性のある産業を育成しようとする**開発主義**的政策をとり，そのために自国市場を保護し輸出市場を確保しようとしても不思議ではない（▶ 3-2）。

　さらに，古典的な自由貿易論は，自由な交易によって一国全体の経済的利益となることを示した。しかし，現実には国は様々な利害を持つ多様な人々や集団からなる主体であり，一国の政策は多様な利害を持つ様々な集団が繰り広げる複雑な社会的・政治的過程の結果である。国際競争力のある産業は国際市場に参入して自分たちの利益を拡大しようとするだろうが，一方で外国製品との競争で劣勢にある産業は，保護を求めて様々な政治的手段にも訴えるだろう。一国全体の経済的利益の観点からは，競争力の劣る産業は退出し，競争力のある分野に資本も労働力も移動させることが，最も合理的な選択だ。だが国際市場での競争力は弱体でも，国内政治では強力な産業は，競争力を強化するよりも，政府を動かして自分に都合のよい規制を導入して自らの利益を追求する**レントシーキング**に訴えるだろう。そしてこれが高ずると，そういった産業はより生産に励むよりも，政治に働きかけて利権を獲得するのに精力を注ぐことになり，国内経済の活力全体が衰えることになる（▶ 3-3）。

　特定の産業が規制によって保護されると，より価格の低い輸入品が買え

▶ 3-2 開発主義あるいは発展指向主義と市場合理主義

「産業化が遅れた国においては，国家自体が産業化の推進，すなわち発展指向型機能をになった。私的経済活動にたいするこの二つの異なった指向，すなわち規制指向と発展指向は，二つの異なった型の政府と経済の関係をつくり出した。アメリカは規制指向が卓越している国家の適例であり，一方，日本は発展指向が卓越している国家の適例である。規制的あるいは市場合理的な国家は，経済競争の形式と手続（規則）にかかわりあうが，本質的な事柄にはかかわりあいをもたない。たとえばアメリカ政府は，企業の規模にからむ独占禁止関連の法規を数多くもっているが，どの産業が存続すべきで，どの産業がもはや必要でないかについては，かかわりあいをもたない。これと対照的に，発展指向的な，あるいは計画合理的な国家は，まさにその顕著な特徴として本質的な社会的，経済的な目標を設定している」（C・ジョンソン『通産省と日本の奇跡』TBS ブリタニカ，1982 年，22-23 頁）。

「日本では，発展指向的，戦略的な経済政策が，政府のなかにおいて，いわゆる経済官僚——大蔵省，通商産業省，農林水産省，建設省，運輸省および経済企画庁の役人——のなかでハイレベルにある人びとによって検討される。これらの官庁は，国内のすぐれた大学のもっとも優秀な卒業生を集めており，この幹部職員の地位は，いまでも社会でもっともプレステージがあるとされている。圧力団体や政治家に影響はされるが，日本のエリート官僚は，ほとんどの主要な意思決定を行ない，ほとんどすべての法案を立案し，国家予算を管理するとともに，体制のなかにおけるすべての主要な政策の革新の源泉ともなっている。これと同じくらい重要なことは，彼らは通常 50 歳ないし 55 歳で退職したあと，民間会社，銀行，政界そしてさまざまの特殊法人等の有力な地位に身を置くということである——これはアメリカのそれとは正反対のエリートの動きである。強力，有能かつ威信にあふれた経済官僚の存在は，計画合理性の自然な結果といえる。

アメリカのような市場合理的な体制のもとでは通常，公務にはもっとも有能な人材は集まらず，国家的な意思決定は，官僚よりもむしろ選挙で選ばれた専門家（通常は弁護士）によってなされている。エリートの動きは，政府から民間部門へではなく，その逆である。政治的任用という形で，日本よりもはるかに大規模に行なわれている。アメリカにおける日本の通産省に真に相当する機関は，商務省ではなく，国防省である。それは国防省が本来の性格の機能として，通産省と同様に戦略的，目標指向的視点をもっているからである。事実，アメリカで「日本株式会社」という言葉がもっている非難じみた意味あいは，国家防衛の問題を解決するための政府と産業界との密接な関係を指す「軍産複合体」という表現にまつわる意味あいと似ている」（同，24-25 頁）。

▶ 3-3 利益集団の力学とレントシーキング

「消費者の大部分が消費者組織というものに所属しているわけではない。何百万という納税者も同様に納税者組織というものに所属しているわけではない。大多数の人々は，比較的低い所得しか得ていないが，彼らもまた貧困者のための組織というものに所属しているわけではない。失業者の多くも時として組織化された声というものをもっているわけで

なくなる消費者が不利益を蒙るはずである。しかし消費者とその利益は組織されにくく，生産者団体や労働組合に比べて政治的影響力は弱い。かくしてたとえ一国全体の経済的利益から見ると有害でも，保護的政策がしばしば取られるのは，このような国内政治の力学が作用するからでもある（▶ 3-4）。

4　国際自由主義の条件──覇権，理念，制度

　国際社会で自由市場にもとづく経済秩序を実現するには，これまで指摘したような困難があるが，それではどのような条件の下で，それが可能になるのだろうか。一つの考え方は，有力な覇権国が進んで国際公共財を供給するとともに，諸国を自由主義的なルールに従わせ，自由主義秩序の費用を払わずに利益のみを享受しようとするフリーライダー（ただ乗りをする国）を取りしまるとともに，諸国の利害の相違をまとめ上げて相互依存を管理するリーダーシップを発揮して国際経済秩序を維持するというものである（▶ 4-1）。

　広域的な影響力を持つ国は，それを帝国や覇権国と呼んでも構わないが，自身の支配の及ぶ地域に一定のルールや秩序を強制する能力を持つ。13世紀のモンゴル帝国が，東西ユーラシアを結ぶ広大な通商圏を確立したことはすでに指摘した。あるいは現在中国やインドとして知られている巨大な地域も，有効な政治的統一を保ちつつ域内市場を保護できた時代は，歴史的にはむしろ例外的だったかもしれない。

　19世紀にイギリスが海軍力を世界中に展開して自由航行を助けたことは，もちろん自国の国際貿易を守るためだったが，それは世界の他の国々の通商路を守ることにもなった。ロンドンのシティは国際的な金融センターとなって世界に資本を供給し，貿易のための支払い手段を提供した。

はない。これらの集団の構成員はかなり分散して存在しているので，非政府組織が彼らに集合財の供給に貢献するように強いることは不可能である。この点において，彼らはピケッティングといった強制の手段に晒されている大きな工場や鉱山の労働者などと，劇的に異なる。このような部門に属する個人をして，共通の利益を有する他の多くの人々と協力させるようにする誘因を提供するであろう正の選択的誘因の資源は何も存在しないように思われる」（M・オルソン『国家興亡論』PHP 研究所，1991 年，74 頁）。

▶ 3-4 消費者の政治力

「……コメの問題だけは，かつては GATT，いまなら WTO［世界貿易機関］との間で最終的にはいまだに片づかないでいるわけです。自由化されないで，何百％という，タリフィケーション［tariffication 関税化］と称するもので，日本だけがやっているわけですね。これがある故に，自由貿易なんて大きなことを言っても，農産物生産国とは対等のつき合い，対等のやりとりはできないわけですから，いかにもコメというのは厄介なものだという思いがしますね。ですから，今度も WTO で新しいラウンドをやるにしても，結局こういう問題が出てくるに決まっているわけです。

　ただ，この間たまたま中国との間にネギとシイタケとイグサ［畳表］の問題がありましたね。私は閣僚をしていました。「日本はこういう自由化のために一所懸命やってきた，僕なんかは 30 代から一所懸命やってきているのに，いま中国に向かってこういう規制をかけるなんていうのは絶対にいやだ，恥ずかしいじゃないか」と言いましたが，党の中の力関係というよりは，そういう声の大きなごく少数の人がいまして，農水省が役所としてどうにもならないんです。恥ずかしいようなことです。そして「向こうは報復も何もしないだろう」とか言う。僕は「わからないよ」とも言いました。また逆に，実はネギを作っているのは日本の商社なんだ，作り方を教えて作らせているんだ，なんて話も聞くし，まったくあれはいやな話でした。

　ただ，一つ意外に思いましたのは，普通だったら消費者が規制に抵抗してくれるんですね。ところが，農産物は家計の中で安いものですから，変な農薬が使われるぐらいなら日本のネギのほうがいいや，というご婦人方がたくさんいるんです。だから消費者に味方がいないんです。これは昔と変わったな，と思いました。

　その次にタオルがなりそうになったから，それも私はいやで反対した。この時はさすがに，それでもあまり消費者は頼りになりませんでしたね。これはやめましたが，安いものだと，なかなか消費者側の支援は得にくい。むしろお百姓さんがかわいそうだなんて言う消費者がいたりしますから，わかりませんね」（御厨貴・中村隆英編『宮澤喜一回顧録』岩波書店，2005 年，222-23 頁）。

▶ 4-1 覇権理論

「……国際経済通貨システムは指導性を必要とする。指導国は，その内部に取り入れた諸規則からなる何らかのシステムのもとで，意識的にであれ無意識的にであれ，自ら進ん

それはイギリスが利他的だったからではなく金融業者が利潤を得るためだったが，イギリスからの資本導入によって運河や鉄道を建設するという形で他国は利益を得た。そしてイギリスの銀行制度やその通貨ポンドを利用できたことで，世界中の貿易業者が利益を享受した。また債務の支払いを拒む外国政府には時に強硬な手段で支払いを求めたが，金融危機が起これば金融秩序を維持するための資金を供給したのもイギリスだったのである（▶ 4-2）。

　第二次大戦後，植民地帝国の各ブロックによって分断されていた状態を解体して，自由で開放的な国際経済秩序を構築するために，アメリカが積極的な役割を果たした。GATT や IMF を基礎にした国際経済秩序が，アメリカの指導力がなければ到底実現しなかったのは確実である。GATT の枠組みでアメリカは自国市場を GATT 加盟国に開放し，また世界中の国が利用できる基軸通貨となったドルを供給し続けてきた。そして冷戦という国際環境の下で，イギリスに代わって世界中に軍事力を展開して国際通商路を確保した。こうして，良いものを安く作れば国外で売ることができ，カネさえあればエネルギー資源も食料も，世界中の一番安いところからいくらでも買うことができる秩序が出現した。

　覇権国はいわば世界政府の代替物であり，一国内で政府が果たしている役割を国際社会で代替することが期待されている。では覇権国が国際的な「公共」性を実現する政策をとるのはなぜなのだろうか。覇権国も狭い意味での国益，つまり国際社会の観点からは「私益」を追求するのは当然である。だが覇権国はグローバルな秩序維持に強い関心があるだろうし，自国経済も競争力があるので，開放的な国際経済秩序は自国の「私益」に合致する場合が多いだろう。さらに覇権国は経済的に卓越した大国なので，他国に対する政治的影響力も強いだろうし，フリーライダーを罰する能力も高い。また他国からの「追い上げ」に対しても，十分な優位にあるので警戒感は小さく，他国の開発主義を受け入れ鷹揚な態度をとる余裕がある。

で他の諸国の行動基準を設定し，他の諸国をそれに従わせようとし，そのシステムのために過大な負担を引き受け，とくに困難な事態にさいしては余剰商品の受入れと国際投資の続行と手形の割引とによってそのシステムを支える。イギリスは 1913 年までの 1 世紀の間このような役割を演じたし，アメリカは第二次世界大戦後から，おおまかに言って金利平衡税が実施された 1963 年ごろまでこのような役割を演じた。……世界不況が長期化した理由の一部，およびそれが深刻なものとなった事情の大部分は，イギリスが国際経済通貨システムの保証人としての役割を続行する能力をなくしたこと，そしてアメリカが 1936 年までその役割を引き受けようとしなかったことにあった，ということである」（C・P・キンドルバーガー『大不況下の世界 1929-1939』東京大学出版会，1982 年，9 頁）。

▶ 4-2　イギリスによる国際金融秩序の提供

「ナポレオン戦争以降第 1 次大戦にいたるおよそ 100 年の間，国際金融の大きな流れはイギリスを源とした，ロンドンを通じる資本輸出と貿易金融によって，世界的規模の国際投資と国際貿易が活発化するにいたった。……

イギリスは当時最大の工業国，最大の工業生産物輸出国として栄え，最大の海外投資国でもあった。ロンドンは世界最重要の国際金融センターであり，ポンドは経常取引および資本取引においてもっとも支配的に使用される国際通貨となった。

第 1 次大戦以前の世界の通貨秩序は，イギリスを頂点とし周辺諸国を底辺としたハイアラーキーを形成していた。イギリスは事実上 19 世紀の世界の通貨関係を支配した。この歴史的事実は，第 2 次大戦以後ドル不足をもたらしたアメリカの例を除いて国際金融史上類を見ないものである。

各国は通貨準備を金やポンドの形でロンドンに保有し，諸政府は自国通貨の金価値およびポンド価値の維持に努力した。したがって，金本位制といっても事実上イギリスを覇権国としてポンドを中心としたものであり，それによって国際通貨秩序が維持され，19 世紀固有の通貨安定性がもたらされた。その安定性の要因としてあげられるのは次の 3 つである。

①国際収支困難を持つ国に対するオープン・マーケットの提供

②対外長期貸付

③為替危機時における最終貸手としての行動

しかしながら，イギリスはこうした役割を自ら好んで求めたわけではない。事実上，世界の銀行として行動したイングランド銀行の金融政策も，その金準備をまもりポンドの金交換性を維持するためのもので，自ら世界の通貨管理者としての自覚をもって世界の通貨安定を意図したものではなかった。ポンドは国際的に使用され，ロンドン金融市場と各国金融市場が緊密に結びつくようになった。それでイギリスはことの成行きとして世界の金融政策を指導することになったのである。かくてイングランド銀行の金融政策の変化は，諸外国の金融情勢に影響を与えかつ統一性をもたらした」（今井清『マーチャント・バンカーズ』上，東京布井出版，1979 年，123-124 頁）。

言い換えれば相対的利得には無関心で，むしろ他国の経済成長が自国経済にとっての収益機会であると認識され，それを歓迎する勢力の方が国内で有力になる傾向がある。

　覇権理論はこのように論ずるが，アメリカやイギリスではなくソ連や中国が覇権国となっても，自由で開放的な秩序が生まれたとは考えにくい。実は覇権理論は，覇権国の力だけではなく，その意志に大きく依存している議論であることに注意が必要である。戦間期のアメリカには覇権国としての能力はあってもその意志がなかった。だから，たとえ覇権国が存在しても，それがより狭い意味での国益を追求せずに自由主義的な秩序を維持するための公共財の供給者として振る舞うかどうかは，覇権国の意志に依存するのである。そして覇権国の意志形成を見るには，個別の歴史的文脈を検討することが欠かせない。イギリスは国際貿易に非常に依存する通商国家であり，19世紀半ば以降イギリスで支配的な経済思想となった自由貿易論も，イギリスの繁栄が依存していた国際秩序のあり方を知的に支える論理を提供していた。自由で開放的な国際経済秩序は合理的であるとともに，イギリス自身の繁栄の条件だっただけに，イギリスはその維持や管理のために積極的に努力したと見ることができる。

　他方でアメリカは巨大な国内市場を持ち，アメリカ大陸内には安全保障上の深刻な脅威が存在しなかったので，国際市場に依存する必要は小さかった。実際に建国以来のアメリカの通商政策は保護主義的色彩が濃厚だった（▶ 4-3）。では，そのアメリカを国際的自由主義に駆り立てた理念は何なのだろうか。

　まず戦間期のアメリカの孤立主義と，それに続く1930年代の経済的な混乱が，国際的秩序を不安定化させ，結局アメリカ自身の安全を脅かすに至ったという歴史の教訓が意識されていた。そして冷戦である。アメリカの対外政策上の最大目標は，戦略的にもイデオロギー的にもソ連とグローバルに対抗することであり，この点は国内でも広範な合意が成立した。し

▶ 4-3　アメリカの保護主義の伝統

「もし産業と貿易の完全に自由な体制が諸国〔ネイションズ〕における支配的な体制であるとするならば，合衆国のような苦境にある国に対して，製造業の熱烈な推進を断念させようとする論議が強い説得力を持つことは疑いないであろう。かかる論議が一国の政策策定の一基準としてほとんど例外なく役に立たぬとは断言できぬであろう。その論議通りの事態であれば，各国は，それぞれの不足あるいは不利を埋め合せ得るようなそれぞれの有利さから十分に利益を享受するであろう。もしある国が他国よりも良い条件で製造品を供給できる状態にあるならば，後者は土地〔ソイル〕の生産物の一層優れた供給能力を持つという点で十分な償いを見出すであろう。かくして，各国によって最良の条件で供給される商品の，相互に利益のある自由な交換が各国間で進展し，その結果，各国のインダストリは強い活力をもって維持されるであろう。……

しかし，この体制は，諸国〔ネイションズ〕の政策全体を特徴つけているものでは断じてない。支配的となっている体制は，それと反対の精神に律せられてきた。その結果，合衆国は，外国貿易〔フォーリンコマース〕からある程度締め出された国のような状態になっている。合衆国は，確かに必要な製造品を難なく外国から入手することはできるが，自国の商品の輸出および捌け口については極めて有害な障害に出会っている。このことはまた，決してただ一つの外国〔ネイション〕のみにかかわる事例ではない。われわれが最も手広く通商を営んでいる幾つかの国の規制は，合衆国の主要な特産物の行く手を阻む深刻な妨害となっている。

そのような形勢の下では，合衆国は，ヨーロッパと同等の条件で交換を行なうことはできない。そして，互恵主義の欠如のために，合衆国は，その視野を農業にのみ狭め製造業を手控えるように誘導しようとする体制の犠牲となるであろう。合衆国の側では，ヨーロッパの商品を絶えずますます多く必要とするのに対し，それと引き替えにヨーロッパの側では，合衆国の商品に対しては偏頗で臨時的な需要しか存在しないので，その結果，合衆国は，その政治上および自然上の有利さから考えるならば熱望して当然であると認められる富裕さに比ぶべくもない貧窮化にさらされざるを得ぬであろう」（アレクザンダー・ハミルトン『製造業に関する報告書』未來社，1990年，37-38頁）。

たがって，西側経済を自由主義的な原則に沿って再編成して経済的に成長させることは，西側世界を防衛するためのアメリカの負担を軽減するという意味でも，資本主義体制の優位性を示すという意味でも，アメリカの大戦略にとって欠くことのできない要素だったのである。

　覇権理論が20世紀後半のアメリカと19世紀のイギリスを引き合いに出すことは確かに一理ある。というのは，イギリスとアメリカはともに，領土を拡大することではなく，世界的な経済のネットワークを作り上げることで，自らの「帝国」を建設したからである。だが両者の国力という観点からは，19世紀のイギリスが，アメリカと同じような意味で「覇権国」と呼べるかどうかは疑わしい（▶ 4-4）。イギリスの優越的な地位は，他を圧倒する国力というより，ヨーロッパ大陸に対しては勢力均衡政策によってその関与を限定する一方，ヨーロッパ域外との交易に自国の活路を見いだそうとする，負担の少ない帝国のありようにあった。交易を促進するために自由主義的な秩序を推進したのは間違いないが，その理由はたぶんにイギリス自身が貿易に大きく依存していたからだった。そのため，イギリスの自由貿易主義は一方主義的な傾向が強く，他国の追従を強力に求める相互主義的なものではなかった。言い換えれば，イギリスの自由貿易主義は，自身の利益のために一方的に行っていたことであり，それが世界に広がるのは文明の進歩として大いに歓迎されたにせよ，自由貿易を採用しない国は不公正だから自由主義を強制しなければならないといった相互主義的発想は希薄だった。加えて19世紀イギリスの自由貿易論は，きわめて強力な政治的イデオロギーでもあった。自由主義的な理念とイギリス自身の貿易上の利益，さらにはイギリス自身の地政学的な限界が，国際貿易に対する開放的な政策を追求する基本的な動機だったのである。

　では覇権国がなければ，世界経済は保護主義的な経済ブロックに分解するのだろうか。これに対して，国際経済秩序の維持は国際的な制度を整備して諸国の協力を組織することで可能だとする一連の議論がある。国際社

▶ 4-4　パックス・ブリタニカとパックス・アメリカーナ

「パックス・アメリカーナ（以下 PA という）のアメリカもパックス・ブリタニカ（以下 PB という）のイギリスもそれぞれ圧倒的国力を持ち，その上に安全保障システム・経済システムを築き上げてきた。しかし，その覇権のあり方，国際システムは両者の国力の質の差，両者の置かれた国際環境の差，さらに時代の差がもたらす制約によって大きな差異がある。

その第一は人口および領土であるが，アメリカは巨大な島国であり 2 億を超える人口と広大な国土をもっている。食糧は自給はもちろん可能であり，資源も豊富である。その意味ではきわめて，生存力の強い，他から動かされない自給自足的体質をもっている。紛争をも辞さない強さがあるということであるがこれは時として自己中心的になり完成度を欠いたものになるということでもある。

これに対し，イギリスは人口は 19 世紀においても多いとはいえなかった。領土も小さく，資源として良質の石炭を多量にもっていたことは大きな強みであったが，食糧をはじめ原材料は輸入に頼らざるをえなかった。したがって海外貿易への関心はイギリスの場合，より切実であった。かかる弱みを補ったのが植民地だった。大英帝国は最盛時には人口，領土とも世界のほぼ 4 分の 1 を支配した（1950 年の世界に対する割合はアメリカは領土の 7 ％，人口 6 ％，イギリス本国のみでは人口は 2 ％，領土は 0.2 ％）。両者ともいざというときは後退できる場所を持っていたわけである。ただし，イギリスの体制は植民地支配が可能の間との限定がつく。

第二に PA のアメリカと PB のイギリスの差の大きいものは，国際環境および地政の差である。PA においては，東西対立が激しく，アメリカは，第二次大戦直後から挑戦者への対応に迫られた。核をもった超大国が相対立する中で，アメリカは同盟国の協力を必要とすると同時に，第二次大戦直後は同盟国さらに途上国が共産化するのを防止する必要に迫られた。したがって，戦後の国際関係においては東西対立に優先順位を置いた対応が多かった。アメリカ軍の欧州，アジアへの駐留，介入が典型的であるが，アメリカは世界中に基地をつくり，同盟国と安全保障条約をはりめぐらした。また，東西対立への対応の観点から，西欧，日本の復興が促進され，欧州や日本への貿易自由化の猶予も認められた。さらに，ポイント・フォアをはじめ，途上国への援助が行われた。東西対立は当初からのコストを増やす大きな要素となった。

PB においては，ウィーン会議は，欧州大陸での勢力均衡とイギリスに対する欧州以外の地域におけるイギリスの優位を認めた。イギリスは以来 19 世紀末まで挑戦者を持たなかった。イギリスはバランサーとして，特定の同盟国をもたず，不介入が原則であった。そして，強力な海軍力によって，自国の安全を図る一方，七つの海を制覇し，植民地を支配することによって世界を管理したシステムである」（坂本正弘『パックス・アメリカーナの国際システム』有斐閣，1986 年，247-48 頁）。

会は無政府的であり，だからこそ制度を定めて諸国にルールを守らせるには帝国や覇権国の力が必要だったはずである。しかし，国際社会でも，いったんできてしまった制度（レジーム）は，それが創設されたときの力関係が変化しても有効性が持続する（▶4-5）。たとえば GATT やその後の WTO，そして IMF といった国際的な制度も，それを作るのに冷戦やアメリカの覇権は決定的な役割を果たしたが，制度は一度作ってしまうとそれ自身が一人歩きを始める。制度の創設と，一旦成立した制度の維持とは事情が異なり，制度の維持は比較的容易なのである。この**レジーム論**と呼ばれる一群の国際関係理論は，国際社会においてもレジームが一度確立すると，それが作られたときの構造が変化してもただちに解体にはいたらず，逆にレジームに諸国の行動が拘束され，協調的な共同行動を促すと論ずる（▶4-6）。

　無政府的な国際社会でも制度が有効なのはなぜか。それはすでに存在する制度は多少不都合があっても，それをつぶして無秩序状態を出現させたり，新たな制度に作り変えたりするよりも，それに従う方が利益となると諸国家が考えるからである。たとえ国家が完全に利己的だと仮定しても，普通なんらかの制度があるほうが，まったくないよりも望ましい。国家と国家の関係は一回限りではなく，長期的に取引が繰り返される関係だからである。何回も繰り返されるゲームならば，裏切りは相手からの報復を招き，結局は自分も含めて皆が損失を出してしまう。国際的な制度は諸国家を強制できないが，それでも制度があれば相手の行動があらかじめ予測しやすくなる。ルールは万全ではなくとも相手の行動を予測する一定の基準にはなるだろうし，交渉やコミュニケーションの枠組みを提供することで情報の流れがよくなるので，誤解による損失が避けられ，交渉が容易になる。つまり，制度は強制力がなくとも不確実性を小さくし，「取引コスト（transaction cost）」を小さくすることで，双方にとって利益になる取引が成立するのに寄与するというのである。ましてや，やりとりの積み重ねに

▶ 4-5　国際レジーム

「〔国際レジームとは〕明示的もしくは暗示的な一群の原則，規範，規則そして決定手続きであり，それによって国際関係のある領域における行為主体の期待が収斂するもの。ここで原則とは，事実，因果そして信義についての確信を言う。規範とは権利と義務の観点から定義された行動の基準である。規則とは個別的に行動を強制したり禁止したりするものであり，決定手続きとは，集合的な決定を行い実施に移すための支配的な慣習である」（S. D. Krasner ed., *International Regimes*, Cornell U.P., 1983, p. 2）。

▶ 4-6　国際レジームの意義

「覇権安定論の一般的な有効性を主張する議論は，しばしば誇張されている。一つの大強国が圧倒している状態は，特定の状況下では世界政治の秩序に貢献するかもしれないが，それは十分条件ではないし，またそれが必要条件であると信ずる理由もあまりない……。

　覇権は，協力や国際レジームのような制度に，複雑な形で結びついている。覇権的なリーダーシップの成功それ自体，ある種の非対称的な協力にかかっている。そこで覇権国はパートナーに服従と引き換えにリーダーシップを提供し，特異な役割を果たすが，帝国主義国とはちがい，ある程度は他の主権国家からの同意がなければ，ルールを強制することはできない。また戦間期の経験が明らかにしているように，物質的に優越しているだけでは安定も有効なリーダーシップも保証されない。実際，覇権国はそれが好ましいと思うルールが他国の行動の指針となるようにするために，国際的な制度へ資源を投資しなければならないかもしれない」（R. O. Keohane, *After Hegemony*, Princeton U.P., 1984, p. 46）。

「レジームの原則や規則が予想される行動の範囲が小さくなるにつれ，不確実性が低下し，情報がより広範に行き渡るのに応じて，情報の分配における非対称性が縮小される可能性が強まる。レジーム内部で行動を監視する取り決めが，モラル・ハザード〔制度が完備しているためにかえって無責任な行動をとること〕の問題を緩和する。諸々のレジームの文脈で特定のイシュー間のリンケージは，詐欺や無責任のコストを高める。というのはそのような行動の結果は，そのイシューから現れる直接的な帰結を遥かに越えた範囲に広がるからである。伝統的な閉鎖的な官僚の間の関係よりも，公式・非公式を問わず，実務レベルの官僚の継続的なコミュニケーションを特徴とする政府間関係の方が，情報の交換には本質的に適しているので，国際レジームを管理する官僚が密接に関係していることは，諸政府が相互に利益となる取り決めをする能力を高めるだろう。一般的に言って，レジームはだまされる可能性を引き下げることによって，協力することがより賢明であるように仕向けるのである」（*Ibid.*, p. 97）。

よって諸国間で信頼関係や社会性が形成されれば，一層そのレジームの意味は大きくなるだろう（▶ 4-7）。

　もっとも，国際レジームが国際社会の秩序維持にどれほど有効なのかは不確実である。「協力」の背景には，しばしば「力」が作用しており，制度と力を区別することは現実には簡単ではない。むしろ制度と力は歴史的な文脈では分かちがたく結びついている。第二次大戦後の国際レジームも，実はアメリカがそのビジョンを覇権によって実現する一つの手段であり，アメリカの覇権的なリーダーシップがなければ，異なる形のものになっていただろう。また，レジームには覇権国そのものをどこまで拘束する力があるのだろうか。現にアメリカが制度を無視して一方的にルールを変えてきた。だとすると，制度は力関係の単なる反映にすぎないのだろうか。

　だが，制度が強者の手段であっても，強者が制度を通して行動するという「投資」をすることは合理的である。問題は，果たして覇権国がどこまで合理的に必要な投資を続けるかである。このような制度の有効性の限界と可能性を考えるためには，国際社会における理念の役割を考えることが重要である。制度に実効性を与えるのは力だが，力は制度化されなければ正統性を欠き，正統性なき力の行使は反発を招くばかりで実はその効率は悪い。そして正統性を担保するのは，最終的には理念の力である。自由主義的な国際経済制度が有効であるためには，強力な自由主義的リーダーシップがあるか，自由主義的な原則が主要なアクターにある程度共有されていることが必要であろう。レジーム論にも，諸国家が基本的な世界観を共有し，少なくとも長期的には利害を共有しているという前提が存在している。たとえば，第二次大戦後の国際経済レジームの基礎となっている自由主義的世界観では，諸国が自由貿易政策をとることが皆にとって利益となると前提されているが，問題は，国際社会が無政府的なので常に裏切りの可能性を払拭できないという「囚人のジレンマ」状態にあるとされた。もしそうならば，制度によって裏切りの可能性を小さくすれば，自由主義

▶ 4-7　制度と覇権

「米国が自国の覇権的立場を乱用していることに対し，多くの不満が出されているとはいえ，欧州あるいは日本で，「米国のパワーと諸制度を中心として構築されている現在の西側秩序から離脱すべきだ」と要求する本格的な政治運動は，欧州でも日本でも起きていない。各国が「リーダーシップを取り続けてほしい」と米国に求めている証拠が実際に認められている。欧州諸国が米国に対して最も鋭く批判の矢を向けている対象は，米国が他国を威嚇したり，他国の行動に干渉していることではなく，米国が指導力を発揮し，明確な姿勢を示せないでいることだった。確かに，同盟諸国間には政策をめぐって対立や不満表明はあった。しかし，長い年月を経て最も目立つのは，こうした対立や不満表明の性格に変化が生じたことではなかった。これだけの時間が経過したにもかかわらず，この秩序が揺らぐことなく安定して推移したことだった。

1945 年以降期の初期に成立した交渉による合意や構築された諸制度はそのまま，単純に 50 年間存続してきたわけではなく，この秩序に参加する諸国の政治と社会が柱となる広範な構造の中にいっそう深く定着するようになったというのが実態である。つまり，より大勢の人々，そうした人々のより多くの活動が米国戦後秩序の諸制度，その運用に結びついているのだ。個人と集団からなる，以前に比べてずっと広範な勢力，それも以前よりもずっと多くの国とずっと多くの活動分野にまたがる勢力がこのシステムの継続に利害関係──もしくは既得権益──を持つにいたったのだ。このシステムに支障が生じ，それを復旧させる場合，あるいは変更を行なう場合，そのコストは数十年間に大きく値上がりした。このことは，現在，機能している秩序や制度と比較し，「競合的な秩序」あるいは「選択的な制度」として控えの立場にいる秩序や制度は不利な立場におかれたことも意味している。システムの更改は急激にむずかしくなった。

既存の諸制度による「利益逓増」が証明されるとき，予備として控えている制度が現存制度と競争し，勝利を収めて取って替わることはきわめて困難である。1945 年以降期の米国による秩序は，この「制度に伴う利益逓増」の現象をはっきりと示した。1945 年以降期の初期，米国は戦後の課題として，帝国主義的，二国間的，地域的のいずれの秩序を選択すべきか迫られた。そのとき，米国は，その時点でのみ有効な「一時的な優位さ」を手に入れていた。その優位さを使って，自国が望む方向にシステムの針路を定めようと思えば，できたはずだ。今日まで続いている国際協調的覇権型秩序は，実のところ，米英両国だけが──それも実際には米英両国のほんのわずかな首脳だけが──世界の政治経済体制の基本的方針を確固たる信念をもって作り上げたものであり，非常にむずかしい状況の中でスタートさせることができた。しかし，ブレトンウッズ体制や GATT のような制度がいったん確立されると，この秩序と競合的な立場にあった他の戦後秩序構想が何らかの有効性を持つことは急激に困難になった」（G・ジョン・アイケンベリー『アフター・ヴィクトリー──戦後構築の論理と行動』NTT 出版，2004 年，270-71 頁）。

的な世界が国際社会でも実現できることになる。だが，最初から自由主義的な世界観を受け入れない国，たとえば市場経済は本質的に搾取の手段であるといったマルクス主義的なイデオロギーを採用する国は，現にこのようなレジームに包摂されることはなかった。つまり，自由主義的な国際経済体制が経済的に望ましいという前提が共有されるかどうかは，レジーム論そのものからは導出できないのである。

5　国際貿易制度の変遷

　ヨーロッパで第二次大戦が始まるとアメリカは，帝国の特恵制度を維持しようとしたイギリスの抵抗を押し切って，自由貿易を戦後貿易秩序の原則とする大西洋憲章を発表して戦後構想を明らかにした（▶ 5-1）。そしてその際アメリカは多数の二国間の貿易条約を結ぶのではなく，多数の加盟国がすべて同じルールに従う多角主義（multilateralism）に基づいて，国際貿易制度を構築しようとし，戦争中から精力的にイギリスを始めとする連合国の間で交渉を重ねた。その結果出来上がったのが，1947年に採択されたGATT（関税と貿易に関する一般協定）である。

　GATTの基本的な原則は，自由，無差別，互恵の三つに要約できる（▶ 5-2）。自由な貿易を実現するために，貿易の障害となる数量制限は原則的に禁止され，関税率は相互に引き下げることが期待されていた。関税引き下げ交渉のために，ラウンドと呼ばれる多国間交渉が開催され，交渉が円滑に進むための様々なルールが定められていた。

　関税の引き下げ交渉で前提とされているのは，一方的な市場開放を求めるのではなく，自国市場の開放を交渉相手国の開放と引き換えに行うことである。19世紀のイギリスの自由貿易主義は自国の利益になるから一方的に自由貿易を実行するという性格をもっていたのに対して，GATTの原

▶ 5-1　大西洋憲章

「（一九四一年八月十四日大西洋上ニテ署名）

一，両国ハ領土的其ノ他ノ増大ヲ求メス。

二，両国ハ関係国民ノ自由ニ表明セル希望ト一致セサル領土的変更ノ行ハルルコトヲ欲セス。

三，両国ハ一切ノ国民カ其ノ下ニ生活セントスル政体ヲ選択スルノ権利ヲ尊重ス。両国ハ主権及自治ヲ強奪セラレタル者ニ主権及自治カ返還セラルルコトヲ希望ス。

四，両国ハ其ノ現存義務ヲ適法ニ尊重シ大国タルト小国タルト又戦勝国タルト敗戦国タルトヲ問ハス一切ノ国カ其ノ経済的繁栄ニ必要ナル世界ノ通商及原料ノ均等条件ニ於ケル利用ヲ享有スルコトヲ促進スルニ努ムヘシ。

五，両国ハ改善セラレタル労働基準，経済的向上及ヒ社会的安全ヲ一切ノ国ノ為ニ確保スル為，右一切ノ国ノ間ニ経済的分野ニ於テ完全ナル協力ヲ生セシメンコトヲ欲ス。

六，「ナチ」ノ暴虐ノ最終的破壊ノ後両国ハ一切ノ国民ニ対シ其ノ国境内ニ於テ安全ニ居住スルノ手段ヲ供与シ，且ツ一切ノ国ノ一切ノ人類カ恐怖及欠乏ヨリ解放セラレ其ノ生ヲ全ウスルヲ得ルコトヲ確実ナラシムヘキ平和カ確立セラルルコトヲ希望ス。

七，右平和ハ一切ノ人類ヲシテ妨害ヲ受クルコトナク公ノ海洋ヲ航行スルコトヲ得シムヘシ。

八，両国ハ世界ノ一切ノ国民ハ実在論的理由ニ依ルト精神的理由ニ依ルトヲ問ハス強力ノ使用ヲ抛棄スルニ至ルコトヲ要スト信ス。陸，海又ハ空ノ軍備カ自国国境外ヘノ侵略ノ脅威ヲ与エ又ハ与ウルコトアルヘキ国ニ依リ引続キ使用セラルルトキハ将来ノ平和ハ維持セラルルコトヲ得サルカ故ニ，両国ハ一層広汎ニシテ永久的ナル一般的安全保障制度ノ確立ニ至ル迄ハ斯ル国ノ武装解除ハ不可欠ノモノナリト信ス。両国ハ又平和ヲ愛好スル国民ノ為ニ圧倒的軍備負担ヲ軽減スヘキ他ノ一切ノ実行可能ノ措置ヲ援助シ及助長スヘシ」（外務省編『日本外交年表並主要文書』下巻，原書房，1966年）。

▶ 5-2　GATT 協定

第一条　一般的最恵国待遇

いずれかの種類の関税及び課徴金で，輸入若しくは輸出について若しくはそれらに関連して課され，又は輸入若しくは輸出のための支払手段の国際的移転について課せられるものに関し，それらの関税及び課徴金の徴収の方法に関し，輸入及び輸出に関連するすべての規則及び手続に関し，並びに第三条2及び4に掲げるすべての事項に関しては，いずれかの締約国が他国の原産の産品又は他国に仕向けられる産品に対して許与する利益，特典，特権又は免除は，他のすべての締約国の領域の原産の同種の産品又はそれらの領域に仕向けられる同種の産品に対して，即時かつ無条件に許与しなければならない。

第二十一条　安全保障のための例外

この協定のいかなる規定も，次のいずれかのことを定めるものと解してはならない。……

則は自国市場の外国製品への開放という「譲歩」を相手国と交換しつつ，相互に貿易の障壁を低減させていく互恵原則が取られた。そうして合意される GATT 関税はもっとも低い関税であり，それを GATT の締約国すべてに差別なく適用すること，つまり一般的最恵国待遇を供与することを加盟国は約している。

　また 20 世紀の諸国家は自国経済を様々なかたちで管理して，国内景気や成長といった目標を追求している。そのため，第二次大戦後の国際経済秩序では，各国が様々な現実的要請から市場に介入することを許容する規定も設けられている。これは，古典的な自由放任主義と区別して，**埋め込まれた自由主義**（embedded liberalism）と呼ばれることもある（▶ 5-3）。

　たとえば GATT 19 条は，特定の産品の輸入が急増した場合には，緊急措置（セーフガード）を一定の条件のもとで採ることができると定めている。また，国際収支や安全保障上の理由によって，貿易を規制することも加盟国に許されている。また GATT 35 条には，特定の締約国との間で GATT に規定する関係に入らないことを許容する条項も設けられている。これはメンバーの間で自由で無差別な貿易を行うという GATT というクラブの原則からの大きな逸脱だが，戦後日本が GATT に加盟する際には，多くのヨーロッパ諸国が日本に対してそれを適用した。

　暫定的に運用されたにもかかわらず，GATT の枠組みの下で開かれた多角的関税交渉の結果，関税は大きく引き下げられた。とりわけ 1964 年から 3 年間にわたって行われた，いわゆるケネディ・ラウンドでは，大幅な関税引き下げが実現した。この背景には，1962 年の通商拡大によって 50％まで関税を引き下げる権限を時のケネディ政権が獲得したため，アメリカ政府は巨大なアメリカ市場へのアクセスを提供する代わりに，大幅な譲歩を他の加盟国から引き出すことができたことがある。

　関税率は大幅に低下したものの，1970 年代になるとアメリカの製造業の優位は相対的に低下し，他方で日本やドイツの貿易黒字が急拡大したた

(b) 締約国が自国の安全保障上の重大な利益の保護のために必要であると認める次のいずれかの措置を執ることを妨げること。

(i) 核分裂性物質又はその生産原料である物質に関する措置

(ii) 武器，弾薬及び軍需品の取引並びに軍事施設に供給するため直接又は間接に行なわれるその他の貨物及び原料の取引に関する措置

(iii) 戦時その他の国際関係の緊急時に執る措置

▶ 5-3　埋め込まれた自由主義

「ニューヨークの金融界にもっとも顕著な，自由主義的な国際主義の正統派は，単にポンドからドルへと戦後の秩序の基礎を変え，差別的な貿易・為替制度を撤廃することで，古い秩序を改革しようと主張していた。このような経済自由主義に対する反対派は，その程度は左翼，右翼，中道によって異なっていたが，アメリカの外ではほとんど皆，このような制限のない多角主義に反対していた。したがって戦後の制度再建の仕事は，……二つの極端な案の間をうまく切り抜けて，戦間期によく見られた対外的に破壊的な結果を招くことなく，国内的な安定を追求する努力を保障し，さらにはそれを助けさえする枠組みを工夫することであった。これが埋め込まれた自由主義による妥協の本質である。1930 年代の経済ナショナリズムとも違い，その性格は多角的であり，金本位制や自由貿易とは違い，この多角主義には対内的な経済への介入が織り込まれていた」(J. G. Ruggie, "International regimes, transactions, and change : embedded liberalism in the postwar economic order", *International Organization*, 36, 2, Spring 1982, p. 303)。

め，アメリカ国内では保護を求める動きが強まった。アメリカは輸入の数量制限や相手国輸出に「自主」規制を求めるといった非関税障壁によって，国際競争力を失った自国の個別産業を保護することになった。さらに1974年の通商法では，外国の貿易政策が「不公正」だと一方的に認定し制裁を課す権限をアメリカ大統領に与えることが定められた。1980年代になると個別分野の輸出規制ではなく，日本のマクロ経済政策や市場構造，はては商慣行にまで要求を拡大し，ついには輸入の数値目標まで求めるという管理貿易をも要求するようになったため，日米首脳会談は1994年にこの問題をめぐって決裂するところまで悪化した。

　このように貿易上の紛争は続いたものの，アメリカの支配的な経済理念は自由競争であり，問題が生じているのは相手国の「不公正な」政策や慣行に原因があるとする意識が一般的だった。そして1991年にソ連が崩壊すると経済的自由主義に対抗してきた社会主義の理念も一挙に信頼性を失い，自由市場の理念は歴史的に見てもまれなほど圧倒的な権威を誇るようになった。しかも1980年代には経済的脅威とまで見なしていた日本が経済的に停滞したのとは対照的に，90年代半ば以降IT技術を駆使して経済は絶好調の様相を呈したため，アメリカは勝利感に酔いしれることになった。自信を回復したアメリカは，GATTウルグアイ・ラウンドを推進するとともに，ヨーロッパ諸国やカナダが提唱したGATTの機構強化にも応ずる姿勢に転換した。その結果95年にWTOが正式に発足した。

　GATTの法的基礎に曖昧な部分があったのに対して，WTOは明確な法的根拠のある国際機関である。WTO協定は，GATT協定を引き継ぐとともに，ウルグアイ・ラウンドの合意内容などを附属書として加えて，先進国間の工業製品の貿易の関税削減に焦点があったGATTの機能を拡大し，農業，サービス，知的所有権などの分野も包摂するようになった。また紛争処理について，それまであったパネル（小委員会）報告に加えて再審査を行う常設の上級委員会を新たに設置し，そこでの結論が全会一致で否定

▶ **5-4 途上国とは誰か**

「多くの人が楽しむゴルフでは，同じルールの下で，ハンディキャップを採用し，技量
に違いがあっても，老若男女が競えるようにしている。

世界経済でも様々な国々が貿易を営む中で，WTO には途上国に対する優遇制度がある。
これは「特別かつ異なる待遇」（Special and Differential Treatment: S&DT）と呼ばれる。スポー
ツ競技と同様，発展段階の異なる国々に対して一律にルールを適用することは実際には困
難な現実をふまえた制度だ。

この制度の下で，途上国には特別に規制の実施期限の延期や，農業分野の国内補助金な
ど，多くの例外措置が認められている。例えば，農業補助金においては，その種類次第で

されない限り自動的に採択されること（ネガティブ・コンセンサス方式）が
定められるなど格段に強化された内容となった。

　GATT は冷戦という大状況の下で，アメリカの同盟国を中心とした国々
が主な加盟国となったが，60 年代以降アジア，アフリカの新独立国が加
わるとともに，冷戦後のグローバル化の時代には旧共産圏の諸国も加わり，
中国は 2002 年に，ロシアも 2012 年に WTO に正式加盟した。その結果，
異質で多数の国々が単一の貿易レジームの下に包摂されることになった。
WTO では，途上国に対する「特別かつ異なる待遇」と呼ばれる規定を設
けている。一般最恵国待遇が原則の WTO だが，この規定によって途上国
は取り決めの実施を延期できるし，国内補助金などの例外措置で輸出を促
進して安く農水産品，鉱工業品を輸出することもでき，自国産業保護のた
めに高い関税を課すことも認められている。とはいえ，どの国が「途上
国」なのかは自己申告に基づくので，2020 年現在 WTO に加盟する 164 か
国のうち，3 分の 2 程度が自称途上国であり，その中には世界第二位の経
済大国である中国も含まれる（▶ 5-4）。加えて，中国やロシアと G7 諸国
を中心とする陣営の間では，政治的・地政学的対立が徐々に覆いがたいも
のになった。しかも戦後の GATT を中心とする自由貿易を主導し，冷戦
後はグローバリゼーションの福音を伝道してきたほかならぬアメリカが，
トランプ大統領の下で，多角主義を蔑ろにする措置を次々に打ち出すに至
り，WTO 体制は著しく弱体化することになった。

　WTO の機能不全が目立つようになってきた一方で，国際貿易制度の展
開として目を惹くのは，地域主義への動きが活発化してきたことである。
これは WTO 体制を前提としつつも，特定の国の間で一層深い経済関係を
作ろうとする**自由貿易協定**（FTA：Free Trade Agreement）が 1990 年代以降
急増するという形で現れている（▶ 5-5）。

　西ヨーロッパではすでに 1950 年代初めから市場統合が綿々と進められ，
1958 年には欧州経済共同体（EEC）が発足し，域内関税を撤廃しただけで

は，無制限に与えることが認められている。また，途上国は，輸出促進のために先進国市場に安く農水産品，鉱工業品を輸出することができ，輸入品に対しても，自国産業保護のため，高い関税を課すことが認められている。これは，貿易を通じて途上国の経済発展を後押しするとともに，あくまでも WTO 協定の枠の中で，自由貿易を推進する目的もある。

　ゴルフでは，ゴルフ協会が定めた「オフィシャル・ハンデ」というものがあるらしい。誰がどのようなハンデを受けるかの条件が明確化されており，一緒にプレーする人はそのハンデを理解してグリーンに立つ。ところが，WTO では「途上国」の定義や資格条件が定められていないことを幸いとして，本当は実力者なのに，ハンデを申し出て，好スコアを出している実情が近年大きな問題となっている。

　途上国優遇制度が導入されてから，50 年。昔の「途上国」には大きく発展した国もある。しかし，WTO では「途上国」であるかどうかは，加盟時の自己申告で決まることになっている。つまり，その国自身が一度「途上国」だと宣言したら，この地位を返上しない限り，ずっと「途上国」にとどまることができるのだ。その結果，164 ある WTO 加盟国のうち，約 3 分の 2 が今でも「途上国」を自称している。これによって，GDP 世界第 2 位の中国や 7 位のインド，また 1 人当たりの GDP 世界 7 位のカタールや 25 位のアラブ首長国連邦といった国々が，いまだに「途上国」として大手を振っている。ちなみに，日本は 1 人当たりの GDP は世界 27 位である。経済大国が今も「途上国」として優遇され続けていることには先進国のみならず，経済規模や生活水準に照らし，本当の意味での後発途上国の多くにも不満がある」（外務省「そんなに多くの国が「途上国」！？　WTO と途上国の地位」https://www.mofa.go.jp/mofaj/page24_000997.html）。

▶ 5-5　WTO に通報された FTA の推移（2023 年 8 月現在）

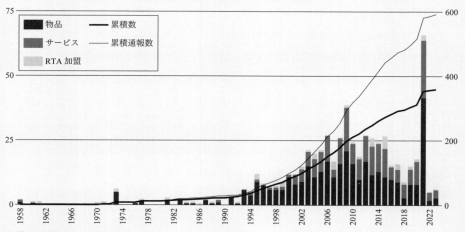

出所）https://rtais.wto.org/UI/charts.aspx#

はなく，1993年には，域内での人，モノ，サービスの動きを自由化する
EU単一市場が12か国で構築された。

　一方北米でも，1989年にはアメリカとカナダの間で米加自由貿易協定
が発効し，94年にはメキシコが加わってNAFTA（北米自由貿易圏）が成
立した。中国もWTO加盟と並行してASEANとのFTA交渉を展開し，
2007年には6か国とのFTAを成立させている。それに加えてチリ（2005
年），パキスタン（2006年），オーストラリア（2015年），韓国（2015年）
などと着々とFTA網を拡大してきた。

　日本は多角主義を重視していたことに加えて，農業分野の自由化が交渉
の足かせになることもあってFTA締結の動きは鈍かったが，2002年にシ
ンガポールとの経済連携協定を締結したことを皮切りに，メキシコ，チリ，
ASEANなどとFTAを締結するようになった。その中でも重要なのがTPP
（環太平洋パートナーシップ）である。これはアメリカ，カナダ，オースト
ラリア，チリ，マレーシアなど12か国で交渉されてきた広域的なFTAで，
2016年に署名された。だが翌年アメリカのトランプ大統領が就任早々そ
れから離脱することを表明し，成立が危ぶまれたものの，日本政府が主導
してアメリカ以外の11か国で合意し，2018年にCPTPPとして成立した。
このような大規模で質の高い制度でカバーされる市場にメンバーとして参
加できる経済的意義は大きい。そのためいくつかの国々が参加希望を表明
し，そのうちイギリスとは2023年に実質的に交渉が妥結した。

　CPTPPは中国が加盟していないので，相互依存関係を武器にして威圧
される懸念のない友好国間のクラブである。中国との政治的・軍事的な対
立が激化するにつれ，その外交的・安全保障的な意義が強まっている。と
は言っても中国は日本を含む多数の国にとって最大の貿易相手国であり，
その存在を無視することも不可能である。中国，韓国も含む広域的FTA
であるRCEP（地域的な包括的経済連携協定）も2022年に発効したが，イ
ンドは交渉には参加したものの結局参加を見送り，15か国で署名された。

▶ 5-6　スパゲッティ・ボール効果

「PTA〔特恵貿易協定〕における貿易転換はとくに深刻な問題である。しかし今日，それは全体から見れば小さな問題にすぎない。大きな問題は，PTA の急激な拡大によって生じたシステミックな問題である。……

PTA の数が 100 を超えたばかりのころ，その急激な拡大を見て私はこの状況は「スパゲッティ・ボール」状態になりつつあると言明した。つまり，二国間で PTA が締結され，それぞれの国が他の異なった国々と相互条約を結び，それら相手国が今度は他の国々と条約を結び，そのそれぞれが今度は異なった部門において異なった原産地原則（相互の譲歩を追求した特恵によって義務付けられ，加盟国になることで非加盟国への「漏れ」をなくす）をもつ，といった特恵の迷路状態である。

私がこれをスパゲッティ・ボールと呼んだのは，縦横無尽に重なり合ったひもが無秩序な塊となり，

CEFTA
（中欧自由貿易協定）

スロベニア
ハンガリー
ポーランド

スロバキア
チェコ

ブルガリア
ルーマニア

EFTA
（欧州自由貿易連合）

スイス
リヒテンシュタイン

アイスランド
ノルウェー

エストニア
ラトビア
リトアニア

イスラエル

EEA
（欧州経済領域）

EU
（欧州連合）

キプロス
マルタ

トルコ

地中海 7 ヵ国協定
（アルジェリア，エジプト，ヨルダン，レバノン，モロッコ，シリア，チュニジア）

70 ACP 諸国
（ロメ協定に加盟するアフリカ，カリブ海，太平洋諸国）

□ EU 単独市場　　□ 関税同盟　　□ 自由貿易地域
---------- EU 連合協定　　──── 非互恵的協定

出所）同，117 頁。

とにかく手に負えないためである」（J・バグワティ『自由貿易への道──グローバル化時代の貿易システムを求めて』ダイヤモンド社，2004 年，115-16 頁）。

「こうしてわれわれは，世界貿易システムを再構築している。名前こそ自由貿易ではあるが，PTA は非加盟国の生産者に対する差別を拡大している。1930 年代にも，同じように非協調のもとで，自国の生産者に有利になるように差別する保護主義を追求して大混乱が生み出された。両者とも，望ましい解決法はより自由な貿易の無差別な追求だったはずである。

南アフリカの貿易相アレック・アーウィン（Alec Erwin）は，この急激な拡大のもう一

　FTA は WTO 以上の自由化を目指すという意味では，一層の自由化を推進するものとも言える。しかしそれは本質的に差別的なものであり，自由経済の原則から評価すればせいぜい次善の（suboptimal）制度である。また多数の FTA 協定が絡まりあうと，通関手続きが著しく煩瑣になるなど，スパゲッティ効果と呼ばれる貿易阻害効果を引き起こすと指摘されてきた（▶ 5-6）。差別的な取り扱いを避けるために先を争って様々な連携を模索する力学が作用するようになったのが冷戦後の世界の現実であり，それに地政学的・戦略的な考慮もますます連動するようになっている。もちろんWTO 協定は制度として存在し，実際に大規模な各グループの間でも貿易が行われているので，世界経済が寸断されブロック化したとまでは言えない。しかし，世界中が単一の制度の下でおおわれる均質な市場経済というグローバル化の理想とは程遠い，異質な制度が併存しつつ絶えず図柄の変化するまだら模様をした貿易システムが出現したと言えよう。

6　国際通貨の制度

　貿易が自由に行えても，モノの移動に伴う代金の支払いができなければ，自由貿易は絵に描いた餅に終わるだろう。国際貿易をめぐる制度構築と並行して，国際通貨をめぐる制度も第二次大戦中から始められていた。

　だが国際社会では多数の通貨が流通していて，今日有力な通貨はそれぞれの国の通貨当局が発行管理している国民通貨である。それゆえ，たとえば外国から輸入するために外国の輸出業者に支払いをするには，自国通貨を外貨に交換しなくてはならない。しかし各国の通貨当局は外貨を発行できないので，時に外貨が不足して交換ができなくなり，結果的に貿易が滞るという事態がしばしば起こる。

　第二次大戦後の国際通貨制度であるブレトンウッズ体制の原則は，第一

つのマイナス面を指摘した。それは，貧しい国ほど複雑な特恵と原産地原則で満たされた貿易システムをうまく管理できないというものだ」（同，121 頁）。

▶ 6-1 　国際収支の集計概念とその解釈

「国際収支」は「経常収支」「資本移転収支」「金融収支」の三つの部分と，統計上の誤差を調整するために「誤差脱漏」を加えたものから構成されている。定義によって「経常収支」＋「資本移転収支」−「金融収支」＋「誤差脱漏」＝0 になる。「国際収支」という言葉で「経常収支」を意味している場合が多い。なお，IMF は 2014 年から，下記のように項目の名称変更を行っている。

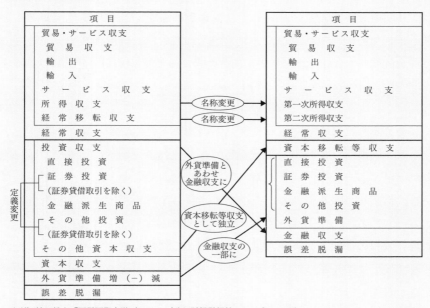

出所）神田眞人『図説国際金融（2015-16 年）』財経詳報社，2015 年，38 頁。

経済学者の間では，巨額の経常収支黒字が経済的な利益であり，またそれが貿易障壁で説明できる，というのは誤りだとするのが正統的である。

「ある国の経常収支・貿易収支の黒字はその国にとって「得」なことであり，赤字は「損」なことである，あるいは黒字国は「得」をして赤字国は「損」をしている，と考えるのは経済学的に初歩的な誤りである。一国の経常収支・貿易収支が赤字であるか黒字であるか，またその赤字・黒字の大きさがどれくらいであるかということと，その国が貿易・国際経済関係からどのような利益・不利益を受けているかということとは関係がない。カナダのように経常収支が百年以上もほとんどの年において赤字でありながら大いに発展

に貿易の決済のために諸国の通貨が自由に交換できる状態，言い換えれば交換性を維持すること，第二に諸国の通貨の交換レートを固定する固定平価制度，そして固定したレートで通貨が交換できる状態を維持するために，国際収支（経常収支）の赤字が続いて外貨が不足した場合には融資が得られるように，あらかじめ外貨をプールしておく国際通貨基金（IMF）を設置することに要約できよう（▶ 6-1）。この制度が自由な国際貿易を促進する目的を持っていたことは明らかだが，その一方で民間の国際資本移動，つまり国境を越えた資金の貸し借りは通貨秩序を混乱させる危険があると考えられたので，規制することが予定されていた。戦後復興や開発のための資金供給のためには，公的な国際機関である世界銀行（正式には国際復興開発銀行：International Bank for Reconstruction and Development）が設けられた。

　しかし実際にはこのような制度は，当初まったく機能しなかった。というのは，戦後直後は戦争によって疲弊していたヨーロッパ諸国では輸出能力が不足する一方で，必要な輸入のために欠かせないドルが常に不足している状態だったからである。そのため通貨の交換を制限する為替管理が広く実行される一方，不足したドルはアメリカがマーシャル援助など，IMFや世界銀行の枠組みの外から供給することで対処していた。もちろんその背景には，冷戦を戦うために西ヨーロッパや日本などの同盟国を経済的に支援するという意図があった。

　西ヨーロッパ諸国と日本が経済復興を完了し，1950 年代末から 60 年代前半になってはじめて通貨の交換性が回復した。日本も 1964 年には外貨管理が原則撤廃され，一般の日本人も海外に観光旅行ができるようになった。ようやくにして主要国間で通貨の交換性が回復され，ブレトンウッズ体制が当初の期待通り機能し始めると思われた。しかし現実には，為替レートが固定されていたので，ある国の貿易収支が赤字になると切り下げが行われるという期待から，その国の通貨が大規模に売られる通貨投機が

してきた国もある。……

　ある国の経常収支が赤字であるということは，その国の経済全体として外国からネットの借入れを行っているということにほかならない。個人（消費者）あるいは家計にとってはネットの借入れは，あまり望ましいことではない場合が少なくない。ごく大雑把にいって，個人や政府（および地方自治体）はなるべくネットの借入れをしない方が健全であろう。しかし，個人の場合でも，返済の見通しが立つのであれば，住宅ローンや奨学金を借りることは決して「不健全」ではなく，むしろ有利なことである。これに対して……健全に発展し大いに利益を稼いでいる企業では，金融機関からの借入れや社債発行残高が増加していくのが普通であろう。言い換えれば通常の企業の場合には，国際収支の意味での経常収支は赤字であることが多いのである」（小宮隆太郎『貿易黒字・赤字の経済学』東洋経済新報社，1994 年，49-50 頁）。

　「現行のフロート制下では，日本のような貿易黒字国は黒字相当分の対外資産を取得せざるをえない仕組みになっている。日本が受け取る貿易黒字分の資金は，日本企業の対外直接投資に使われるか，日本の機関投資家・個人投資家・企業による外国の金融資産の取得に使われるか，日本政府・銀行・企業の対外借款供与に使われるか，日本の銀行等の外国からの借入れの返済に使われるか，のいずれかである。……

　このように日本の貿易黒字に等しい資金額はすべて世界の金融・資本市場に自動的に還流する。それが還流しないようにするマジック（魔術）は存在しない」（同，53-54 頁）。

　「市場の閉鎖性・開放性，関税・非関税貿易障壁と経常収支の黒字・赤字（の大きさ）とは関係がない。国際市場が開放的な国の経常収支は赤字になり，それが閉鎖的な国の経常収支は黒字になる，というのは何の根拠もないまったく誤った観念である。

　まず歴史的事実と各国の現状について見ると，19 世紀後半の英国は他国に先駆けて自由貿易政策をとったが，1910 年まで GNP の平均 4％におよぶ厖大な貿易黒字を 50 年以上も出し続けた。1950 年代の米国も巨額の貿易黒字を出し続けた。それらの国の市場はそれぞれの時期には他の主要国と比べて最も開放的な市場であった」（同，55 頁）

　しかし，経済理論的にはともかく，国際収支の「赤字」は損失を意味し，是正されなくてはならないとする主張の方が，政治の現実の世界では圧倒的に影響力がある。また，主として実務家からの反論もある。

　「彼〔小宮教授〕の理論では，どんな状況であろうと，国内の投資家は発生した黒字に相当する対外投資をやることになっているのである。どんなに巨額な為替差損が発生しようと，どんなに国内の株の含み益が減ろうと，どんなに海外の金利が下がろうと，小宮教授の「投資家」は対外投資をするのである。……

　ここには海外で稼いできたドルを高く売ろうと血眼になって苦労している輸出業者の姿もなければ，膨大な為替差損を蒙り真っ青になっている投資家の姿もない。これらの投資家や輸出業者にとって，IS バランスで見れば黒字は還流しているよと言われても何の慰めにもならない。現実はその還流が大幅な円高を伴ってのみ可能になっているからである」（リチャード・クー『良い円高　悪い円高』東洋経済新報社，1994 年，33-34 頁）。

しばしば起こった。このような場合，赤字国は金利を上げて財政を引き締める政治的に厳しい経済政策をとってでも，国際収支を均衡させるとともに，IMFからの引き出しに加えて，主要国の中央銀行間でも協力して危機に対処する慣行が発展した（▶6-2）。

　しかしブレトンウッズ体制を主導してきたアメリカが貿易収支の赤字を出し続けると，IMF協定で定められていた約束——ドルを他国の通貨当局には公定価格で金と交換する——を1971年に一方的に反故にしたために，1970年代の初めにこの制度は崩壊した。その結果，当初は固定レートに戻るまでの暫定的措置とされていた変動相場制度が，その後50年以上にわたって採られている。

　ブレトンウッズ体制は崩壊し交換レートをめぐる制度は変化したが，それと平行して起こったのが，民間の国際資本移動が急速に活発化したことである。すでに述べたようにブレトンウッズ体制下では民間の国際資本移動は規制されていたが，様々な電子技術が急激に進歩したこともあって，国際金融市場で瞬時に巨額のマネーが取引されることが当然の時代になった。その結果，交換レートを防衛するために国際収支を調整しなくとも，赤字は海外から借り入れれば済むようになり，経常収支の不均衡は拡大したが，それでも通貨の交換性はおおむね維持された。これは国際的な金融取引で巨額の収益を得る英米などの金融業界にとっても，また国際収支の赤字に苦しんできた開発途上国にとっても大きな利益となり，通貨の価値も毎日の為替相場で決まり，資本も商品同様自由に取引できるのは，市場自由主義的な理念にも適ったことだった。

　しかし，金融市場ではしばしば，楽観的な見通しによって融資が過剰に行われて価格が急上昇するいわゆるバブルが発生する。そしてその期待がなんらかのきっかけで一気に逆転してバブルが破裂すると，通貨価値は暴落し債権が回収できなくなる。そうなると誤った判断を下した貸し手だけではなく，健全な金融機関，ひいてはそれと取引関係にある事業会社や預

▶ 6-2　国際通貨レジームの実際

　ブレトンウッズ体制下 1960 年代の国際通貨レジームは，「通貨マフィア」と呼ばれる少数の専門家たちによって管理されたよく機能した国際レジームだった。中央銀行間協力でアメリカを代表する立場にあったチャールズ・クームズは以下のように述懐している。

　「……米国と主要貿易相手国は，戦後ブレトン・ウッズ体制が成立してから，70-71 年のドル崩壊が始まるまでは，国際金融という競技に，マナーよく，協力的な態度で参加していた。この競技の基本的なルールは協議であり，どこかの国が他の一国の金融に影響を及ぼしそうな政策を採用しようとする時は，できる限り予備的協議を行ってきた。通商政策その他の分野でも，国家利益は熱心に追求されたけれども，それは強制力のない，一般的に受け入れられる程度の道義的通念の範囲内でであった。

　50 年代後半には，ジェット機の大西洋横断，電話網の拡充など技術進歩の結果，コミュニケーションは一変してスピード化した。60 年代には，中央銀行や財務省は，世界市場の重要な金融問題に対して，すばやく対応するようになった。投機の矢面に立たされた通貨に対して，主要国中央銀行と国際通貨基金（IMF）は，巨額の信用をたびたび供与してきた。

　人間関係さえも変わった。第二次大戦で敵国だった外国の中央銀行役員や財務省高官とも，互いに理解しあうようになり，個人的に親しい間柄となることもしばしばだった。国際金融の競技場は依然として存在したが，各国政府および中央銀行は，外為市場を投機から防衛するために手をにぎりあう盟友となった。昔の人は「日のもとに新しきものなし」といったが，いまや新しい事態が出現したのである」（C・A・クームズ『国際通貨外交の内幕』日本経済新聞社，1977 年，16 頁）。

　「どんな専門分野でも，専門の同じ仲間とつきあってみると，ある種の深い満足感を味わうものである。演説をぶつ者もなく，誰もが問題点を明確に把握しており，一を聞いて十を知る人たちなので，終わりまで説明しなくても理解でき，不思議なくらい同時に，適切な解決策に気づくのだった。ロマンチックな国際主義者は一人もいなかったが，国益が重なりあう場合には，職業上の協力を通じて，本当の仲間意識が芽ばえたのだった。

　好運なことに，私は欧州中央銀行総裁や外国部の部長連中との初対面の席上，"ヤンキー商人"的な政策を全く持っていなかったため好感を持たれたらしかった。そうでなければ，間違いなく反論にあい，討論は激昂し，むだな時間が流れたであろう。当時の私の任務は，ケネディ大統領の声明を伝え，それを遵守するために，金および為替市場における投機的な動きに対する共同行動に必要な技術的な意見を彼らに求めることだった。国際金融問題は，長年米国が主導的役割を果たしてきたが，事情が変わり，共同で正解を探すという姿勢は，彼らにすれば，たぶんさわやかな変化だったろうと思う」（同，44 頁）。

金者までもが連鎖的に倒れる事態に発展する。こうした金融危機が，歴史的に繰り返されてきた（▶ 6-3）。

　1980年代には天然資源の豊富なラテンアメリカ諸国が債務危機に陥り，1990年代の後半にはそれまで好調だったタイ，インドネシア，韓国などで債務危機が勃発した。また，2008年にはアメリカを震源とするリーマン危機が勃発し，世界中の経済を震撼させることになった。

　一国内の金融危機の場合，金融機関を救済したり破綻処理をしたりするための制度的枠組みはまだしも存在する。だが，国際社会には無制限に通貨を供給できる世界中央銀行はなく，最終的に納税者の負担で傷んだ金融システムを修復する世界政府もない。このような場合，危機を未然に防ぎ，ひとたびそれが起こったら危機を収拾するのは誰なのか。

　本来は為替レートの維持が目的だった IMF は，ここで新たな役割を担うようになった。金融危機が起こると，IMF は窮地に陥った債務国に融資をするが，それと引き換えに**構造調整プログラム**の受け入れを求める。普通それは，財政の引き締め，補助金のカット，民営化の推進，為替レートの自由化などを内容とするいわば経済的な占領政策に等しい厳しい内容である。それでも債務国がそれを受け入れるのは，これによって債権国は債務の繰り延べや一部減免に応じ，支援パッケージが順調に執行される見通しが強まれば，新たに国際金融市場から借り入れることも可能になるからである。

　このように国際通貨制度の主要な課題は，固定為替レートを維持するための国際収支（経常収支）の調整から，巨大でしばしば大きな不安定性を秘めた国際金融市場の安定化へと焦点が移っている。その際，国際通貨として世界中で受け入れられているドルを発行でき，そのことも理由となって自国の金融市場が世界中から資本を集め，それを分配しているアメリカの役割が，依然として決定的に重要である（▶ 6-4）。アメリカはドルの役割によって大きな特権を享受している。いくら国際収支が赤字になっても，

▶ 6-3　頻発する国際金融危機

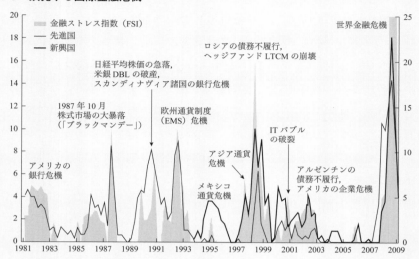

出所）Reza Moghadam, "Global Safety Nets : Crisis Prevention in an Age of Uncertainty", IMF Blog, September 9, 2010, https://www.imf.org/en/Blogs/Articles/2010/09/09/global-safety-nets-crisis-prevention-in-an-age-of-uncertainty.

▶ 6-4　国際通貨の地位をめぐる競争

　「それぞれの個別の国民経済の中では国家による強制が事実上の国民国家の独占状態を形成するのが普通だ。そのための手段としては，法定通貨として指定するという法的なものや，為替管理やその他の関連した規制手段がある。通貨の選択は供給側でほぼ決まっている。主権国家は自分の発行する国民通貨の自国領内での排他性を，相当程度享受している。

　しかしながら国際的なレベルでは，上に立つ主権的権威が存在しないので，強制的に通貨を流通させる能力はより限定的だ。むしろ支配的なのは競争であり，強制流通は保護国や半ば帝国とその追従国の間のような関係でしか可能ではない。しかし独立国家間のより通常の場合では，独占は競争に置き換えられ，行為者はある通貨を他の通貨より使うに当たっては，強要されるというよりも説得されなければならない。つまり通貨の選択は，市場における供給よりも需要サイドで決まるのであり，もし競争に勝ちたければ，競争力を強めなくてはならない」（B. J. Cohen, *Currency Statecraft : Monetary Rivalry and Geopolitical Ambition*, University of Chicago Press, 2019, p. 15）。

　「現実には，通貨パワーをめぐる国家間の正面からの競争は，どちらかというと希である。……しかし米中の間の関係は例外で，中国と人民元の興隆にともなって，見たところ自国に有利なように国際通貨の選好を変化させるために何でもやる意思を持つ勃興しつつ

自国通貨で外国にも支払いができるので，アメリカは何の痛みも感じない
し，為替レートの変動のリスクを負担しなくてもよい。しかも自国の通貨
を使って商売のできるアメリカの金融業者は，国際競争上有利である。こ
ういったアメリカの享受する「法外な特権」に対する不満は折に触れて
様々な形で表明されてきた。とは言っても，ドルが国際通貨として使われ
ているのは，世界中の市場参加者の選択の結果である。今後どれくらいの
期間にわたってドルが基軸通貨としての地位を維持できるのかは不確実だ
が，もしそれに変化があれば，現在の国際金融の制度が大きく変化するの
は確実である。

ある中国というマネーパワーと，長期にわたって国際通貨の発行国の地位を占めていて，争わずして自国の特権を放棄しようとしそうもないアメリカとの間には，特異で潜在的には歴史的な対立が展開している」（*Ibid.*, p. 149）。

◆文献案内
　国際政治経済学の中でも中心的な関心領域であったこの分野には，多数の文献がある。相互依存関係を国際政治的に分析した文献としては，やや古いが山本吉宣『国際的相互依存』（東京大学出版会，1989年）が厳密でありながら簡潔明快であり，依然として一番優れている。国際制度の意義を論じた有名な文献として，ロバート・コヘイン『覇権後の国際政治経済学』（晃洋書房，1998年）がある。また古典的な自由主義的政治経済観を批判的に論じた村上泰亮『反古典の政治経済学』上・下（中央公論社，1992年）は，初学者向けではないが，経済学，政治学，哲学を総合した，この分野における記念碑的名著であり，一部でもよいから一読を勧めたい。ダロン・アセモグル，ジェイムズ・ロビンソン『国家はなぜ衰退するのか』（ハヤカワ文庫，2016年）は，市場経済が発展するための制度的条件を活き活きと論じている。法の支配を伴わない市場経済の実情を生々しく語ったものとして，デズモンド・シャム『レッド・ルーレット』（草思社，2022年）やマーシャル・ゴールドマン『強奪されたロシア経済』（日本放送出版会，2003年）などは，学生諸君の興味をそそるだろう。

◆重要概念の整理

オランダ病	比較優位論	プラスサム・ゲーム
利益の調和	相互依存論	機能主義
開発主義	レントシーキング	覇権理論
レジーム論	埋め込まれた自由主義	自由貿易協定（FTA）
構造調整プログラム		

◆例　題
①日本は資源に恵まれていないといわれるが，その事実を検証せよ。さらに，日本近海で大油田が発見された場合には，どのような事態が予想されるかを論ぜよ。

②国際経済レジームの一例を挙げて，その概要を描写するとともに，それが諸国の協力を組織する上で，どの程度役に立っているかを評価せよ。

③もし中国経済の規模がアメリカを上回ると，国際秩序にどのようなことが起こると推定できるか。理論的な前提を明らかにしながら推測せよ。

④東西ドイツの経済統合によって，旧西ドイツにはどのようなプラスとマイナスがあったかを検討せよ。また北朝鮮と韓国が（平和的に）再統合すると，それによって生ずるプラスとマイナスを，ドイツ再統合と比較して考えてみよ。

第 4 章

権力闘争の経済学

第一次石油危機・ティッシュペーパーなどを買い求める人々
（毎日新聞社提供）

1　富と権力

　経済の営みの目的が，人々の厚生を確保することにあるとするならば，消費こそが経済の目的であり，そのことは自明であるとアダム・スミスは論じた。だが，人間には自らの経済的な利益を合理的に最大化しようとする「エコノミック・マン」の面だけではなく，自らの運命を支配し他者の行動に影響を与えようとして権力を求める面もある。とりわけ国際社会では自国の安全は最終的には自国の責任で確保しなくてはならないので，国家と国家の関係には競争的な権力政治の面が色濃い。そのため富を求める営みは，国家が安全と権力を求める営みと密接に関係することは避けられない。つまり競争的な国際環境では，富は戦略的な意味を帯びる。日本はその意図とは無関係に，巨大な経済規模によって長く潜在的な政治大国，あるいは軍事大国と見なされてきた（▶ 1-1）。そのような経済の側面に注目すれば経済も国力の一つの要素を構成し，「経済力」という言葉で普通それが表現される。

　もちろん権力の資源は，経済力に限られているわけではないし，経済力にしてもそれを正確に把握することは難しい。GDPの規模ではかれば，日本は 1960 年代末から 2010 年に中国に追い越されるまで 50 年近くにわたって世界第二位の経済大国の座にあったが，だからといって日本の政治的影響力がそれに見合ったものではなかったことは，よく知られている。また一人当たりの国民所得がきわめて高い国として，カナダやノルウェー，さらにはスイスなどの諸国がよく知られており，国民生活の厚生という面では評価が高いが，それらの国々は人口も少ないので，国際社会における経済的・政治的な重みは大きくない。他方中国は，1980 年代以降めざましい経済成長を遂げ，2020 年には GDP が日本の 3 倍程度に及び，軍事力の増強にも積極的に取り組んできたので，アメリカがライバルと見なす強

▶ 1-1　戦後日本経済の戦略的含意

1972年，アメリカのキッシンジャー大統領補佐官と中国の周恩来首相は，日本の高度経済成長を次のような戦略的観点から見ていた。

「周恩来総理　……日本の翼には羽が生え，今にも飛び立とうとしています。現在の経済発展を背景に，第四次防衛力整備計画でより多くの予算を支出しようとしています。……日本がひとたび軍事的膨張の道を歩みはじめたら，それがどこまで行くのか，今予見することは困難です。……

キッシンジャー博士　……総理が言われた，経済成長はそれ自身の必要を生み出すということには賛成します。そして日本の経済的発展の方法が，日本の偏狭な特徴を示しているということでも部分的には総理に同意します。なぜならそのやり方は，多くの国を日本の政策に結びつけようとする目的を持っているからです。ですから，私は日本に対して幻想は抱いていません。……

自力で自らを防衛する日本は，周辺にとって客観的に危険な存在となるでしょう。より強力になるでしょうから。それゆえ私は，現在の日本の対米関係が，実際には日本を抑制しているのだと信じています。……

周恩来総理　……日本に平和・中立路線を促すことがなぜ良くないのでしょうか？　中国は復讐を試みるつもりはありませんし，また核ミサイル実験を実施するたびに，我々は核ミサイルを戦争に使うことはないと言明していますから，日本が核兵器開発というような欲求を抱く理由はありません。あなたがおっしゃることは分かります。日本はアメリカの制御がなければ暴れ馬です。いたるところでです。日本の経済があのように強力であっても，日本を制御することは可能でしょうか？

キッシンジャー博士　完全には無理でしょう。しかしあなたがお考えの軍事的側面について言えば，そのお考えのやり方よりは，〔日本の軍事的膨張を制御できる〕可能性があります。……

周恩来総理　……日本経済が現在の水準にまで発展したという問題があります。アメリカが日本を，今日のようなところまで太らせたということは否定できないでしょう。

キッシンジャー博士　まったくもってその通りです。しかし今や，我々は太平洋の両岸で，日本経済の発展にどう対処するかを決めねばなりません。我々は愚かな楽観主義者になることはできませんし，あなた方も今日の文脈で状況を考えねばならないでしょう。

周恩来総理　日本はすでにあのように富んだ国になりました。……沖縄を含めた在日米軍基地の今後の役割について，どのようにお考えですか？

キッシンジャー博士　日本人が本当に在日米軍基地の撤退を望むなら，我々はいつでも撤退します。アメリカは本質的にはアメリカのために日本に基地を置いているわけではありません。とはいえ，実際にそうなったとしても，あなた方は喜ぶべきではないと思います。いつの日か後悔することになるでしょう。ちょうど今日我々が，日本をいかにして経済的に築き上げたかを後悔しているのと同じようにです」（『周恩来キッシンジャー機密会談録』岩波書店，2004年，195-201頁）。

力な国家に発展した。しかしその人口も日本の10倍以上あるので，国民の平均的な生活水準は日本や欧米先進国には及ばず，中進国の水準にすぎない。また2023年に人口規模で中国を抜き去ったインドは，一人当たりのGDPは中国の5分の1程度にすぎないが，巨大な潜在力もあいまって，独立以来国際社会で大きな政治的影響力を維持してきた。

　それにしても富と一国の政治権力が関係していることには疑問の余地がない。第一に，ある国が経済的に繁栄していれば，その国の国家が軍事や外交に動員できる資源のベースも大きいので，他の条件が等しければその国の政治的な力も大きいはずである。20世紀は，このような政治と経済の結びつきが極限にまで高まった時代であった。というのは，20世紀の前半には二つの世界大戦が戦われたが，それは国家が国民生活のあらゆる面に介入して，戦争目的のために国民経済を総動員する総力戦だったからである（▶1-2）。このような総力戦においては，戦争は前線の兵士たちだけの営みではない。生産活動に従事する無数の非戦闘員も戦争に参加し戦争の帰趨に決定的な影響を与えたし，軍事的な攻撃目標にもなったからである。米ソ間で展開した冷戦も類似の性格があり，戦略核ミサイルを始めとする軍備をめぐる競争も，米ソ両国の技術的・経済的資源を総動員して続けられたし，同時に米ソがグローバルに対抗するために，援助や局地戦や宣伝戦においても経済的資源は遺憾なく動員されたのである。

　第二に，ある国が豊かでその経済が成長していれば，それは外国人にとっても利益を得る機会を意味する。もちろん，他国の経済的な繁栄から利益を得るには，平和的な交易で事足りる。だが，古来豊かな都市や国は，しばしば周辺の「蛮族」の略奪の対象となった。農耕民は，蓄積していた食料を武力にまさる遊牧民に奪われたし，国家による保護の及ばない海上では，商船が略奪行為の格好の標的になってきた。これは暴力や政治権力が富に変換可能であることを示す例である。資源や市場を確保するために，露骨な軍事力の行使によって，植民地や海洋資源の争奪戦が行われたのも

▶ 1-2 　総力戦の時代における戦争と経済

　第一次大戦後のワシントン海軍軍縮会議に全権として参加した加藤友三郎海軍大将は，当時の日本の戦略的大局を冷静に見抜いていた。

　「国防は軍人の専有物にあらず。戦争もまた軍人にてなし得べきものにあらず。国家総動員してこれにあたらざれば目的を達しがたし。……平たくいえば，金がなければ戦争ができぬということなり。

　戦後ロシアとドイツとがかように成りし結果，日本と戦争の起こる Probability のあるは米国のみなり。かりに軍備は米国に拮抗するの力ありと仮定するも，日露戦争のときのごとき少額の金では戦争はできず。しからばその金はどこよりこれを得べしやというに，米国以外に日本の外債に応じ得る国は見当らず。しかしてその米国が敵であるとすれば，この途は塞がるるが故に，日本は自力にて軍資を造り出さざるべからず。この覚悟のなきかぎり戦争はできず。英仏はありといえども当てには成らず。かく論ずれば結論として日米戦争は不可能ということになる。……

　重ねていえば，武備は資力をともなうにあらざればいかんともするあたわず。できうるだけ日米戦争を避け，相当の時期を待つよりほかに仕方なし。かく考うれば国防は国力に相応ずる武力を備うると同時に，国力を涵養し，一方外交手段により戦争を避くることが，目下の時勢において国防の本義なりと信ず」（池田清『日本の海軍』朝日ソノラマ，1987年，84-85頁）。

　第二次大戦後，日本の戦争経済を研究したアメリカの調査団は，以下のように述べている。

　「短期戦を考えており，緒戦に於いて得た日本の有利を重大視していた日本の立案者等は，長期の消耗戦との関係に於て日本の経済能力を考慮することをしなかった。彼等はただ目前の戦争計画についての経済的必要量を検討したにとどまり，生産の全体水準を引上げる計画を立てようとしなかった。彼等が計画したのは日本の経済で明かに不足している数種のものを補充することと，作戦軍の補充需要を少し上廻る程度の供給をすることを出なかった。

　これを合衆国に於ける経済動員のやり方と比較すると顕著な対称をなしている。1941年に作られ，ルーズベルト大統領の最初の戦時予算に於て実施された諸計画というものは，軍需原料の最大可能な供給をなすために総生産を最大限に引上げることに基礎を置いていたのである。失業者をなくすること，新しい労働者を労働力にひき入れること，基礎産業の能力を増加すること，産業設備の昼夜交替制による操業，そしてより生産的な使用への資源の移動等は，すべて総生産と軍需生産を目標に考慮されたものである」（アメリカ合衆国戦略爆撃調査団編『日本戦争経済の崩壊』日本評論社，1972年，25-26頁）。

それほど昔のことではない。現代でも石油などの重要資源の確保や，自国企業の保護や利益確保のために，政治権力が介在するのはありふれた現象である。

　また上に述べたようにあまりにも無防備なら，豊かな経済は収奪を招く危険もあるが，逆に豊かな国とは交易機会を求めて他国が友好関係を築こうとする力学も作用する。つまりもし自国に豊かな国内市場があれば，それ自体がその国の魅力になる。市場へのアクセスを操作することで，その国の政府は大きな政策手段を手にするのである。アメリカが巨大な影響力を貿易交渉で行使できる最大の理由は，豊かなアメリカ市場へのアクセスを操作して，外国人がそこで商売ができるかどうかを左右できる立場にあるからである。改革開放政策以降の中国の急激な経済成長も同様の政治的効果がある。しかも中国の場合，外国からの投資に開放的であったので，政治的にはギクシャクしがちな日本も，また人権を声高に語るヨーロッパやアメリカも，巨大な中国市場での収益機会という経済的魅力に引き寄せられた。

　このように，他の条件が等しければ経済と政治の力は相互補完的な関係にある。だが現実には「他の条件」が等しいことは滅多にない。ある国が豊かでも，もてる富が政治的な目標にどれくらい利用できるか，言い換えれば国家の資源の動員力は別の問題である。一国の富は民間の経済主体の手にあるので，国家が対外政策を実行するには，国内の物的，人的，その他の諸資源を調達しなければならないが，それは政治的なリーダーシップや政治制度，徴税システムなどの行政制度の効率に大きく依存している。また富は，軍事費や海外援助，外交工作と様々に形を変えることができるが，カネではどうしても買えない政治的資源もある（▶ 1-3）。

　そのため，日本のように経済的には豊かでもそれに見合った政治的な力を持たない国もあれば，1950-60 年代のインドのように経済的には立ち後れていても，非同盟諸国の雄として国際社会で高い地位を享受する国もあ

▶ **1-3　小切手外交の挫折**

　1990-91 年の湾岸戦争では，国連決議に基づいて多数の国が多国籍軍に参加し，イラクが軍事侵攻によって併合したクウェートの独立を回復した。日本は自衛隊派遣はもちろん，物資提供すらも各方面の反対で思うにまかせず，結局 130 億ドルもの資金拠出を行うことになった。外務省の北米一課長として対米外交の最前線で苦闘した岡本行夫は回想する。

　「当時アメリカの対日批判は燎原の火のごとく広がっていました。ペルシャ湾のタンカーの大半は日本のもので，「日本は商売ならば船が湾岸に行くのに，多国籍軍への協力になると危険だといって一度も湾岸にいかないのか」と批判された。アメリカでは沖仲仕の組合が日本船の荷役を拒否する動きに出ていました。……」（五百旗頭真他編『岡本行夫 現場主義を貫いた外交官』朝日新聞出版，2008 年，187 頁）。

　「そして戦争が終わった 6 月 8 日，ワシントンのペンシルベニア通りからホワイトハウスまで湾岸戦争の勝利パレードが大々的に行われました。沿道にはブッシュ大統領以下の行政府関係者，アメリカ議会関係者，外交団がならんだ。約 30 ヶ国の大使が特別席に招待されたのですが，日本大使は一般席にしか招かれなかった。日本大使館は招待状の到着が遅れているだけだろうと米側に紹介したところ，日本の名前はそもそもリストに含まれていなかったことがわかった。ペンシルベニア通りに椅子をもう一つならべるだけのことだから，簡単に決着がつくと思って大使館が申し入れたところ，返事はノーでした。

　それから深刻な問題になりました。最後はホワイトハウスの最高レベルまで政治決断が求められた揚げ句，日本はようやく補欠のような扱いで横の方に椅子が用意されたようです。湾岸にほんの数名送っただけの小国も招かれているのに，これだけの汗と涙の物語をもって貢献した日本は明確に排除されていました。事務的なミスではなく，米国政府の極めて高いレベルの二人の判断だったということをずっと後になって聞きました。

　湾岸戦争が終結した 4 ヶ月後，海上自衛隊の 6 席の掃海艇部隊がペルシャ湾に到着し，関係者の賞賛を受けながら掃海作業を始めました。もしこの掃海部隊派遣が 90 年の 8 月に発表されていれば，日本が総額 1 兆 5000 億円という巨額を拠出する必要はなかったでしょう。もちろん，カネを出したうえに冷笑されると行ったことなどあり得なかったと思います」（同，204-05 頁）。

▶ **1-4　ココム，チンコムとは**

　「第二次世界大戦後は，東西両ブロックによる冷戦の時代であった。……アメリカを中心とする西側ブロックでは，軍事上有益な機微技術が制約なくソ連を盟主とする東側ブロックに移転することによりその軍事力が向上し，西側ブロックの安全保障に悪影響が及ぼされるようなことは，まず第一に避けるべき事態であった。このため，こうした自体を予め確実に阻止する仕組みを整備することが不可欠であった。また西側各国が各自バラバラの基準で輸出管理を行う場合の不利益を排除することも重要との認識は共通であった。

　こうして，西側ブロックにおける経済防衛的な国際的枠組みとしてココム（COCOM. 対共産圏輸出統制委員会。正式名称は Coordinating Committee for Multilateral Strategic Export Con-

る。また冷戦下のソ連はアメリカに伍する大国だったし，ある面では1980年代にはアメリカを凌駕するような軍事大国だったとも言えるが，その卓越した国際的地位や軍事力で経済的な繁栄をもたらすことには失敗し，むしろ過剰な軍事費が経済的な重荷になった。

　また自由主義的な観点では，開放的な国際経済体制からすべての国が利益を得るとされるが，それはあくまで自由な交易によって，利益が今より絶対的に改善すると述べているのにすぎない。だが「利益」の内容は非常に複雑である。ある国が今より豊かになることよりも，他国に比べてどれくらい豊かであるか，つまり相対的な利得に関心を持つことがあることはすでに指摘した（第3章▶3-2）。このことは，国家間の関係が競争的であり，戦争の可能性も考えなければならない条件のもとでは一層あてはまる。実際，冷戦期に同盟国との間で自由貿易を推進したアメリカも，ソ連や中国など戦略的に対抗関係にある国との間では，同様の経済的関係に入ろうとはしなかった。むしろココムやチンコムといった規制を導入して，ソ連や中国が経済的利益を得ることがないように腐心した（▶1-4）。

　加えて，現在の相対的利益だけではなく，将来の相対的利益も国家にとって当然の関心事である。とりわけ経済的な「追い上げ」は，複雑な心理的反応も生む。19世紀末のイギリスでは，ドイツの工業力の急激な追い上げに対してドイツ脅威論が強まった（▶1-5）。20世紀の初めには，勃興するアメリカ経済がヨーロッパに対する文明的な脅威と認識されたし，1980年代後半には日本経済のブームによって，日本脅威論や日本異質論が欧米で流行した。これらのいずれの時代にも類似の心理が作用している（▶1-6）。そして経済関係はにわかに，双方の利益に資する協調の営みから，勝つか負けるかの闘争の場だとされるようになる。

trols）が結成された。これは，兵器をはじめ軍事利用が可能となる民生用技術に至るまで，西側ブロックから東側ブロックに移転することを防止することを共通目的としていた。ココムの活動がこのように東側ブロックの軍事潜在力の強化に寄与する戦略的に重要な技術を規制するためのものであったため，加盟各国の申し合わせにより，その活動の詳細は具体的に明らかにされないこととなった」（長谷川直之『ココム，WMD，そして中国』現代書館，2008年，18-19頁）。

「ココムにおいては，大きく三分野の規制対象品目が設定されていた。まず第一が兵器であったのは当然である。第二には原子力関連品目が属し，これには核関連物資，原子炉やその他関係する部品なども含められていた。東西冷戦の時代は特に，核兵器が力関係を象徴するものと位置づけられていたためである。第三のものは「コマーシャル・リスト」と呼ばれる分野である。一般的には民生用の用途に用いられるものであっても，別な用法として軍事用に使われることがあり，その技術レベルが高いものは，規制対象となるべきというものである。このようなものは，輸出管理の世界でいう「汎用品」（dual use items）にあたる」（同，20頁）。

▶ **1-5 Made In Germany**
「寛大な読者諸君，身の回りを見て欲しい。……諸君の服の何着かの生地は恐らくドイツで織られたものだということに気づくだろう。まして，諸君の妻の上衣の何着かは，十中八九ドイツからの輸入品だ。そして，彼女の娘達が日曜日毎に着飾る立派な外套やジャケットもドイツ製で，ドイツで売られていることはほとんど疑う余地がない。……諸君の子供達が子供部屋で虐待しているおもちゃ，人形，そして童話の本もドイツ製だ。それどころか，諸君が愛読している新聞の材質も同じ生まれ故郷を持っている。家の中を歩き回って見て欲しい。応接間のピアノから台所の食器棚の上のコップに至るまで，……不吉な商標が至る所で諸君を迎えてくれることだろう。縁下にもぐって見給え。まさしくドイツ製の排水管を見つけるはずだ。壁炉からちょっと離れて，委託販売で送られてきた本の包装紙をほどくと，それもまた「メイド・イン・ジャーマニー」だ。諸君はそれを火にくべ，そして自分が手にした火かき棒はドイツで鍛えられたものであると考える。……そして，諸君の憂鬱な感想をドイツ製の鉛筆でちょっと書き留めておくがいい。真夜中，諸君の妻は，ドイツ製の楽器や楽譜の助けを借りた，ドイツ製の歌手や指揮者や演奏者によって上演されたドイツ製のオペラから帰宅する。ベッドにもぐり，憤然として壁の聖句を睨みつけるがいい。それはイギリスの村の教会の写本であるのに，「ドイツで印刷された」ものだ」（E. E. Williams, *Made in Germany*, Humanities 1973 [1896], pp. 10-12, 宮崎犀一他編『近代国際経済要覧』東京大学出版会，1981年，92頁）。

▶ **1-6 「異質論」について**
「……異質論は先発国が後発国の挑戦の重大性に気がつき始めるときに現れる。それはいくつかの段階を経て積み重ねられる認識の複合物である。まず初めには，自分たちのか

2　経済的関与

　経済的な交流を促進することで政治的な関係も改善できるのではないか
という期待に基づいて，しばしば経済交流の促進が外交的手段として利用
されてきた。外交的な関係強化のために文化交流や経済交流を促進するこ
とは，比較的リスクの小さい選択なので，関係改善に向けた外交的な姿勢
を示す方法として古くから多用されてきた手段である。1860年のコブデ
ン・シュヴァリエ協定は，その自由主義的な内容もさることながら，第二
帝政下のフランスとイギリスの全般的な外交関係の改善を象徴する意味で
も重要だった。日本と中国の間には，戦後1972年まで正式な国交がな
かったが，冷戦的な制約の中で日中関係を改善する役割を期待されたのが，
「LT貿易」や「覚書貿易」と呼ばれた民間協定に基づく貿易であった。

　このような経済的関与は友好的な外交メッセージを与えて関係改善をは
かる手段であるだけではなく，相手国の経済的利益に訴えることで，他の
案件との政治的な取引のための手段としてよく利用される。1970年代の
デタント期のアメリカが，対ソ関係を改善するのに貿易を利用しようとし
たいわゆる**リンケージ・ポリティクス**はその好例である。1972年の米ソ
合意には，戦略核兵器の制限や米ソの平和的共存に関する基本原則などに
加えて，米ソ間の経済交流を推進することが含まれていた。ソ連は経済的
不振にあり，アメリカはソ連に経済的な報償を与えればその行動を抑制で
きるのではないかと期待したし，自国の製品を売ることができれば経済的
利益にもなった。いわばソ連という「白クマ」を経済の網で絡め取ろうと
いう作戦だったのである。その結果，1971年から73年の間に米ソ貿易は
約3倍に急増した。これによってソ連の行動が実際に抑制されたかどうか
の判断は難しいが，アメリカ国内では次第にこのような手法に失望感が強
まった。ソ連は大量の穀物をアメリカから買い付けたものの，その穀物は

つての優越した立場が脅かされつつあるという認識がくる。そのときの人間の最初の反応は，当然ながら，軽視または蔑視である。ドイツ製品はイギリス製品の模倣にすぎないとか，それが安価であるのはドイツ人が安い賃金で長時間働くからだという説明がそれである。しかし，時と共にそうした説明では済まなくなる。そこで次に，ルールを破っているという認識，すなわち「不公正競争」のためであるという考え方が現れる。これまた重大な挑戦に当面したときの，既成勢力の自然の反応である。しかも，それは第一段階のものとちがって，事実に相当程度根ざしている。とはいえ，この説明も十分ではないことが少なくとも物事を見る能力のある人には判る。国家の保護や指導が万能ではなく，むしろ多くの場合，経済活動にとって障害になることは，そう理解し難いことではないからである。たとえば国有鉄道はしばしば非効率な部門となる。そこで，第三の段階として，自分たちのものとは異なるもので，しかも強力なシステムの登場を認識させられることになる。……

　しかもなお，以上の認識の積み重ねだけでは異質論にならない。というのは，新しい強力なシステムが出現したのであれば，それを模倣し，あるいはその長所を取り入れればよいからである。問題はそうしえないこと，あるいはそうしたくないという気持ちの存在にある。……

　第一に，かつての優越への誇りと，それ故にいささか傷つけられた感情が存在する。ウィリアムズの著書はそれをうかがわせる。彼はできるだけ，事実に即して客観的であるように努めているのだが，たとえばドイツ人の「押しの強さ」についての彼の文章には彼の感情が現れていることは否定すべくもない。

　「もっとも勇敢で，もっとも情熱のあるものをさえたじろがせる困難に出会っても，彼らは引き返しはせず，さらに努力を重ねる。……資本が足りなかったとしよう。彼らは質素な生活をし，よく働いてそれを生み出す。技術や知識が不足していたらどうか。彼らはよく勉強し，考え，それが質素な生活と相まって頭脳に力を与える。外国に秘訣があるとする。彼らはそれを手に入れるため外国に出かけ，侮辱や拒否に陽気に耐える。市場が他国の商品によって満たされているときはどうか。彼らは，いかに低い価格でもライヴァルのそれよりも安く売って参入する。同じ価格で同じ質のものを作れない場合はどうか。彼らは多彩な模倣をおこない，ときには贋作すら辞さない」（E. E. Williams, *Made in Germany*, William Heinemann, 1896, p. 157）。

　右の文章には，追い着かれつつあり，追い抜かれたかも知れぬと感ずる人間の感情のたかぶりが感じられる。それも無理からぬことで，人間は競い合う存在であり，そこに進歩の原動力がある。そして経済は権力闘争とはちがうけれども，やはり競争なのである」（高坂正堯「国際関係における異質論」『法学論叢』第 126 巻 4・5・6 号，1990 年，93-94 頁）。

アメリカの農業補助金によって支えられた安価なものであった。しかもアメリカ人の税金でわざわざソ連の農業政策の失敗をカバーしたにもかかわらず，ソ連の行動は少なくともアメリカが期待したほどには抑制されなかった。たとえば，アメリカが当時求めていた，ソ連からの反体制派を含むユダヤ人の出国の自由化は達成されなかったし，ソ連が戦略的な拡大政策を止めたわけでもなかった。となると，絡め取られたのは，むしろアメリカの方だったのだろうか（▶ 2-1）。

　経済的関与の政治的効果は，具体的な政治的譲歩を勝ち取るというよりも，より長期的な視野に立って考えるべきことかもしれない。たとえば経済的な相互依存関係を強化すると，徐々にではあっても相手国の利益の構造を変化させ，政治的にも関係が強化されるのではないかと期待するのも当然で，経済外交の論理としてしばしば言及される。国際貿易による利益が相手国の深い層に埋め込まれれば，それによって対外的にもより協調的な行動へと誘導できるかもしれない。たとえば開放的な国際経済秩序の一員となれば，第一に対外貿易上の利益を共有することになるので，海洋の安全や資源やエネルギーの安定供給は共通の関心事となる。つまり，こうなれば，安全保障政策上の利害も，共通の課題への共同対処という性格が強くなり，政治的関係の安定化にも役立ちそうである。また，国際経済を介して国際社会と深く関われば，いずれその国が国際社会一般の規範へと社会化される力学が作用する。つまり交易を通じてその国のアイデンティティを変化させ，その国の国益観を変化させることで，対外行動にも望ましい影響を及ぼすことが期待できるかもしれない（▶ 2-2）。

　戦後日本の東南アジア政策には，植民地からの独立によって急進的な姿勢が目立つインドネシアなどの国々のナショナリズムを，経済開発に誘導しようという発想があった。日本の東南アジア政策が常に，圧力よりも経済的関与を重視してきたのは，資源や市場の確保という経済的な実利の追求や，アジアにおいて独自性を発揮しようとする意欲，さらに戦後は軍事

▶ **2-1　リンケージ・ポリティクス**

　「ソ連側が必要としている時に，政治的な代償を求めずに，貿易を拡大するのは，贈物をくれてやるようなものである。われわれが，ソ連から経済的に得るものはなきに等しいからだ。……

　官僚機構の内部では，東西貿易問題をめぐって，例のリンケージ反対論がむし返されていた。ホワイトハウスの見解を，とにかくも支持したのは国防総省だけだった。国務省は，貿易自由化によって政治的空気が改善するとの見方から，自由化を支持していた。もちろん，この考え方は，政治面で進展がみられてから，はじめて貿易を拡大すべきだとするホワイトハウスの見解とは真っ向から対立していた。

　いちばん興味深かったのが商務省の見解だった。というのは，同省の見解は，アメリカ実業界の大部分にみられた驚くべき態度を反映していたからである。実業界首脳が，公然たる反共派であることはいうまでもない。抽象的には，彼らは共産側に強硬態度をとるよう主張し，なにか事があれば，たちまち政府の「裏切り」を攻撃する。ところが，貿易の話となると，態度ががらりと変わってしまう。私の在任中，ヒモをつけない東西貿易をもっとも強力に主張したのは，レーニン主義理論からあれほど悪者扱いされている資本家連中自身にほかならなかった。この人たちは，自由市場経済の維持を第一に考えているが，それもおのおのの会社の商売に役立つかぎりにおいてである。

　経済関係を政治目的に従わせるには，規制や制限を加えるほかないのに，彼らは，その種の措置には「政府の介入」として反対する。もしソ連が，純コマーシャル・ベースに立って，自由にわが国の市場に進出し，借款や商品をあさられるようになれば，政治的なテコとして使える手段がいっさいなくなってしまう」（H・キッシンジャー『キッシンジャー秘録1　ワシントンの苦悩』小学館，1979年，202-03頁）。

▶ **2-2　関与的政策として貿易の実例**

　「冷戦のあいだ，ソ連の内政に直接的な影響力をおよぼせなかったアメリカは，外交と軍事の面で（つまり水平面で），ソ連と敵対せざるをえない立場にあった。冷戦後，まだ充分に自由で民主的だとはいえないにせよ，ロシアの社会は開放的になった。アメリカの政治コンサルタントは，エリツィンが1996年の二度目の大統領選挙で勝つ手助けをした。アメリカとIMFは資金を援助することによって，ロシアが経済を改革し，大量破壊兵器を管理し，税を効率的に徴収するための官僚制を確立するのを支援した。それはルーブルを支えるのにも役立った。ロシア経済が大きな成果をあげるにしたがい，ワシントンとモスクワの関係も友好的になっていったのである。だからといって，軍事的な手段はもはや重要でないとか，ロシアとアメリカが核抑止力という以前の原則を捨てたとか，あるいは両国が再び敵対することはありえないというわけではない。まだおたがいに警戒心を解いてはいないのだ。しかし，国内の体制が大きくちがうにもかかわらず，相手国に影響をおよぼすための主要な手段は，その国の政治と経済に働きかけることなのだ」（R・ローズクランス『バーチャル国家の時代』日本経済新聞社，2000年，115-16頁）。

力に代表される威圧的な政策手段を欠いていたことなどがもちろん関係していた。だが同時に，東南アジアにも民族独立闘争や，階級闘争の政治に代わって，「生産性の政治」を導入し，「経済的関与を通じた安定化」という戦後日本の経験を移植しようとする願いが，日本の外交指導者によって意識されていた（▶2-3）。

　戦後日本の経済復興が，アメリカの経済的関与に多くを負っていることは疑いの余地がない。そのような経済復興のあり方は，日本の利益を西側世界と深く結びつけ，そのような利害は戦後日本で構造化した。そして民間レベルでの巨大な経済的交流を通じた社会化作用によって，戦後日本の国際的なアイデンティティが確立したと見ることができる。だとすると，このような日本の経験は東南アジアにも移植できるのではないかと考えられたのである。

　このような経済的関与政策の効果は，他のいろいろな条件に依存しており様々である。たとえば戦後日本の対中政策も同じ発想に基づいており，日本政府は1972年の国交回復以前から中国に経済的交流を繰り返し持ちかけた。中国を正統政府と認めなかったアメリカへの配慮から，日本政府は中国との政治的交流の強化には踏み込めなかったが，政経分離を原則に貿易を対中関係の突破口にしようとする期待があった。中国側は逆に，対中貿易の潜在力を外交的なテコとして利用した（▶2-4）。

　国交回復後は多額のODA（政府開発援助）を中国に供与して，中国経済の近代化を支援し日中間の貿易を積極的に推進する立場をとってきた。そして1979年の改革開放政策の開始以来，中国の近代化は急速に進んだし，日中の経済的な関係も密接になった。もちろん日本の政策だけが理由ではないが，改革開放政策を採用して国際経済に積極的に関与し始めて以来，その変化は実に巨大なものである。大躍進計画や文化大革命に代表される教条的な社会主義路線に代わって，経済発展が中国の主要な国益と意識されており，それは21世紀初頭にはもはや不可逆的な段階に達した。中国

▶ 2-3　日本の東南アジアへの経済関与政策

「1960 年代半ば，国内の反対を抑え，北京への接近へと急激に傾くスカルノの和平への熱意を信じてマレーシア紛争仲介工作を進めた川島正次郎は，66 年に「3・11 命令」によってスカルノが実権を失ったとき，次のように語った。「たとえインドネシアの政権や指導者がどう変わろうと，日本のインドネシアに対する外交，貿易の基調はこれまでと変わらない。日本の技術や経済力と，インドネシアの豊富な天然資源を結びつけ，両国の共存共栄をはかっていこうというのが対インドネシア外交の基調であり，このことは時の政権と関係なく，今後も不変である」。……

戦後アジアの秩序形成を左右したその他の価値の軸，それは端的に言って「冷戦」「革命」，「脱植民地化」の三つであったといえよう。

「冷戦」を軸にしたアジアとは，何よりも共産主義と自由主義・資本主義との対立の舞台としてアジアを捉える観点である。西側，特にアメリカに顕著だったこの観点は，アジアの共産化防止を至上命題とするものであった。それは国家建設とそれに伴う体制選択が重なりつつ進行したアジアの冷戦において，しばしば民族主義と共産主義を区分けすることが困難な事態を招いた。……

一方，アジアで「革命」という手段で国家建設に挑んだ国の代表例が中国であった。「革命」は，独立を目指し，あるいは新たに国家建設の方途を模索するアジア諸国にとって有力な手段のひとつであり，中国革命は東南アジア各地に広がる華人の存在もあいまってその始まりから東南アジア一帯に大きな影響を及ぼした。……

……イギリスがマラヤやシンガポールで試みたように，脱植民地化後のアジアを旧宗主国との絆を維持した「穏健な」ものとするのか，或いはスカルノが推し進めたような国内政治経済体制，そして国際政治上の「独立」の完遂を目標とするのか，これも戦後アジア秩序が模索される際のひとつの軸であった。……

……上述の三つの軸になぞらえて言えば，戦後日本自体の軌跡をも一言で表現し得る「経済成長」とは，国家建設に際して階級対立として捉え得る問題を，経済成長によって発展的に解消するという道であった。戦後日本自体がこの方法による国家建設の代表例であったことに疑いはなかろう。そしてそれをインドネシアでも実現するという目的によって，戦後日本のインドネシアへの関与はその性格の根本が規定されたのである」（宮城大蔵『戦後アジア秩序の模索と日本』創文社，2004 年，239-42 頁）。

▶ 2-4　逆リンケージ・ポリティクス

「1970 年 4 月 19 日に松村謙三を団長とする覚書貿易訪中代表団と会談した周恩来は，対中国貿易に従事する日本の商社，企業に対する新たな四条件を提示した。その時，すでに米中間では，高位会談の可能性が検討され始めていた。「周四条件」として知られるその四条件は，5 月 2 日に，広州交易会に参加する日本の商社，企業に対して，同交易会副秘書長の呉曙東から改めて伝達された。それは，以下の状況に該当するメーカー，商社，企業とは貿易交流を行なわないことを述べたものであった。

共産党の正統性が経済発展（と愛国主義）に依存している以上，その国益はすでに国際社会と分かち難く結びついてしまったのである。

　だが，経済的な相互交流が深まるとともに，政治的な関係が改善したわけではない。1990年代以降，中国国内の反日運動はむしろ激化し，中国に進出した日本企業が暴動の被害にあうなどの事例が現実のものとなった。これは日中関係に限った話ではない。第一次大戦前のヨーロッパにおいて経済的交流のレベルはきわめて高かったが，だからといってそれによって第一次大戦を防ぐことはできなかったし，場合によっては経済的な交流は新たな政治紛争の火種ともなりうる。同様に韓国は，1990年代以降，北朝鮮に対するいわゆる太陽政策に乗り出し，経済援助や協力を通じて，北朝鮮との戦略的関係を改善する努力を続けてきた。だが，2006年には北朝鮮が核実験を実施するなど，それが北朝鮮を**社会化**したと考える根拠は乏しい（▶ 2-5）。

　このように経済的交流が政治的関係の改善のための万能薬でないことは明らかだが，全般的な外交・政治的関係を改善する文脈で，経済的関与は比較的リスクが小さな外交的手段であり，そのため頻繁にとられる方策である。また事実上，武力の行使が考えられないような二国間関係では，経済摩擦が起こっても相対的利得に対する懸念は緩和されるので，絶対的な得失が問題の焦点になる。その場合は，経済摩擦が政治的・軍事的な関係悪化にまで波及する可能性は低い。日米同盟は他のいかなる要因よりも日米経済摩擦の抑制に効果があったであろう。

　しかし国家間の戦略的緊張関係を，経済的交流だけで安定化させることができると考えるのは過剰な期待だろう。このような場合，経済的相互依存関係が進むと，経済的な影響力を通じて政治的に取り込まれたり，ひいては平和裏に現在の体制を脅かされたりする懸念が生じる。平和的な経済的関与もソフトパワーも見方を変えれば，体制変動を企てる「和平演変」ともなるし，民主的な政治プロセスに影響を及ぼそうとする浸透工作とも

㈠介石一味の大陸反攻を援助し，朴正熙集団の朝鮮民主主義人民共和国に対する侵犯を援助するメーカー，商社

㈡台湾と南朝鮮に多額の資本投下を行っているメーカー，商社

㈢アメリカ帝国主義のベトナム，ラオス，カンボジア侵略に兵器弾薬を提供している企業

㈣日本にある米日合弁企業およびアメリカの子会社

　周恩来がこの時期に，台湾と韓国を同列に置く対日条件提示を行ない，日本の企業，商社にその受諾を迫ったのは，前年11月の「佐藤・ニクソン共同声明」が「韓国の安全は日本自身の安全にとって緊要である」と述べ，「台湾における平和と安全の維持も日本の安全にとって極めて重要な要素である」とうたったことに対する揺さぶりの意味を持っていた。その揺さぶりの目的は，日中国交正常化へ向けての環境作りであったものと思われる。その効果はてき面であった。多くの日本企業，商社の中国傾斜が一気に促進されたからである」（添谷芳秀『日本外交と中国 1945-1972』慶應通信，1995 年，220-11 頁）。

▶ 2-5　援助のジレンマ：太陽政策とその批判

　「南北の経済交流・協力はなぜ，必要なのか？　第一の理由は，南北双方がそれによって大きな経済的実益を得ることができるというところにある。……

　第二に，経済交流・協力を通じて北朝鮮経済のレベルアップをはかることは，将来の統一のコストを削減できる最善の方法である。……現時点で統一の費用を節減するうえでの最善の方法は，南北間の経済交流・協力を活性化させて北朝鮮の経済を質，量ともに早急に改善させることである。……

　第三に，経済交流・協力は，南北間の社会の同質性を回復させていくうえで効率のよい手段となる。南北は過去50年間，それぞれが資本主義と社会主義という相互に異質な体制を固めてきた。したがって，一つの体制の下に統合する過程においては，多くの困難が伴うであろう。統一の過程で出てくる副作用を最小限に抑えるには，統一前の段階から社会の各部門で相互理解の幅を最大限に広げていかなければならない。……

　第四に，経済交流・協力は，北朝鮮に市場経済と民主主義の要素を自然のうちに入り込ませ，連邦制への移行過程を容易にする。南北連合においてわれわれが究極的に目指すのは，南北の経済体制を市場経済体制として統合していくことである。……そのような市場経済体制の形成は，民主主義の発展を可能にする前提条件ともなり，南北間の経済交流・協力は政治的にも重要な意味を持つことになる。

　第五に，経済交流・協力は南北間の和解を促進させ，統一の基盤固めにつながる。経済交流・協力はいったんそれが始まると押し止めるのは難しい。実際，韓国政府が北朝鮮の核疑惑問題を理由に南北間の経済協力を統制しようとしたが，放棄せざるを得なかったのは，企業家の旺盛な投資意欲を押さえつけることができなかったからだと考えられる。北朝鮮の方も経済交流・協力で実際に利益を得るようになれば，態度は大きく変わるものと期待できる」（金大中アジア太平洋平和財団『金大平和統一論』朝日新聞社，2000 年，108-11

なる。

　一方，経済交流による**社会化**は，それが効果を現すのには時間がかかる
し，それを他の条件から独立させて正確に計測したり評価したりするのは，
事実上不可能である。それは手っ取り早い効果の期待できる政策手段とは
ならないし，他の政治外交的な手段の代替とはならない（▶ 2-6）。それゆ
え喫緊の政策課題にしか関心のない実務家には，過小評価される傾向があ
る。だが，それは戦略的大局観を欠き，目先の戦闘にしか関心のない軍人
のような態度である。継続的な経済交流は，国境を越えた社会的ネット
ワークの形成を助ける。このネットワークは一つの国際公共財かもしれな
いし，またそれを効果的に操作することができれば，一つの国力の資源と
言えるかもしれない。

3　経済援助

　対外政策の手段として経済を活用する場合，国家が直接的に相手国に経
済的な利益を与えることで，なんらかの影響力を行使しようとすること，
つまり経済援助が考えられる。政策上の目標に注目してこれを類型化する
と，相手国の外交政策上の行動が自国にとって有利になるように影響力を
行使しようとする**戦略援助**と，援助対象国の経済発展を促進するために行
われる**開発援助**，そして大規模災害や飢饉などに際して純然たる人道的考
慮によって行われる**人道援助**に一応分類できるが，国家が行動する際の動
機には，様々なものが混ざりあっているのが普通だから，現実にはその区
別は截然としない。

　戦略援助の歴史はおそらく外交の歴史とともに古い。よく知られている
古典的な例は，イギリスによる大陸ヨーロッパ諸国への援助である。イギ
リスは18世紀から大陸の同盟国に対して折に触れて資金援助を行い，特

頁)。

　「北朝鮮は金大中政権と盧武政権の8年間に8兆ウォン（約1兆円）相当の支援を受け，さらに首脳会談の代価として4億5000万ドル（約540億円）の現金を受け取っている。金前大統領はまるでこうした巨額の資金が何に使われたのかを正確に知っているとでも言わんばかりだ。……

　北朝鮮に対する包容政策もしくは太陽政策という名目で公式・非公式に提供された巨額の資金が北朝鮮の住民の苦痛を和らげるのに使われていなかったとすれば，いったいどこに使われたのだろうか。それは尋ねるまでもない。「敬愛する指導者同志」に渡ったのだ。

　「敬愛する指導者」が最優先とするのは，北朝鮮の住民の暮らしを立て直すことではなく，「先軍政治」のための軍資金を用意することだ。そして先軍政治を通じて，指導者同志を守り，世襲体制を維持するための決定打が核兵器の開発だ。太陽政策によって流入した大量の札束が，今回の核実験を準備するのに使われたのだ。北朝鮮に対する包容政策と太陽政策の恩恵を受けたのは北朝鮮の同胞たちではなく，北朝鮮の指導者とそれを取り巻く権力集団だけだった」（朝鮮日報オンライン日本語版，2006年10月12日付社説）。

▶ 2-6　和平演変

　1990年代初めの中国では，天安門事件後の国際的孤立に加えて，ソ連崩壊という事態の中で，中国共産党の危機感が高まった。中国専門家の小島朋之はこのように分析した。

　「中国は天安門事件以来，アメリカを中心とした西側諸国による（民主化や市場経済の導入を迫る）こうした干渉を「和平演変」と呼び，国内への浸透を警戒してきた。「和平演変」という「国際的大気候」に呼応する「国内的小気候」は，共産党独裁や社会主義の転覆をはかる「ブルジョワ自由化思潮」とよばれた。鄧小平は，両者の結合が天安門事件をもたらしたとみるのである。……

　しかし「和平演変」と経済発展は，二律背反の関係にある。一方で反「和平演変」の立場から，敵対勢力を警戒するために，反米姿勢を強めなければならない。しかし他方で経済発展にはアメリカを始めとする西側の協力が不可欠で，反米姿勢を自制しなければならない。……こうしたジレンマのなかで，中国は日本との関係を重視して行かざるをえないであろう。なぜならば，日本は「和平演変」攻勢をあまりかけず，経済協力にも積極的であるからだ」（小島朋之『脱社会主義への道』芦書房，1992年，378-79頁）。

に対ナポレオン戦争の際には，イギリスの経済的な優位は時のピット首相によって遺憾なく利用され，オーストリアなどの大陸の同盟諸国への経済援助は「ピット氏の黄金」と呼ばれた。19世紀後半には，欧米諸国は争ってアジア・アフリカの諸国に借款を供与することで，自国の勢力圏の拡大を図った。またアメリカは，第二次大戦後，欧州16か国に対して4年間にわたって136億ドルという巨額の「マーシャルプラン」に基づく援助を供与した。これには，欧州の復興を通じてソビエトからの防衛を図るという明白な戦略的目的があった。1950年代のトルーマン大統領の時代になると，中国の共産主義革命や朝鮮戦争の勃発により，アメリカは共産主義がアジアに広まることを懸念し始めた。そのため，相互安全保障法（MSA：Mutual Security Act）を制定して，これら地域への軍事援助と経済技術援助を一体化させ，ベトナムにも多額の援助をつぎ込んだ。また，2001年の9・11テロ事件以降，対テロ作戦の一環としてアフガニスタンやイラクの安定化のために多額の援助が費やされた。アメリカの援助は，明白に安全保障と結びついていたのである（▶ 3-1）。

　一方，援助の受け入れ国側から考えると，援助と引き替えに一定の行動の自由を失うことを意味するので，なるべく大きな代償を得ようとするのは当然である。また援助を受ける場合には，複数の国から援助を受け取ったり，紐のつきにくい国際機関経由の援助を受け取ったりして，特定の国に依存しないように努めようとするだろう。実際，援助を供与できる国が一国しかない場合はまれなので，援助だけで大きな政治的影響力を獲得できた事例は多くない（▶ 3-2）。そのため，それは関係改善の誘い水として使われたり，全般的な関係改善の中の一つの手段として位置づけられたりすることが多いのである。

　すでに見た経済的関与政策と同様，このような政策手段の実績はまちまちである。第二次大戦中のアメリカの対英武器援助は，イギリスの戦争努力を支えるとともに，アメリカの望む戦後構想をイギリスに受け入れさせ

▶ 3-1 アメリカの援助

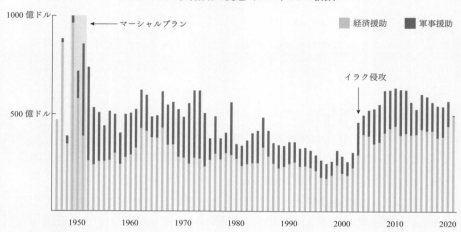

アメリカの対外援助の変遷（2022年のドル換算）

マーシャルプラン

経済援助　軍事援助

イラク侵攻

1950　1960　1970　1980　1990　2000　2010　2020

出所）https://usafacts.org/articles/which-countries-receive-the-most-aid-from-the-us/

▶ 3-2 戦後のアメリカの援助の大口受取国

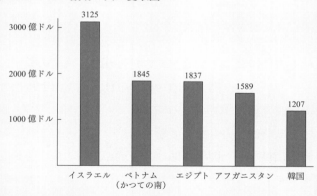

3125　イスラエル
1845　ベトナム（かつての南）
1837　エジプト
1589　アフガニスタン
1207　韓国

出所）https://usafacts.org/articles/which-countries-receive-the-most-aid-from-the-us/
（1946-2021年の累計，2022年のドル概算）

るのに絶大な効果を持ったであろう。またマーシャル援助は明らかに戦後
ヨーロッパの政治秩序の安定化と，米欧同盟の緊密化に大きく貢献した。
時宜を得た，ターゲットの明確な援助を短期間に集中的に投入することは，
政治的にも大きな効果が期待できる。だがアメリカが冷戦期に反共政策の
一環として主として第三世界の国々に投入した戦略援助は，反共的な独裁
政権を延々と支えるために使われ，その効果が疑問視されるだけではなく，
腐敗を生むなどの逆効果も生んだ。繰り返すが，援助だけで一国の政治の
あり方を左右するのは不可能であり，それはベトナムでのアメリカの経験
が如実に語っている。それはアメリカの主要な援助対象国に，アメリカ外
交にとってむしろ挫折事例が多いことからも明らかである（▶ 3-3）。

　以上のような戦略援助に対して政治色が薄いと言われるのが，貧しい国
の開発支援を目的とする開発援助である。主権国家体制の原則から言えば，
自国の開発は当該国の責任で実行されるべきものであるが，第二次大戦後
には開発問題が国際社会の共同責任の範囲に属するという意識が強くなっ
てきた。開発協力が国際社会における責任であるという一般的な規範が確
立すると，開発援助の供与には，供与国にとっては国際社会における一定
の地位を自他ともに確認する意味があるだろうし，国内の政治的支持も得
やすいかもしれない。また開発援助への貢献は，開発援助機関などでのそ
の国の発言力に直接結びつくであろう。

　援助供与国の戦略的利害も開発援助と結びつくことがしばしばある。ア
メリカが冷戦下に供与した開発援助は，現地の民生の向上を通じて開発途
上国を安定化させるとともに，ソ連陣営に対抗するために親米政権をテコ
入れするという戦略的な狙いとも結びついていた。また日本の ODA は，
戦後初期には事実上の戦後賠償であるとともに，日本の輸出振興や資源市
場の確保などといった，経済的な利益追求の手段としての性格もあった。
日本の経済的地位が確立した 1970 年代以降は，アジアにおける全般的な
関係強化のための手段として積極的に活用され，90 年代には日本は世界

▶ 3-3　中台援助競争

「当初，フィジーへの食い込みは台北が一歩先んじていた。つまり，1971 年台湾は同国の首都スバに政府の貿易事務所を開設し，これと並行して農業・漁業分野での技術協力を始めていた。ところが，75 年にフィジー政府は中国と外交関係を樹立することを決定し，77 年には中国大使館が開設されたのである。そして翌 78 年には，マラ首相が北京を公式に訪問し，中国側指導者と会談を行った。

こうした中国・フィジー関係の急進展にもかかわらず，台湾政府は政治的影響力を駆使するテコとしてスバの貿易事務所を「東亜貿易センター」として維持するとともに，地元の国民党系中国人とのつながりを保った。そうした目的のため，1978 年には援助協定を締結し，これに基づいて台湾人農業技術者が同国のバヌアレブ島へ派遣された。

他方フィジー政府も，こうした北京，台北の外交的デッドヒートを援助を引き出す好機とみなしたふしがみられる。というのも，同国政府は中国との外交関係にもかかわらず，北京・台北双方に対して外交的なバランスをとるように，1979 年にガニラウ副首相（現大統領）を含む同国のリーダーが台湾を訪問したからである。これは，明らかに援助獲得のためのフィジーによる二股外交であった。

現に，そうした動きに神経を尖らせた北京は，1980 年代半ばに一連の援助攻勢をかけた。まず，85 年 4 月共産党総書記胡耀邦がフィジーを訪問するとともに，その答礼としてマラ首相の訪中を実現させた。そして，その成果として中国はハリケーン被害に伴う住宅建設への無償資金協力および農村部での水力発電プロジェクトに対する無利子借款の供与を約束したのである。さらに，これでも不十分とみたのか，中国はフィジーに対して，ソ連流の貿易補助金タイプの対キューバ援助を真似て，国際市場価格を 5 パーセント上回る価格で 5 カ年の砂糖買い付けを約束する協定に調印したのである。

ところが，マラ首相はこともあろうに先ほどの訪中の後に台湾を訪問したのである。そればかりか，砂糖買い付け協定を結んだ中国の神経を逆なでするように，フィジーの砂糖産業の振興のために台湾からの農業技術者の派遣を実現させたのである。……

このような，ギクシャクした中国とフィジーの関係を尻目に，台湾は外交攻勢に打って出た。東亜貿易センターの代表は，対フィジー金融支援を代償として，同センターに公的地位を回復させようと画策した。そして 1988 年 3 月，工作が奏功し，マラ政権は同センターに領事特権と免責特権を賦与し，さらに同センターを「中華民国貿易代表部」とするなど，同センターの地位を格上げすることに同意したのである。

こうした動きに北京は驚き，フィジー政府に対して強く抗議した。だが，同政府は中国の抗議にもかかわらず，台北との準公的関係を維持しており，同年 4 月にはマラ首相が訪台して追加的な技術援助を求め，さらにガニラウ大統領も同 5 月に台湾を訪問した。フィジー政府の事実上の「二つの中国」政策は今後も継続されようし，他方北京を承認する諸国との外交関係の回復をめざす，いわゆる台湾の「弾性外交」が援助をテコにこれからも展開されそうである」（田中義晧『援助という外交戦略』朝日選書，1995 年，43-45 頁）。

最大の ODA 供与国となった。とりわけ戦後日本は軍事力の使用を厳しく自制してきたため，ODA は日本の外交当局には最大の「実弾」と意識されてきた。しかし総額ベースではともかく，ODA 予算は日本経済の規模を考えると国際的に見てそれほど大きくないことは，あまり知られていない（▶ 3-4）。

　開発援助も，その効果を一般的に論ずることは不可能である。だがここでも明らかなことは，援助のみで一国の経済成長が実現しないことであり，現地社会の内生的な発展に結びついて初めて経済発展は持続的なプロセスとなるのである。その意味では，代価を伴わない贈与よりもソフトローンなど，コスト意識がともなう援助形態の方が開発促進効果は優れているかもしれないし，一過性の援助よりも，双方の利潤を目的にした民間貿易や民間投資の方がはるかに経済への持続的効果は大きい。よって，途上国に市場を開放したり，移民を受け入れたり，技術移転を促進したりと，開発援助以外にも実に様々なものが，開発への貢献として織り込みうるかもしれない。その意味で確かに一国の開発への貢献を開発援助だけによって測定するのは間違いだろう。また実際に何が通常の商行為と区別される「開発協力」の名に値するのかは，開発についての基本的な考え方によって大いに異なる。

　このような様々な限界や留保があっても，時宜を得た開発援助は現地の経済的なボトルネックを解消することで開発を助ける効果もあるだろうし，供与国側にとっても適切な開発援助は全般的な関係改善という外交的な成果につながる。1970 年代以降の日本と東南アジア諸国との関係の全般的改善に ODA が寄与したことは間違いないだろう。しかし，援助は「国際社会への共同責任」という美名を冠しても，いきつくところ供与国の自発的な意志に依存する「贈与」である上，供与国と被供与国の両者に難しい心理的問題も生むし，全般的な政治的条件と適合しなければむしろ逆効果になる可能性も考えられる。たとえば日本は 1979 年以来 30 年にわたって，

▶ 3-4　主要国の ODA 供与額の推移

DAC 諸国における政府開発援助実績の対国民総所得（GNI）比（2021 年）

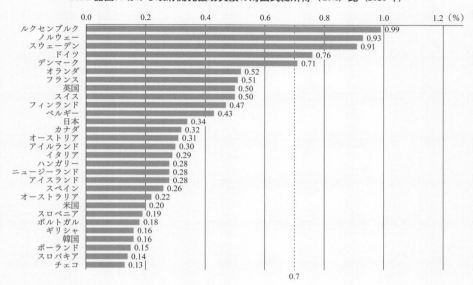

出所)『2022 年版　開発協力白書　日本の国際協力』16 頁。

▶ 3-5　対中 ODA の評価

　経済担当公使や上海総領事として対中援助外交の最前線に立った杉本信行は，ある中国指導者の語った以下の言葉に，ODA に対して「評価」とは言っても決して「感謝」するとは言わない中国の本音が表れているとし，続けて論ずる。

　「円借款は中国の発展に役立っていると高く評価している。だが，円借款供与は，日本政府の中日友好政策の一部であって，これは単に中国に対するものだけではなく，双方にとって有利である。その理由は，円借款で行われるプロジェクトの三分の一を日本企業が落札していること。確かに円借款は通常の借款より利子が低く，中国にとり有利なものではあるが，償還する際の為替レートを考えれば，日本は損をしていない。さらに，中国はきちんと期日どおりに償還している。日本政府は日本国民にこういう事実を述べた方がいいと思う。

　……中国側のこのような認識は，円借款のグラントエレメント（贈与要素）に対する基本認識が欠けていることに他ならない。

　……30 年から 40 年という長い償還期間を設定すると，当日は 100 円だったものは 4,50 円くらいの価値にしかならないわけで，その目減り分は日本側が負担することになり，日本は明らかに損をして中国に提供しているわけである。

総額 3 兆 5 千億円に達する巨額の ODA を中国に供与してきたが，それは両国の国益や政治的関係にどのような影響があったと考えるべきだろうか（▶ 3-5）。

　開発援助は長らく北の豊かな自由民主主義国が南の開発途上国に提供するものだった。豊かな諸国の大部分は OECD の DAC（Development Assistance Committee：開発援助委員会）のメンバーであり，情報を交換し援助政策の調整を行っている。しかし中国は経済的躍進にともなって，DAC の枠組みの外で独自の援助外交を大規模に展開してきた（▶ 3-6）。中国の首脳は，アジア・アフリカとの協力会議や外遊の際に，しばしば巨額の援助を約束する。自身を巨大な途上国であるとする中国はそれを「南南協力」と位置づけて，欧米主導の援助との差別化を図っている。実際中国の援助には無償・無利子援助，優遇借款などの他，DAC の基準では援助とは必ずしも見なされない中国輸出入銀行や国家開発銀行の融資なども含まれる。中国の援助は，多くがひも付き融資で，中国の輸出にも貢献してきたが，同時に相手国の政治体制は問題にせず，環境アセスメントや煩雑な手続きを経ることなく首脳の一声で迅速に提供され，アフリカ，アジアのみでなく，中東，中南米，太平洋島嶼諸国の他，欧州の一部の被供与国の資源開発やインフラ建設が展開した。

　最後の人道援助は，大規模自然災害や紛争などによる災禍に人道的に対応することを目的とする。国際政治の場でも，国家，とりわけ民主主義国家の行動に，純粋に人道的なものがないわけではない。国際メディアが飢えに苦しむ子供の姿などを大規模に報道したり，有力な NGO が動きだしたりすれば，それに呼応して民主的な国々の世論が動員され，各国政府も座視できないというメカニズムが働く。このような人道援助は短期間に集中的に行われ，その政治的な色合いは比較的薄い。人道援助をタイムリーに投入して当該地域を安定させれば，道義的な価値を満足させるだけではなく，一般的な国際環境を改善する効果があるし，その国のイメージを向

　……当日の日本企業の対中円借款事業における平均受注率はたしかに 32.1% である。しかし，この受注率は，すべての国に発注可能なアンタイド方式により国際入札が行われ，中国側の調達機関が，中国にとり最も有利なものとして日本企業を選択した結果なのだ。逆に，多くの日本企業は，日本国民の税金を使った対中借款事業の受注率が三割程度であることに大きな不満を持っている。……

　それよりも，円借款に対して中国側がどうしても素直になれない最大の理由は，中国側の根底にある激しい思い込みにあるのだと思う。……

　……面と向かってはいわないが，「中国は戦争賠償を放棄しているのだ。日本の対中援助は賠償の代わりであり，まだまだ足りない」という気持ちがある。……

　そして，さらにより根本的なところでは，やはり，中国の一種の自尊心が，彼らを素直にさせないのであろう。他国からお金を借りて，国づくりを行っていることを認めたくない気持ちが強いのだと思う」（杉本信行『大地の咆哮』PHP 研究所，2006 年，139-42 頁）。

　他方で，ODA の社会的「波及効果」に注目してこれを高く評価する見解もある。

　「09 年 3 月の中国訪問まで私は，経済大国中国で，なぜ日本が小学校や中学校を建設しなければならないのかおおいに疑問だった。……ところが，西安市近郊藍田県の貧しい農村に草の根・人間の安全保障で建設された小学校（費用 966 万円）を訪れ，ほっぺたを真っ赤にした数多くの子供たちの笑顔を見て，少々考えを改めた。何も歓迎されたからというわけではない。この子供たちが将来，大きくなったときに，日本に対してどういう感情を抱くかを考えたのだ。校舎が日本によって建てられたことを子供たちは知っているし，それを記したプレートもある。少なくとも，日本に対して悪い感情は抱かないはずだ。微妙な問題を抱えた日中関係がよりよく展開するための投資だと考えたい。

　より政治的な意味もある。日本が中国の地方とネットワークを築くという点からも重要だからだ。大使館への申請にはじまり建設を終えるまでの過程では，共産党はじめ地方の有力者と接触することになる。こうした副次的な効果を考慮すれば，小学校の建設の波及効果はきわめて高いという意見に，なるほどと思う」（草野厚『ODA の現場で考えたこと』NHK ブックス，2010 年，271 頁）。

▶ 3-6　中国の対外援助の規模とその特徴

　「中国の対外援助統計は OECD-DAC が定めている政府開発援助（ODA）の定義とは異なっており，2014 年に 2 回目の対外援助白書が刊行されて以降公表されていない。ODA の定義に近似させた筆者の推計によれば，借款の返済額を差し引かない総額（グロス）ベースで，対外援助額は 03 年の約 8 億ドルから 16 年は約 66 億ドルに急増している。国際比較すると米国，ドイツ，英国，日本，フランス，トルコに次いで第 7 位となっている。15 年からはアジアインフラ投資銀行（AIIB）に対する払込資本の支払いが始まったことにより，多国間援助の比率は 14 年の 6.2％から 15 年の 24.6％に急増している。一方，優遇バイヤーズクレジットは 16 年には約 93 億ドルと対外援助額を凌駕していた。カンボジアなど一部の受け入れ国はこれを援助として計上していることから，対外援助額と合計する

上させるなど外交的にも意味があろう。しかし，開発援助同様，ここでも人道援助を必要とするような大規模な災禍については，短期間の人道援助だけで応急措置以上の対処ができるケースはむしろまれである。というのは，大規模な災害は，当該国の低開発によって発生し深刻化することが普通で，マスコミの報道に刺激された一過性の「善意」より，はるかに持続的で粘り強い開発努力が求められるからである。

　また冷戦後は，紛争収拾の局面で現地の安定化のために投入される復興支援は，**平和構築**（peace building）活動の一環として行われることが増えている。このような援助活動は普通，外部からの支援を活かす政治秩序や基礎的な経済インフラが存在せず，しばしば十分な治安さえ保たれていない状態で展開されねばならない。そのため人道的な動機による援助活動も，現地の政治的安定化や治安の維持といった難しい政治的判断を求められる。言い換えれば，純然たる災禍に対する純粋に人道的な援助は，国際社会でも実行されているが，多くの場合，災禍が国際的な関与を必要とするほど深刻化するのは，当該国が政治的問題を抱えているからである。だとすると，人道援助も，そのような政治的文脈や背景を無視していては効果的には行えないのである。

4　経済制裁

　経済制裁（economic sanction）とは，経済的損害を与えることで，相手国の行動に影響を与えようとする政策である。ただし国際法に沿ってしばしば国連決議に基づいて行われる経済制裁は，国際法上の正当な根拠のない経済的圧力の行使である経済的威圧（economic coercion）とは区別されることもある。経済制裁には様々な形態があるが，制裁対象国に対する輸出入の制限や，制裁対象国に対する資本移動の制限，資産の凍結などの金融的

と約 158 億ドルとなり，日本の ODA 総額である約 168 億ドルとほぼ同水準となる。この
ほか，中国輸出入銀行や国家開発銀行は商業ベースでさらに大きな規模の融資を開発途上
国向けに行っている。

　中国は，これまで国連や，ASEAN＋1 や中国・アフリカ協力フォーラム（FOCAC）をは
じめとする地域協力の枠組みのなかで，対外援助をはじめとする協力のパッケージを約
束・実施してきた。加えて 15 年の「国連持続可能な開発サミット」では一連の新たな取
り組みが表明された。このうち，主に国際機関向けの南南協力援助基金や国連信託基金で
ある中国国連平和発展基金はすでに運用を開始している。北京大学には，中国の開発経験
を留学生に学んでもらう南南協力・発展学院が開設された」（北野尚宏「中国の対外援助の
現状と課題」週刊経団連タイムス，2019 年 1 月 31 日，No. 3394. https://www.keidanren.or.jp/journal/
times/2019/0131_09.html）。

手段の形をとるのが一般的である（▶ 4-1）。

　もし経済的な手段で外交政策の目標が達成できるなら，戦争といった暴力的な営みを国際社会から追放できると期待できよう。アメリカのウィルソン大統領は国際連盟によって組織される経済制裁に大きな期待をかけていた。経済制裁（この場合はボイコット）は，コストの小さい平和的な手段だが，その効果は強烈なので，連盟加盟国が一致団結してこれを課せば，軍事力の必要はない，と考えていたのである。

　経済の相互依存関係が深まるにつれ，経済制裁の有効性が高まり，軍事的な手段に頼らなくても外交政策上の目標が達成できるようになるのだろうか。経済制裁の有効性を考えるには，まずそれがどの程度の経済的損害を対象国に与えられるかが一つの手がかりになる。たとえば輸出禁止を例に取れば，制裁対象国がその輸出禁止された品目を獲得するのに要するコストが高まり，それによって相手に損害を与えることができる。経済的損害の程度は理論的には以下のような条件で決まる。まず輸出禁止によって，現実に財の供給が十分に制御できるかどうかである。制裁発動国がその財の独占的な供給国であったり，供給者が団結して供給量を制御できたりすると効果は大きい。逆にもし一国が制裁を実施しても，制裁を受けた国や制裁に参加していない第三国がその財を増産できれば効果は低い。また輸出禁止される財が他の財によって容易に代替できたり，節約できたりしないことも必要な条件である。なんらかの財の輸入が途絶しても，節約や代替品の供給が促されると，輸出禁止の効果は相殺されるからである。このような条件が長期的にそろうことはまれである。というのは，供給者の団結を維持し続けるのは難しいし，価格が上がれば代替的な供給者が登場し，節約を促す力学も作用するからである（▶ 4-2）。

　しかも制裁は，発動国の側にもコストが生ずることを忘れてはならない。市場での取引は双方に利益があるから行われるのだから，それを中断すると双方に不利益が発生する。したがって，制裁発動国には，制裁に要する

▶ 4-1 経済制裁の様態

エコノミック・ステイトクラフトの例：ネガティブな制裁

貿　易		資本（金融）
禁輸	輸出入の割当制	資産凍結
ボイコット（輸入禁止）	輸出入許可の取消	資本流出入の規制
関税引き上げ	ダンピング	援助の停止
差別関税（割増関税）	買い占め	収用
「最恵国待遇」の取り消し	上記の措置の脅し	課税強化
ブラックリスト（取引禁止）		国際機関への分担金の留保
		上記の措置の脅し

エコノミック・ステイトクラフトの例：ポジティブな制裁

貿　易		資本（金融）
差別関税（特恵関税）	輸出入の補助金	援助の供与
「最恵国待遇」の付与	輸出入の許可	投資保証
関税引き下げ	上記の措置の約束	民間の対外投資または外資導入の奨励
直接購入		課税の優遇
		上記の措置の約束

出所）D・A・ボールドウィン『エコノミック・ステイトクラフト——国家戦略と経済的手段』産経新聞出版，2023年，50頁。

▶ 4-2 価格カルテルの限界

　石油戦略は経済制裁としては最も成功した例だが，それでも第二次石油ショックから10年もしないうちに石油価格は大幅に低下した。

国際原油価格の推移（名目値）

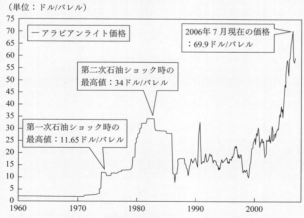

注）経済産業省作成。我が国の取引量が多い，サウジアラビア産アラビアンライト価格推移。但し，価格決定方式は時期により異なる。
出所）『エネルギー白書』平成19年版，4頁。

コストを経済的にも政治的にも負担する能力がなくてはならない。また制裁の効果は，相手国の特定の目標にだけ及ぶのではなく，無辜の一般市民や乳幼児などの弱者にも及ぶし，対象国と経済交流のある第三国にも及ぶ。グローバル化の進んだ今日では，経済システムが世界中で有機的に絡まり合っているので，その効果が世界のどこでどのような形で現れるかを予測することは難しく，ましてやそれを政治的な目的に沿って思いのままに操ることはほとんど不可能であろう。

　制裁の政治的な効果を考えると評価はもっと複雑である。経済的損害を相手に与えることと，政治的に望ましい結果を得ることは同じではない。経済制裁の最終的な効果は，対象国の政治的意志に与える効果に依存するから，かえって相手国を政治的に団結させれば逆効果だし，逆に経済的な損失は小さくても心理的に大きな効果を与えて政治的には大きな成果をあげる場合もある。またあまりにも大きな損害を対象国に与える経済制裁で相手国を追いつめれば，対立は経済的なものから軍事的なものにエスカレートする可能性もある（▶ 4-3）。

　ここでもまた，制裁発動国側に政治的なコストが生ずることを忘れてはならない。制裁によって経済的損失を蒙る国内の勢力から反発が生じるかもしれないし，また制裁対象国と経済関係のある第三国からの反発もあるだろう。このような事態を避けるためには，相当の政治的なコストを払って，発動国側の政治的結束を維持しなくてはなるまい（▶ 4-4，4-5）。

　このような政治的コストに加えて，倫理的なコストも考慮すべきであろう。経済制裁は物理的暴力が伴わないので，倫理的な問題性はないように考えられがちである。だが経済制裁が長期にわたって実施されれば，相手国の内部で物資不足によってもっとも甚大な影響を被るのは，政治決定に責任のある支配者層より，政治的にも経済的にも弱い立場にある人々である。また長期にわたる経済制裁は，制裁の対象となる国の経済全体をいわばヤミ市場化し，当該国社会の犯罪社会化を促すだろう。だとすると，あ

▶ 4-3　エスカレートした経済制裁

　1941年8月，日本の南部仏印侵略に対抗して，米国は対日石油輸出禁止等を内容とする経済制裁を行った。

　「8月1日現在のわが国全石油貯蔵量は940万トンであった。当時内地産石油40万トン，人造石油30万トンで消費は月平均45-6万トン，差引約40万トンずつ毎月貯蓄量に食い込む計算であった。南方資源作戦に成功したと仮定しても，生産は占領地を含め総額推計第1年度80万トン，2年度334万トンを超えない。他方最低限保有量として決戦用50万トン，国内民需総予備100万〔トン〕，それにタンクの焦付き約80万〔トン〕合計230万トンを差引くときは，開戦第1年末の残額は480万トン，第2年末は264万トンとなる。日米国交の平和解決はもとより熱望するところであるが，経済断行のままで慢然交渉を続けた末に，妥結は成らずして米国の最後的要求を突付けられた場合，石油欠乏から戦わずして全面的屈服になることは忍び難いところである。まして戦災喪失，輸送難を考慮に入れると遅くも9，10月頃迄には国策の決定を政府に迫らざるを得ない。これが陸海軍の強い主張となったのである」（高木惣吉『太平洋海戦史』岩波書店，1949年，15-16頁）。

　「実に石油の輸入禁止は日本を窮地に追込んだものである。かくなった以上は，万一の僥倖に期しても，戦った方が良いといふ考えが決定的になったのは自然の勢と云はねばならぬ，若しあの時，私が主戦論を抑へたならば，陸海に多年錬磨の精鋭なる軍を持ち乍ら，ムザムザ米国に屈伏すると云ふので，国内の与論は必ず沸騰し，クーデタが起ったであらう。実に難しい時代であった」（寺崎英成『昭和天皇独白録』文藝春秋，1991年，71頁）。

▶ 4-4　成功した経済制裁：ソ連のフィンランドに対する経済制裁

　「フィンランド共産党が4分の1の議席を獲得した1958年の総選挙の後で社会民主党を中心とした連合政府が成立した。ソ連政府はもともとフィンランドのすべての社会主義政党に敵意を抱いてきた。それでときを待たずにソ連首相はフィンランドの新首相を不満とし，彼を信頼していないことを声明した。ソ連政府は新内閣に保守党員が入閣していることにも反対した。ソ連新聞のさまざまな記事は，フィンランドに「右翼」政府が出来たのは「反動」勢力が全般的に復活する徴候を示すものであるとし，これらの右翼主義者はソ連とフィンランドの貿易を犠牲にして西側との貿易を拡大しようと企てていると批判した。ソ連政府は，隣国にこうした政治指導者が存在するのを黙認しないことを示すために，つぎに挙げるようないくつかの外交的・経済的圧力を加え始めた。

　(1) ヘルシンキ駐在のソ連大使はモスクワに引き揚げ，後任者は任命されなかった。大使は通常の儀礼通りにフィンランド大統領に告別の訪問もせずに離任した。

　(2) 共産中国の大使は「協議」のためと称して北京に帰った。

　(3) ソ連政府は「技術的な理由」でフィンランド湾の漁業権にかんするフィンランドとの協定の調印を拒絶した。

　(4) フィンランド湾に材木を輸送するためソ連の運河（それは旧フィンランド領内にあった）の租借についてそれまでスムーズに進行していた話し合いが中止された。

る国の独裁者に対抗するのに，その国の一般市民が物資不足に苦しみ，犯罪の犠牲者になる可能性を高め，乳幼児の死亡率が高まるような行動が，軍事力の行使に比べて人道的と言えるかどうかは自明ではない。

　以上のような困難にもかかわらず，経済制裁がしばしば実施される背景には，それが単に言葉による通常の外交的なメッセージよりは強い内容を持つ一方，軍事的な選択肢よりはコストとリスクが小さい中間的な選択である点が挙げられる。すなわち経済制裁は対内的にも対外的にも，実効性を伴う行動をとっていると印象づけるのに比較的便利な政策なのである。また経済制裁だけで，一国の重要な政策を逆転させるのは困難だが，経済制裁が制裁対象国の政策決定におけるコスト計算に影響を与える効果は無視すべきではない。

　経済制裁は，様々な他の手段と組み合わせられなければ有効になることはまれである。外交と連携に失敗した事例として，日本とも関係する北朝鮮に対する米国の金融制裁を見てみよう。

　2002年，北朝鮮はウラン濃縮計画を認めたことで，一部では米国による武力行使も取り沙汰される危機に発展した。米国では国務省を中心とする外交当局が，中国，日本，韓国，ロシアとともに「六者会合」によって北朝鮮との交渉に乗り出し，事態の鎮静化を目指した。

　ところが2005年，米財務省は北朝鮮がドルを貯め込んでいたマカオにあったBDA（バンコ・デルタ・アジア）をマネーロンダリングの懸念があると認定し，それをうけてマカオ政府はBDA内の北朝鮮関連口座にあった約2500万ドルを凍結した。貴重な外貨を奪われた北朝鮮側はこれに強く反発して態度を態度させ，結果六者会合は停滞し，翌年には北朝鮮は初の核実験に踏み切った。

　北朝鮮は極度に貧しく，しかも海外からのエネルギーなどの輸入に必要な外貨は，喉から手が出るほど欲しい。そういった北朝鮮に対して取られた米国による金融制裁ですらも北朝鮮の核プログラムを阻止することはで

(5) 1959 年度の貿易協定について交渉するためにモスクワに出発することになっていたフィンランドの貿易代表はソ連の招待がないままに待機させられた。

(6) 1958 年 11 月，ソ連政府は発注済みの商品をも含めてフィンランドとのすべての貿易を急に取りやめた。この行為はフィンランドに最も大きな打撃を与えるものであった。というのは，ソ連に輸出されていたフィンランドの金属・機械類の製品は値段が高いために西側の市場に輸出できなかったからである。換言すると，代替市場がなかったためにソ連による貿易中止は多くのフィンランド労働者を失業させ，すでにきびしくなっていた冬の失業問題に一層の拍車をかけることになった。

こうしたソ連の経済的圧力がフィンランド経済に重大な打撃を与え，かつ，すでに大きくなっていた失業問題を一層悪化させることになるということを認識して 4，5 名の閣僚が辞職し，結局もっとクレムリンの好みに合うような新政府が成立した」（K・J・ホルスティ『国際政治の理論』勁草書房，1972 年，384-85 頁）。

▶ 4-5　対ソ穀物禁輸

ソ連のアフガニスタン侵攻に対抗してアメリカのカーター大統領は，1980 年に対ソ穀物輸出を厳しく制限する政策をとった。1979 年にソ連が輸入する計画だった 2500 万トンのうち条約によってアメリカが輸出を保証していた 800 万トンを除く 1700 万トンがアメリカの禁輸政策の対象となった。これは約 2 億 3000 万トンとされていたソ連の生産計画の 7％強にあたり，これによってソ連は飢餓状態には至らないまでも家畜を維持することが不可能になり，相当のダメージを与えられるのではないかと考えられた。だが，アメリカの対ソ禁輸努力には漏れが生じ，結局ソ連穀物輸入量は制裁発動前より増加した。

ソ連の農業は，共産党の農業政策の失敗によって慢性的に生産不足状態だったが，農業政策の失敗の責任転嫁をする上で，アメリカの禁輸措置は便利な口実をソ連政府に与えることとなった。アメリカ内部でも禁輸によって被害を受ける農業ロビーを中心に反対の声が強まり，カーター政権にとっても政治的なダメージとなった。そしてこの政策は 1981 年に就任したレーガン大統領によって早々に撤廃された。

ソ連の穀物輸入

（単位：100 万トン）

輸入先	1979-80	1980-81	1981-82
アメリカ	15.2	8	11
アルゼンチン	5.1	11.2	12
カナダ	3.4	6.9	8.5
オーストラリア	4	2.9	2.5
EC	0.9	1.1	2.5
その他	1.8	3.9	3
その他の穀類輸入	0.6	0.5	0.5
合　計	31	34.5	40

出所）G. C. Hufbuer, J. J. Schott, K. A. Elliott, *Economic Sanctions Reconsidered: History and Current Policy*, 2nd ed., Institute for International Economics, 1990, pp. 170-71.

きなかった。BDA 制裁が北朝鮮にもたらした経済的損害とそれによる「痛み」は，相当なものであったが，これが非核化交渉と連携して実行されなかったために，北朝鮮側への一貫したシグナルとはならなかった。

　ともあれ，経済制裁は，軍事力や外交交渉とともに対外政策における手段の一つである。重要なことは，経済制裁を他の政策手段と組み合わせ，どのように相手国の政策を変更させるかというメカニズム，すなわち勝利の方程式（theory of victory）を真剣に検討することである。

　それと同時に，経済制裁の効果は，あくまで他の選択肢との比較によって評価すべきである。経済制裁が公式に言われている目標を達成できなくとも，他の政策や何もしないという選択肢に比べれば，よりよい選択である場合も少なくない。

5　経済安全保障

　経済的な手段によって外交的目的を達成しようとすることがある以上，それから自国を防衛しようとする政策も当然講じられる。こうした経済安全保障政策の議論は日本では目新しいものではない。大平正芳首相が立ち上げた総合安全保障研究グループが 1980 年に公表した報告書では，「経済的安全保障」についてすでに論じられていた（▶ 5-1）。もっとも，経済安全保障の概念は曖昧かつ多義的である。そもそも安全保障ということば自体も相当多義的に使われてきたが，安全保障とは，外部の「脅威」から自国民の生命や財産などの重要な価値を「対象」に何らかの「手段」で守ること，と捉えれば無難だろう。よって「脅威」「対象」「手段」に何かしら経済的な要素が含まれれば，経済安全保障と呼ばれてきた。

　問題は，これではあまりに広大な領域をカバーすることになり，何をすれば経済安全保障に役立つのかハッキリしないことである。

▶ 5-1　総合安全保障研究グループ報告書（1980 年）

「紛争がなく，戦争の危険のない世界は，確かに安全な世界である。事実，アメリカの指導の下に，国際経済秩序が第二次大戦後確立していたときには，「経済的安全保障」は問題にならなかった。しかし，平和な世界の造出を安全保障政策とすることについては，二つの点が指摘され得る。

　まず，現在の世界はそうした世界ではないし，また予見し得る将来，そうした世界になる可能性はない。更に言えば，対立，紛争がある不完全な世界であるからこそ，安全保障努力が必要となるのである。

　二つ目の点は，そうした平和な世界を作り得るとしても，あるいはその方向に進むのがよいとしても，だれがその努力を行うかが問題である。他のすべての国々を圧倒する力を持つ国ならば，そうした世界を作ることは可能であるが，それは自己の理念に従って世界を作り変えるという強引な政策を意味する。逆に，そうした力なしに平和な世界について語り，それに期待するのは，結局，他者に依存することでしかない。第二次大戦後の日本には，その嫌いがあった。

　もちろん，国際体系を構成する国々が，共同で平和な世界を作るべく努力することはできる。しかし，国際社会の分権的性格から，各国はその基本的利益と安全とを国際体系に託してまで，平和な国際体系の造出に協力することはない。結果として現れる国際体系は，不完全で，それ故自助の必要を残すものであるばかりでなく，体系そのものが各国の自助を構成要因として含むものなのである。

　安全保障努力が，環境に関する努力と自助の努力のいずれにも単純化され得ないとき，これらの中間に位置する努力が，現実問題として重要となってくる。国際体系に賭けることが現実的でなく，自助努力の効果に限界があるため，理念や利益を同じくする国々の連携によって，安全を守ろうとする方法がそれである。

　かくて，安全保障政策は三つのレベルの努力から構成されることになる。狭義の安全保障と経済的安全保障について，やや具体的に見るならば，次のようなことになる。

狭義の安全保障政策
第一のレベルの努力：より平和な国際体系の造出
　－国際協力
　－敵となり得る国との協力，すなわち，軍備管理や信頼醸成措置
第二のレベルの努力：中間的方策
　－同盟，ないし政治理念や利益を同じくする国々との連携
第三のレベルの努力：自助努力
　－拒否能力，すなわち，既成事実が簡単に作られるのを防止する能力の整備，及びその基盤として，国家社会全体の拒否能力，すなわち，ときには犠牲を払っても国家の独自の立場を守ろうとする気概の涵養など

　それでも経済安全保障は，2010 年代の後半からまず日本で，その後は欧米でも，しきりに語られるようになった。それは経済的な「脅威」が明確になり，経済絡みの安全保障問題が現実に深刻化してきたからである。

　その背景にあるのが，経済的依存関係の武器化（weaponizing economic dependencies）である。典型的なものとして，他国の政策変更を意図して，あるいは他国の政策への対抗措置として，国際法上の正当な根拠なく経済的な圧力をかける**経済的威圧**（economic coercion）がある（▶ 5-2）。

　日本人の記憶にある事例として 2010 年 9 月，尖閣諸島沖で海上保安庁が，巡視船に体当たりしてきた中国漁船の船長を逮捕したところ，中国政府が日本へのレアアース輸出を大幅に制限するとともに，中国で勤務していた日本企業の社員を拘束したりした事件がある。レアアースはハイテク産業に不可欠であり，当時の日本はレアアース輸入の約 9 割を中国に依存していた。こうした日本の経済的依存をテコに，中国政府は日本に対し経済的威圧をかけてきたのである。結局のところ日本政府は，逮捕していた中国人船長を釈放することで事態を収拾するとともに，WTO に中国を提訴した（▶ 5-3）。

　言うまでもなく，経済を外交的手段として用いているのは中国だけではない。これは長らくむしろ経済的に優位にあった欧米諸国が好んで使った手段だった。しかし，冷戦後に飛躍的な経済発展を遂げ巨大な経済大国となった中国は，とりわけ 2012 年に「中華民族の偉大な復興」を掲げる習近平政権が発足した後は，これを頻繁に実行するようになった。典型的な事例が 2016 年の韓国に対する経済的威圧である。北朝鮮による核・ミサイル開発を受け，韓国はミサイル防衛のため終末段階高高度防衛システム（THAAD，サード）を在韓米軍に配備することを決めた。中国はこれに反発し，韓国からの自動車，食品，ドラマや音楽などのコンテンツの輸入を制限した。THAAD の用地を提供したロッテグループには中国で展開する店舗に税務調査や消防などの名目で検査を実施し営業停止を命じるなど，

経済的安全保障政策

第一のレベルの努力：相互依存の体系の運営，維持

　－自由貿易体制の維持

　－南北問題の解決

第二のレベルの努力：中間的方策

　－その国の経済にとって重要ないくつかの国々との関係を友好的なものとすること

第三のレベルの努力：自助努力

　－備蓄

　－ある程度の自給力

　－基本的には，その国の経済力を維持すること，すなわち，生産性や輸出競争力の維持など」（総合安全保障研究グループ報告書『大平総理の政策研究会報告書－5 総合安全保障戦略』1980 年）。

▶ 5-2　経済的威圧

「（2022 年のロシアのウクライナ侵略を受けて実施された経済制裁としての）西側諸国による対ロシア輸出入禁止は，GATT 21 条の安全保障例外規定により正当化される。……国際法違反に責任を有する個人や団体の金融資産の凍結は，国際通貨基金（IMF）に通告すれば国際法上正当化される。

　ただし，経済的威圧との違いについては，留意する必要がある。経済的威圧とは，国際法違反を行っていない国に自国の意思を押しつけるために，経済的圧力をかけることだ。

　1970 年の国連総会決議である友好関係原則宣言において「いかなる国も，他国の主権的権利の行使を自国に従属させ，かつ，その国から何らかの利益を確保するために，経済的，政治的その他他国を強制する措置をとりまたはとることを奨励してはならない」と確認している。経済的威圧は国際法違反である」（中谷和弘「経済教室　経済安全保障の視点　国際枠組み創設も視野に」『日本経済新聞』2023 年 7 月 12 日付）。

▶ 5-3　レアアース輸出規制をめぐる WTO 提訴

　中国人船長の釈放後もレアアース輸出規制を続けた中国に対し，日本は制限を撤廃するよう繰り返し申し入れた。しかし中国政府は，輸出制限が資源保護のためであると反論し，規制緩和の動きが見られなかった。そのため日本は EU，米国とともに WTO で中国を提訴した。

　「レアアースについて（日本）は，中国への依存度が高く，用途との関係でも国内産業へ影響が極めて大きいことから，当事国となる必要があり，最終的には 2012 年 3 月に米，EU，日本の共同での対中国の WTO 提訴（WTO 上の協議要請の開始）に至った。日本にとっては初の対中国 WTO 提訴でもあったが同志国との連携で実現した。その後，2014 年 3 月にパネルで勝訴し，同年 8 月に上級委で勝訴が確定し，中国は同年 12 月に輸出数量制限を撤廃し，翌年 5 月には輸出税も撤廃した。

その営業活動を圧迫した。また観光旅行も制限の対象となり，韓国の観光業界に損害を与えた。

　こうした経済的威圧は，それを行使する可能性だけでもパワーとなる。とりわけ経済大国と小さな貿易相手国の関係では，経済的威圧によって大国に生ずる費用は小国が被る損害よりも小さいため，威嚇の信憑性も高くなる。経済的な依存関係が非常に強くなると，意図をシグナルとして伝えるだけでも相手を屈服させることができる。さらに依存関係が構造化すれば，実際に威嚇しなくとも，その可能性を相手が忖度するようになれば，何もしなくとも大国に好都合な政治的効果が得られることになる。

　中国共産党は法の支配の制限を受けないし，民主的選挙による政治的チェックも存在しない。中国企業もその共産党の指示に従わねばならないので，中国には，日本や欧米世界で考えられているような民間市場は存在しない。そのため中国の経済は軍事や政治と容易に結びつけることができる。中国は 2015 年から「軍民融合」の発展を国家戦略に格上げした。さらに 2017 年に国家情報法を制定し，インターネット上で中国企業が集めた情報も，党や国家が利用する方針を公言した。市民的自由が原則とされている欧米世界や日本では，いずれも不可能な方向性である。

　こういった中国に対して，アメリカやその同盟諸国が反発を強めたのは当然のことだが，その流れを決定的にしたのは，2017 年に米国で発足したトランプ政権であった。トランプ政権は「アメリカ第一」を掲げ，発足当初から中国による特許侵害や強制的な技術移転を問題視してきた。そして新興技術や情報通信ネットワークをめぐり中国との輸出入・投資に関する制限を強めた。また，中国のファーウェイ社が提供する第 5 世代通信システム（5G）を使うと膨大な通信データが中国に筒抜けになってしまうリスクが，またハイクビジョンの監視カメラは新疆ウイグル自治区の少数民族を弾圧する手段として使われていたことが懸念された。

　一方で，トランプ政権の経済的矛先は，中国のような体制を異にする戦

　このケースでは日米 EU が連携しルール・ベースでの対応を行ったことから，WTO 提訴後に中国側からの目立った報復措置はなかった。更には，国が最後は前面に立って対応するという形での法の支配に基づくルール・ベースの対応が企業の予見可能性を高めた面がある。サプライチェーンの混乱への懸念への対策ともなり，日本や共同提訴国のみならず世界市場の安定，ひいては世界経済全体の安定成長へ少なからず寄与した面もあろう。特に WTO 提訴そのものがすべての解決策となるものではなく，2010 年 7 月の問題（補注：中国がレアアース年間輸出枠を 4 割削減すると発表）発生当初から，国内政策において総合的な対策（いわば holistic approach）をとって，レアアースについて，代替技術の開発，リユース，リサイクルの推進や海外鉱山開発支援などの国内政策や予算措置も含めて対応したことは重要である。この結果，対中輸入依存度は事案当初の 9 割程度から，2018 年には約 6 割に下がっている」（風木淳『経済安全保障と先端・重要技術』信山社，2023 年，107-108 頁）。

略的脅威にとどまらない。日本・欧州・韓国などの同盟国にまで高関税を
課するという露骨な重商主義政策をとり，それはその後のバイデン政権で
も基本的に踏襲された（▶ 5-4）。このように，世界の二大経済が経済的武
器を振り回す時代になると，経済安全保障上の脅威から自国を守るため，
経済安全保障への取り組みが諸国で加速した。

　典型的なケースとして，外国からの供給に依存している重要な物資の供
給が遮断されるような事態への対応がある。このような可能性にはどのよ
うに対処すべきだろうか。一番望ましいのはこのようなショックをそもそ
も起こさないような予防的な措置であり，次に，そのようなショックが起
こっても損害を最小限にとどめるような体制を事前に整えておくことであ
る。たとえば石油のような戦略物資の供給を確保するためには，産油国と
良好な関係を築いておくべきだろうし，産油国の政治体制が安定し，紛争
や政治的混乱により供給が途絶える事態を生起させないような努力にも意
味がある。また，平素から経済協力や技術協力を通じて相互依存的な関係
を維持するとともに，貿易相手国を多様化することで，供給途絶による脆
弱性を小さくする工夫もできよう。サプライチェーンで過度に依存してい
る供給元があれば，それがチョークポイント（急所）にならないよう，第
三国への移転や国内回帰など，調達先を多元化しておくことも大切である。
加えて，物資の供給途絶は，原産国だけではなく通商路や物流の混乱に
よっても，もたらされる可能性がある。そのため通商路を維持するための
努力，たとえば海賊対策での国際協力や沿岸国との友好関係の維持も重要
である。さらに，WTO などの多角的な制度によって，一方的な経済的威
圧が難しくなるような規範を確立しておくことも大切である。

　実際に何らかのショックが生起した場合には，これに対処するとともに，
損害を最小限にとどめるような方策が必要になる。戦略物資の供給途絶な
どの場合に第一に考えられるのは，平素から**備蓄**を維持し，急激なショッ
クに対しては備蓄を取り崩すことによってパニックを抑制することである

▶ 5-4　米国の 1940 年輸出管理法

「1930 年代に入ってから急速に軍事力をつけてきた日本に対して大きな危機感を抱いた米国議会が，スクラップされた錫を日本に輸出することに対して規制を始めたのが 1936 年のことであった。その 4 年後，ドイツのフランス侵攻を機に連邦議会は，1940 年輸出管理法を制定し，平時における民生品および軍事的に重要な物資の輸出規制が始められたのだった。同法は国防のために必要であると判断した大統領に，武器以外の民生品の輸出を規制する権限を与えたものであり，現在のデュアル・ユース品規制の始まりである。……1940 年にルーズベルト大統領は，石油，石油製品，そして屑鉄でさえも，政府の許可なく輸出することを禁じたが，これは……日本に対する兵糧攻め，つまりエコノミック・ステイトクラフトだった。

　1940 年輸出管理法は 2 年間の時限立法として法制化されたが，1942 年になると既に第二次世界大戦に突入していたため，連邦議会は同法を 1945 年まで延長した。その後，1946 年，1947 年とマイナーチェンジによる延長が繰り返されていった」（小野純子「米国における輸出管理の歴史」村山裕三編著『米中の経済安全保障戦略』芙蓉書房出版，2021 年，42-43 頁）。

（▶ 5-5）。また急激な資本逃避や金融危機の場合には，クレジット枠を確保するような仕組みを整備しておくことは，金融面での一種の「緩衝備蓄」であり，それは投機的な攻撃や金融ショックに対する有効な対抗手段となろう。もっとも，備蓄を大量に維持するにはコストがかかることも考慮しなければならない。だが，備蓄という方法によって，物資不足の効果が緩和されるだけでなく，時間的余裕も出てくる。時間を稼げれば，対抗措置や様々な外交的な働きかけの余地が大きくなる。また国内的な対応措置もより効果的に実行できるチャンスが高まる。さらに急激な供給途絶によって起こるかもしれない心理的な動揺を緩和でき，国内のパニックによって対外的な立場が弱まるのを防ぐことができる。しかも時間が経過するにつれて，制裁発動国側のコストも徐々に増していくかもしれない。それでも現実に国内経済に大きな影響の及ぶショックが実際に起こったときには，配給制や資本取引の緊急停止などの行政的な手段を確保しておくことで，損害を最小限にとどめることができる。

　以上のような措置は，安全保障政策一般に共通するもので，いずれも外部からのショックに対する国内の経済生活への被害を小さくすることが目的である。だが，これを経済安全保障に応用する際には，効率と安全のジレンマがとりわけ顕著になる。

　第一に，経済安全保障には当然コストが発生する。もし外部からのショックに対する耐性を高めることが唯一の目標なら，その論理的な帰結はすべての財の生産を国内で賄う自給自足体制になる。これは事実上，国際貿易による利益をすべて否定することを意味する。このような極端な「経済安全保障政策」は，それが招くであろう外交的なマイナスだけではなく，現代では途方もない規模の経済的損失を招く（▶ 5-6）。だとすると，それによってかえって経済的安全が損なわれることは明らかである。そこまで極端でなくとも，経済的安定と経済的効率の間には本質的なジレンマがあり，その適切なバランスを知ることは難しい。

▶ 5-5　第一次石油危機時のパニック

当時，資源エネルギー庁長官だった山形榮治は次のように回想している。

「閣議の席上，田中総理が

「山形君，石油の備蓄はどのくらいあるんだ」

「49日分ぐらいですね」

「2カ月分もないのか？」

「そうです。そのうちの45日分は産業界の中をすでに回っている。いわゆる流通ストックですから，それを除くと完全な備蓄は4日分ということになります」

「たった4日分しかないのか」

4日と聞いて，田中さん“うーん”といいながら腕組みをして天井をにらんだ。……

しばらくして田中さんが，

「山形君，4日分しかないとなると，このままだとどういうことになるんだい」

私にしたって，そのときの状態がどうなるかなど，てんで見当がつかない。恐ろしい事態になることぐらいは想像がつく。そこでとっさに，

「例えばですが，数百，数千台の車が高速道路のうえを時速100キロで走っていたとします。4日たつと，先頭の車が突然，急停止する。後続の車は次々に前の車に追突し，大混乱になりますね。何の手も打たなければ，わが国の経済，社会はこういう恐ろしい状態になると思います」……

政府が対応に苦慮している最中，11月に入ると，世の中が騒然としてきた。

10月16日のアラブ産油国の突然の値上げと供給削減の発表以来，各新聞やテレビ・ラジオが連日，石油危機を報道。国民は石油危機イコール品不足，物価値上がりという受けとめ方をし，心理的にも不安感をつのらせていった。

11月に入って早々に起きたトイレットペーパー騒ぎなどは，その時の国民大衆の心理的不安感が顕著に現れた出来事だったといえる。

いまにして思えばなんとも馬鹿馬鹿しい騒ぎだったのだが，当時はまさにパニック状態を呈した。ある大阪のスーパーマーケットに端を発したトイレットペーパーの品不足騒ぎは，あっという間に全国に波及，世の中の小売店の棚からトイレットペーパーが消えてしまったのである。

非常時に備えて食料を買い漁るのなら，まあ意味もわからんでもないが，物がトイレットペーパーだったのだから，まことに不思議な騒ぎであった。

私の家内の友人などは，人を動員してまで買い集め，騒ぎがおさまったあとに六畳間いっぱいに積み上げたトイレットペーパーの処分に困り果てていたそうである」（電気新聞編『証言 第一次石油危機』日本電気協会新聞部，1991年，104-07頁）。

▶ 5-6　食料安全保障論について

「もちろん，食料確保（安全保障）は重要な政策課題ではある。世界的な全面的食料危機が発生すれば，どの国も自国への供給を優先するだろうから，食料輸入国は危機に陥る，

　また経済の安定性を損なうリスクは極度に多様であり，様々なリスクに対応する政策には矛盾するものすらある。原子力にエネルギーを依存することは，外国からの供給途絶に対しては有効な手段だし，二酸化炭素の排出量が少ないという意味では環境保護上も望ましいが，他方で放射能汚染のリスクや廃棄物の処理，テロの攻撃目標となるといった意味では，リスクを高めよう。実際に，日本は 2011 年 3 月，東日本大震災における福島第一原発事故において，その激烈なリスクに直面することになった。多様なリスクに対して多様な手段を組み合わせる場合，最適な解を得ることは非常に難しく，激烈なリスクに人は感情的になりがちだ。

　各国政府が経済安全保障政策に躍起になるなかで，産業・技術基盤強化のために政府がどこまで支援（Promote）すべきか，そして懸念国へ重要な物資や技術が流出しないよう，どこまで防衛（Protect）すべきか，のさじ加減が難しくなっている。とりわけ半導体は，一国の産業・技術基盤を強化し，先端半導体を開発・製造できれば国富を増やせる可能性を秘める一方で，懸念国に軍事転用されれば国益を脅かす危険もある。その重要性をどこよりも強く認識し，戦略産業として官民で半導体産業を育成してきたのが台湾である。台湾の TSMC は半導体の製造に特化し，Apple を始めとする世界中のメーカーから製造受託するファウンドリ事業で成長した。一方，中国でも半導体産業が盛んになっている。中国に対抗しつつ，台湾に急所を抱えるグローバルな半導体サプライチェーンを強靭化するため，米国，日本，欧州が半導体産業強化のための産業政策を展開してきた。ただし中国に対抗するという意味では志を同じくする西側諸国であるが，各国の企業はグローバルに熾烈な競争を繰り広げている（▶ 5-7）。

　また，外国との取引には国内にはないリスクがある。たとえば政治的に不安定な懸念国との取引に依存することは，経済的なうまみはあってもリスクを伴う。そのため重要物資や技術の防衛策が大切になるわけだが，過度な防衛策は保護主義と紙一重である。したがって，同盟国・同志国の間

と考えられる。

　しかし，そこからコメの「完全自給」へは論理の飛躍があるのではないか。第一に，もし高い自給率が唯一の安心できる指標ならば，コメ以外の食料についても指針が必要ではないか。カロリーベースで見た自給率は先進国の中でも日本は低い部類に属している。コメ以外の輸入品は「安全性」に問題がないのか。むしろ，安全性は国産品，輸入品を問わず，チェックされるべきことで，輸入の是非には直接つながらない。……

　さらに，本当に「自給（率の向上）」を食料政策の根幹に据えるならば，生産性を向上させるために，長期的な（大規模）専業農家の育成をすべきなのに，それを怠っているのはなぜか。輸入肯定論者がよく指摘するように，一律減反では生産性の高い大規模農家は育たないし，農業での起業家も育たない，若者は将来を悲観して都会へ出る，ということになってしまう。こう考えるならば，コメだけを特別扱いしてかつ一律減反のような生産調整をするのは，真の食糧安保の観点からは理解できない。

　食糧安保の第二の論拠が，輸入は首根っこを輸出国に押さえられ，いつ輸出国の事情で供給がストップするか分からないという「不安感」である。例えば，1973年の米国の大豆禁輸措置による日本のショックである。また，79年には米国はソ連のアフガニスタン侵攻に対する制裁措置として，対ソ穀物禁輸をした。しかし，これらのエピソードから得られる教訓はある程度の自給は望ましいかもしれない，また輸入先をできるだけ分散すべきかもしれない，ということである。ソ連は禁輸に参加しなかったアルゼンチンや一部の欧州諸国からの輸入拡大を実施した」（伊藤隆敏「やさしい経済学コメと自動車」『日本経済新聞』1992年1月11日）。

▶ 5-7　経済安全保障のジレンマ

　「……資本主義は定義上競争的なシステムである，その動力そのものが，市場内の脅威や，脆弱性や，機会の相互作用にある。競争とは敗者になる危険につねにさらされることを意味するのに，このような環境にある行動単位（unit）が，意味ある形で「安全」であることができようか。ある者が他者に比べて相対的に安全であることはできるにせよ，絶対的な安全など不可能である。資本主義経済は，市場における競争によってそれぞれの行動が決まる場合にのみ機能する。そのシステム内部の個人も企業も，競争することで初めて繁栄し，倒産という棒が利潤というニンジンと同じくらい，行動を効率化する刺激として重要である。システム全体の生産性や繁栄は，効率が劣り革新をおこたった者が，より効率的で革新的な者によって市場から追い出されるかどうかに依存している。

　というわけで，競争的な資本主義は，個人であれ，企業であれ，国家であれその内部にいる行動単位が，常に相当程度安全が保障されない状態にあることが基礎となっており，それゆえ資本主義における経済安全保障がそもそも用語上の矛盾のようにさえ見える」（B. Buzan, *People, States and Fear*, 2nd ed., Harvester Wheatsheaf, 1991, p. 235）。

で連携（Partnership）を深めることも欠かせない。政府間で支援策を調整し，規制の調和（regulatory harmonization）を図ることが大切である。さらに懸念国による不当な経済的威圧に対する共同防衛は，経済的威圧への抑止にもつながる。経済的威圧に対抗する意思を表明し，もし経済的威圧があれば共同で対抗措置をとることも有効である。いずれにせよ，どのような産業・技術について，具体的にどのような手段をとるべきか，その対象の絞り込み（Targeting）が施策の有効性を高める前提となる。つまり，絞り込み，支援，防衛，連携の「TPPP」が，経済安全保障政策の要諦と言えるだろう。

6 武器生産と移転

　民営化がいかに称揚されても，国防を市場における自由競争で実現できると考える人はまずいないだろう。近年，民間軍事会社（PMC：private military companies）の活動が無視できない規模に成長しており，ロシアのワグネルはアフリカや中東の内戦に深く関与してきた。それでも，治安や安全保障は国家の中核的機能であり，世界中の国家は相当規模の予算を軍事的な目的に費やして，武器を調達し兵員を雇用し続けている。軍事費の大きな部分を占めるのは，実は人件費である（▶6-1）。とりわけ冷戦後，世界中の軍隊で徴兵制が廃止され，職業軍人が大部分を占めるようになると，彼らの賃金を労働市場の常識から乖離した低い水準にすることは難しい。軍人の採用，教育，雇用制度は国によって様々だが，いずれにせよ軍隊は税金によって人件費が賄われている組織であり，それには巨大な官僚制度としての一面がある。軍隊は明確な階層的な指揮命令系統を持ち，権限の配分が厳格に定められており，組織の末端が独自の判断で自由に行動することができないよう周到に設計されている。また軍隊は警備保障会社

▶ 6-1　軍事予算の構造

防衛省「防衛関係費の使途別分類（令和 5（2023）年度）」

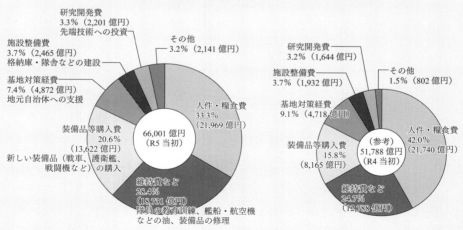

研究開発費
3.3%（2,201 億円）
先端技術への投資

施設整備費
3.7%（2,465 億円）
格納庫・隊舎などの建設

基地対策経費
7.4%（4,872 億円）
地元自治体への支援

装備品等購入費
20.6%
（13,622 億円）
新しい装備品（戦車、護衛艦、戦闘機など）の購入

その他
3.2%（2,141 億円）

人件・糧食費
33.3%
（21,969 億円）

66,001 億円
（R5 当初）

維持費など
28.4%
（18,731 億円）
隊員の教育訓練、艦船・航空機などの油、装備品の修理

研究開発費
3.2%（1,644 億円）

施設整備費
3.7%（1,932 億円）

基地対策経費
9.1%（4,718 億円）

装備品等購入費
15.8%
（8,165 億円）

その他
1.5%（802 億円）

人件・糧食費
42.0%
（21,740 億円）

（参考）
51,788 億円
（R4 当初）

維持費など
24.7%
（12,788 億円）

※米軍再編関係経費等を除く。

出所）『令和 5 年版防衛白書』243 頁。

とはちがって，普通，国内で競合する組織間の競争はない。したがって軍隊のパフォーマンスの確保に，自由競争原理は応用できず，それには巨大な官僚制にありがちな柔軟性の欠如と，非能率が不可避的に伴う。しかも軍隊に対する政治による制御は，国防政策上の機密や軍隊の人事や装備に関する専門知識という壁に阻まれ，通常の官僚組織にない困難がある。

　軍隊の装備には，もちろん鉛筆や消しゴムなどのありきたりの民生品も多いが，武器も大きな部分を占め，それが特殊な財であることは言うまでもない。武器も普通は民間企業で開発・生産された物を政府が調達するが，武器産業には次のような顕著な特徴がある。第一に，武器の顧客となるのは主に国家である。小火器などは民間需要もあるにせよ，武器市場は官需が支配的な市場なのである。第二に，武器の「品質」を客観的に測定するのは困難であり，「適切な」価格形成が難しい。軍事力の役割としてもっとも重要なのは抑止であり，幸いにして実戦による武器のテストが常時行われるわけではない。

　また武器貿易にも，特殊な政治的性格がある。輸出国政府としては一方で自国企業の利潤を考えるだろうが，他方で自国の安全保障，外交政策上の考慮から輸出を促進したり禁止したりする。冷戦中はアメリカが主導して，ソ連や中国に対して武器やそれに関連する技術の移転を厳しく制限するために，ココム（対共産圏輸出統制委員会）やチンコム（対中国輸出統制委員会）を結成して，武器輸出管理レジームを形成した。つまり安全保障の論理が，経済の論理より優先されたのである。また武器輸入国も安定した供給を確保したいので，関係の良好な国から輸入しようとするのは当然だし，よしんば高価であっても様々な理由で国産を選ぶ場合もある。

　官僚的な巨大組織が官需依存の産業から客観的な価格決定の難しい商品を調達しているわけだから，昔から武器調達には様々な腐敗やスキャンダルがつきまとい，現在でも武器取引にまつわる警戒論は強い。このような議論の代表的なものに，武器商人が利益のために対外政策に影響を与え，

▶ 6-2　死の商人の素顔

　19世紀末から20世紀初頭，イギリスのビッカーズ社の武器を売りまくったベージル・ザハロフは伝説的な「死の商人」である。

　「ザハロフのキャリアはバルカン半島に始まる。出生についてははっきりしない。1849年から51年の間にコンスタンチノープルに生まれ，トルコとギリシャで育ったらしい。本人の話では，自分の船でアテネからアフリカ沿岸に行き，初めて銃で数百人の"野蛮人"を殺した。「双方に武器を売れるよう，自分で戦争を起こした。私は世界中のだれよりも多く武器を売ったに違いない」と語る。……

　20世紀に入る前後の兵器販売競争で，ザハロフはヨーロッパや中南米で，クルップ社，シュナイダー社などイギリスのライバル企業，あるいはアームストロング社などを敵に回して，機関銃から戦艦まで，何でも売りまくるセールスの達人だった。接触の相手は王室だった。ロシアは日露戦争での敗戦以来，必死に軍備を増強していたが，ザハロフはこの国での経験を生かしてシュナイダー社を見事出し抜いた。高位の貴族に食い込んだスペインでは，ビリャフランカ公爵嬢と結婚する。パリでは『エクセルシオル』紙を買収し，レジオン・ドヌール勲章を授かるほどフランス政府に近かった。バルカン諸国では，政治的分裂を利用できるまれな立場にあった。……

　ヨーロッパ諸国の首都では，ザハロフが大臣の机の上に札が詰まった財布を置いていったとか，仲違いするバルカン諸国間を往来して，両方からの注文を釣り上げたとか，腐敗と策略の噂話が蔓延した。……

　しかし彼がビッカーズ社に宛てた電報には，1900年にロシアで「歯車に油」をさしたり，06年にポルトガルで「必要事」をやったり，「スペインの友人たちにビッカーズの薬を盛る」話が出てくる。……

　賄賂が多くの業界で一般的だったのは疑いないが，兵器ビジネスで特に盛んだった理由はいくつかある。発注するのはたいてい政府だが，その決定は一，二の個人にかかっており，したがって彼らの支持が不可欠だったからである。他を蹴って特定の軍艦とか銃を買うことがいかに有利かははっきりしないことが多く，議論をしてもあまり意味がないということもある。発注量がきわめて大きいため，一回の決定が兵器会社には死活的意味があ

場合によっては戦争を始めさせたという「**死の商人**」論がある（▶6-2）。また国防産業と軍隊の癒着が構造化していわゆる**軍産複合体**が形成され，高価な武器の調達が繰り返され，それが無用の緊張や紛争の原因になるという懸念も提起されてきた（▶6-3）。

　武器商人や武器生産者の影響力はしばしば過大に評価されてきた。一国の国防政策が武器商人の陰謀によって左右された証拠は，実はあまりない。軍隊には，実戦のテストに耐える適切な武器を調達しようとする動機があるし，現代の戦争は破壊的すぎて金儲けの手段にするにはリスクが大きすぎる。また武器生産やその輸出入は，実のところ経済全体の規模から見ると，一般に考えられているほど大きなものではなく，多くの巨大企業にとって危険を冒して手を出すほどの商売上のうまみがあることはまれである。経済の軍事化が進んでいるのは，むしろ民生経済が不振な北朝鮮やロシアであり，中東やアフリカなどの紛争地域については，安価だが取り扱いが容易なローテク武器が大量に流れていることが深刻な問題である。軍産複合体の利益のために無用な武器が製造され，軍拡競争が際限なく続くという悪夢は，欧米諸国の場合，冷戦後に軍事費が大幅に削減されたという事実によっても反論できよう。

　冷戦後には世界の軍事費も武器貿易も大幅に減少し，1989年からの10年間で世界の軍事費はGDP比で4.7％から2.4％へ，また武器貿易も貿易総額の約2％から1％へとほぼ半減した（▶6-4）。この間，国家財政に占める軍事費の割合が減り，国民の福祉や教育に充てることができる「平和の配当」論が語られたが，そうした時代は長くは続かなかった。2001年の9・11同時多発テロ，その後のアフガニスタンとイラクにおける「テロとの戦い」が始まったことを契機に，米国をはじめ主要国で軍事費がふたたび増加傾向に転じた。またそれとは別に，中国は冷戦後，一貫して軍事費を増加し続けてきた。1998年から2023年までの25年間で米国の年間軍事費が3倍になった一方で，中国は約12倍に急増した（▶6-5）。2023

り，それに国家安全保障の見地から，取引は通常，秘密裏に進められるという面もある。

　そのうえ"コミッション"が高くなると，政府高官は自分の取り分を増やそうと，国家の能力や必要を超えた発注をしようという気にもなりやすい。こんな話がある。あるイギリスのセールスマンが巡洋艦を売ろうと，ヨーロッパのある国を訪れた。契約担当の高官たちに一連の"コミッション"が支払われたのだが，とうとうある高官がべらぼうなコミッションを要求した。そこでセールスマンは，「これじゃ巡洋艦がつくれなくなりますよ」と叫んだ。すると高官は，「君がもうけ，私がもうけさえすれば，巡洋艦などどうでもいいじゃないか」と答えたという」（A・サンプソン『兵器市場』TBS ブリタニカ，1993 年，55-59 頁）。

▶ 6-3　軍産複合体

　「第二次大戦まで，合衆国に軍需産業はまったくなかった。……しかし今日では，緊急事態を迎えてから国防準備にとりかかるといった危険を冒すことはもはやできない。そのため，われわれは巨大な恒久的軍需産業の創出を強いられてきたのである。……

　巨大な軍部と巨大な軍需産業とのこの結合はアメリカ人にとって新しい経験である。その全面的な影響力——経済的，政治的，さらには精神的なものも——があらゆる都市に，州政府に，連邦政府機関に認められる。……われわれはその重大な意味の確認を怠ってはならない。……アメリカの社会機構そのものが，これに関わっている［のだから］。

　政府内の諸会議において，この軍産複合体が不当な影響力を，みずから求めたと否とにかかわらず，手に入れることがないよう，われわれは警戒していなければならない」（アイゼンハワー大統領の告別演説，1961 年 1 月 17 日，大下尚一・有賀貞他編『史料が語るアメリカ』有斐閣，1989 年，218 頁）。

▶ 6-4　冷戦後の軍事費

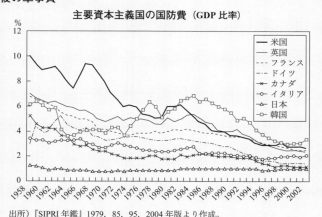

主要資本主義国の国防費（GDP 比率）

出所）『SIPRI 年鑑』1979，85，95，2004 年版より作成。

年時点の中国の公表国防費は，日本の約4.7倍である。近代的艦艇や戦闘機の数量についても，中国は日本を大きく上回っている。

　世界の武器貿易市場において，圧倒的な大規模武器輸出国はいまだにアメリカであり，それにロシア，フランス，中国，ドイツ，イタリア，英国，スペイン，韓国，イスラエルが続く。理想主義的な中立国というイメージが強いスウェーデンも有力な武器輸出国であることは，あまり知られていない。中立国スウェーデンは主要装備を輸入に依存しないよう自国での生産に努めており，国産兵器の調達コストを引き下げるために，国際市場に積極的に参加して，単価を引き下げようとしてきたことが，数字に反映している（▶ 6-6）。

　日本の場合，戦後は全般的にアメリカからの輸入で最新の武器システムの需要を賄ってきた。1970年に国産化方針（「装備の生産及び開発に関する基本方針」）が策定されると，可能な限り製造権を買って，実際の生産は日本企業で実施する**ライセンス生産**方式をとり，自国の防衛生産技術を維持しようとしてきた。他方「武器輸出三原則」によって，国内で生産された武器の輸出は事実上不可能であった。国産化方針は，冷戦後，困難に直面した。第一に，財政に大きな制約がかかるにつれ，効率性や合理性を求める圧力が強くなった。第二に，最新鋭兵器の開発費がきわめて高くなり，アメリカにとってすら，開発のリスクが非常に大きいものとなった。日本企業が共同開発や共同生産に参加することが期待されるようになったのである。北朝鮮の核・ミサイル開発など日本を取り巻く安全保障環境は厳しさを増したが，2002年以降10年にわたって防衛予算は減少を続けた。米国との技術格差が拡大し，国産化方針と武器輸出三原則の見直しが必要となった。2014年，「防衛装備移転三原則」が策定され，装備品の国際共同開発や輸出（「海外移転」）ができるようになった。ただし日本の防衛産業が，国際市場で輸出先を見いだすのは容易ではない。2022年，「国家安全保障戦略」が改定され，「我が国の防衛生産・技術基盤は，いわば防衛力

▶ 6-5　1998 年から 2023 年までの主要国の国防費の推移

（単位：100 億ドル）

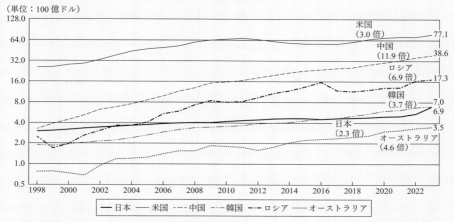

注 1）国防費については，各国発表の国防費を基に，各年の購買力平価（OECD 発表値：2023 年 4 月現在）を用いて
ドル換算。なお，現時点で 2023 年の購買力平価は発表されていないことから，2023 年の値については，2022
年の購買力平価を用いてドル換算。

注 2）日本の防衛関係費については，当初予算（SACO 関係経費，米軍再編関係経費のうち地元負担軽減分，国土強
靭化のための 3 か年緊急対策にかかる経費等を除く）。

注 3）各国の 1998-2023 年度の伸び率（小数点第 2 位を四捨五入）を記載。

出所）『令和 5 年版防衛白書』245 頁。

▶ 6-6　世界の武器輸出国上位 15 位

輸出国	世界の武器輸出において占める比率（%）	
	2018-22 年	2013-17 年
1　アメリカ	40	33
2　ロシア	16	22
3　フランス	11	7.1
4　中　国	5.2	6.3
5　ドイツ	4.2	6.1
6　イタリア	3.8	2.5
7　英　国	3.2	4.7
8　スペイン	2.6	2.5
9　韓　国	2.4	1.3
10　イスラエル	2.3	2.6
11　オランダ	1.4	2.1
12　トルコ	1.1	0.6
13　スウェーデン	0.8	0.9
14　スイス	0.7	1.0
15　オーストラリア	0.6	0.3

出所）SIPRI, "Trends in International Arms Transfers, 2022".

そのもの」と位置づけたが，その帰結はまだはっきりしない。

　今日の技術革新を牽引しているのは，民生部門で爆発的に進歩している技術であり，その軍事部門への応用が「軍事技術における革命（RMA：Revolution in Military Affairs)」の中核をなしている。そのため，民生部門で開発された最新技術が軍事部門に転用される，いわゆる**スピン・オン**（▶6-7）が見られる。つまり現代の最新技術は，しばしば軍事的にも利用可能な**デュアルユース技術**（dual use technology）であり，軍事と民生にわけて技術を管理することは困難になっており，日本の「平和的な」技術開発も，安全保障と否応なく結びついている。

▶ 6-7 スピン・オン

「日本では，数世紀にわたって民生用の技術をヒントにして兵器の生産技術が生みだされてきた。「スピンオン」という言葉は，日本人がつくった造語であり，民生用の「既成の」生産技術や加工技術を軍事用に応用するという意味合いをもっている。しかし，スピンオンが技術を進歩させる牽引役になるとは誰も予測していなかった。……

……技術の歴史を振り返れば，軍事用・民生用のいずれにも使えるデュアルユースの製品や技術の例には事欠かない……。これまで開発された中で，おそらく最も重要なデュアルユースの製品は焼夷弾だろう。火薬は戦争に使われるとは想定されずに開発された。12世紀末から13世紀初めまで，火薬は軍事以外の目的に利用されていたが，14世紀初頭にはじめて大砲に使われるようになった。

ジョン・ネフは厖大な資料を渉猟したすえに，「硝石と火薬は，戦争と無関係の一般的な技術知識が飛躍的に進歩した結果，その副産物として西洋の歴史に登場した」と説明している。1608年，オランダのリッペルスハイらが望遠鏡を発明すると，早くもその翌年にはガリレオ・ガリレイが天体の観測に利用している。だが，望遠鏡が軍隊の旗信号の認識用に使われるようになるのは，はるかのちの18世紀末のことである。

マーティン・ヴァン・クレヴェルドは「19世紀に生まれた重要な軍事装備品はすべて民間人が考案したものである」と主張し，そうした発明品のリストの中に鍵職人のジョン・ドレイスがはじめて開発した実用的な後装式のライフルを加えている。J・F・C・フラーが指摘したように20世紀に入って，動力を備えた飛行機の発明によって「戦争は三次元の広がりをもつようになり」，さらに無線電信の発明によって「戦争は四次元の広がりをもち……空間ばかりか時間すらも超越してしまった」のである。さらにさまざまな製品が，民需経済からのスピンオンの産物として生みだされた。

20世紀に入ってはじめて開発された兵器システムの中で最も重要なものであるステルス技術とマルチスペクトラム技術の主要部は，民生部門で開発された画期的な設計・製造技術がなければ実現できなかった。最新式のイージス艦で使用されているコンピューターの4分の3には，民生用のシステムが使われている」（R・J・サミュエルズ『富国強兵の遺産——技術戦略にみる日本の総合安全保障』三田出版会，1997年，57-58頁）。

スピン・オンの実例：1992年時点で民生分野から軍事分野にスピン・オンした技術

技術	応用／民生分野	応用／防衛分野
複合材料	スポーツ分野	航空機，誘導ミサイル
光ファイバー	通信機器	航空機／ミサイル・コントロール
プロジェクタイル・コア	グライダー／切断機	戦車砲
セラミックス	軽量，耐熱，反磁性などの性質を利用した応用技術	装甲部，エンジン部品
フラット・パネル・ディスプレイ	コンピューター	航空機，戦車
パラグライダー	ハンググライダー	パラシュートの制御

出所）同，420頁。

◆文献案内

　国際政治経済学の中ではどちらかといえば脇役だったこの分野だが，米中対立の激化とともに，多数の文献が邦語でも出版されるようになった。アルバート・ハーシュマン『国力と外国貿易の構造』（勁草書房，2011年）および，デヴィッド・A・ボールドウィン『エコノミック・ステイトクラフト——国家戦略と経済的手段』（産経新聞出版，2023年）は，この分野の古典的文献である。また，長谷川将規『経済安全保障——経済は安全保障にどのように利用されているのか』（日本経済評論社，2013年）も優れている。

　日本の政策課題については，北村滋『経済安全保障』（中央公論新社，2022年），玉井克哉，兼原信克編『経済安全保障の深層——課題克服の12の論点』（日本経済新聞出版，2024年）は，実務を経験した執筆陣ならではの内容で，読者の心をそそるであろう。

　外交戦略としての開発援助については，デニス・T. ヤストモ『戦略援助と日本外交』（同文館出版，1989年）は，日本の援助政策についてのまとまった分析をしている。日本の開発協力の歩みについてはJICA緒方貞子平和開発研究所による一連の「プロジェクト・ヒストリー」や，「日本の開発協力の歴史」研究プロジェクトから刊行された書籍や報告書が参考になる。日本の対中ODAは失敗と論ずる古森義久『ODA幻想対中国政策の大失態』（海竜社，2019年）や，かつて問題案件として批判されたODA事業が優良案件に化けていたことを丹念な現地調査によって示した佐藤仁『開発協力のつくられ方』（東京大学出版会，2021年）と読み比べて，自分なりに考えを形づくるとよいだろう。

◆重要概念

リンケージ・ポリティクス　　　社会化　　　戦略援助　　　開発援助
人道援助　　平和構築　　　経済制裁　　経済的威圧　　　備蓄
死の商人　　軍産複合体　　　ライセンス生産　　　　　スピン・オン
デュアルユース技術

◆例　題

①第二次大戦後，アメリカは日本経済の復興を積極的に支援したが，それがアメリカの国益になったかどうかを論ぜよ。また日本は1970年代以降，中国に大規模な経済支援をしてきたが，それが日本の国益となったかどうかを論ぜよ。

②中国経済のGDPが日本のGDPを追い抜いたことでどのような国際政治上の変化があっただろうか。また今後，もし中国のGDPがアメリカのGDPを上回るとどうだろうか。

③現在の世界の開発援助の水準は，はたして適切な規模か。豊かな国々の納税者が海外への援助のために，どの程度の負担をすべきかを検討せよ。

第 5 章

社会構造と経済

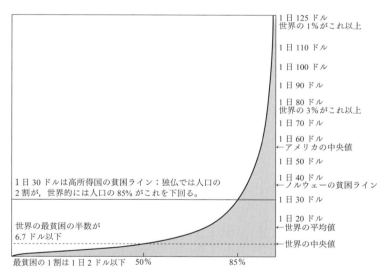

1 日 125 ドル
世界の 1% がこれ以上

1 日 110 ドル

1 日 100 ドル

1 日 90 ドル

1 日 80 ドル
世界の 3% がこれ以上

1 日 70 ドル

1 日 60 ドル
←アメリカの中央値

1 日 50 ドル

1 日 40 ドル
←ノルウェーの貧困ライン

1 日 30 ドル

1 日 20 ドル
←世界の平均値

←世界の中央値

1 日 30 ドルは高所得国の貧困ライン：独仏では人口の 2 割が，世界的には人口の 85% がこれを下回る。

世界の最貧困の半数が 6.7 ドル以下

最貧困の 1 割は 1 日 2 ドル以下　　50%　　　　　85%

2017 年の世界の所得分布（国ごとの生活費の相違は調整済。Max Roser, "Global economic inequality", Our-WorldInData.org, 2021 より作成）

1　搾取と支配の政治経済学の原型

　政治と経済の複雑な相互作用を把握するために，無数の個人の選択や国家の行動を積み上げて理解するよりも，逆に個人や国家の行動を支配する世界全体の仕組みや力学に注目して理解しようとする試みがある。こういった一群の議論を構造論と呼ぶことにしよう。このような知的接近は，ことの性格上，個別の出来事や問題を検討するよりも，巨視的で長期的な世界の動きを説明するのに適している。それでは，国際政治経済の動きを支配する構造とは何なのか。何かを構造と呼ぶ以上，それは特定の個人や国家の行動によって簡単に変えられてしまうような条件ではない。逆に行為者のあり方を，強く制約し決定づける条件でなくてはならない。しかし，何を構造として措定するのかについては様々な立場がある。

　資本蓄積に伴う生産力の増大という歴史的趨勢に注目して，人類全体の社会現象を理解しようとするマルクス主義の試みは，構造論的接近の代表的なものである。マルクスの理論は，19世紀以来の一大政治運動と結びついていた。そのためその議論のあり方は常に党派性を帯びていたし，マルクス主義は実に多様な学派を生んで，それらの学派間でも激しい論争が繰り広げられてきた。だが，マルクス自身のマルクス主義理論の基本的特徴は，以下のように大まかに要約できよう。それは第一に，物的な世界の現象が，精神的・文化的，そして政治的な世界のあり方を決めているとする唯物論，第二に，人類の歴史には普遍的な方向性があり，それらが一定の順序を踏んで展開していくという**発展段階論**，第三に，歴史はある段階で矛盾が生じ，その矛盾が解消される時に発するエネルギーが駆動力となって展開していくとする弁証論である（▶1-1）。

　マルクスの世界で歴史の駆動力になっているのは，資本が蓄積され自己増殖を続けるエネルギーであり，人類の歴史は資本の蓄積に伴って生ずる

▶ 1-1　マルクス主義の基本的図式

「人間は，その生活の社会的生産において，一定の，必然的な，かれらの意志から独立した諸関係を，つまりかれらの物質的生産諸力の一定の発展段階に対応する生産諸関係を，とりむすぶ。この生産諸関係の総体は社会の経済的機構を形づくっており，これが現実の土台となって，そのうえに，法律的，政治的上部構造がそびえたち，また，一定の社会的意識諸形態は，この現実の土台に対応している。物質的生活の生産様式は，社会的，政治的，精神的生活諸過程一般を制約する。人間の意識がその存在を規定するのではなくて，逆に，人間の社会的存在がその意識を規定するのである。社会の物質的生産諸力は，その発展がある段階にたっすると，いままでそれがそのなかで動いてきた既存の生産諸関係，あるいはその法的表現にすぎない所有諸関係と矛盾するようになる。これらの諸関係は，生産諸力の発展諸形態からそのへと一変する。このとき社会革命の時期がはじまるのである。経済的基礎の変化につれて，巨大な上部構造全体が，徐々にせよ急激にせよ，くつがえる。このような諸変革を考察するさいには，経済的な生産諸条件におこった物質的な，自然科学的な正確さで確認できる変革と，人間がこの衝突を意識し，それと決戦する場となる法律，政治，宗教，芸術，または哲学の諸形態，つづめていえばイデオロギーの諸形態とをつねに区別しなければならない。ある個人を判断するのに，かれが自分自身をどう考えているかということにはたよれないのと同様，このような変革の時期を，その時代の意識から判断することはできないのであって，むしろ，この意識を，物質的生活の諸矛盾，社会的生産諸力と社会的生産諸関係とのあいだに現存する衝突から説明しなければならないのである。一つの社会構成は，すべての生産諸力がそのなかではもう発展の余地がないほどに発展しないうちは崩壊することはけっしてなく，また新しいより高度な生産諸関係は，その物質的な存在諸条件が古い社会の胎内で孵化しおわるまでは，古いものにとってかわることはけっしてない。だから人間が立ちむかうのはいつも自分が解決できる課題だけである，というのは，もしさらにくわしく考察するならば，課題そのものは，その解決の物質的諸条件がすでに現存しているか，またはすくなくともそれができはじめているばあいにかぎって発生するものだ，ということがつねにわかるであろうから。大ざっぱにいって，経済的社会構成が進歩してゆく段階として，アジア的，古代的，封建的，および近代ブルジョア的生産様式をあげることができる。ブルジョア的生産諸関係は，社会的生産過程の敵対的な，といっても個人的な敵対の意味ではなく，諸個人の社会的生活諸条件から生じてくる敵対という意味での敵対的な，形態の最後のものである。しかし，ブルジョア社会の胎内で発展しつつある生産諸力は，同時にこの敵対関係の解決のための物質的諸条件をもつくりだす。だからこの社会構成をもって，人間社会の前史はおわりをつげるのである」（マルクス『経済学批判』岩波文庫，1956年，13-15頁）。

生産力の増大とともに展開する。生産力の水準に対応して，経済システムの基本的特徴である生産様式が変化し，人類は原始共産制，封建制，資本主義，そして社会主義を経て歴史の終着点である共産主義社会へと移行していくとされる。ある生産力の水準では合理的だった生産様式が，生産力の発展にともなって桎梏と化し，その矛盾を解消する形で歴史が展開するからである。そして，特定の生産様式には，それを基礎に成立する政治制度や文化を意味する**上部構造**が対応する。封建主義には絶対王政が，資本主義にはブルジョワ民主主義が，そして社会主義段階ではプロレタリアート独裁の社会主義政治が対応し，さらには共産主義段階に達すると国家そのものが消滅するとされた。

　この議論がきわめて有力になった背景には，マルクスの生きていた19世紀イギリスの資本主義社会が，一方で人類がこれまで目にしたこともないほどの巨大な生産力という「進歩」を実現しながら，他方で多数の貧しい都市労働者を生んだことがあった。このときマルクスが，自由市場という一見非権力的な経済組織の背後に隠されている搾取のメカニズムと，目に見えない構造化された権力関係を鋭く指摘したことが，多くの人々を引きつけた。その意味でマルクスの議論そのものも，19世紀イギリスの現実という歴史的条件に制約されていたのである。

　マルクス自身は国際政治について多くを論じていないが，資本主義が植民地帝国主義によって世界に広がり，アジア的停滞状態にあるとされた非西洋世界も世界史的発展に強制的に参加させられることを「進歩的」な現象と考えていたようである。その意味でマルクスの見方は，明らかに西洋中心的な進歩史観だった。またマルクスは，資本主義の矛盾は，資本主義の一番発達したヨーロッパの国でこそ顕在化し，それらの国で労働者階級が社会主義革命を起こすことによって社会主義への道が開かれると考えていた。

　レーニンはマルクスの論じた搾取と支配の構造を国際政治に応用し，**帝**

▶ 1-2 　レーニンの帝国主義論

　「半世紀前にマルクスが『資本論』を書いたときには，自由競争は，経済学者の圧倒的多数にとっては「自然法則」のように思われていた。マルクスは，資本主義の理論的および歴史的分析によって，自由競争は生産の集積を生み出し，この集積はまたその発展の特定の段階で独占をもたらすことを論証したが，御用科学はマルクスのこの著書を黙殺しようとこころみた。だが，いまや独占は事実となった」（レーニン『帝国主義』岩波文庫，1956年，34頁）。

　「最新の資本主義の基本的特殊性は，最大の企業家の独占的諸団体の支配ということである。このような独占は，いっさいの原料資源が一手ににぎられているばあいにもっとも強固である。そして，国際的資本家団体が，競争のあらゆる可能性を敵の手からうばいとるために，たとえば鉄鉱山や油田等々を買収するために，どんなに熱心に努力しているかは，すでにわれわれの見たところである。植民地の領有だけが，競争者との闘争のいっさいの偶然性——競争者が国家独占の法律によってみずからをまもろうとするかもしれないというような偶然性をふくめて——にたいし，独占の成功の完全な保障をあたえる。資本主義の発展が高度となればなるほど，……原料資源にたいする追求が尖鋭化すればするほど，植民地獲得のため闘争はますます死にものぐるいとなる」（同，136頁）。

　「……資本主義のもとでは，勢力範囲，権益，植民地，その他の分割のための根拠としては，分割に参加する国の力，すなわちその国の一般経済的，金融的，軍事的，その他の力以外のものは考ええられない……。ところが，分割に参加する国々の力の変化は一様にはおこなわれない。なぜなら，個々の企業，トラスト，産業部門，および国の均等な発展は，資本主義のもとではありえないからである。半世紀前には，ドイツの資本主義的力は，当時のイギリスの力と比較すれば，あわれにも無に等しいものであった。日本もまたロシアと比較すれば同様であった。10年，20年後にも，帝国主義列強のあいだの力の相互関係は不変のままであるだろうと想定することが，はたして「考えられうる」だろうか？絶対に考えられない」（同，193頁）。

　「……〔帝国主義の経済的本質である〕独占は植民地政策から発生した。金融資本は，「古くからの」植民地政策の多数の動機に，さらに，原料資源のための，資本輸出のための，「勢力範囲」のための——すなわち有利な取引，利権，独占利潤，その他のための——，最後に，経済的領土一般のための，闘争をつけくわえた。ヨーロッパの諸強国が，たとえば，1867年にまだそうであったように，アフリカの10分の1をその植民地として占領していたにすぎないときには，植民政策は，土地をいわば「無主先占的に」占領するという

国主義論へと展開することで，マルクス主義に新たな次元を拓いた。19
世紀の後半以来激しさを増していた植民地帝国主義は，資本主義が高度に
発達した国が，蓄積された資本のはけ口となる市場を必要とすることから
生じている現象だと論じたのである。つまり植民地帝国主義は，特定の国
の特定の指導者の政策ではなく，資本主義が資本主義である限り避けられ
ない国際的な搾取と支配の構造の必然的な帰結なのである。だがこのよう
な帝国主義国家の植民地獲得競争は，いずれ市場の争奪戦，つまりは帝国
主義戦争へと発展せざるをえない。そこでレーニンは，資本主義の構造的
な矛盾は帝国主義戦争という形をとって国際政治の世界で顕在化すると論
じたのであった（▶ 1-2）。

　実際，19 世紀も末になると，マルクスが予言した資本主義国内でのプ
ロレタリアート革命は現実的ではなくなっていた。労働運動は確かに高揚
したが，プロレタリアートは絶対的窮乏化にあえぐことはなかった。むし
ろ労働組合や社会主義政党の活動を通じて，生身の労働者の生活の改善を
勝ち取ることに成功したので，徐々に資本主義体制に吸収されていった。
よって資本主義から社会主義への体制移行を引き起こすのは，帝国主義戦
争が引き金となって起こる革命であるとされた。第一次大戦はこのような
帝国主義戦争として理解され，ロシア革命に社会主義革命としての性格が
付与された。ロシア革命は世界革命にはつながらなかったが，資本主義国
はいずれ新たな帝国主義戦争を始めるだろう，資本主義は帝国主義になら
ざるをえないし，帝国主義は平和共存できるはずがないと考えられたので
ある。

　だが 20 世紀後半には，第二次大戦に敗れた日本やドイツだけではなく，
イギリスやフランスなどのヨーロッパの植民地帝国主義も消え去った。し
かも世界資本主義は全般的な危機どころか，1960 年代以降は空前の繁栄
を経験した。そのため，豊かな国々におけるマルクス主義的な資本主義批
判は，物的な豊かさの中の精神的な空虚さに焦点を当てる疎外論の形をと

形で，非独占的に発展することができた。だが，アフリカの 10 分の 9 が占取されてしまい（1900 年ごろ），全世界が分割されてしまったときには，不可避的に，植民地の独占的領有の時代が，したがってまた，世界の分割と再分割のためのとくに尖鋭な闘争の時代が，到来したのである」（同，200 頁）。

▶ 1-3　疎外論と危険な情念

　冷戦下で自由主義的な共産主義批判の論陣の先頭にたったレイモン・アロンは，1977 年の『没落する西洋の擁護論』で，西側の自由主義経済の方が，東側の指令経済よりも経済的に優れているという「なかば自明」な事実を述べたが，それに対する当時の批判を回想して次のように述べる。

　「おおかたの批評は，私がホモ・エコノミクスとして書いたことをとがめ，資本主義社会が重商主義の要請に屈していると批判していた。まず，皮肉な指摘をしておこう。この著作出版の 25 年前に同じ批評家たちは，"ソヴィエト社会主義"と計画経済との競争に耐えられない西欧を糾弾していた。成長率競争では，今日，西欧に分があるが，それでも批評家たちは，たいした差はないと判断し，取るに足らないことだと斥ける。大司祭ジャン＝ポール・サルトルはいつも不動の確信の人だが，いったいどんな調子で，フランスの経営者のマルサス的，生産制限主義を非難していただろうか。「知識人の阿片」は 77 年には同紙のジルベール・コントに"忘れがたい"と評されたが，かつて 55 年には『ル・モンド』紙でモーリス・デュヴェルジェに酷評され，ジャン・ブイヨンは『レタンモデルヌ』誌で，経済発展と自由な組合運動による労働者の"真の解放"は，有産階級が地位と威信への不安から経済拡張を拒否するフランスでは，不可能だとした。かつての私の楽観論は，発表当時嘲笑されたものが，はっきりと数字に現れたことで——当然のことだが——あたりまえのことで取り立てていうほどのことではない，といわれるようになった。イーヴ・フロレンスは「それでどうなのか」と訊ねる。成長率で生きるものはいない。それでも知識人が代弁者を任ずる労働者たちは，たとえわずかであっても，彼らの生活に跳ね返ってくる成長率の上昇を軽視したりはしない」（R・アロン『レーモン・アロン回想録』2，みすず書房，1999 年，728 頁。訳文は若干修正している）。

　ハーシュマンは，モンテスキューやジェイムズ・ステュアートらの，資本主義が政治を情念の政治から利益の政治に変えることで秩序と平和に貢献するとする学説を検討し，その書物の末尾で，現代の疎外論について以下のように述べている。

　「〔現代資本主義批判の〕非常に魅力的で影響力のある批判の一つは，資本主義の抑圧的な面，人間を疎外する側面，あるいは「豊かな人格」の発達を阻む側面に力点が置かれている。本書の観点からすればこの批判は少し不公平である。それというのも，資本主義はまさに人間のある衝動や傾向を抑圧し，そのかわりにより非多面的でより可測的，より「一元的な」人格を形作るものと期待され見なされていたからである。今日ではきわめて奇妙に見えるこの主張は，ある歴史の一時点において明白でさし迫った危険への非常な憂慮と，人間の情念に解き放たれた破壊力に対する憂慮とから生じ，それに対抗しうるのは

るようになった。資本主義は拝金主義的で，人間の本来的な価値を抑圧しているとする主張である（▶ 1-3）。それは，様々な社会問題を資本主義の矛盾という観点から論じる現代資本主義批判であり，反戦主義，環境主義からセックス革命にいたるまでの，産業社会やそれを支えてきたブルジョワ的価値観への全面的な批判につながるものであった。

　もう一つの方向性は，搾取と支配のメカニズムを，豊かな北の経済的繁栄の陰で，むしろ貧困が一層深刻化しているようにさえ見える南の国々の低開発に見いだそうとした一連の新たな帝国主義論である。**従属理論**，世界システム論といった理論はいずれも，資本主義の構造的な矛盾は，豊かな北の世界による南の搾取という形で表れるが，それは公式の植民地帝国主義ではなく，経済的な従属を再生産する非公式の帝国主義によると論ずる（▶ 1-4）。現代の世界に巨大な経済格差があることには疑問の余地がない。それが資本主義や市場経済によって拡大していることを実証的に検証するのは実は容易ではないが，人が人である限り「平等」でなくてはならないという観念が現代の世界で深く根づいている以上，この問題意識は政治的に強力でありつづける。

2　開発論の展開

　低開発の原因とそれへの処方箋をめぐる議論は，国際政治の現実の動きと関係していた。第二次大戦後には米ソの二超大国が，資本主義と社会主義の盟主として対立した。それぞれの陣営を強化するために開発問題を重視し，それぞれの開発モデルを売り込もうとしたからである。

　アメリカは貧困が共産主義の温床になるという観点から，戦後の早い段階にマーシャル援助を始めとする援助で，西側諸国への経済的テコ入れを推進した。旧植民地から多くのアジア・アフリカ諸国が独立し始めた

「無害」な強欲でしかないと思われたのである。結局，資本主義が成し遂げるべきだと期待されていた事柄そのものが後に資本主義の最も悪い点だとして批判されることになったのである。

　その証拠に，ウィーン会議が終わってヨーロッパに比較的平和と静穏が戻り，資本主義が隆盛となって「情念」は抑圧されほとんど消滅したように見えることになるや否や，突然世界中が空虚でつまらなくて退屈な場所のように見え始め，以前の時代に比べるとブルジョワジーの秩序は信じられないほど貧相だというロマン派の批判の舞台が整うことになる」（A・O・ハーシュマン『情念の政治経済学』法政大学出版局，1985年，132-33頁）。

▶ 1-4　従属理論の原型

　「……低開発諸国における対外不均衡への傾向は，主として一次産品輸出伸長率と工業産品の輸入伸長率の間の格差を示すものである。一次産品輸出は若干の例外を除いて，かなりゆっくりと伸びるが，工業品輸入需要は加速度的に増えがちである。これは，経済発展に見られる自然のなりゆきである。

　低い一次産品輸出の伸びが遅いことは，工業地域における技術的発展の当然の結果である。一方において，その直接の結果として技術的発展は，天然産品の合成品による代替が進む結果をもたらす。そしてこれは，完成品における原材料の割合を何らかの形で少なくする結果ともなる。他方，間接的な結果として，技術的発展によってもたらされた一人当たり所得の増加の内，ごくわずかの部分が食料および他の主要消費需要に向かい，工業産品およびサービス需要は，急速に上昇するという事実があげられる。たとえば米国において，人口および一人あたり所得が増加したにもかかわらず，小麦の総消費量が今世紀の始めから絶対量でほとんど変わっていないことは重要である。……

　……かなり最近まで技術進歩は工業生産に限られ，機械化の面を除いて，農業の分野にはそんなに及ばなかった。しかし遂に技術革命は，まず米国，次に欧州でこの遅れた分野にまで到達した。近代農業技術は，急速な進歩を遂げ，実際に農業は，工業化されつつあり，このようにして国内面でも国際面でも，新しい活動的な要素が，経済複合体の中に導入されている。……

　しかし若干の主要工業国で起こった生産高のひじょうな増大によって，温帯からの農産品および若干の熱帯ならびに亜熱帯産品輸出貿易が，さらに後退したのであった。そしてことに技術進歩でなく，この技術進歩に対する政治的態度の不可避的結果としてひじょうに重要な事実が発生しているのであり，その政治的態度は変えることが確かに出来るものなのである。生産性がひじょうに増大しているにもかかわらず，工業国における国内価格は，国際市場のそれよりも普通高いまま，またずっと高いままで下っていない。このようにして，あるいは農民に対する補助金の支払いによって，技術進歩の価格に与える悪影響は阻止されている。しかしこの政策はまた生産の拡大をさらに刺激し，この拡大は限界所有物を利用したり，過度の費用を使ったりしておこなわれる」（R・プレビシュ『新しい貿易政策をもとめて――プレビシュ報告』国際日本協会，1964年，41-42頁）。

1950-60 年代には，反植民地民族解放運動が共産陣営の運動と結びつかないようにと，自由主義的な開発モデルにもとづく政策を実践して，開発途上国の支持を得ようと努力した。**近代化論**と総称される自由主義的な開発論を単純化して言えば，低開発の問題はそれらの国々が「遅れている」のが原因だとされる。つまり，資本や技術といった生産に必要な資源が開発途上国では十分に蓄積されていないことが，経済の持続的な発展を阻害しているというのである。ならば，それを外部から注入するとともに，自由な市場経済でそれらの資源を効率的に利用すれば，持続的な成長と貯蓄と投資の好循環が誘発され，経済の「離陸」が実現されるだろうと考えられた（▶ 2-1）。

　アメリカはこのような発想にもとづいて世界各地の反共政権にそれなりの額の経済・軍事援助をつぎ込んだが，持続的な経済発展は起こらなかった。その失敗は，アメリカの裏庭でありアメリカ資本がふんだんに投下されたラテンアメリカ諸国の姿を見れば，よく理解できよう（▶ 2-2）。自由な市場経済を選択した開発途上国の経済は，圧倒的な資本力を誇るアメリカ企業に支配される傾向があり，それと結びついた現地の一部のエリート層は，民族主義的な反感の焦点にすらなった。またベトナムもアメリカの第三世界政策の顕著な失敗の実例であり，軍事介入や軍事援助に加えて，多額の経済援助を投入しても，親米的な政権が安定し順調な経済成長が実現することはなかった。

　他方，マルクス主義の影響を受けた経済開発戦略を採用した諸国も芳しい成果を上げられなかった。すでに述べたようにマルクス主義的な低開発論は，その原因について開発途上国が「遅れている」からではなく，世界資本主義の収奪構造が貧困を再生産しているからだと考えた。したがって，国際市場からの影響を様々な方法で遮断するとともに，産業の国有化や農業の集団化を断行し，現地社会のニーズに自国の資源や資本で応えていくことが望ましいとされた。

▶ 2-1　近代化論的発展論

「……発展途上世界の多くの国々がかかえている諸問題は，かつての植民地ないし半植民地的な関係の結果というよりはむしろ，これらの国々が持続的な工業成長の軌道に乗るのが遅れたことに起因している。このような遅れは，これらの国々が歴史的，文化的に豊かな過去を持ちながらも，先発諸国が次々に開発していた技術を，すみやかに吸収する能力がなかったという初期条件によってのみ説明されうる。じつに不平等かつ屈辱的なものであったとはいえ，先進諸国との接触は，植民地化の場合でさえも，結局は，近代化を妨害するというよりはむしろ加速したのが事実である」（W・W・ロストウ『大転換の時代』下，ダイヤモンド社，1982年，289-90頁）。

▶ 2-2　ラテン・アメリカと米国資本

「同〔ユナイテッド・フルーツ〕社がグアテマラに進出したのは1901年で，この時同国は中米のなかで最も腐敗した脆弱な政権と呼ばれたカブレラ（Estrada Cabrera）政権（1898-1920年）下にあった。1920年代にはカリブ海側にバナナ農園を建設し，30年には太平洋側でもバナナ栽培を開始して1945年までに2300平方キロの土地を所有する同国第一位の土地所有法人となった。もちろんユナイテッド・フルーツ社の進出には肯定的な評価も可能である。同社の土地買収は合法的・平和的に行われたし，当時としては比 . 的高い労賃を支払い，未開拓地の開発に尽力した。

　ユナイテッド・フルーツ社とグアテマラ政府との関係に変化が生じたのは，改革者として知られるアレバロ（Juan José Arévalo）政権（1945-1951年）が労働法を制定した1947年からだった。同法では季節労働者を除く500人以上の正規雇用を抱える農園での労働者には，産業労働者と同等の団結権等の諸権利が認められ，ユナイテッド・フルーツ社もこの対象となっていた。軍部との対立を収集してアレバロ政権の後を継いだアルベンス（Jacobo Arbenz）政権（1951-1954年）は，1952年に農地改革第900法を成立させ，2.7平方キロ以上の個人所有の未開拓地は補償をつけた上で没収，さらに8900平方メートル以上の土地もその3分の2が耕作されていない限り没収すると定めた。この没収地は個人農民に分配されて終身所有が認められ，こうして2年間に8400平方キロの農地が約8万世帯に分配された。

　この時米国系企業によるバナナ農園経営は約1.2万平方キロに及んだが，そのうち実際に耕作されていたのは5％程度に過ぎなかったとされる。そして1953年にはユナイテッド・フルーツ社のバナナ農園平方1200キロのうちの未開拓地900平方キロの没収が発表され，54年には670平方キロが実際に没収された。さらにこの時の補償が小額だったことに反発して，同社は米国の支援を受けたアルマス（Castillo Almas 1954-1957年の大統領）の軍事侵攻によるアルベンス政権打倒に積極的に協力したといわれる。その後1960年以来同社は多角化を開始し，コスタリカのマーガリン製造企業を買収したのに続き，ポリマー・インターナショナル社（Polymer International）から在中米12件の企業を買収した。こうして60年代にはユナイテッド・フルーツ社は中米諸国で牧畜産業にも進出し，合衆

　また急速な工業化を実現するために，国際市場への参入よりも，国内の工業を育成するための**輸入代替戦略**が重視された。多くの国が，関税や輸入割当によって輸入を抑制する一方で，国内の工業化を積極的に国家が支援することで，市場任せでは外国との競争にさらされていつまでも芽の出ない自国工業を一挙に発展させようとしたのである。これによって当初は著しい経済成長を遂げた国もあったが，このアプローチの限界もすぐに明らかになった。保護政策によって国内市場を確保された工業には，結局競争力がなく，割高の工業製品を作ることでかえって国民経済のお荷物になってしまったのである。そのような特権的な産業の生存は，政治権力による支援にかかっていたので，官僚主義や腐敗が蔓延する結果ともなった（▶ 2-3）。

　また国際市場から自国経済を切り離して，自前の発展を実現しようとする路線は，1950 年代の中国の大躍進計画やポルポト派統治下の 1970 年代のカンボジアのように，労働力をなりふりかまわず動員して工業化を図ったり，生産活動全体の公有化を推進したりする急進的な政策の形をとって実行に移された。これらの路線では，経済開発を目的とするものというよりも，土着の資源を大量動員することで近代や産業社会そのものを否定しつつ，政治的な権威と独立を達成しようとする，急進的なイデオロギー的動機の方が強かったのかもしれない。いずれにしてもそれによって現れたのは，社会主義の桃源郷ではなく，教条的な政治指導による恐るべき人的・物的な破壊だった（▶ 2-4）。

　ところが，1970 年代頃から東アジアのいくつかの国々が，急速な経済発展を見せ始めた。韓国，台湾，香港，シンガポールなどのいわゆるアジア NIES で，これらの諸国は，いずれも反共陣営の最前線に位置しているという意味では，自由主義圏に属していたが，その発展のパターンは近代化論がイメージしていたものとは大いに異なっていた。これらの諸国は，私的所有と自由な商取引を経済の基礎とするという意味では，紛れもない

国の食肉市場での最大のシェアを獲得した」（桜井三枝子編著『グアテマラを知るための 65 章』明石書店，2006 年，119-20 頁）。

▶ 2-3　輸入代替戦略の限界

　1978 年に大油田が発見されたメキシコでは，外国資本導入の環境が一気に好転したため，それまで進められていた IMF による安定化計画は放棄され，外資の積極的な導入による極めて野心的な工業化計画が進められた。

　「メキシコの自動車産業は，国産化率がかなり高い（1970 年で 63 ％）といわれているが，中岡哲郎の試算によると，自動車一台の生産に 1300 ドルの部品輸入が必要である。問題は素材，鍛造，金型の三部門に集中しており，いずれも国産の品質が悪く，また生産コストが高くて採算がとれないので輸入にたよらざるをえない。この問題を解決していくためには，金属・機械工業全体の発展，市場規模，外国企業との競合，国営・民営部門間の相互関係など複雑なリンクを形成している構造を時間をかけて改良していく努力が必要である。それをやらずに，国営素材産業の設備近代化，鍛造工業の建設，金型製造企業の計画的育成というように政策をたてると，自動車産業の輸入を 1 億ドル減らすために 10 億ドルの投資が必要になるという。エチェベリアからポルティーヨにかけての政権が実施した基礎産業（鉄鋼，石油化学，金属・機械工業）への大規模な政府投資はまさにこのタイプのものであった。それらがこの時期の高度成長と雇用拡大を牽引したのであるが，他方これらの投資効率の悪い国営部門の赤字が政府の財政赤字を大幅に拡大し，生産された低品質の素材と上からの押しつけ価格が民間企業を苦しめたという。また国内民間企業のほとんどが外国企業との合併であり，自動車部品工業でも技術的には多国籍企業の親会社に依存しており，国産とは名ばかりのものが多い」（大倉秀介「メキシコ／ NIES 化の挫折と体制の危機」涂照彦・北原淳編『アジア NIES と第三世界の発展』有信堂，1991 年，172 頁）。

▶ 2-4　大躍進計画の悲劇

　「鉄鋼づくりには，まず最初に高炉を築かなければならない。さらに高炉で鉄鉱石を熔解しなければならず，そのためにはコークス・石灰石・鉄鉱石などが必要である。……

　ところが 1958 年になると，当地の県党委員会書記は党中央に忠誠を示すため，率先して"書記炉"を築くよう提案した。だが煉瓦がない。そこで彼は函谷関に目をつけ，函谷関の煉瓦を使用することを提案した。「あれは旧跡だ」とみなが反対したが，彼はにらみつけ「何が旧跡だ。旧跡といえども"鉄鋼元帥"〔毛沢東が生産の最重要目標として，食料，鉄鋼，機械の三つを挙げ，それらを三大元帥と呼んでいた〕に奉仕すべきじゃないか」と語った。……

　旧跡を破壊したのは，高炉建造用の煉瓦を手にいれるためであった。ところが，普通の城壁の煉瓦は耐火材料ではない。そのため，たとえ土法炉を築いたとしても，高温に耐えることができず，使いものにならない規格外の鉄塊しかつくり出すことができなかった。……

資本主義国であったが，自国経済を国際市場から隔離するのではなく，む
しろ一部の有望な輸出産業を保護育成して，積極的に国際分業に参入する
ことで自国経済の高度化を図った。そのため一部産業の保護とともに，積
極的な技術導入が行われ，競争力の強化が図られた。そしてこのような積
極的な産業政策を実施する政府は，様々な個別的利害を求める社会の圧力
からある程度自由にテクノクラートが経済運営を推進する権威主義体制，
いわゆる**開発独裁**体制の下にあった。これらのアジア NIES がいずれも安
全保障上，きわめて緊張した位置にあることによって，権威主義体制は対
内的に正統化され，また冷戦体制下のアメリカにも支持されたのである。

　NIES の経済発展について 1970 年代には，所詮は従属的な発展であると
か，非民主的で抑圧的な発展にすぎないといった否定的な見方が強かった
（▶ 2-5）。だが NIES の経済的な躍進はその後 ASEAN 諸国，そして 1979
年以降改革開放政策を開始した中国へと連鎖的に展開し，それによって東
アジアは世界経済の中で急速に重みを増してきた。また経済的な伸長に
伴って，韓国や台湾では政治的な民主化への移行が平和的に実現した。

　世界資本主義の矛盾とその破局を様々な形で予想してきたマルクス主義
は，次々に現実の歴史によって反証されてしまった。だが，より幅広い意
味では，マルクスの着想はわれわれが世界を見る際の視点として定着して
いる。それは，国家や市場といった制度はもちろん，文化や宗教といった
様々な観念がいかに物的な条件に関係しているかを，度を過ごしたとはい
え白日のもとにさらしたことである。国際政治学や経済学が暗黙裏に前提
としてきた，規範や国家行動のパターンの発展を，資本と生産力の絶えざ
る拡大という駆動力で解き明かそうとした壮大な一般理論に，現代の社会
科学は大なり小なり影響されている。だが，唯一の科学的理論を自認して
いたマルクスとて，マルクス自身が「貧困」と決めつけていた哲学に依存
していた。それは世界が「進歩」するという一元的な西洋中心的な進歩史
観であるとともに，歴史には究極的な終着点があるとするユダヤ・キリス

　それでは，全国の何千何万にものぼる土法炉は，何を燃料にしたのだろうか。才覚のあるものは，石炭をいくらか手に入れることができた。だが，石炭はコークス炉でコークスにしなければ使用できず，しかもコークス炉を築くには少なくとも1年半はかかった。そこで，世界鉄鋼工業史上前代未聞の珍事が出現した。すなわち，「コークス炉がないので，地上に積み重ねて燃やした結果，大部分のコークス用の良質の石炭がムダに燃やされてしまった」（丁抒『人禍』学陽書房，1991年，46-48頁）。

▶ 2-5　アジア経済の従属論的解釈

　「アジアにおける貧困の再生産は，先進資本主義国の側の豊かさ，富の再生産でもあります。もちろん北側諸国も階級社会であり，そこにも貧富の問題はある。しかし，少なくとも日本では，アジアから流入する富が貧富の厳しさを薄めています。貧困の再生産は，先進資本主義国でも絶えず行われている。しかし，旧植民地では，工業部門における近代的労働者層，自営農民層，都市部におけるホワイトカラー市民層の自律的成長が，植民地主義の仕組みそのものによって歪められてきた。したがってこれら諸国における資本主義の急速な展開は，政府の強力な指導と介入によって行われ，民主主義の抑圧をともなっている。他方，この経済過程は輸出市場（世界市場とのつながり），資本，技術などの側面で外国資本に頼っている。

　こうして先進資本主義国の自由，民主主義の現状が第三世界における独裁，戒厳令，治安立法と結びつく。第三世界から得た富によって，先進資本主義国の労働者，市民は政治的に弛緩し，第三世界では，これと逆比例して政治が絶えず緊迫化し，権力は警察，軍隊など“暴力装置”に頼るようになっています。しかも，第三世界の兵器は大部分，先進工業国が売ったものです。……

　先進資本主義国の側では，どうも第三世界の民主主義の未成熟を冷笑ぎみに語っていることが多いようです。しかし間違ってはなりません。19世紀も今日も，私たちの民主主義と自由と繁栄は，第三世界の社会における人権抑圧と貧しさによってもたらされたところが多いのです。……

　少なくとも今日のところ，次のようにいうのが正確であると私は考えています。アジアにおける貧困の再生産と民主主義の抑圧は車の両輪であり，私たち日本人はそのことに気づかない乗客である，と」（鶴見良行『アジアはなぜ貧しいのか』朝日新聞社，1982年，275-77頁）。

ト教的な終末論であった。

　マルクス主義に限らず，そもそも開発という概念そのものに，なんらか
の望ましい方向性や終着点が暗に織り込まれていることには注意が必要で
ある。開発を，個人の可能性を自由に展開させるための条件を作り出すこ
とであるという自由主義的な広義の意味で理解するなら，それには単なる
物質的な条件や目標だけではなく，政治的，文化的，社会的な要素も含む
人間社会全体に対するビジョンが含まれている。そしてそこには個人の自
由，平等，環境保護といった，多様で時には相反する価値が織り込まれて
いる。例えば気候温暖化が問題となる今日で，産業の持続的な発展に人類
の将来を賭けることができるかどうかには，大きな疑問符がつく。開発問
題は，貧困の克服という目標を指向するだけではない。東アジアでは韓国
も台湾も，経済成長に続いて民主主義と市民的自由を獲得したので，中国
でも開発独裁から民主化が進むというモデルが語られた。しかし，習近平
政権下の中国では政治的抑圧はむしろ強まってきた（▶ 2-6）。開発とは，
誰のための，何のためのものなのかという問いは避けて通れない。

3　生　態　論

　マルクス主義も近代化論も，世界を発展段階論で整理して，西洋近代の
先進的な社会とその他の後進的な社会とに腑分けした。そして西洋近代の
姿こそが，全人類の明日の姿を予告していると考えた。ところで，世界地
図を見渡すと，豊かな産業地域や古代文明の発達した地域が，世界の陸地
のごく一部に集中していることに気がつく。世界の極端な貧富の格差やい
つまでたってもなくならない社会制度・政治制度の大きな相違を，地理的，
生態論的な条件に注目して説明しようとする一群のアプローチがある。
　進歩主義的な発展段階論に立てば，生物も歴史も「下等」なものから

▶ 2-6 開発独裁の政治経済学

市場経済と権威主義体制の組み合わせによる開発優先の体制は，しばしば東アジア型の開発独裁体制と呼ばれる。しかし，冷戦後の時代には経済発展によっていずれ社会的，政治的変動に結びつくとする見方が有力だった。

開発独裁下における近代化の 3 段階

第 1 段階 経済発展	・経済発展が最優先の国家目標 ・国家は経済開発を主導すると同時に，自由化をも推進 ・経済格差が拡大する ・社会秩序の安定化のために自由と権利を制限 ・政治的反対派を厳しく抑圧する
第 2 段階 社会政策	・経済発展と社会政策の両立を目指す ・経済力は中進国の水準に達し，貧富の格差の是正やミニマム公共サービスの整備に取り組む ・中間層が拡大し，下からの要求が強まる ・緩やかな自由化の拡大を容認するが，民主化を取り締まる
第 3 段階 民主化	・経済力は先進国の水準に近づき，中間層が社会の主流に成長 ・市民社会が成熟化し，政治的自由や参加を強く求める ・体制内にも民主化に賛成する勢力が力を増す ・民主化運動が高揚する

出所）唐亮『現代中国の政治——「開発独裁」とそのゆくえ』岩波新書，2012 年，iv 頁。

改革開放以降の中国で，経済の自由化の波に乗って登場した新興の資本家層の一人であるデズモンド・シャムも，「中国は名目上は共産主義国だが，「実際の運営の仕方はまったく違う」……政権が引き継がれるたびに，世論に応えざるを得なくなってきている」と 2013 年には講演したが，やはり「中国においては，政治が富を生み出す鍵であって，富が政治を動かす鍵なのではない」と悟り，次のように考えるようになった。

「一時は，自分たちが独立した勢力を形成できるのではないか，と思い上がったことを考えたが，私たちは依然として共産党というメカニズムの歯車にすぎず，共産党の支配を永続させるために作られた巨大なシステムの小さなネジにすぎないことが，党の対応でよくわかった。アリババ（阿里巴巴）の創業者のジャック・マー（馬雲）や，もう一人のインターネットの巨人，テンセント（騰訊）の CEO，ポニー・マー（馬化騰）といった人々は，額面上，膨大な富を持っているが，彼らも共産党に奉仕せざるを得ないのだ。共産党は，指示すれば中国のすべての企業に国のためのスパイ活動を強制できる国家安全法のような法律を，間もなく成立させることになる〔訳注・2017 年に「国家情報法」として施行された〕」（デズモンド・シャム『レッド・ルーレット——私が陥った中国バブルの罠』草思社，2022 年，278 頁，220 頁）。

「高等」なものへと進化を遂げることになるが，生物界で人類以外の「下等」な生物が死に絶えたわけではなく，また社会現象を見ても世界が「高等」な一つの世界へと収斂することを，これまでのところ人類は一度も経験していない。生物界で見られるのは，様々な自然の環境にそれぞれの種が適応しつつ，与えられた環境に特化することでそれぞれの種がそれぞれの自然環境に「棲み分け」ることだった。人類の多様な文明のありようも，それぞれの環境に適応しようとした主体の努力の結果であり，それを進んでいるとか，遅れているといった具合に，単線的な発展を前提に見ることは間違っているのではないか。

　気候や地理，そしてそれによって条件付けられる植生や生息する動物の種類などの自然的な条件は，人間も動物である限り，その生活のありように強い影響を与えずにはおかない。たとえば南極大陸に文明が発展しなかった理由に自然条件が関係しているのは，自明だろう。他方で，豊かな工業国が北の温帯地域に集中していることや，古代文明や古代帝国がすべてユーラシア大陸に集中していたのは，単に偶然としてよいのだろうか。また狩猟・採集から農業，そして工業へと文明が展開するとした社会科学の通念は，農業経済をまったく経験することのなかった遊牧民族や狩猟・採集民の存在をあまりに軽視した議論である。

　気候や地理などの生態系から社会のあり方の基本的な型を説明しようとするアプローチは，古くは気候と個人の気質，そして政治制度の関係を論じたモンテスキューの風土論にも見られる。だが近年の生態論は，考古学や人類学，植物学や動物学，さらに農産物用の植物のDNA分析などの手法を利用しつつ，モンテスキューの着想をより豊富な資料と緻密な論理で，グローバルな人類史として展開しようとしている。

　たとえばジャレド・ダイアモンドは，地球の一部で農耕が始まった1万3000年前からの人類の社会発展のパターンを決めた究極の条件は，大陸の形であったと主張する。ユーラシア大陸は東西に長く，それゆえ農業や

▶ 3-1　ダイアモンドのモデル

　ダイアモンドによれば，ユーラシア大陸が文明の発展上有利だった理由は，そこに住む人びとの能力の相違ではなく，以下のような地理的な条件によるとしている。

　「まず第一に，栽培化や家畜化の候補となりうる動植物種の分布状況が大陸によって異なっていた。このことが重要なのは，食料生産の実践が余剰作物の蓄積を可能にしたからであり，余剰作物の蓄積が非生産者階級の専門職を養うゆとりを生みだしたからであり，人口の稠密な大規模集団の形成を可能にしたからである。そして，人口の稠密な大規模集団の形成が，技術面や政治面での有利につながる前に，軍事面での有利につながったからである，これらの理由から，発達段階で初期の首長社会を超えるレベルに達していた社会は食料生産のうえに成り立ち，経済的に複雑なシステムを擁して，階級的に分化し，政治的に集権化されていた。……

　動物の家畜化や植物栽培が最初におこなわれた場所は，いずれの大陸においても動植物の生育に適した地域に集中していた。これらの地域は，大陸全体の面積のほんの一部を占めていたにすぎない。技術革新や政治制度もまた，自分たちで独自に発達させた社会は少なく，よその社会にあるものを習得した社会のほうが多かった。大陸内の社会の発展は，大陸内での拡散や伝播の容易さによって大きく左右された。その結果，同じ陸塊内に位置する社会は，長い時間軸で見れば，環境が許す範囲において，それぞれの発達を共有する傾向にある。……

　伝播や拡散の速度を大陸ごとに大きく異ならしめた要因もまた重要である。この速度がもっとも速かったのはユーラシア大陸である。それは，この大陸が東西方向に伸びる陸塊だったからであり，生態環境や地形上の障壁が他の大陸よりも比．的少なかったからである。作物や家畜の育成は気候によって大きく影響される。つまり作物や家畜の育成は緯度のちがいによって大きく影響されるために，東西方向に伸びる大陸では作物や家畜がもっとも伝播しやすかったのである。東西方向に伸びる大陸で技術がもっとも伝播しやすかったことも，環境にあわせて技術の内容を変更する必要性がなかったという理由で説明できる。……

　三つめの要因は，大陸内での伝播に影響をあたえた要因とかかわってくるが，異なる大陸間での伝播に影響をあたえたものである。これは，特定の大陸に栽培種や技術をもたらした要因でもある。大陸間における伝播の容易さは，どこも一様だったわけではない。地理的に孤立している大陸もあるからだ。過去6000年間についていえば，ユーラシア大陸からサハラ近縁地域への伝播がもっとも容易だった。そのため，アフリカ大陸の家畜のほとんどはユーラシア大陸から伝わったものである。……

　四つめの要因は，それぞれの大陸の大きさや総人口のちがいである。面積の大きな大陸や人口の多い大陸では，何かを発明する人間の数が相対的に多く，競合する社会の数も相

牧畜という文明の誕生に欠かすことのできなかった食料革命上の成果が，それらの動植物の生存に適した比較的似通った気候を形成する同じ緯度の地域を通じて伝わりやすく，それによって文明が早い段階から展開し，他の地域より一歩先んじる結果となった。アフリカやアメリカ大陸は，南北に長く，文明の伝播速度が，砂漠や熱帯雨林に遮られて滞り，そのために文明の誕生という歴史の長い道のりの最初の一歩で，出遅れてしまったというのである（▶ 3-1）。

　ダイアモンドの議論では，文明の起源がオーストラリアやアフリカ，アメリカ大陸ではなくて，なぜユーラシア大陸の一部の地域に限られていたのかという疑問は説明できる。超マクロな人類史の観点からはそれは有意味な結論であろう。だがそれは近代の起源や主権国家の起源を説明するものではない。ダイアモンド自身が認めるように，同じくユーラシア大陸で起こった古代文明であるにもかかわらず，中国ではなくてヨーロッパが近代をリードして現代に至っていることについて考えるには，別の議論が必要である。

　梅棹忠夫は，ユーラシア大陸の現地調査から着想を得て，ユーラシア大陸を北東から南西に走る乾燥地帯の両側にある湿潤地帯の文明の基本的な型の相似性を強く主張する。乾燥地帯の基本的な生活様式は遊牧民のものであり，チンギス・ハンの一大膨張に代表されるように，遊牧民は圧倒的な機動力によって湿潤地帯の農業文明を常に軍事的に脅かす存在だった。このように考えると，日本と西ヨーロッパはともに地理的な理由により，遊牧民による軍事的な圧迫から保護されたので，一大帝国を形成することなく，いわば温室状態ではなはだ非集権的な封建制の経験を共有できたということになる（▶ 3-2）。

　もし封建制の経験が近代国家や近代そのものの形成と関係しているのなら，国際政治学が長らく基礎的な分析単位としてきた主権国家は，世界の中で，特殊な地域の特殊な現象であることを意味する。だとすると，世界

対的に多い。利用可能な技術も相対的に多く，技術の受け容れをうながす社会的圧力もそれだけ高い。新しい技術を取り入れなければ競合する社会に負けてしまうからである。……世界の陸塊のうちで，面積がもっとも大きく，競合する社会の数がもっとも多かったのはユーラシア大陸である」（J・ダイアモンド『銃・病原菌・鉄』下，草思社，2000 年，298-301 頁）。

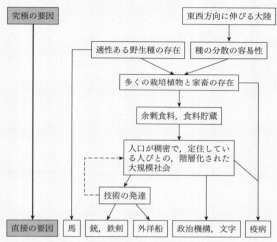

出所) J・ダイアモンド『銃・病原菌・鉄』上，125 頁。

▶ 3-2　文明の生態史観

「……東洋とか西洋とかいうわけかたは，ナンセンスである。文化伝播の起源によってわける系譜論の立場をさって，共同体の生活様式のデザインを問題にする機能論の立場をとる。すると，アジア，ヨーロッパ，北アフリカをふくむ全旧世界は，ふたつのカテゴリーにわけることができる。ひとつは，西ヨーロッパおよび日本をふくむ

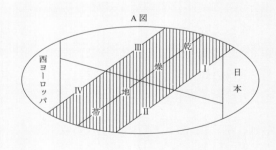

ところの，第一地域である。もうひとつは，そのあいだにはさまれた全大陸である。第一地域は，歴史の型からいえば，塞外野蛮の民としてスタートし，第二地域からの文明を導入し，のちに，封建制，絶対主義，ブルジョワ革命をへて，現代は資本主義による高度の近代文明をもつ地域である。第二地域は，もともと古代文明はすべてこの地域に発生しながら，封建制を発展させることなく，その後巨大な専制帝国をつくり，その矛盾になやみ，

の陸地のほとんどの場所で，特殊な文明の型に基礎がある主権国家という制度が普遍化しないのは，けだし当然ということになる。

　さらにブローデルや川勝平太らの経済史家は，これまで軽視されがちだった海洋を中心に世界史像を再構成する**海洋史観**を提起している。これまでの史観が，牧畜といい農耕といい人類にとっての経済拠点として陸の活動だけに注目していることは問題である。というのは，地球の表面の 7 割は海が占めており，海や河川が人類の経済のあり方に甚大な影響を及ぼしてきたからである。海は漁業資源の源であり，陸の狩猟に相当する富の源泉であった。また海（および河川や運河）は，人類の主要な交易ルートであり，19 世紀になって鉄道が普及するまでは，物資の輸送ルートとして圧倒的に効率的であった。ギリシャやローマの文明は，地中海という海の存在なしには成立し得なかっただろう。また，大航海時代がヨーロッパの興隆にどれほど重要だったかは，すでに第 2 章で触れたとおりである。

　また世界史的に見れば，18 世紀までは世界経済の最先進地域はインドや中国であり，これをとりまく海洋交易の意義を再評価することは重要である。長らく日本もヨーロッパも周辺的な勢力にすぎず，アジアの海洋貿易に参加し，貴金属をこの地域に持ち込んで香料や綿などの産物を持ち帰っていたのである。こう考えると大航海時代とは，ヨーロッパが一挙に世界的に優位に立った時代ではなく，ヨーロッパと日本という世界経済・政治の周辺勢力が，海を通してアジアの富に触れることで，その経済的圧力に晒され始めた時代であったと見ることもできよう。川勝は，ヨーロッパも日本も，海洋交易を契機に，ヨーロッパはイスラーム世界からの自立を，日本は大陸アジアからの自立を果たし，中世から近代へと大きく変貌を遂げるという相似的な位置にあると論じている（▶ 3-3）。

　以上のような生態論的な議論は，国ごとに分断された歴史ではなく，真の意味で**グローバル・ヒストリー**を語ろうとする視野の広さを持っている。また，「西洋の衝撃」とそれに対する非西洋の反応という 19 世紀以降圧倒

おおくは第一地域諸国の植民地ないしは半植民地となり，最近にいたってようやく，数段階の革命をへながら，あたらしい近代化の道をたどろうとしている地域である。

このまえの論文ではとくに図をださなかったが，その趣旨を要約して，模式図にすると，A図のようにかくことができる。全旧世界を，横長の長円であらわし，左右の端にちかいところで垂直線をひくと，その外側が第一地域で，その内側が第二地域である。

第一地域の日本と西ヨーロッパでは，はるか東西にはなれているにもかかわらず，その両者のたどった歴史の型は，ひじょうによくにている。両者の歴史のなかには，たくさんの平行現象をみとめることができる。それはなぜか。それをとくためには，むしろ第二地域に目をうつさなければならぬ。

旧世界の生態学的構造をみると，たいへんいちじるしいことは，大陸をななめによこぎって，東北から西南にはしる大乾燥地帯の存在である。歴史にとって，これが重大な役わりをはたす。乾燥地帯は悪魔の巣である。暴力と破壊の源泉である。ここから，古来くりかえし遊牧民そのほかのメチャクチャな暴力があらわれて，その周辺の文明の世界を破壊した。文明社会は，しばしば回復できないほどの打撃をうける。これが第二地域である。

第一地域は，暴力の源泉からとおく，破壊からまもられて，中緯度温帯の好条件のなかに，温室そだちのように，ぬくぬくと成長する。自分の内部からの成長によって，なんどかの脱皮をくりかえし，現在にいたる。西ヨーロッパも日本も，おなじ条件にあった。

第一地域のなかに，日本と西ヨーロッパという平行現象があったように，第二地域のなかにも，いくつかの部分があって，それぞれが平行現象をしめすことを指摘した。第二地域のなかは，四つの大共同体——あるいは世界，あるいは文明圏といってもよい——にわかれる。すなわち，(I) 中国世界，(II) インド世界，(III) ロシア世界，(IV) 地中海・イスラーム世界である。いずれも，巨大帝国とその周辺をとりまく衛星国という構造をもっている。現在では，帝国はいずれもつぶれたけれど，共同体としての一体性はきえさったわけではない。現在なお，この四大ブロック併立状態再現の可能性はひじょうにつよい。

以上が，生態史観という名まえのもとに提出した，わたしの見かたのアウトラインであるが，これにしたがうと，いわゆるアジアというような地域は，まとまりをもたなくなる。まったくアジアをふくまないのは，西の第一地域だけであって，あとはすべて，アジアか，あるいは一部にアジアをふくむ。アジアかどうかということは，たいした問題ではない（梅棹忠夫「東南アジアの旅から」『文明の生態史観』中公文庫，1998 年，201-04 頁。初出は1958 年）。

▶ 3-3　海洋史観の試み

「……物は衣食住をいとなむために社会的にまとまったセットないし複合をなし，それが生活様式をつくりあげている。物が組み合わされてセットないし複合をなしているから生活様式というまとまったかたちになるのである。マルクス『資本論』の冒頭に「資本主義社会の富は巨大な商品集積として現れる」という有名な一文があるが，『資本論』の叙

的に優勢だった西洋中心的な歴史の通念に挑戦して，より偏りのない人類
史を打ち立てようとする果敢な知的取り組みでもある。また梅棹の生態史
観は，日本とヨーロッパの相似性や，日本はアジアではないという斬新な
洞察を含んでいる。

　とはいえこれらの議論も依然として，それぞれ説明する現象の時間軸が
超長期にわたり，そのため経済史からの接近が一般的で，国際政治学との
関わりは限られている。通常の政治分析に応用するには時間軸の取り方が
大きすぎるからであろう。たとえば生態論で西ヨーロッパと日本の相似を
説明できたとしても，日本が「鎖国」を採用したのに対して，ヨーロッパ
が重商主義的対外膨張を試みたという日欧の対照的な政治的選択の理由は，
この議論からは説明できない。また日本の近代化の自生的な性格を議論す
ることは正しいとしても，19 世紀以降の「西洋の衝撃」の政治的意義を
否定するのも不可能である。

　もちろん比較的短期の政治現象を説明するのに適していないからといっ
て，生態論の意義を否定するのは見当違いである。だが生態論は自然環境
を重視するので，議論が静的になりがちであり，政治発展を含む社会発展
の動態そのものを理解しようとする意欲に乏しい。なぜある時代にある事
象が生起するのかといった問題について，この議論は多くを語らず，その
ことが政治経済論としての限界にもなっている。おそらくそれは生物との
類推で人間社会のありようを論じることにともなう，唯物論と同様の問題
性であろう。人間は自分の外部に広がる自然界に反応するだけではなく，
自己に対しても深い関心を持ち，自己そして自然と自己との関係を不断に
再構成する。それゆえ人間社会には，自然界にはない特有の力学があり，
少なくとも通常歴史として理解される時間軸上の出来事の変動には，観念
や知識の発展の持つ，固有の力学に対する考察が欠かせないのである。

述はイギリス社会を対象にしているので，マルクスのいう「商品集積」とは，具体的に言えば，イギリス社会の物の集合である。個々の商品はイギリス人の生活に使われ，それらが全体としてイギリスの生活様式を作り上げている。イギリス社会にかぎらず，社会の生活様式をかたちづくるためにセットになった物の複合体は，社会生活の物的基盤をつくりあげており，それを社会の物産複合と呼ぶ。新結合がおこると物の組み合わせが変わり，物産複合は変化する。物産複合は衣食住の生活の物的基礎であり，これをいわば下部構造として，その上に文化がそびえており，物産複合が変化すると，それにつれて上部構造である文化は変容する。経済発展＝新結合がおこると物産複合は変容し，生活様式は一新するのである。こうして，経済発展論に立脚すれば，社会の物産複合の変容の実態をさぐり，またその変容の原因や時期を捉えるという接近法がうまれてくる。

　物産複合の変容による社会変化というような事態は，海洋に浮かぶ島国の場合，島の内部から生み出されてくるというよりも，島の外部から舶来する文物のもつ意味が決定的に大きい。先史の日本において，コメが「海上の道」にのって伝来して縄文文化から弥生文化へ転換したといわれるように，また近代のイギリスにおいて，中国やインドから茶が帆船によって舶載されてティー文化が形成されたように，未知の物が既存の物産複合の内部に継続的にもたらされると，生活様式が変化する。生活様式とは文化のことにほかならないから，物産複合が変わると，徐々にせよ急激にせよ，文化が変容するのである。舶来品の使用が継続し拡大すると，既存の物産複合は暮らしに適した状態から適しない状態へと変わる。舶来品の流入が大量で持続すれば，外圧となる。それは社会に危機をもたらし，社会内部からのレスポンスを生み，新しい物の組み合わせをもつ物産複合に変わる。生活革命が始まるのである。

　経済発展すなわち新結合による物産複合の変容を説明するには，新規の文物をもたらす海洋の役割を視野にとりこむことが欠かせない。生活様式の変化におよぼす海洋の役割をとりこんだ史観をもたねばならない。唯物史観にも生態史観にもそれは期待できない。唯物史観は生産力，生態史観が暴力を社会変容の主因とみるのに対して，海洋史観は海外から押し寄せてくる外圧を社会変容の主因とみるのである」（川勝平太『文明の海洋史観』中央公論社，1997年，166-68頁）。

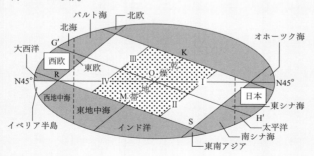

出所）同，160頁。

4　技術革新

　ヒトにとって自然環境は所与の条件ではなく，ヒトはそれに対して不断に働きかけ，生産を拡大してきた。その一つの手段が技術である。農業や牧畜という技術は人類史上の一大革命だった。それは動物や植物を効率的に利用することで，より多数の人口を養い，王侯や祭司などの非生産者階級を生み出し，国家といった集団を継続的に維持し，宗教や文化といった「象徴の世界」を展開する余裕を支える生産力を人類は手中にした。

　また産業革命以来の経済成長が，持続的な技術革新によって支えられてきたことはよく知られている。経済史家による実証研究でも，産業化が始まって以来の経済成長には，労働力や資本の投入の拡大では説明できない総合生産性の寄与が大きいことが指摘されており，それは広義の技術進歩を示すものと解釈できる（▶4-1）。19世紀には蒸気機関が，20世紀前半には重化学工業や電気関連技術が，そして20世紀末からは情報処理や通信技術の革命的な変化が，資本主義のダイナミックな発展を牽引してきた。そのためマルクスの予言した，資本蓄積とともに利潤率が趨勢的に低下することによる資本主義の長期停滞や危機は訪れることなく，今日に至っている。

　技術は，孤立した天才のひらめきだけで発展するのではなく，政治的・社会的条件によって支えられなければ持続的に展開しない。ヨーロッパを覇権的な勢力にした産業革命以来の技術的優越は，ルネッサンス以降の近代科学に源があり，それによってヨーロッパは，それまではるかに進んだ文明を持っていた他の地域を圧倒してしまった。しかし，どうして近代科学は中国ではなくヨーロッパで発展したのだろうか。これは**ニーダム・パラドックス**として知られる，人類史上の大問題である（▶4-2）。

　また技術の進歩は無規則的に生起するわけではなく，そこには一定のパ

▶ 4-1　技術と経済成長

「具体的な例として炭鉱の湧き水を除く作業を考えよう。もし，人がバケツで地上まで汲み上げるという技術が採用されているなら，人数分以上にバケツを追加しても排水量はほとんど増えない。つまり労働者1人当りにバケツという資本を1箇以上増やせば急激な資本限界生産性の低下が生じ，資本利潤率は大幅に低下する。したがって炭鉱経営者はバケツを大量に増やして労働に置き換えようとはしないだろう。だが，産業革命期の英国において行われたように，ワットの蒸気機関によって揚水ポンプを動かせば，今まで数百人がかりの排水作業が数人で出来るようになる。仮にこの揚水ポンプが千箇のバケツに相当する価値を持つ資本であるとしよう。旧技術の下では，1人当り1箇のバケツ以上の資本投下を行えば，採算が合わないほど資本利潤率は低下したはずであった。だが，新技術により1人当り数百箇のバケツに相当する水準まで資本を増加しても限界生産性は低下せず，資本利潤率の低下が防がれることになる」（速水佑次郎『新版 開発経済学』創文社，2000年，172-73頁）。

▶ 4-2　ニーダム・パラドックス

「中国の哲学について知れば知るほど，ますますそのひじょうに合理的な性格を認識するようになる。中世中国の技術を知れば知るほど，ますます火薬の発明，紙や印刷術，および羅針儀の発明などの，大変よく知られたいくつかの事例だけではなく，西洋文明の進路，実に世界全体の進路を変えたその他の多数の事例の発見および技術的発見が中国にオいて行なわれたということを認識するようになる。あなたがたが中国文明に知れば知るほど，近代科学技術が中国において発達しなかったことがますます奇妙に思われてくる，とわたしは信ずる」（ジョセフ・ニーダム『文明の滴定』法政大学出版局，1974年，173頁）。

「……古代中国哲学の卓越性，後代の歴史を通じて中国人によって行なわれた技術的発見の重要性にもかかわらず，中国文明が近代科学技術を発生させることを根本的に妨げられたのは，封建時代以後の中国において成長した社会がその発展に適していなかったからだと，わたしは信じる。16世紀頃，ヨーロッパの封建制度が崩壊したとき，資本主義がその場を占めた。しかし中国においては，青銅器時代の封建制度が崩壊し，帝政時代が到来したとき，ローマのような帝政主義的な都市国家によって封建制が一時的にも停止するというような問題は存在しなかった。それとはまったく異なることが見られた。中国の古代封建制度は，西洋には並ぶべきもののない特別な形態の社会によって取ってかわられた。これはアジア的官僚制とよばれている。そこでは，ただひとり——天子，巨大な官僚制を通じて国を支配し，あらゆる税を徴収する皇帝——を除いて，すべての領主が一掃されたのである。その官僚制，すなわち官人制度を構成する人たちは儒家であり，二千年のあいだ道家は集産主義が活動をにぎるための戦いを行ない，今日の社会主義の到来によって，それが正当化されたにすぎない」（同，200-01頁）。

ターンが見られる。産業社会が誕生してからの技術発展に一定の波動があ
ることを，多くの学者が指摘している（▶ 4-3）。また経済面でも，**コンド
ラチェフ・サイクル**と呼ばれる，50-60年周期の価格および景気変動の波
動の存在が指摘されている。コンドラチェフ・サイクルが発生する理由は
はっきりしないが，シュンペーターらの学者によれば，技術革新の波動と
景気変動の波動は，以下のようなメカニズムで関連しているとされる。経
済が上昇局面に向かうには，まず鉄道や運河などの革新的技術への大規模
投資が必要である。それには資本蓄積が潤沢でしかも蓄積された資本を投
資に結びつけるメカニズム，たとえば株式市場が整備されていなくてはな
らない。これによって生産活動は活発化して，経済は上昇局面を迎えるが，
そのうち技術は陳腐化しその生産性への貢献も低下してしまう。そして生
産の停滞が生ずるが，その結果，資本に対する需要が弱まり利子率が低下
して，資本過剰の状態が生まれる。それによって再び技術革新が生まれる
状況が整うのである。このようにして突破と停滞，そしてそれに続く**創造
的破壊**という循環が生まれるとするのである（▶ 4-4）。

　波動のリズムには基本的な技術変動を意味する突破の局面と，それに続
く成熟と応用の局面がある。たとえば，蒸気機関がワットによって発明さ
れたのは18世紀末だが，19世紀の最初の四半世紀には蒸気船（1807年）
や蒸気機関車（1825年）へと応用されるようになった。だが，鉄道や蒸気
が実用化されるのは1820年代以降で，それがヨーロッパやアメリカでの
鉄道建設ブームを生み，大西洋横断航路によって大西洋貿易の飛躍的拡大
へと結びついて，経済の拡大へとつながるのは1850年頃からの四半世紀
である。蒸気機関と鉄の利用などに特徴づけられるこの100年にわたる2
回の技術波動は，第一次産業革命と符合する。

　1873年以降，欧米は大不況に見舞われる。だが，この不況の時期であ
る19世紀末には科学や電気，内燃機関などで大きな突破があり，自動車
や飛行機，さらに無線通信などはその技術の成熟局面で生まれた。実は第

▶ 4-3　技術発展のサイクル

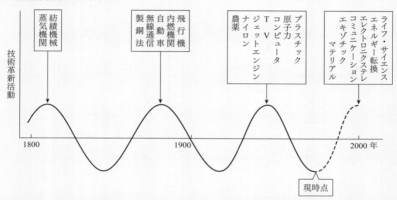

技術革新活動

蒸気機関　紡績機械

飛行機　内燃機関　自動車　無線通信　製鋼法

農薬　ナイロン　ジェットエンジン　ＴＶ　コンピュータ　原子力　プラスチック

ライフ・サイエンス　エネルギー転換　エレクトロニクステレコミュニケーション　エキゾチックマテリアル

1800　1900　2000 年

現時点

出所）坂本正弘『パックス・アメリカーナの国際システム』有斐閣，1986 年，75 頁。

▶ 4-4　創造的破壊

　「およそ資本主義は，本来経済変動の形態ないし方法であって，けっして静態的ではないのみならず，けっして静態的たりえないものである。しかも資本主義過程のこの発展的性格は，ただ単に社会的，自然的環境が変化し，それによってまた経済活動の与件が変化するという状態のなかで経済活動が営まれると，といった事実にもとづくものではない。この事実もなるほど重要であり，これらの変化（戦争，革命，等）はしばしば産業変動を規定するものではあるが，しかもなおその根源的動因たるものではない。さらにまたこの発展的性格は，人口や資本の準自動的増加や貨幣制度のきまぐれな変化にもとづくものでもない。これらについても右とまったく同じことがいえる。資本主義のエンジンを起動せしめ，その運動を継続せしめる基本的衝動は，資本主義的企業の創造にかかる新消費財，新生産方法ないし新輸送方法，新市場，新産業組織形態からもたらされるものである。

　……たとえば1760 年から1940 年までの労働者の家計の内容は，単に一定線上の成長ではなく質的変化の過程を経たものである。同様にして，輪作，耕転，施肥を合理化しはじめたころから，今日の機械化された器具――エレベーターや鉄道と連絡して――にいたるまでの典型的な農場生産設備の歴史は，革命の歴史である。木炭がまから現在の型の溶鉱炉にいたる鉄鋼産業の生産装置の歴史，……みなしかりである。内外の新市場の開拓および手工場の店舗や工場からＵ・Ｓ・スチールのごとき企業にいたる組織上の発展は，不断に古きものを破壊し新しきものを創造して，たえず内部から経済構造を革命化する産業上の突然変異――生物学的用語を用いることが許されるとすれば――の同じ過程を例証する。この「創造的破壊」（Creative Destruction）の過程こそ資本主義についての本質的事実である。それはまさに資本主義を形づくるものであり，すべての資本主義的企業がこのなかに生きねばならぬものである」（J・A・シュムペーター『資本主義・社会主義・民主主義』

二次大戦後の国際経済の急速な成長も，それを支えたフレオン冷蔵庫，ラジオ，テレビ，ナイロン，蛍光灯などの大衆消費財も，それらの発明はすべて戦前にさかのぼることができ，1930 年代の大不況が戦後 60 年代の爆発的な好況を準備したとされる。こう考えると 20 世紀の最後の四半世紀も，実は第三次産業革命と呼ぶべき情報産業やコンピュータ技術の突破局面と見てよいだろう。

　経済成長の起爆剤となるような技術も社会的に受け入れられなければ効果を発揮しない（▶ 4-5）。あまりにも斬新な技術は，社会や文化がついていかないので，導入しても十分な需要が生まれず，革新的な技術が経済的な影響を及ぼすには時間がかかる。そのような時間的なズレによる不均衡が一因となって，技術革新には突破と成熟の波動が生じ，それが景気の波動にもつながると考えることができる。

　また革新的な技術は，既存の方法では対処できない課題が意識されてはじめて導入される傾向がある（▶ 4-6）。その意味で，戦争などの社会的変動は様々な基礎技術の応用に大きな影響を与え，巨大な社会的需要を生み出してきた。核分裂をめぐる物理学の基礎知識はかなり以前から存在したが，それを原子爆弾という形で実用化するには，第二次大戦中のマンハッタン計画によるアメリカ政府の財政的・制度的関与が必要であった。そして軍事部門で育まれた技術は，民生部門で応用された。いわゆるスピン・オフである。第二次大戦後のアメリカの航空機産業も，戦争がなければあのような隆盛を見なかったであろう。アポロ計画を始めとするロケット技術も，ミサイル技術のスピン・オフがなければ不可能だっただろう。

　技術革新を生むのは最終的には人間の意欲であり，人間を動機づけるためには社会の仕組みが重要である。革新は同じ国で繰り返し起こるわけではなく，その担い手が一定のリズムで変化しているように見える。だとすると技術のサイクルと経済のサイクルを説明するのにも，新たなチャンスや課題に反応する社会の活力を問題にする必要がある。経済が爆発的に成

東洋経済新報社，1995 年，129-30 頁）。

▶ 4-5　技術の受容と社会的イノベーション

　イノベーションというと画期的な発明や最新の機械の導入を連想するが，それは社会的，文化的に受け入れられて初めて意味を持つ。

　「社会的イノベーションとその重要性について最も興味ある例は，近代日本である。開国以来，日本は，1894 年の日清戦争，1904 年の日露戦争，あるいは真珠湾の勝利，さらには 1970 年代と 80 年代における経済大国化，世界市場における最強の輸出者としての台頭にもかかわらず，欧米の評価は常に低かった。

　その主たる理由，おそらく唯一の理由は，イノベーションとはモノに関するものであり，科学や技術に関するものであるという一般の通念にあった。実際，日本は，（欧米だけでなく日本においても）イノベーションを行う国ではなく模倣する国と見られてきた。これは，科学や技術の分野で日本が際立ったイノベーションを行っていないためだった。しかし，日本の成功は社会的イノベーションによるものだった。

　日本が開国に踏み切ったのは，征服され，植民地化され，西洋化されたインドや中国の二の舞になりたくなかったからである。日本は，柔道の精神により，欧米の道具を使って欧米の侵略を食い止め，日本でありつづけることを目指した。

　日本にとっては，社会的イノベーションのほうが蒸気機関車や電報よりもはるかに重要だった。しかも，学校，大学，行政，銀行，労組のような公的機関の発展，すなわち社会的イノベーションのほうが，蒸気機関車や電報の発明よりもはるかに難しかった。ロンドンからリバプールまで列車を引く蒸気機関車は，いかなる応用も修正もなしにそのまま東京から大阪まで列車を引くことができる。だが公的機関は，日本的であると同時に近代的でなければならなかった。日本人が動かすものでありながら，同時に西洋的かつ技術的な経済に適合するものでなければならなかった」（P・F・ドラッカー『イノベーションと企業家精神』ダイヤモンド社，2015 年，9-10 頁）。

▶ 4-6　危機と技術革新

　ソコソコ機能している技術は，たとえそれによって「ジリ貧」になっても，新技術への移行には当然リスクもあるだけに，抵抗も強い。

　「日本の労働生産性は，国際的に見て非常に低い水準にあります。OECD の統計によると，OECD 諸国平均よりはるかに低く，最低グループの一員です。とくに，サービス業での生産性が低くなっています。こうなる明白な理由は，デジタルで処理すべき情報を，電話，紙，FAX で扱っていることです。メールなら一瞬で済んでしまうことを，電話で 5 分も 10 分も話しています。世界中の人々が一瞬で済ませていることに，日本人は 5 分，10 分の労働力を使っているのです。

　昔，「戦車に竹槍」と言われました。それと同じことです。私たちが子どもの頃に教え込まれたのは，「日本が戦争でアメリカに負けたのは，アメリカ人は計算機を使ったが，

長する局面では，多くの企業家が自分で危険を負担して貪欲に利益を追求する。しかし一度経済活動が軌道に乗ると，事業の規模は大きくなり，経済組織でも官僚化が進行し，リスクを冒して新たな技術や市場を開拓して不確実な利益に賭けるよりも，すでに確保している市場や技術を前提に安全に利益を得ようとする。苦労して新たな生産をするよりも，すでに蓄積されている富の運用で生きていこうとする衝動が強くなるであろう。また生産に貢献するよりも，政治的な手段によって生産物の自分の分け前を増やそうとするレントシーキングの傾向も強くなる。そうなると**企業家精神**が衰退し，経済は生産から金融へと重心を移し，いわば手を汚さずに利益を得ようとする風潮が社会に蔓延するのである。しかも社会が爛熟すると，ビジネスそのものが魅力的な活動ではなくなり，代を経るにつれて企業家は資本家に，そして資本家は貴族的な地主階級となり文化や芸術の愛好家へと変貌を遂げていく。文明の衰亡を語った古今の学者の多くが，このような豊かな社会特有の社会的動脈硬化と活力減退のパターンを指摘している（▶ 4-7）。

　このような技術発展は政治とどのような関係にあるのだろうか。第一に技術の変化は，政治単位の組織のありようを大きく変化させてきた。火薬や火器の発展は，ヨーロッパでは騎士や封建貴族などの没落を招いた。戦争の手段が一部の社会的エリートの手から離れたことで，その階層の没落を招いたのである。それはまた都市国家の没落と領域国家の誕生をもたらした。城壁がもはや都市の富や人々を外敵から守る役割を果たすことができない以上，豊かな都市や都市同盟は没落し，より広い領域を支配しなくては政治集団の安全はおぼつかなくなった。他方で，支配下にある土地と都市から徴税し軍事力を効果的に組織するにあたっては，帝国という広大で比較的緩やかな政治単位も競争力を失った。ヨーロッパにおいて帝国や都市国家ではなく，領域主権国家が優勢な政治単位になったのは，このような技術上の条件があったからである（▶ 4-8）。

日本人はそろばんしか使えなかったからだ」ということでした。第2次大戦当時，アメリカではパンチカード計算機が実用化されていました。また，開発されたばかりの電子計算機 ENIAC が，原子爆弾の設計に使われました。他方，日本ではそろばんと計算尺しか使えませんでした。私の世代の多くの者が理学部や工学部に進んだのは，この屈辱感をなんとかして覆したいと思ったからです。1980 年代に日本のコンピューター産業が成長し，世界のトップグループに入れるようになったとき，情報技術における日本の立ち遅れは終わったと，誇らしく思いました。しかし，現実には，上で述べたような実情がいまに至るまで続いているのです」（野口悠紀雄「「今どき FAX ？」と怒る人と一緒に考えたい問題：役所や病院がメール対応に消極的なのは不毛だ」東洋経済 online，2020 年 11 月 8 日，https://toyokeizai.net/articles/-/386156?page=2 および 3）。

「河野行政・規制改革相が旗を振る省庁のファクス廃止が難航している。各省庁からは国会対応などを理由に約 400 件の反論が寄せられ，霞が関の根強い「ファクス文化」が浮き彫りになった。

……内閣官房は今年 6 月，ファクスの原則廃止を打ち出し，できない場合は理由を報告するよう全省庁に求めた。河野氏も「惰性で使うのはやめてメールに切り替えて」と呼びかけた。

これに対し，省庁側からは「メールはサイバー攻撃による情報流出の懸念がある」「地方の出先機関では通信環境が整っていない」などとファクスの継続使用を求める意見が相次ぎ。……廃止に消極的な理由として国会対応も挙がった。議員側とはファクスを通じてのやりとりが多く，「役所側だけでは変えられない」というわけだ」（『読売新聞』2021 年 7 月 26 日，https://www.yomiuri.co.jp/politics/20210726-OYT1T50312/）。

▶ 4-7　社会的動脈硬化

「……ギルドのような制度は工業化の初期の段階では，生産技術や品質標準を普及させるので，工業化に積極的な役割をはたす。しかし，価格を維持するために産出高を制限したり，時代遅れになった標準を固執したり，低コストで，その分だけある程度品質も落ちるのだが，そのほうが消費者にも生産者にも利点となるような製造工程の改良や変革に抵抗するようになると，それは成長の足かせとなる。同じことはカルテルや独占についても容易にあてはまるのであり，それらは技術革新や成長に対する貢献（ただしそれは初期の段階に限られる）のゆえに，シュムペーターから評価されたが，のちには抵抗勢力に転ずるのである。

金融のサイクルは，短期の，ときには長期の資本貸付を通して，貿易や工業を促進することから始まるが，最後には，資産を売買し，生産ではなく富それ自体に心を奪われるという段階に移行する。商人や製造業者はリスクの担い手を卒業し，金利生活者の地位に座り，日々しおれていくエネルギーを保存しようとする。所与の収入からの消費が増える一方で，貯蓄は減る。多くの利害集団がその利害関心を政治的レベルに押し上げ，彼らにその力が十分にあるならば，政府が［国民的な視野からの富の分配にとって］効果的な行動に

　技術発展は当然のことながら一国の経済発展と結びつくから，国力の消長のダイナミズムと関連している。またそれは軍事力やコミュニケーション技術の変化を通じて，一国の国際政治上の地位を大きく変化させる。火器の発達は，長らく古代文明を脅かしつづけた遊牧民族の騎馬軍団の軍事的優位を決定的に無力化した。またユーラシア大陸の西端の後進地域にすぎなかったヨーロッパが16世紀以降世界的に優勢になったことは，大砲と帆船の技術的進歩に大いに依存していた。海の持つ経済的，地政学的な意味も，造船や航海技術に大きく依存する。19世紀半ばになると，イギリスに代表される海洋国家に代わって，ドイツやロシア，そしてアメリカなどの大陸国家が優位に立ったのは，伝統的にコミュニケーション手段として圧倒的に能率的だった海洋に代わって鉄道の普及による陸上交通の発展が見られたことと関係していた（▶ 4-9）。

　経済の長期波動は国際政治上の現象，たとえば戦争と平和のパターンとも連関しているのだろうか。確かに平和は生産を育み経済的な繁栄の条件となるが，同時に生産の拡大は戦争の手段も育むとも考えられそうである。これまでなされてきた多くの研究も，この問題について説得力のある結論を出せていない。経済的な上昇局面と下降局面のどちらが戦争を含む政治的な変動を生みやすいのだろうか。経済的な上昇局面では，政治が利用できる資源も多いため，戦争や革命などの大規模な政治的革新が起こりやすいと言えるかもしれない。だが他方で，経済的な革新が経済の停滞期に起こるように，政治的な革新も旧来の政治手法に限界が現れたときに起こりそうである。革新を供給面から見るか，あるいは需要面から見るかで異なる仮説が立てられるし，それを論証するための経済史のデータの解釈にも確たる合意は得られていない（▶ 4-10）。

　経済的な長期波動と国際政治を結びつける試みはうまくいっていないが，国際政治の世界でも覇権の長期波動が観察できるのは事実である。近代の国際政治システムが形成されて以来，スペイン，ポルトガル，オランダ，

出るのを阻んでしまう。所得分配はより歪められる傾向をもち，富める者はますます富み，貧しい者はますます貧しくなる。政治的権力を牽制する手段をより多くもっている富裕層は，防衛費，敗戦時の賠償金，インフラストラクチュア，その他の公共財のような国民的な負担を，倫理的にかなり適切なかたちで分かち合おうとすることに対して抵抗するようになるのである」（C・P・キンドルバーガー『経済大国興亡史 1500-1990』下，岩波書店，2002年，151 頁）。

▶ 4-8　領域国家の形成と技術革新

　ヨーロッパ中世には大変有力だったヴェネツィアやハンザ同盟諸都市に代表される都市国家が没落し，今日我々が慣れ親しんでいる国民国家が形成されるようになったのには，技術の発展と，新技術を利用できる財力が決定的な条件だった。

　「戦争によってヨーロッパの国民国家のネットワークが形成され，戦争の準備がそのネットワーク内の国家の内部構造を作り上げた。1500 年頃が決定的な時期だった。ヨーロッパ人は 14 世紀半ばから火薬を本格的に戦争で使い始めた。それから 150 年間，火器の発明と普及はヨーロッパの軍事バランスを，大砲を鋳造し，大砲では簡単に破壊できない新たな種類の要塞を構築する財力を持つ王侯に有利に傾いた。戦争は平原での戦いから，重要都市の包囲戦へと変化した。1500 年頃には，攻城用の運搬可能な大砲やそれを伴う歩兵がより広範に使われるようになるにつれ，戦争のコストは再び上がった。16 世紀初頭に携帯可能なマスケット銃が発展して，訓練の行き届き，規律の高い歩兵の重要性を一層高めた。同時に大砲を搭載した帆船が，海戦を支配するようになった。アルプスの北の大きな国々，とりわけフランスやハプスブルク帝国が，コストの上昇を吸収し，それによって優位を得た」（C. Tilly, *Coercion, Capital and European States, AD 990-1992*, Oxford U.P., 1992, p. 76）。

▶ 4-9　技術と地政学

　「ウィーン会議でメッテルニヒ（Metternich）が——あの成功とは別に——ある戦略的誤りをおかしたことは，今では歴史家たちに周知の事実である。彼の政策の根底には，かつてヨーロッパのほぼ全土をナポレオン（Napoleon）の軍隊が蹂躙したフランスに，二度とそのような力をもたせまいという前提があった。だがその彼にも，わが家の裏庭で，新たな，より強力な脅威が——つまりドイツの工業化という脅威が，ぼんやりと不気味な姿を現わしつつあることは，目に入らなかったのである。

　その予見不足も無理からぬことだ。というのも，当時のドイツ——そのような実体があったとしての話だが——は，ほぼ 1000 年来不統一のままで，当時存在したゆるやか連邦形態も統一に向かう見込みはほとんどなかった。全く地理的に河川と渓谷だらけの地理を考えてみればわかるとおり，ドイツの中央集権化は，どのような具体的な形であれ，鉄道の発明される以前には不可能であった」（D・ベル『二十世紀文化の散歩道』ダイヤモンド社，1990 年，422 頁）。

イギリスと次々に有力な覇権国が現れたが，それらの国が世界帝国を形成することはなく，勃興と衰退を繰り返した。一般に覇権国は卓越した経済力を持ち，国際社会の基本的な制度やルールを決め自国に有利な国際秩序を維持しようとする。したがって，覇権という政治的現実と経済的な利益には相互に補完的な好循環が存在しているはずだが，ギルピンやケネディが主張するように，覇権国が一定以上に成長し，ましてや帝国にまで拡大すると，規模から得られる利益よりそれを維持する費用の方が大きくなる，経済学で言う「規模の不経済」が作用し始める。覇権を維持するには，国際社会で卓越した軍事力を展開して物理的な秩序を確保せねばならないし，それ以外にも援助などを通じて自国のグローバルな影響力を行使しなくてはならない。だが，世界はあまりにも多様で大きく，国際社会で現状を維持するための費用は国力よりも増加するスピードが速い傾向があるとギルピンは指摘しているし，またケネディは，覇権国にはどうしても「帝国の過剰拡張傾向（Imperial Overstretch）」があるとしている。これは権力が人々を傲慢にしたり，また帝国は自らを維持するために拡大を続けなくてはならないという強迫観念を生んだりするという，トゥキディデス以来のリアリストが指摘してきた悲劇的な心理によっても解釈できる。また先進的な富裕国である覇権国には，上で述べたような活力の衰退や社会の動脈硬化が起こりがちだし，後発国は模倣（エミュレーション）によって先発国の技術的優位を急速に掘り崩す傾向があるので，国力の卓越性を維持するのは難しくなる。なんと言っても貧しい者はより努力するだろうし，模倣は技術革新よりもリスクがない分，効率が良いので，追う者は優位であるという後発者の利益があろう。

　他方で，安上がりに覇権を維持しようとすると，それまで比較的寛大に接していた従属国の資源を利用しようとして，いわば覇権秩序が搾取的なものにならざるをえない。そうなると覇権を支えていた従属的な国々にとって覇権は抑圧的なものになり，反発を強めるだろう。このような局面

▶ **4-10　コンドラチェフ・サイクル，戦争サイクル，ヘゲモニー・サイクル**

　「これまで多くの経済学者，経済史家，政治学者が，ナポレオン戦争に始まる50年の価格サイクルというコンドラティエフの発見をさらに発展させようと努めてきた。たとえば，シュムペーター，ロストウ，フォレスター，ゴールドスティン，ベリーは，ときに「趨勢期間」(トレンド・ビリオド) と呼ばれることもある長期波動を価格から生産へと拡大した。ゴールドスティンとベリーはさらに進んで，価格と生産のサイクルを戦争サイクルに結び付けた［後者はこうした関連付けを試みる前者に懐疑的な意見を示す］。ジョージ・モデルスキーともなると，さらにそれらにヘゲモニー・サイクルを付け加えた。

　それぞれの分析者によって説明に食い違いが生じることはよくあり，それも場合によっては相当の違いが出てくるのであるが，価格サイクルを生産サイクルと結びつけることについては，それほどの問題はない。たとえば，シュムペーターとフォレスターがコンドラティエフ・サイクルを，蒸気機関や電気を利用する化学のような，かなりの時間的間隔をおいてなされる大きな技術革新の結果としてとらえるのに対して，ロストウはコンドラティエフ・サイクルを人口と一次資源の関係の転換と結びつける。ところがさらに，価格サイクルは戦争サイクルと結び付けられることがある。とくに，ナポレオン戦争と第一次世界大戦の間には100年の隔たりがあるのだが，そのときにそれぞれインフレーションが起きたこと，またほぼその中間点にあたるクリミア戦争［1853-56年］とアメリカ南北戦争［1861-65年］のときに，両端のそれよりは程度が弱かったが，インフレーションのピークがあったことが，価格と戦争の結びつきの例として挙げられる。しかし，これらの戦争の原因が，バランス・オブ・パワー，途方もない野心，あるいは第一次世界大戦のときの過度の拡張(オーバーストレッチ)とそれに加えての偶発事件といった政治的な諸争点ではなく，経済的な周期的変動にあったという考えは，わたしにはおよそ真実を言い当てているとは思えないのである」（C・P・キンドルバーガー『経済大国興亡史1500-1990』上，岩波書店，2002年，81頁）。

をモデルスキーは正統性の喪失と呼んで，1970年代半ば以降のアメリカがその局面に入ったとしている（▶4-11）。

5　脱工業社会

　科学技術に支えられた工業化は，農業や牧畜の開始に匹敵する人類史的一大事件だった。だがその国際政治上の意味は何なのか。工業化によってそれまでの人類が夢想すらできなかった物的生産が可能になった（▶5-1）。サン・シモンなどの論者は，これによって戦争は時代遅れの制度となり，国際関係も合理的に管理する時代へと変化すると論じた。だが同時に工業化により人類が身につけた生産力は，登場しつつあった民族国家によって見事に動員され，民族国家はおそらく人類が作り上げた最強の人間集団となって世界中を覆った。そして20世紀に人類が経験したのは，国家間の紛争の終わりではなく，競争が総合的な工業力の優位によって争われ，工業生産を軍事力に総動員することによって国家間の雌雄が決せられる総力戦の時代の到来であった。だが世界の先進地域では，技術と生産の進歩は，単なる生産力の量的な拡大ではなく，工業社会からその次の時代へと人類社会の本質的な転換をもたらしたのではないか。それは脱工業化，情報化，脱近代化などの言葉で表される一群の議論を生んできた。**脱工業社会論**の先駆的論者であるダニエル・ベルによると，工業社会の主要な営みはいわば「つくられた自然」を構築することであり，自然に対する働きかけが中心だった。だが脱工業社会（post-industrial society）では，物的エネルギーや天然資源の重要性が低下し，人間に対する働きかけの重要性が増すとされる。よって経済のサービス化が進行し，情報の生産や処理が物的生産よりも重要になるので，社会における知識の価値が決定的になるとされる（▶5-2）。

▶ 4-11 長期波動論

「盛者必衰」は，日本人にはお馴染みの考え方だが，大国が興隆しても衰退するのがどうしてなのかは，考えてみれば不思議だ。歴史家のアーノルド・トインビーやポール・ケネディ，経済史家のエマニュエル・ウォーラーステインなど多くの論者が，歴史の長期波動に注目してきたが，その背後にあるメカニズムも，また時代区分も論者によって様々だ。アメリカ人の国際政治理論家のジョージ・モデルスキーは近代世界が誕生して以来，世界大戦に勝利した結果誕生した覇権国が順調に大国として君臨するが，徐々に覇権の正統性が侵食され群雄割拠状態に至る覇権のサイクルが 5 回あったとしている。

グローバル政治の長期サイクル（体系的様式）

グローバル戦争	世界大国	フェーズ	
		正統性の喪失	力の分解
主な戦争	国民国家		挑戦国
		ポルトガルのサイクル	
1494–1516 年 イタリア戦争と インド洋戦争	1516–1539 年 ポルトガル	1540–1560 年	1560–1580 年 スペイン
		オランダのサイクル	
1580–1609 年 スペイン・オランダ戦争	1609–1639 年 オランダ	1640–1660 年	1660–1688 年 フランス
		英国の第一次サイクル	
1688–1703 年 ルイ 14 世の戦争	1714–1739 年 英国 I	1740–1763 年	1764–1792 年 フランス
		英国の第二次サイクル	
1792–1815 年 フランス革命と ナポレオン戦争	1815–1849 年 英国 II	1850–1873 年	1874–1914 年 ドイツ
		米国のサイクル	
1914–1945 年 第一次世界大戦と 第二次世界大戦	1945–1973 年 米国	1973–2000 年	2000–2030 年 ソ連

出所）G・モデルスキー『世界システムの動態』晃洋書房，1991 年，54 頁。

▶ 5-1 産業社会

「歴史的にいうと，機械・エネルギー・情報は，産業化にとって「聖なる三位一体」であり，そのどの一つを欠いても，産業化は成り立たなかった。しかし産業化の歴史は，主役交代の物語でもある。19 世紀の主役は機械であり，綿紡機業に始まって次々に新しい機械が作られ，人間の生活を一変させた。それに対して，20 世紀の主役はエネルギーであり，石油，そして特に電力に示されるように，エネルギーの利用法は驚くほど多様化しかつ効率化して機械の可能性を広げ，日常生活の隅々にその影響が浸透した」（村上泰亮『反古典の政治経済学』上，中央公論社，1992 年，52–53 頁）。

　知識はもちろんかつてから重要な資源だった。だが今日の技術革新には，抽象的で理論的な科学の知識が欠かせない。長らく科学は，実用的な目標をもたない純粋な世界認識の営みであり，工学とは区別されるものだった。たとえば 19 世紀末から 20 世紀初頭の発明王として知られるエジソンは数学や物理学の専門教育を受けたことはなく，相対性理論にも量子力学にも興味を示さなかった。だが原子爆弾を作るには，数学や物理学の基礎知識が欠かせない。コンピュータ技術も純粋数学の基礎が欠かせない。特異な才能を持つ少数の天才のひらめきは，理論的な訓練を受けた多数の人材とそれらの人々が協力できるインフラがなくては技術的発展に結びつかない。脱工業社会では知識の生産とその応用が決定的に重要なので，広い意味での教育や，人的資源のマネージメント能力が死活的な意味を帯びる。知識やシンボルの生産やその伝達は，機械ではできず，人間の固有の知的活動そのものだからである。それゆえ専門的な知的訓練を積んだ人々の社会的優位が動かしがたい現実だとされる。それは階級社会を解体する一方で，実績主義（meritocracy）や学歴競争という新たな病理を生んでいるのかもしれない。

　他方で，巨大な工場における画一的な大量生産は廃れ，労働は工場生産に見られるような時間に正確に区切られたリズムに従うのではなく，より柔軟で多様な形態をとるだろう。医療，教育サービス，文化的財やシンボルの生産には，より多様な能力と組織が要求され，分散的で柔軟な労働形態が求められる。

　また国家の有効性は後退するであろう。20 世紀は共産主義，全体主義，自由主義と様々なイデオロギーが激しく対立し，そのすべてが工業化と結びついた巨大国家の時代であった。だが，そのような巨大な国家は，脱工業社会の人々の様々な期待に応じにくくなっている。民主的な政治制度にもかかわらず，豊かな国々で政治に対する不信が強いのはそのせいかもしれない。政治の争点は，経済的な果実の分配から，様々な非物質的価値を

▶ 5-2　脱工業社会とは

「……〔「脱工業社会」では〕人々の活動は主として処理・制御・情報にかかわるものだ。社会生活の様式は徐々に「人間相互間（between persons）のゲーム」の色彩を帯びるようになる。より重要な点は，技術革新，特に知識と技術の関係についての新たな原則が出来上がっていることだ。……

アメリカ合衆国においては現在，専門的・技術的・管理的職種に就いている比率は，約1億以上とみられる全労働人口のうち25パーセントを超える。社会史上まさに驚異的な数字である。一方，工場で働く人々——マルクス流にいうプロレタリアート——は，およそ17パーセントで，それもここ10年のうちに10パーセントほどに減少するであろう。ずいぶん少ないものだとお考えの向きには，農業従事者は今世紀初頭には50パーセントであったのがわずか4パーセント以下になり，それでもアメリカ全土に食糧を十分供給している事実を指摘しておこう」（D・ベル『知識社会の衝撃』TBSブリタニカ，1995年，94-96頁）。

社会変化の一般的図式

	前工業社会	工業社会	脱工業社会		
地　　域	アジア アフリカ ラテン・アメリカ	西ヨーロッパ ソ連 日本	アメリカ		
経済部門	第1次 採取業—— 　　農　業 　　鉱　業 　　漁　業 　　林　業	第2次 製造業—— 　　工　業 　　加工業	第3次 　輸　送 　レクリエー 　ション	第4次 貿　易 金　融 保　険 不動産	第5次 保　健 教　育 研　究 統　治
職業スロープ	農　夫 工　夫 漁　師 未熟練労働者	半熟練労働者 技術者	専門職・技術職 科学者		
技　　術	資　源	エネルギー	情　報		
構　　図	自然に対するゲーム	つくられた自然に対するゲーム	人間相互間のゲーム		
方　　法	常　識 体　験	経験主義 実　験	抽象的理論—— 　モデル 　シミュレーション 　決定理論 　システム分析		
時間的展望	過去志向 アド・ホック的対応	アド・ホック的順応 企　画	未来志向 予　測		
基軸原理	伝統主義—— 　土地・資源の限界	経済成長—— 　投資決定の国家 　的・私的統制	理論的知識の中心性およびその集　成　化 （コーディフィケーション）		

出所）D・ベル『脱工業社会の到来』上，ダイヤモンド社，1975年，162頁。

めぐる政治的争点へと比重が移ろう（▶ 5-3）。環境，ジェンダー，移民，人工妊娠中絶や少数民族の地位などの社会的争点が重要になるのである。そのため一方では，NGO や地域の共同体のような個人と国家をつなぐ中間団体の役割が重要になり，他方では国際機関や国際 NGO への期待も大きくなる。「国家は大きな問題には小さすぎ，小さな問題には大きすぎる」（ベル）時代になったのである。

　このような脱工業化が国際関係にどのような影響を及ぼすのかは判然としない。だが確かなことは，脱産業化した国々の間では，国際政治は軍事力による領土や天然資源をめぐるものから，多様な社会的・文化的な問題へと争点が拡散する傾向があることである。領土の拡大や天然資源の確保は，それらの社会にとってはたいした価値のない問題だと見なされがちだからである。他方で国際犯罪，国際移民，文化摩擦や環境など，従来の常識ではロー・ポリティクスとされてきた争点が重要性を増そう。また国際 NGO であれ，国際テロリストであれ，非国家主体が中世以来再び国際関係の重要なアクターになる。いわば脱工業社会の国際関係は，**新しい中世**の様相を呈するのである。

　だが世界には，工業化の恩恵を享受していない人々も多数いるので，これらの人々にとっては依然として生存そのものが大きな課題であり，また工業化による経済発展を猛烈な勢いで続けている国にとっては，近代化つまり国家建設と経済発展こそが中心的な課題である。したがって国際関係は，脱工業社会どうしの関係のみではなく，このような三層構造を反映したまだら模様を呈する。近代化以前の地域では，国家建設による安定化と秩序形成こそが課題となる。いわゆる工業化に邁進する近代では見慣れた，国家間の生産と軍事力をめぐる競争が特徴となるであろう。脱工業化した地域とこの近代地域との関係においては，脱工業化があくまで工業化の否定ではなくその完成を前提としているので，領域の安全と物質的な競争をめぐる近代の国家間のゲームが支配的になる可能性が高い（▶ 5-4）。

▶ 5-3 脱工業社会の政治

「文明史の大部分を通じて，大多数の人類の支配的関心は生存の問題であった。したがって，経済的政治と経済外的政治という二つの型の政治的動機の間に，大ざっぱではあるが意味深い区別を立てることができる。この区別に立てば，ある社会の経済的発展の水準と，その国内政治の型との間に，一般的関係を仮定することができよう。純粋の農業社会では人間にはそれを支配する能力がほとんどないから，経済的要因は自明視されることになる。経済的要因は運命の結果，ないしは神の意志というわけである。工業社会では，経済問題を解決する人間の潜在力に対する自覚が高まり，経済目標の達成がますます強調される。こうして政治闘争は経済的軸のほうに移動する。たぶん工業化への過渡期の企業家が「経済人」の理想型に最も近いのではあるまいか。「豊かな」社会では，経済的生存は再び自明視されるに至るが，それは農業社会での理由とは正反対の理由からである。つまり，経済的要因を支配できると考えるからである。

工業社会では，ますます多くの人々が，階層的な構造をもち日常化された工場や事務所に組織されることになり，その関係は非人格的官僚的規則によって支配される。この型の組織は大規模な企業を可能にし，生産性を向上させるであろう。そして，経済的考慮がすべてに優先するかぎり，多くの者はそれに伴う非人格化と無名化をすすんで受け入れる。しかし，われわれの調査が示唆するように，最近の青年層に経済的安定を自明視するという大きな要素があるとすれば，彼らの間で帰属欲求がいっそう重視されることが予想される。ある形態の抗議活動への参加はこの欲求を満たすことができる。活動家が彼らの直接的な環境と衝突して団結している場合にはとりわけそうである。

われわれはすでに，五月事件で活発な参加が演じた重要な役割を指摘した。反乱によって引き起こされた広範な恐怖にもかかわらず，参加によって社会的連帯感を得た人々にとって参加はきわめて肯定的な経験になった。同様に現在の抗議運動における「参加」の強調は，政治的動機としてこの欲求がますます重要になったことを反映している。抗議運動が帰属欲求を動機としているかぎり，特定の不満が解決されたり，重要でなくなったからといって，能動主義は必ずしも姿を消さないだろう。その場合能動主義は，集団的統一のための焦点を，経済的業績達成が与えてくれない目的感覚を与えてくれる，新しい論点に移行するだろう。たとえば，アメリカの学生抗議運動は，市民権の強調から出発して，やがてベトナム戦争に移り，もっと最近になると環境汚染，過密人口，および自然破壊に対する改革運動に重点をおいている。

……経済発展が続けば，脱物質主義的ラディカリズムの供給基盤も拡大することが予想される。ラディカルたちが，生活第一主義の官僚的社会に内在するもろもろのことがらに反対しているかぎり，闘争はわずかな譲歩によって解決されそうにない。脱物質主義的なものの考え方の拡大は，社会の根本的再組織化を意味している」（R・イングルハート『静かなる革命――政治意識と行動様式の変化』東洋経済新報社，1978 年，281-83 頁）。

6　文化と経済発展

　技術と人間社会の関係は双方向的なものであり，技術が伝播されても，
それが社会に受容されなかった事例も少なくない。16 世紀半ばにヨー
ロッパから日本に持ち込まれたマスケット銃は，戦国大名たちに先を争っ
て受容され，日本は火縄銃の世界最大の生産国になったが，徳川時代には
火器の生産や新たな開発が厳しく抑制された。技術が一方的に社会のあり
ようを決めていないことを示す好例である（▶ 6-1）。また近代を支配した
科学技術や資本主義という経済制度はなぜヨーロッパで最初に発達したの
かという問題は，少数の異才が偶然に出現したことだけに帰するのでは説
得力がなかろう。

　自然環境や物的条件が共通であっても，人間がそれにどのような態度を
とるのかは，一様ではない。また同じ技術が利用可能でも，それによって
社会が同じ方向に収斂していくわけでもない。技術は結局のところ手段で
あり，それを生み出し利用する意欲は，人間が世界を解釈し，行動の原動
力となる観念を紡ぎだす象徴的な能力，つまり文化にさかのぼって考えざ
るをえない。健康や人間関係も犠牲にしてまで，憑かれたように金を儲け
ようとする人々の行動は，考えてみると奇妙なものである。また巨万の富
を持つビル・ゲイツやジョージ・ソロスのような人々が，どうしてこれ以
上の利潤のために努力しなければならないのだろうか。他方，人々が自分
や家族の生理的な必要を満たすことで満足してしまい，貯蓄と投資を止め
てしまえば，近代文明の勃興はありえなかったであろう。近代資本主義を
爆発的に推進してきた，私的所有や市場という制度や，利潤を合理的に追
求し，しかもその利潤を個人の日常的なニーズからは到底必要と言えない
までに無制限に蓄積しようとする態度は，一つの文化的な態度であり，そ
れは決してすべての時代のあらゆる人間に自明なものではない。

▶ 5-4 脱工業化と国際関係

田中明彦は，冷戦後の世界を，混沌，
近代，新中世の三つの圏域に分類して把
握しようとした。政治的な民主化が定着
し，経済的にも好不況はあるにしても市
場経済にもとづく豊かな国からなる第一
圏域はここでいう脱工業社会に相当する。

「〔第一圏域では〕人々や団体の帰属意
識も，きわめて複雑なものになりつつあ
る。NGO なり企業なりへの帰属意識が
強いことに加えて，国内レベルの地域に
対する帰属意識が強まる傾向も存在する。
その反面，国民を代表する国家に対する
感情は，きわめてクールなものになりつ

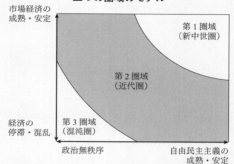

三つの圏域のモデル

出所）同，194 頁。

つある。もちろん，国家の役割を期待しない国民はほとんどいないであろうし，経済運営
や福祉の維持について，国家への要求は依然として強い。しかし，「良かれ悪しかれ，我
が国」を支持すべきだ，国家がなければ自らの生存もありえない，国家は「運命共同体」
だ，などという強いナショナリズムの主張は，あまり見られなくなっている」（田中明彦
『新しい中世』日本経済新聞社，1996 年，197-98 頁）。

「「新しい中世」の国々の間では，国家の対外的強さということに対する意識はどうして
も低くならざるをえない。しかし，「近代」的な要素，国家中心・軍事中心の発想を強く
持つ第二圏域の諸国と相互作用する時は，新中世圏の国もまた国家中心的に発想せざるを
えない。アメリカが最も「強さ」を意識するところが多いのも，かつての「覇権国」とし
て，第二圏域の諸国との相互作用を最も頻繁かつ真剣に行わなければならなかったからで
ある。しかしそのアメリカも，覇権衰退の結果，対外的役割に対して国内の統一をとるこ
とが困難になりつつある。その結果，たとえば中国のような国に対して国内でも意見の対
立が現れるが，国と国の間でも意見の差が出てくる。そして，このような意見の差は，権
威主義的政権の側からすれば利用しない手はない機会なのである。

もちろん，紛争処理が困難になるという意味では，冷戦終結と覇権衰退の影響は第一圏
域内の政治についてでも同じなのだが，第一圏域内の関係においては紛争が軍事的な側面
を持つことはあまりありそうもない。しかし，第二圏域内の権威主義政権との関係におい
ては，軍事的な側面を否定できない」（同，212 頁）。

▶ 6-1 技術の社会的受容

「マムルーク人が機動戦における野戦砲の新たな役割を認め，それに応じた新たな戦略
を採用するためには，彼らの封建的騎兵の役割や威信，つまりは支配階級の社会的地位や
威信を犠牲にしなければならなかった。これは翻って，封建的構造の崩壊と根本的な社会

　西洋近代や近代資本主義の起源を文化や宗教にさかのぼって解明しようとした代表的な学者にマックス・ウェーバーがいる。ウェーバーは西洋近代の特殊性を飽くなき合理性の追求に求めた。そしてそのような合理化への衝動の源泉として，プロテスタントの一派であるカルヴァン主義の予定説があると考えた（▶ 6-2）。神によって選ばれているという確信を得るために，人々は現世での神の栄光を増すことに日夜邁進し，それが**世俗内禁欲**を促し，勤勉かつ合理的に資本蓄積へと人々を駆り立てることになったというのである。そもそも経済行為のエンジンであるはずの「利益」という観念自体が，没文化的には理解できない。消費や労働が，文字通り生存のための物的条件を充足するためのものにとどまらなくなった人々にとっては，経済活動の文化的な意味はますます重要性を増すだろう（▶ 6-3）。

　人々が世界を解釈しそれに意味を付与する枠組みである文化は，意識の深い層に定着し社会で共有されている。たとえば食べ物や婚姻をめぐる様々な慣習やタブーは，合理的な根拠というよりも，むしろ身体的な不快感や違和感に根ざしている。それは意識され合理的に理解されている政治信条や経済思想よりも意識の深い層に潜んでいるだけに，人々の行動への影響力は持続的で，その変化は緩慢である。

　もしそうなら，圧倒的にアングロ・サクソン的な文化的伝統が染みついている自由主義的な市場経済が，簡単に普遍化できないのは当然である。そもそも経済が他の社会的関係から独立して，利潤の合理的追求の場である市場の自己制御に委ねられるのは，人類史的に見ればかなり特殊な現象である。少なくとも，これまで生きてきた人類の圧倒的な大多数にとっては，市場よりも自給自足の生活が圧倒的に長かったし，経済行動も非経済的動機に支えられてきたことを人類学者は指摘している。つまり経済生活は「人間の社会的諸関係の中に埋め込まれている」（ポランニー）のである。だとすると，市場経済と対比されるべきは，社会主義的な政治・経済モデルだけではないし，資本主義や市場経済と呼ばれているものにも，そ

革命を前提するものであったが，王国にはその態勢はまったくととのっていなかった。中国人は，西洋の技術を受容するまえに「コペルニクス的革命ほどではないにせよ，世界観の大規模な変化」を経なければならなかった。強力な社会・文化的要因が西洋技術の同化と普及のまえに立ちはだかっていた」（C・N・チポラ『大砲と帆船』平凡社，1996年，130頁）。

▶ 6-2 ウェーバーの宗教社会学

「……プロテスタントの世俗内的禁欲は，奔放な所有の悦楽にたいして全力をあげて反対し，消費，特に浪費を粉砕したのである。それにともない，心理的効果としては，財貨の追求を伝統的倫理の抑圧から解放し，利潤追求を合法化するのみではなく，それを神の直接的な意志と見なすことによって，そのを打破したのであった。ピューリタン教徒をはじめとして，クェーカーの偉大な護教家であるバークレーも明言しているように，肉欲と事物への執着にたいする闘争は，決して合理的な営利追求との闘争ではなく，富の非合理な使用にたいする闘争なのであった」（M・ウェーバー「プロテスタンティズムの倫理と資本主義の精神」『世界の大思想23　ウェーバー』河出書房新社，1965年，227頁）。

▶ 6-3 ウェーバーの宗教社会学について

「ウェーバーは，経済的諸力の因果連関に代えて宗教的諸力の因果連関を設定するために史的唯物論の命題を逆転させようと意図したのではない。……かれの論評者として私が確信しているのは，ウェーバーにとって本質的な問題は世界の宗教観念の分析であり，その宗教観念の側面から，人間が自己の状況を理解し，それに基づいて自己の存在に対して人間がとる態度を分析することであった。かれが何にもまして明らかにしようとした点は，プロテスタンティズムの自己解釈とその経済的行為の形態との——知的，精神的，そして読者が望むなら実存的——親和関係であった。この資本主義の精神とプロテスタント倫理の親和関係を基礎に，世界観のあり方がいかに現世における行為を方向づけるかを示した。同時に，価値や理念そして信念が人間の行動にどのような影響を与えているか，またそのような宗教的因果連関あるいは宗教的理念がいかに歴史を貫いて作用しているかを実証的・科学的手続きによって説明している。そのことは，人間が利害よりも理念の方を選ぶものだと仮定することでなく，むしろわれわれが利害と呼んでいるものが自己の世界観によって支配されている点を理解することである。その意味では，罪の償いや救済への欲求より強い自己の利害など存在しない。人間の救済という観念は人間が利害とみなすものを支配しているのである」（R・アロン『社会学的思考の流れ』II，法政大学出版局，1984年，296頁）。

れぞれの文化的な特徴を反映した相違があるのである。そしてそのような相違はそれぞれ，社会に固有の進化のあり方にしたがって変容を遂げているのであろう。

　たとえば，アングロ・サクソン型の資本主義に対して，日本を含むヨーロッパ大陸の資本主義をライン型もしくはアルペン型と呼んで区別する論者もいる。両者とも私的所有を前提に市場での交換を通じて利益を追求するには違いないが，ライン型の資本主義に属する人々の方が，より長期的な時間の枠組みで利益を考え，組織や制度の継続性を重視するのに対して，アングロ・サクソン型では短期的な利潤の追求を合理的に行い，組織や制度をあくまで利益を得るための手段と捉えているとされる。したがって，M&A に代表される企業の売買は，普通の商品の売買となんら異なることはないと考えられる。エマニュエル・トッドは，このような人々や企業の行動の相違は，アングロ・サクソンの社会では核家族を基礎とする行動パターンが一般的であるのに対して，ヨーロッパ大陸では直系家族が基礎にあるためであると論じている（▶ 6-4）。

　このように考えると，文化的特徴によって人々の経済的行動パターンや実績が異なるのは不思議ではない。たとえばアメリカにおける黒人やラテンアメリカ系の人々の貧困が，同じく貧しい移民としてアメリカにやってきた中国系や日系さらにはユダヤ系の人々と比較して際だつことを，これらのエスニック・グループに共有されている文化，たとえば教育に対する態度や家族制度が関係していると考えるのも，人種的偏見と決めつけられないだろう。さらにフランシス・フクヤマは「**信用**（Ttust）」の重要性を説く。信用とは社会のメンバーで共有される一種の社会資本であり，それが豊富な国と乏しい国では大きな経済的な実績の相違が生まれる。そのうえで，アメリカや日本などの高信用社会とロシアや中国などの低信用社会を区別している。たしかに市場経済では，契約が順守され，詐欺や恐喝の可能性が一定以上小さいという期待が市場に参加する人々の間で広く共有

▶ 6-4 人類学的知見と経済

「……アンシャンレジーム時代のヨーロッパでは，女性の地位が相対的に高く，キリスト教によるいくつかの禁止事項があったので，高い結婚年齢と生涯独身の男女の増加がみられた。性的禁欲が，受け入れ可能な出産管理の唯一の方法と考えられていた。これは，経済学者であり牧師でもあったマルサスの選ぶところでもあった。中国北部では，父系家族制による全員の早婚習慣があり，これが，きわめて異なった人口問題への解答となっている。つまり，女児の間引きの頻度が高まった。これは，「汝，殺すなかれ」という聖書の教えのないところでの合理的な解決法であった。チベットでは，生まれてから間もない女児の世話の手抜きをすることによって，少女の死亡率が高く，独身率が高いことと相俟って，人口調整の役割を果たしていた。しかし，インド密教的な仏教は，性生活の放棄に関して，キリスト教ほど厳格ではなかった。結婚する可能性を奪われた男達は，もし僧侶にならなければ，家族財産の相続のように，彼らの兄嫁への性的交わりの権利を認められていた。この習慣は，しばしば，チベット一妻多夫制として，やや皮相的に描かれている」（E・トッド『経済幻想』藤原書店，1999年，37頁）。

「個人主義的資本主義の特徴の大部分は，絶対核家族の基本的価値に帰することができる。それは，個人の解放と移動の自由に価値をおく。最も一般的には，核家族の価値は，短期選好に向かう。アングロサクソンの論者たちが短期主義とよぶものである。核家族は，家系維持の企てをしない。それは，世代の断絶により特徴づけられる。子どもは，大人になると，離別し，別の物語を始めなければならない。アングロサクソンの経済世界の特徴である不連続性は，それが，資本の移動であれ，労働力の移動であれ，一般に移動を是とする習俗の反映にすぎない。……

家庭が地理的に移動できることが，おそらく，家族の流動性と経済的柔軟性を最もよく結ぶ社会構造をつくる要素である。親子関係の断絶が，個人を出身地や親類のしがらみから引き離す。経済的柔軟性に先行するこのような人間の可塑性を背景にして，労働者を企業から規則的な間隔で引き離す社会的習慣が広がるのである。最高経営責任者（CEO）は，自らの報酬を最大にするために動く。産業組織の収縮により解雇された技能労働者は，ピザの販売人や清掃夫のような低賃金職への転職を受け入れる。

技術研究，投資，人材形成，人材の企業内安定に価値を置く統合された資本主義は，対称的に，継続性を重んじるところにその力の源泉がある。それは，直系家族の価値である。親の強い権威や相続における不平等は，家系の存続を保障するかぎりにおいて存在していた。貴族であれ農民であれ，昔の家族の存続性が，企業とその計画の存続性に転化するのである。

「直系家族型資本主義」の特徴である投資のための高い貯蓄性向は，この時間に対する関係の特殊経済的・会計学的表れにすぎない。貯蓄し投資することは，未来に賭けることである。逆に，現在の消費に吸収され，負債の中に逃げることは，対の論理から，核家族の精神世界に起因する」（同，90-92頁）。

されなくては，保険や用心棒代などの取引コストが極端に大きくなるであ
ろう。政治権力によるルールの強制能力には限界があり，社会の隅々まで
監視することはできない。慣習や文化といったある人間社会が長い時間を
かけて形成してきた共有物は，きわめて強力に個人の行動を規制しつづけ
るのである（▶ 6-5）。

　しかし文化的要因が，政治制度や物理的な条件の変動に比べて，どれく
らい実際の経済的発展を条件づけているかを実証的に示すことは困難であ
る。世界に散らばるユダヤ人や華人の経済的な実績も，時代や場所によっ
てまちまちであり，文化だけでは経済的実績を説明できないことも明らか
である。「文化の相違」という言説は，あまりにも頻繁に浅薄な印象論や
偏見を正当化したり，ほとんど同語反復に等しい無意味で安易な本質主義
（エッセンシャリズム）に堕したりする危険がある。ある時期の欧米で（日
本でも）非常に強調された，終身雇用制度や企業内組合といった「日本的
経営」と日本人の「集団主義」との関係も，日本の文化的伝統との関連で
解釈された。だがそれは戦後の一時期の様々な条件によって形成された制
度にすぎず，日本経済への関心が薄まるとともに忘れ去られるようになっ
た。また文化はまさに人為の積み重ねによって形成される以上，長期的に
は変化するので，文化的宿命論に陥るのも問題である。このように「文
化」や「国民性」は，学問的にはリスクの高い概念なのである。

　だが，それなしには説明できないことがあるのも否定しがたい（▶ 6-6）。
各々の社会が歴史的に形成されてきた複雑な有機体であるということを忘
れて，社会主義であれ市場経済であれ民主主義であれ，なんらかの公的な
制度を人為的に移植すれば，社会を制御できるとする工学的社会観や設計
主義的な社会思想は，20 世紀にはスターリン主義，文化大革命，ポルポ
ト派による大粛正といった巨大な悲劇を生んだことを忘れてはならない。
限界のある医学の知識で医者が人体という複雑な有機体を機械のように取
り扱えば，患者をむしろ苦しめることがしばしばであるように，ワシント

▶ 6-5　信頼という社会資本について

「満員電車に整然と乗り込む慣行が契約によらずとも存在すれば，それを守らず他人を押しのけて乗り込む人は，慣行がない場合よりも容易に席を確保できる。しかしそうした人だけが有利になると，慣行を守る大多数は不利になり，慣行は廃れるだろう。慣行が存在するということは，他人への期待がおおよそ成り立っていることを前提とするのである。こうした「他人への期待」（他人が表明したことないし倫理的に妥当とされること，ルールなどを，他人が行うという期待）を「信頼（trust）」と呼んでおこう。

　労働者が企業に雇われるとして，労働の現場で起こりうることをすべて事前に想定して契約条件に盛り込むことは，実際には不可能である。予見できなかった事態が生じても労働者が忠誠心を持って働き，工場の現場で自律的に対応するならば，著しく生産効率が上がることは，小池和男が日本企業に即して実証してみせている。……また，医療のように専門性の高いサービス分野では，一般に患者（消費者）は医者の行う一々の医療行為に関して適否を判断するだけの情報や能力を有していない。看護士の打つ点滴が毒でないかどうかを患者が調べ点検するのは，実際上不可能なのである。入院中に不満があるとしても，病院を変えるのはよほど明確な理由がない限り難しい。患者は医療行為については素人だから，明確な理由など示しようがない。……それゆえ医者には職業倫理が求められるわけである。

　労働者の忠誠心も医者のモラルも「信頼」の対象である。ルーマン（Niklas Luhmann）は『信頼』において，過度に複雑な社会では，その複雑性を縮減する有効な形式として信頼が形成されるとしている。より社会学的な著述ではあるが，フクヤマ（Francis Fukuyama）も『信頼』において，合理的な契約がなされる以前に他人に認知されたいという情緒的な信頼があってこそ，企業も社会も発展すると主張した（フクヤマは日本が高信頼社会だという）。これらの見解からは，信頼も含むさまざまな知識が共有されてこそ，制度が契約されることになる。だが信頼そのものは，契約の対象とはなりえない。その契約にもさらに信頼が前提されるからだ」（松原隆一郎『経済思想』新世社，2001年，195-97頁）。

▶ 6-6　日本文化と経済システム

「日本では〔経営者と従業員の間で企業経営について入念に合意が経営されるドイツ企業より〕，もっと特殊で漠然とした（ようにはわれわれには見える）形態が存在し，同じような結果を生み出している。それは，ほとんど家族的といえる，封建的な，社会への帰属感覚である。日本語独特の表現である「甘え」，これはフランス語に訳しにくいが，連帯感と保護への期待，ほとんど情緒的な模索で，企業はそれを満たしてやらねばならない。同様に，企業主のリーダーシップは「家元」という語で表される。その意味するものも家族的な色が濃い。……

　よく引き合いに出されるが，日本の企業を支配している基本原則は，文化的特異性を持つ日本国内でしかありえないものだ。例えば終身雇用，サラリーの年功序列，企業内労組，労働意欲への共同体システム等がその土壌にあるのである（M・アルベール『資本主義対資

ン・コンセンサスと呼ばれてきた IMF などによる構造調整プログラムも，市場自由主義を文化的・歴史的な文脈を度外視して移植しようとするなら，人間の合理性に対する過信が生んできた悲劇をくり返すことになるだろう。

本主義』竹内書店新社，1992年，147-48頁）。

「日本人は国民性として，平均的行動性向として用語はどうでもいいのだがアメリカやドイツ以外のヨーロッパの諸国民に比べて，敵対的な競争関係よりも協調関係に傾く度合が高い。どんな社会でも協調と競争との間のどこかに一線を画しているが（どれほど競争的な市場でも，市場参加者は契約法規や評価基準の正当性については協調して遵守している），日本人はその境界線を，協調に近いほうに引きたがる傾向がある。それとともに，日本人は慧敏だから，全体の利益となりうる協調形態を見出すのがじょうずで，皆が公平と受けとめるような形でそれを組織化する能力も相当なものだ。その結果の一つが，すぐには崩壊しないカルテルの結成である。

そういう「国民性」が生まれた理由は，何百年にもわたる水田灌漑稲作であったり，儒教の教えであったり，民族的な遺伝子のプールであったり，その他どうとでも言えようが，疑いなく言えることは，こうした習性が面と向かっての争いを避ける性向と結びついているということである。イタリアの子会社で何年も過ごしたある経営者が言った。「日本に帰って一番ホッとしたことは，ストレスが少ないことだ。毎朝，今日の会議が不愉快な対決の場になるのではないかと心配しながら目覚めることはない。」各国の経済システムの中でこうした平均的行動性向がどのような機能を果たしているのかという課題は，経済学者は ——経済は人類不変の効用関数を法則とすると学生に教え続けることができる——避けてきた問題であり，社会学者も「文化」という概念を説明要因として重視する論法にはどこかに人種差別という悪魔が潜んでいるのではないかという恐れから，無難な「構造要因」ばかりを駆使する「PC」（politically correct）……社会学者が多い」（R・ドーア『日本型資本主義と市場主義の衝突』東洋経済新報社，2001年，51-52頁）。

◆文献案内

　開発問題については，渡辺利夫編『国際開発学入門』（弘文堂，2001 年）が初学者にも読める信頼できる文献である。また大野健一・桜井宏二郎『東アジアの開発経済学』（有斐閣，1997 年）は，東アジアの経験に即して開発経済論を展開している。より新しい文献として，ジェフリー・サックス『貧困の終焉──2025 年までに世界を変える』（ハヤカワ文庫，2014 年）や，山形辰史『入門 開発経済学──グローバルな貧困削減と途上国が起こすイノベーション』（中公新書，2023 年）など，リベラルな開発経済論の文献が多数ある。

　本章で取り上げた様々な社会科学のグランドセオリーは，それぞれを掘り下げればきりがないので，それらの基本文献はここでは挙げない。だが資料として引用した文献を手がかりに，マルクスやウェーバーといった社会科学の巨人の著作の一部でも読みかじってもらえればと思う。解説書もおびただしい数に上るが，資料でも引用したレイモン・アロン『社会学的思考の流れ』 I・II（法政大学出版局，1974 年，1984 年）は，解説書というより社会科学史の名著である。ダニエル・ベルは 20 世紀のマルクスと呼ぶべき知的巨人だが，読みやすいものとして，たとえば『知識社会の衝撃』（TBS ブリタニカ，1995 年）を挙げておく。

　梅棹忠夫編『文明の生態史観はいま』（中央公論新社，2001 年）は，川勝平太との対談などが含まれ，スケールの大きな知的想像力に満ちている。またユヴァル・ノア・ハラリ『サピエンス全史』（河出文庫，2023 年）は，学生諸君が学校で教えられてきた「世界史」とは違った歴史があることを知る上で，よき導入となるだろう。

◆重要概念の整理

発展段階論	上部構造	帝国主義論	従属理論	近代化論
輸入代替戦略	開発独裁	海洋史観	グローバル・ヒストリー	
ニーダム・パラドックス		コンドラチェフ・サイクル		創造的破壊
企業家精神	脱工業社会論	新しい中世	世俗内禁欲	信用

◆例　　題

①いわゆる低開発が世界の多くの地域で見られるのはなぜか。いくつかの基本的な見方をそれぞれ整理して述べよ。

②世俗内の禁欲が資本主義の精神の原型だとするウェーバーの所説を説明し，それではなぜ日本や韓国で産業化が進んだのか，いくつかの考えられる説明を提起せよ。

③フクヤマによれば日本は高信用社会だが，この仮説を事実に即して検討せよ。さらに，日本が高信用社会だとすると，それはどのように形成されたのか，仮説を提起せよ。

第 **6** 章
激化する大国間競争下の
グローバル化

米国とメキシコとの国境の塀（メキシコ・ティファナ）。左が
アメリカ（時事通信社）

1　グローバル化の新局面

　共産主義の夢が潰えた20世紀の末以降，自由な市場経済に代わる経済モデルは現れていない。市場経済と民主主義が世界中を覆うという，冷戦後のグローバル化の夢がはかないものであったことは第2章で論じた。では世界で大国間の対立が常態化するなか，冷戦後に深まった結びつきは，どう変化したのだろうか。

　忘れられがちだが，グローバル化は過去にも起こり，そして破綻した。19世紀末から第一次大戦前の「ベル・エポック（美しい時代）」と呼ばれた頃にも，貿易の規模や国際投資，それに移民の規模は今日に匹敵するほど大きかったのである（▶ 1-1）。

　ただし冷戦後のグローバル化は，グローバルな交流のスピードが格段に増したため，国際経済の相互作用が非常に敏感になるとともに，グローバルな交流の内容が，財や資本の相互的なやりとりに尽きるものではなく，多数の国の間でサプライチェーンが構成される有機的なネットワークの作用となった。そのため世界中の国々で，市場を通じて外部からの影響が，自国社会の深い層にまで複雑な形で及ぶようになった。つまり，グローバル市場の影響が，水平的にも垂直的にもより広く，深く，速く浸透するようになったのである。

　それと同時に20世紀以降の国家は，国民生活の様々な面に深く関与する巨大な存在になっていることを忘れてはならない（▶ 1-2）。医療，年金，公衆衛生，反独占政策，知的所有権の保護など様々な分野で国家に期待されている役割はベル・エポックの頃とは比べものにならないほど大きいので，国家はグローバル市場を通じて外部から押し寄せる影響に敏感に反応せざるをえない。このことは，大きな福祉国家から小さな自由主義国家を目指すネオリベラリズム的改革がもっとも大掛かりに行われた，アメリカ

▶ **1-1　グローバル化の二回の波**

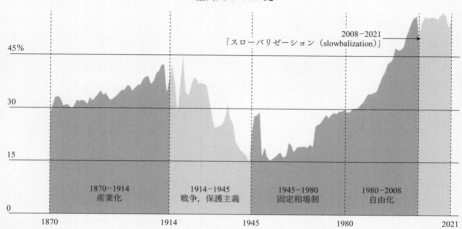

輸出入の GDP 比

出所）Kristalina Georgieva, "The Price of Fragmentation", *Foreign Affairs*, September / October 2023, p. 134.

▶ **1-2　グローバル化と国家**

　「超国家主義と規制緩和によって経済過程の統治に果たす国家の役割が減少したとしても，自国資本であれ外国資本であれ，資本の権利を究極的に保障するのが国家であることにかわりはない。国家を超えて活動する企業も，所有権や契約の保護をはじめ，伝統的に国家が自国の経済にたいして行使してきた諸機能が維持されることを望んでいる。国家を，他の組織には真似のできない技術的・行政的能力を体現するものと捉えることができる。さらに言えば，この能力は軍事力に裏づけられたものでもある。

　しかし，こうした資本の権利保障は，特定の国家，資本の権利に関する特定の捉え方，特定の種類の国際的な法レジームのもとで行なわれる。これらはすなわち，世界でもっとも先進的でもっとも強力な国家，契約と所有権にかんする欧米流の概念，経済のグローバル化推進を意図した新たな法レジームである」（S・サッセン『グローバル空間の政治経済学』岩波書店，2004 年，308-309 頁）。

やイギリスにすら当てはまる。冷戦後，国境を横断するトランスナショナルな関係の緊密化によって，現代国家の直面する様々な課題がグローバルな文脈で顕在化するようになったのである。

　グローバル化の波に乗って，中国とインドという世界で桁違いに大きな人口を擁する二つの国では巨大な経済成長のエネルギーが解放された。そこで懸念されたのは 19 世紀初めにマルサスが警告した事態である。すなわち中国やインド，さらには新興国や途上国が資源やエネルギーの消費を拡大し続けることで，資源の物理的限界が成長を支えきれなくなるということだった。アフリカを始めとする一部の開発途上国の飢饉を見れば，人口増に対して食糧増産が追いつかないマルサス的世界は，すでに現実のものとなっているように思えるかもしれないが，少なくとも現在の飢饉は世界規模の食糧不足が原因ではない。それは，豊かな国では肥満が社会問題になるほど食べ物があふれかえる一方で，貧しい国にそれが行き渡らないという分配の問題である。現に 200 年前のマルサスの予言が実現することはなく，逆にかつては慢性的に飢餓の恐怖にさらされていた伝統的な農業社会は工業社会へと変貌を遂げることで，爆発的な生産性の向上が実現された。そうして世界の生産は，マルサスが生きていた当時には 10 億人に満たなかった世界人口の 8 倍以上の人口を支えるに至った。

　アフリカでは人口増加率が高いが，食糧生産性は世界でもっとも低い。それでも人口が増え続けているのは，食糧耕作面積が継続的に拡大しているからである。森林を伐採し，農地を開拓し続けることで食糧を確保してきたわけだが，その結果，アフリカでは砂漠化や水不足が深刻になっている（▶ 1-3）。

　爆発的な成長とそれにともなう資源の消費は，深刻な**気候変動**問題を地球規模で引き起こしている。環境という価値の保護のためには，価格メカニズムによる調整が自然に作用することは期待できない。先進諸国がこれまで長期にわたって排出してきた二酸化炭素に加えて，いまや中国やイン

▶ 1-3　アフリカの農地開拓

　「きわめて長期にわたってアフリカの農民たちは，絶えることなく農地を開拓し続けてきた。……しかし耕地の拡大にはかならず限界がくる。アフリカの食糧生産には強い環境制約が働いており，それを象徴するのが北アフリカの小麦生産と西アフリカの米生産における水資源だ。エジプトの穀物単収は上限に近い水準にあることから，ナイル川の水量が決まっている以上，これからさらに増えていく人口を自国農業だけで養うことは困難である。その他北アフリカ諸国においても利用可能な地下水源は限られている。西アフリカ稲作のほうが増産の余地は大きいが，この地域はアフリカのなかでもっとも人口増加率が高い。

　そもそもアフリカ大陸の土壌は非常に古く，浸食が進んで平坦化しており，大地溝帯を有する大湖地域を除けば新しい土壌の供給もない。西アフリカ南縁から大湖地域に向かって細くのびる湿潤地帯のほかは乾燥・半乾燥気候であって，降水量が少ないうえに蒸発散率が高く，利用可能な水量は世界平均の 45%，南米大陸の 21% しかない。また，気候変動による農業損失が懸念されており，2080 年代までにアフリカから小麦生産が消失する可能性を指摘する研究もある」（平野克己『人口革命——アフリカ化する人類』朝日新聞出版，2022 年，176-77 頁）。

ドが最大級の二酸化炭素排出国になっており，これによって引き起こされる地球温暖化はすでに海洋の水位の上昇によって島嶼諸国の，文字通り物理的存在を脅かしている。気候変動は，国際公共財の供給問題の典型例である。自由な市場では環境上のコストは価格に織り込まれないから，燃費の悪い自動車や化石燃料によって発電された電気などは，環境面から見て有害でも安価で供給され，それが過剰に環境を悪化させることになる。だとすると，政府が規制や課税によって環境コストを価格に反映させるなどの，市場外からの誘導が必要となる。だが，環境という価値のために誰がどれだけ負担すべきかについて合意することは，一国内でも容易ではない。ましてや国際社会では一層困難である。たとえば二酸化炭素の排出については，1997年に採択された京都議定書によって，1990年を基準として排出の上限を決める内容の合意がなされた。しかし京都議定書では，日本を含む先進国だけに温室効果ガス排出の削減義務が課された。当時，世界最大の排出国であったアメリカは署名したものの批准せず，経済成長とともに排出量を増やしていた中国は自らを開発途上国と位置づけ排出削減義務を負わなかった。そして2000年代後半に中国の温室効果ガス排出量はアメリカを抜いて世界最大となり，いまや中国の二酸化炭素排出量は世界全体の3分の1近くを占めるようになった。

　こうしたなか，すべての国が参加する新たな気候変動の枠組み構築に向けた交渉がなされ，2015年にパリ協定が採択された。パリ協定のもとでは先進国と途上国の区別なく気候変動対策の行動をとることが締約国に義務付けられた（▶ 1-4）。2016年4月22日にはニューヨークの国連本部でパリ協定の署名式が行われ，175か国・地域が署名した。そして同年9月3日には米中がともにパリ協定を締結し，気候変動という課題に米中ともに立ち向かっていく姿勢を世界に見せた。しかし米国がオバマ政権からトランプ政権に移行すると，2017年6月，トランプ大統領はパリ協定からの離脱を宣言した。気候変動対策により鉄鋼や石炭などの産業で雇用が失

▶ 1-4　パリ協定の概要

　1992 年に採択された国連気候変動枠組条約に基づき，1995 年より毎年，国連気候変動枠組条約締約国会議（COP）が開催されてきた。2015 年 12 月，フランスのパリで第 21 回国連気候変動枠組条約締約国会議（COP21）が開催され，2020 年以降の温室効果ガス排出削減等のための新たな国際枠組みとして，パリ協定が採択された。概要は以下のとおり。

- ・世界共通の長期目標として気温上昇を 2℃ より下方に抑える（2℃ 目標）とともに 1.5℃ に抑える努力を継続すること。そのため，21 世紀後半に人為的な温室効果ガス排出量を実質ゼロ（排出量と吸収量を均衡させること）とすること。
- ・主要排出国を含む全ての国が削減目標を 5 年ごとに提出・更新すること。
- ・全ての国が共通かつ柔軟な方法で実施状況を報告し，レビューを受けること。
- ・先進国による資金の提供。これに加えて，途上国も自主的に資金を提供すること。
- ・二国間クレジット制度（JCM）も含めた市場メカニズムの活用。

（外務省ウェブサイト「気候変動に関する国際枠組　2020 年以降の枠組み：パリ協定」）

われることへの懸念が理由だった。気候変動問題は人類的な課題だが，そこでも目標達成のために，誰がどれだけ費用を負担するのかという問題，つまり政治が関係している。

　ところでグローバル化を推進してきたメカニズムは，国境を透過するグローバル市場であり，それが国民経済の自立性を浸食してきたことも，国際政治経済上の大問題である。第二次大戦後の国際経済体制は，自由放任主義ではなく諸国政府による様々な経済運営と開放的な国際経済体制との妥協の産物である「埋め込まれた自由主義」であることは第3章で述べた。アメリカの推進してきたグローバルな市場化，いわば世界のアメリカ化が進展すると，自国産業のみならず，文化，福祉政策，独自の環境政策などは，それぞれ国際的な市場の圧力を受ける。それによって国家は自国市場の管理能力を失うが，そうしなければグローバルな市場競争の落伍者となるからである。民主的に選出された政府が，グローバル市場の前にあまりに無力ならば，政府の正統性や信頼も失われよう。「他に選択肢はない」という無力感か，急進的な反グローバル化論が，このようなグローバル化に対する二つの対照的な反応なのである。

　グローバル化は，伝統的な特権や貧困を取り除く機会であるとともに，それまで非市場的制度や慣行で守られてきた価値，時間をかけて形成されてきた社会制度や微妙な階級的妥協に対する脅威でもあるのだ（▶ 1-5）。だが，革新と安定がジレンマの関係にあることは，今に始まったことではないのも事実である。グローバル化の涅槃の世界に身をゆだねるか，あるいは産業文明や近代そのものを否定するかという，二つの急進主義を避けようとしてグローバル化という構造的条件になんらかの形で適応するとともに，それを管理しようとする様々な反応が，様々な主体からわき上がってくる。それは，これまで支配的だった一国内の主権国家の努力とは違って，多数の主権国家が併存する国際社会の政治構造を反映するものとならざるをえない。一方でグローバル市場から得られる利益を維持しつつ，他

▶ 1-5　脅威としてのグローバル化

「グローバリゼーションは普遍的な共同体の創設を意味しない。さまざまな宗教的信念やその他の深く根づいた価値観を持つ人々の接触は，しばしば紛争をもたらしてきた。11-13 世紀の中世の十字軍が一例だし，現在，中東のイスラーム原理主義者たちが，アメリカを「大悪魔」と呼んでいるのも，もう 1 つの例である。明らかに，社会的にも経済的にも，均質化はグローバリゼーションの必然の結果ではない」（ジョセフ・S・ナイ，デイヴィッド・A・ウェルチ『国際紛争──理論と歴史 原書第 10 版』有斐閣，2017 年，341 頁）。

方で政治的・文化的な自立性を維持したり，グローバル市場を安定化させ
たり，弱者保護などの社会的安定や社会的価値を維持したり，環境や安全
に代表される市場で実現されない価値を実現したりするといった課題を達
成するためには，諸国の政府だけではなく，国連や国際機関，NGO も含
めた様々なレベルの様々な主体が，それぞれの領域で努力しなければなら
ない。有機的な全体として見たとき，そのような営みの総体は，しばしば
グローバル・ガバナンスと総称されるようになった。

　グローバル化の影の部分として問題になった気候変動などは，グローバ
ル・ガバナンスの推進によって取り組まれるものと考えられた。しかしそ
れは西洋中心で進んできたグローバル化，そして米国主導の「**リベラルな
国際秩序**（Liberal international order : LIO）」を前提にしていた。

　2012 年に共産党総書記に就任した習近平は，そうした米国主導の秩序
が中国の主権，安全，領土保全，国家統一，経済社会の持続可能な発展と
いう「核心的利益」に対する脅威になると考えた。そして習近平政権は
「中華民族の偉大な復興」を掲げ，江沢民政権以降の社会主義市場経済を
基盤にしつつも，既存の国際秩序の変革を目指す「中国の特色ある大国外
交」を推進するようになったのである（▶ 1-6）。

　習近平政権が自らのあらまほしき国際秩序，いわば中国流のグローバル
化を目指すにあたり進めてきたのが，2013 年に提唱した「**一帯一路**」構
想である。これは中国から西へ，橋や鉄道などの陸路，そして港湾など海
上航路のインフラを整備し，そのルート上にある国々との連結性を高め，
貿易を円滑化することで相互の発展を目指す構想である。「一帯一路」に
はっきりとした青写真があったわけではないが，それは中央アジア，
ASEAN，中東，欧州，さらには中南米まで，中国の政府（中央および地
方），銀行，民間企業が進めてきたインフラ開発プロジェクトの総称を指
す。その対象プロジェクトには，交通・物流インフラのみならず情報通信
インフラや太陽光・風力発電，政府機関ビル，さらには国立競技場まで含

▶ **1-6　国際秩序の変革を目指す習近平政権**

「2014 年 5 月に，上海で開催されたアジア信頼醸成措置会議（CICA：Conference on Interaction and Confidence Building Measures in Asia）首脳会議において習近平主席が演説し，「共同，総合，協力，持続可能なアジア安全保障観」を樹立する必要性を訴えるとともに，「第三国に向けた軍事同盟の強化は地域の共同安全を維持するうえで不利である」と述べ，米国による同盟政策を暗に批判したうえで，「アジアの安全はつまるところアジアの人民によって守られなければならない」と主張した。すなわち習近平政権は，周辺諸国に対する政治的，経済的，外交的な影響力を拡大するとともに，アジアにおいてこれまで米国が主導してきた安全保障秩序に代わり，アジア諸国が主導する新たな秩序の構築を推進し始めたのである。

さらに習近平政権は，周辺地域にとどまらず，グローバルな秩序の変革を目指す外交方針を明確にした。2014 年 11 月に開催された中央外事工作会議において習近平が演説を行い，「現在の世界は変革の世界」であり，「国際体系と国際秩序の奥深い調整が進む世界」であると指摘した。そして，「協力とウィンウィンを核心とした新型国際関係の構築を推進すべき」であると述べるとともに，「中国には自らの特色をもった大国外交が必要」であり，「我が国の対外工作に中国の特色，中国の風格，中国の気風を持たせなければならない」と強調した。2015 年 10 月に開催された，グローバル・ガバナンス体制に関する第 27 回集団学習において習近平は，「国際的なパワーバランスには深刻な変化が発生」しており，「近代以来で最も革命性を持った変化である」との国際情勢認識を示した。その上で，「グローバル・ガバナンス体制における不合理で不公正な配置の変革を推進」し，「新興市場国と発展途上国の代表性と発言権を強化すべきである」と述べ，「人類運命共同体を打ち立てる」などの主張を引き続き豊かにしなければならないと強調した。このようにグローバルな秩序の変革を目標に掲げて積極的に行動する習近平政権は，「中国の特色ある大国外交」という新たな外交理念を掲げるようになったのである」（飯田将史「中国の対米政策国際秩序の変革と核心的利益の確保を目指して」『国際安全保障』第 50 巻第 2 号，2022 年 9 月，31-32 頁）。

まれる。背景にあったのは 2001 年の WTO 加盟後，中国に蓄積してきた莫大な貿易黒字と対内直接投資（外資から中国への投資）である（▶ 1-7）。「一帯一路」については，そうした巨額の資産を元手に，開発プロジェクトの採算性や環境負荷を十分に考慮せず新興国や途上国に資金を貸し付け，中国として世界での影響力を高める狙いがある，と指摘されてきた。また，債務国が返済できなければ無情にも施設の運営権を中国が取り上げてしまう「債務の罠」も問題視されてきた。代表的な事例がスリランカ南部のハンバントタ港で，スリランカ政府が債務を返済できなくなったため，港の運営権を 99 年間，中国の国有企業に譲渡することになった。ただし，貸し手の中国側の思惑（プッシュ要因）のみならず，借り手国の政府側にも，大型開発プロジェクトを呼び込むことで国民にアピールしたいという思惑（プル要因）があったことは重要である。世銀や日本など伝統的な開発金融機関のように難しいことを要求せず，手続きが簡素な中国の融資に魅力を感じた政治指導者は少なくなかった。結果的に「一帯一路」により中国のグローバルなプレゼンスは高まったが，ハンバントタ港のように中国に不信を抱かせる案件が散見され，さらに不良債権化も深刻になった。G7で唯一，「一帯一路」に参加していたイタリアは 2023 年 12 月，この構想から離脱した。

　「中華民族の偉大な復興」を掲げた中国の変化に，米国のオバマ政権は辛抱強く関与政策を続けたが，「アメリカ第一」を掲げたトランプ政権は強く反発した。トランプ政権は対中依存を減らすと宣言し，グローバル化に背を向け保護主義的な貿易政策に邁進した。政権幹部や連邦議会の共和党議員が中国の脅威をことさらに強調し，経済関係や人的交流の「デカップリング（切り離し）」が盛んに議論されるようになった。

　国際機関では，パックス・アメリカーナを支えてきた米国のリーダーシップの欠如により，多国間主義に巨大な真空が生じた。その真空を中国は見逃さなかった。中国は「一帯一路」に加え，新たな国際秩序観として

▶ 1-7　外貨準備の運用先としての「一帯一路」

　「2001 年の中国の世界貿易機関（WTO）加盟と前後して，海外から同国への直接投資や同国の輸出が増加し，外貨が一段と勢いを増して流入した。資本取引規制が厳しい中国では，流入した外貨は中国人民銀行（中央銀行。ただし，政府機関でもある）に吸い上げられ，外貨準備として積み上がった（中国の外貨準備残高：2000 年末 1689 億ドル，2005 年末 8257 億ドル）。

　その結果，2005 年時点で中国の対外資産残高（1.2 兆ドル）は，世界第 15 位の規模に達したというのに，その 7 割近くを政府が保有する外貨準備が占めるという歪な形になってしまった。……同年末の人民銀行のバランスシートをみると，外貨資産が資産総額の 6 割を占め（同比率のピークは 2014 年 3 月末の 83 ％），市場関係者の間では金融政策運営に支障を来すことを懸念する声も聞かれていた。

　こうした状況を受け，中国政府は民間部門による直接投資や貸出の形で，外貨を海外で運用することを志向し，「走出去（外へ出ていく）」は重要な国家戦略に格上げされた。……「走出去」戦略を補完し，さらに強化することを目指して提起されたのが「一帯一路」構想である。これは，2013 年の習近平国家主席による「シルクロード経済ベルト」と「21 世紀海上シルクロード」経済圏構想の提唱が起点と言われている。この構想も，当初は漠然としたイメージが先行したが，2013 年末から 2015 年初にかけて，共産党や政府の公式目標に組み込まれ，国家発展改革委員会を事務局とする推進委員会が組成されるなど，企業の「走出去」を後押しする勢いが強まった。

　「一帯一路」構想を資金的に支援するために，2014 年，中国政府は外貨準備 400 億ドルを拠出し，シルクロード基金を立ち上げた」（岡嵜久実子「中国は「一帯一路」不良債権化のリスクをどう乗り切るか」フォーサイト，2022 年 11 月 7 日）。

「人類運命共同体」という耳当たりがよい中国独特の言い回し，つまり中国ナラティブを国連の決議や会議文書に挿入することにこだわった。どのような国際秩序を目指すのか，そして第二次世界大戦後に国連を軸に形成されてきた多国間主義や主権，平和といった基本的な原則を，どう解釈するか，というナラティブをめぐる戦いが激しくなったのである。

　さらに中国はWTOを中心に育まれてきた自由貿易体制の恩恵を享受しながら，これまで築いてきた各国との経済的相互依存を武器化させた。複雑に絡み合ったグローバル・サプライチェーンの急所，すなわちチョークポイントをおさえ，経済的威圧をかけて締め上げるようになった。その意思を明確に示したのが，2020年4月の共産党中央財経委員会における習近平国家主席による講話である。その中で習近平は，中国の巨大市場としての魅力を高め海外からの投資・技術を惹き付ける「重力場」を形成し，サプライチェーン強靱化と優位性のあるキラー技術育成により，グローバルな産業チェーンにおける中国依存を高め，経済の反撃力と抑止力を強化しなければならない，と指摘した（▶ 1-8）。

　2021年には米国でバイデン政権が発足した。バイデン政権は発足当初から中国とのデカップリングを明確に否定しつつ，2022年に発表した「国家安全保障戦略」では地政学的競争を軸に据え，中国を「国際秩序の再編を目指す意図と力を持つ，唯一の競争相手」と位置づけた。そして対中依存を減らすべく，リスクが高い分野に焦点を絞って厳格に管理する"Small yard high fence（小さな庭に高いフェンスを設ける）"というアプローチをとるようになった。そして2023年1月のダボス会議においてフォン・デア・ライエン欧州委員会委員長が，EUと中国との関係において「デリスキング（リスク軽減）」を重視する，と述べる。このデリスキングという概念は米国や日本でも広く共有された。2023年5月のG7広島サミットにおいて，経済的強靱性にはデカップリングでなく，デリスキングとサプライチェーンの多様化が必要だということが首脳コミュニケ（成果

279

▶ **1-8　共産党中央財経委員会第 7 回会議における習近平国家主席の講話（2020 年 4 月）**

　2020 年 10 月，中国共産党の機関誌『求是』に，習近平国家主席が同年 4 月に実施した「国家の中長期経済社会発展戦略に関するいくつかの重大問題」と題する講話の内容が掲載された。ポイントは以下の通り。

・中国の内需を拡大し，生産・分配・流通・消費の好循環を国内で実現する。強大な国内市場の整備と貿易強国の建設を調和させながら推進し，世界の要素・資源を惹き付ける強力な「重力場」を形成し，国内・国際双循環を促進する。

・新型コロナは戦時下のストレステストである。産業の安全と国家の安全を確保するため，中国はコントロール可能な，安全で信頼できる産業チェーンとサプライチェーンの構築に注力し，重要な製品と供給チャネルで少なくとも一つの代替供給源を確保し，必要な産業バックアップシステムを形成するよう努めなければならない。国家安全保障に関する分野においては，中国が自らコントロールでき安全かつ信頼性の高い国内の生産・供給システムが必要である。極端な状況下でも正常な経済活動ができるようにしておかなければならない。

・過去のモデルを単純に繰り返すのではなく，新しい産業チェーンを再構築しなければならない。科学技術のイノベーションと輸入代替を全面的に拡大すべきである。優位性がある産業の国際的な主導的地位を固め，キラー技術を育成する。グローバルな産業チェーンにおける中国依存を高め，外国による人為的な供給停止に対する強力な反撃力と抑止力を形成しなければならない。

（以下を参照。土屋貴裕「経済の安全保障的側面」村山裕三編著『米中の経済安全保障戦略』芙蓉書房出版，2021 年。経済産業省「経済安全保障を巡る国内外の動向と我が国の対応について」令和 3 年 11 月 16 日）

文書）に書き込まれた。そして米国は中国との首脳・政府高官の間でのハイレベルな外交を継続しながらも，先端半導体や先端コンピューティングについて対中輸出管理を強化した。

　こうした動きは第3章で論じたとおり，1930年代に見られた排他的な経済のブロック化とは異なり，絶えず図柄の変化するまだら模様をした貿易システムの上で展開されている。それとともに，グローバルな政治・経済・社会を土台にしながらも，戦略的に重要な領域については世界に分散していた財，資本，情報，そして人を集約化し，高い壁で取り囲む「飛び地化（enclavization）」も進みつつある。

2　国際人口移動の政治経済学

　国境を越える財やサービスや資本の移動が市場を通じて緊密化するのなら，よりよい生活やよりよい人生のチャンスを求めて，人が国境を越えて移動しようとするのは当然の成り行きである。今日，国際移民の規模は，例外的な存在と考えて無視するには大きすぎる水準に達している。

　実は人の移動という現象に比べれば，一定の領域主権を相互に承認し合う主権国家体系の歴史ははるかに浅い。近代の主権国家体系がヨーロッパで成立するようになったのは，せいぜい17世紀のことである。国家が一つの民族から構成される国民国家であるべきだとするナショナリズムが支配的な考え方となったのは，それよりずっと後の19世紀のことであり，国家のすべてのメンバーが政治的主体となるべきだとする民主主義が有力になったことに至っては，一層最近の現象である。国家のありようが変化するにつれて，国家とそのメンバーの関係も変化し，それに伴って越境する人々の持つ意味も異なるものになった。

　19世紀の自由貿易論者は，少なくとも原則的には移民についてもまっ

▶ 2-1　国際人口移動と国家

　「新古典派自由経済主義者は，自由貿易と資本の自由移動を，万人の利益に対する効率的資源分配を供給する手段として唱道するものの，国民の自由移動は説いていない。これは国民の自由移動が非効率だからではない。むしろ，需要が最大である地域にどこでも労働力が自由に移動できる世界では，あるいは，労働需要と供給が国境に関わりなく合致す

たく規制のない状態が望ましいと考えていた。だが今日では，自由な市場の信奉者でも，国境を完全に開放することを主張する者はほとんどいないし，もともと移民の国であるアメリカですら，移民の受け入れはますます政治的対立を生む難しい問題になっている。実際，国境で出入国の管理をやめ，国籍の付与を通じて誰が一国のメンバーかどうかを決める役割を放棄すれば，それは主権国家は維持できないか決定的に変質し，国際政治の基本的な仕組みが覆ることを意味する出来事となる（▶ 2-1）。

　まず，移民の実態を簡単に見てみよう。移民の総数を正確に測定することは不可能だが，国連の推計によると世界中で国境を越えた移民（国際移民）の総数は 2020 年時点で約 2 億 8100 万人，世界の総人口の約 3.6 ％に相当する。移民の受け入れ国としてはアメリカが圧倒的であり，独英仏などヨーロッパ諸国，サウジアラビアやアラブ首長国連邦（UAE）など中東諸国がそれに続く。他方で，移民の送出国についてはインド，メキシコ，ロシア，中国，シリアが上位 5 か国である（▶ 2-2）。グローバルな移民の流れは様々だが，人の移動は，財や資本の移動とは違い，一定の経路が確立すると，それに沿って拡大する傾向が続き「移民回廊」が形成される。「移民回廊」として規模が大きいものは 2020 年時点で上位からメキシコ―米国，シリア―トルコ，インド―UAE となっていた。

　移民のなかでは，紛争や災害により強制的な移動（forced displacement）を強いられる人々の増加が著しい。祖国を追われた難民の数は冷戦終結後，1990 年代はやや減少傾向だったが，2000 年代は横ばい，そして 2010 年代以降は右肩上がりで増え続けている。特にシリア，ウクライナ，アフガニスタン，南スーダンなどから逃れる人々が多い。さらに深刻なのが国境を越えず（あるいは越えられず）に国内に留まる避難民，すなわち国内避難民である。2022 年時点で難民は世界で約 3530 万人，そして国内避難民は約 6250 万人に達した。これに加えて，難民申請中などの庇護希望者（asylum seekers）が約 540 万人いると見られている。これらをあわせると，

る世界では，経済上一層効率的になるのは当然である。しかし，そうなるとそれはもはや主権国家の世界ではない。

　このように，最も熱心な新古典派経済学者でさえ，人的移動となると効率的資源利用以外の側面も考察することを認識している。国家による移民受け入れ管理が欠如していると，ある国が植民地化を通じて平和的に他の国を侵略することもある。仮に万の勤勉な中国人がミャンマーに移住を許可されたとすれば，ミャンマー経済は非常に繁栄するだろうし，ミャンマー人自身も経済的に暮らし向きがよくなるだろう。しかし，その国はもはやミャンマーではなくなってしまう。こうなるとミャンマー人は，国民生活における文化的中心シンボルをもはや管理できなくなってしまうだろうし，また，自分たちの国を政治的に管理しえなくなってしまうだろう」（M・ウェイナー『移民と難民の国際政治学』明石書店，1999年，218-19頁）。

▶ 2-2　国際移民の規模と動向

移民受入国と送出国の上位 20 か国（2020 年，単位：100 万人）

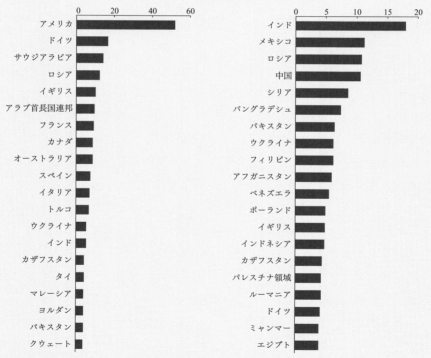

出所）International Organization for Migration (IOM), *World Migration Report 2022*, p. 25.

強制移動を強いられた人々の数は 2022 年に 1 億人を超えたことになる
（▶ 2-3）。

　ところで移民というと，かつては低賃金の農業労働者や工場労働者がイ
メージされたが，現在では国際結婚，留学などの形で国境を越えた人口移
動が起こっているし，医師，エンジニアなどの専門職から，メイドや看護
師などの家事労働やサービス分野の移民も増えている。

　人の移動は，少なくとも二つの点で，市場での価格に応じて需要の多い
ところに移動するカネやモノとは明らかに違う。第一に，移民の規模は，
経済格差から考えられるほどには多くない。例えばヨーロッパは EU 統合
によって域内の労働力の移動が大幅に自由になったし，シリア内戦やロシ
アのウクライナ侵略にともない域外諸国からも多数の移民を受け入れてき
たが，それでも移民の総数はせいぜい人口の 8％程度にすぎない。

　第二に，移民の流れには明らかなパターンがあり，賃金などの経済格差
に応じて人々が縦横に動き回るという姿からはほど遠い。あえて経済学的
なドライな言い方をすれば，人々は言語や文化や社会習慣などの習得，さ
らには人的ネットワークの獲得を通じて，他国での社会生活にはただちに
役立たない多くの投資をしている。新たな生活を外国で築こうとするのは，
それらの投資を無駄にしかねないリスクを背負うことを意味する。端的に
言えば，移民はカネや商品とは違い，単なる市場性のある労働力ではなく
て生きている人間なのである。どこかに居住しそこで社会の一員となるこ
とは生活そのものであり，経済的考慮は重要ではあっても，一回限りの有
限の人生を生きる生身の人間にとってすべてではない。

　したがって移民はモノやカネのように敏感に市場価格に反応して動きは
しない。実際に移民する人たちは，先発の移民によって形成されたネット
ワークを利用し，いわば山肌を流れる水が川を形成するようなやり方で，
確立したルートをなぞることで，自らの生活を様々なリスクから守ろうと
する。たとえば，フランスにはアルジェリアなどの北アフリカからの移民

▶ 2-3　難民と国内避難民

　1991年から2000年まで国連難民高等弁務官を務めた緒方貞子は，就任早々，湾岸戦争によりイラク国境内に留め置かれたクルド人避難民の問題に直面する。それまで国連難民高等弁務官事務所（UNHCR）は難民条約に基づき，自国の外に逃れた難民を対象に活動してきたが，緒方は，そうした原則にとらわれず国内避難民としてのクルド人を支援することを決断した。それ以来，国内避難民支援はUNHCRの重要な活動となった。

　「人道支援は，政治が解決を求めて動いてくれないと機能してくれません。UNHCRは政治に取って代わることはできないのです。紛争が継続する中での難民救済には，軍の役割も必要になりました。条約難民と同時に大規模な国内避難民への支援も重要な課題になりました。難民キャンプの武装化，これには国際社会にはなんの打つ手もなくてUNHCRは孤立無援の状態で対応せざるを得なかったです。人道支援から開発援助へシームレスにつながらないギャップの問題も顕在化しました。どれもこれも，この時期に新たに起こってきたことです。いろんな重要な局面で政治はできればかかわりたくないという態度を見せるのですが，人道機関は即興であっても対応を考えないといけないのです。

　難民保護という基本原則を守りつつも，従来の行動規範を超えた選択をせざるを得なかったということです。人の生命を守ることが一番大事なことで，そのことに従来の仕組みやルールがそぐわないのならルールや仕組みを変えればよい。それが私の発想でした。変わってゆくのは不可避なのです。また，どんなに妥協的であっても，救える命があるならそこで救うしかありません。」

（UNHCRが変化していく中で，守りつづけた点は何か。）

　「人間を大事にするという価値です。そのためにあらゆる工夫をして，力を合わせてきたのです。その価値を追求すると，おのずと組織も機能も実践も変わらざるを得ないということではないですか。けれども，原則は変わっていません。「人の命を助けること」。これに尽きます。生きていさえすれば，彼らには次のチャンスが生まれるのですから。

　残念ながら，世界では人間が大事にされないという状況がまだまだ大きいということでしょう？　最近のスーダンにしても，シリアにしても，そうです。

　こういう状況を見ましても，つくづく政治の責任は大きいと思います。難民は種々の紛争から生まれますが，それを加速させるのは政治の貧困です。しかし同時に，難民問題を本当の意味で解決するのも政治にしかできないことなのです。人道支援は，政治が解決を求めて動いてくれないと機能しません。いろいろ経験する中で痛感したのが政治との連携の重要性なのです。人道活動家の中には，政治の世界，軍の世界とはかかわるべきではないと考える人もいます。それで難民問題が解決するならベストかもしれませんが，現実はどうですか。真の問題解決には「政治の強い意思」がどうしても必要なのです。

　私は，国連安保理には計12回報告に行きましたが，深刻な人道問題であればあるほど，高度な政治的解決を必要とする。このことを安保理ひいては国際社会に強く訴えたかったのです」（野林健，納家政嗣編『聞き書 緒方貞子回顧録』岩波現代文庫，2020年，213-214頁）。

が多く，イギリスでは旧英帝国領からの移民が多いのは，植民地時代から
培われた人的ネットワークがあるので，情報や社会的・文化的なニーズを
満たしやすいからである（▶ 2-4）。

　大規模な人口移動も最近に始まったことではない。ローマ帝国を崩壊に
導いた民族大移動や，モンゴル帝国などの遊牧民族の移動の規模は，今日
より圧倒的に大きいだろう。近代以降に限っても，何百万人もの黒人奴隷
が，家畜同然の扱いをうけて強制的に大西洋を渡らされた。ヨーロッパか
らも，経済的，宗教的，その他の理由により，多数の人々がアメリカ大陸，
南アフリカ，オーストラリアに移り住み，先住民を周辺化しつつ，ヨー
ロッパ人およびその末裔が支配的になった国家が今日でも有力である。そ
して中国は伝統的に多数の移民を世界各地に送っており，19世紀には太
平洋を越えて多数の中国人が移住した。忘れられがちだが，日本も1960
年代までは移民の送出国であり，相当数の日本人がアメリカに，そして南
米に新天地を求めた。また1950年代，60年代にはヨーロッパ諸国が大量
の移民労働者を，トルコや北アフリカ，南欧などから導入した。

　人間の移動コストや外国情報を得るコストが小さくなり，同時に巨大な
経済格差があることが，労働力の移動圧力につながっているのは事実であ
る。だが，現代の移民が大きな政治問題となっているのは，その増加速度
や規模によるものだけではなく，現代国家が明確な国境を持ち，域内を高
度に統合する共同体としての性格を持っているからである。現代の自由民
主主義国家は，一方で合理的な政治制度としての側面を持ち，ルールを守
る限り個人が出自にかかわりなくそこで生きることのできる普遍的な合理
性のある制度である。基本的人権は普遍的な権利と考えられているし，交
通法規や税制など様々なルールも国籍のいかんにかかわりなく人々の関係
を規律できるだろう。だが，たとえば民主主義という政治制度が機能する
ためには，投票で勝利した多数者も敗れた少数者もともに一つの共同体の
一員であるという人々のまとまりも欠かせない。また社会保障や所得の再

▶ 2-4 人口移動のパターン

伝統的な移民のパターン：1850年から1920年までの工業化にともなう労働移民

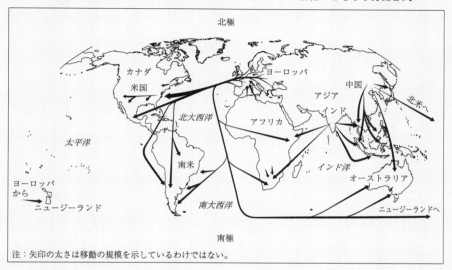

注：矢印の太さは移動の規模を示しているわけではない。

20世紀末の移民のパターン：1973年以後の国際移民の動き

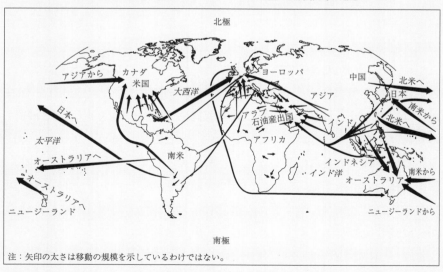

注：矢印の太さは移動の規模を示しているわけではない。

出所）S・カースルズ，M・J・ミラー『国際移民の時代』名古屋大学出版会，1996年，6頁，60頁。

分配が行われるには，何が公正な分配なのかについて一定の合意が存在していなければならない。つまり，現代国家には，文化や伝統や慣習に根ざした絆をもつ人々の集団としての側面もあるのである。グローバル化が進んでも，国家には依然として自分の意志だけで入退会が決められるクラブとは違う性格があるのである（▶ 2-5）。

　移民がどのような効果を受け入れ国にもたらすかは非常に複雑である。自由な市場経済をよしとする前提からすると，モノやカネと同様，労働力も可能な限り流動的な方が望ましいという結論がでるだろう。移民は合法・非合法を問わず，受け入れ国の側にそれらの人々の労働力に対する需要がなければ，大規模には起こりえない。受け入れ国側は低賃金の労働力を得るという形で受益するし，もちろん移民も税金や社会保障費を支払うから財政にも貢献するだろうし，生産が増えれば物価水準が下がるから，その利益が国民経済全般に均霑するだろう。さらに移民はきわめて活動的なグループであることが多いから，そのような人材から得られる活力や多様な才能が社会に注入されることによるメリットは大きい。移民の貢献を利用する能力が，一国の成功にいかに大きな意味を持ったかを示す歴史的事例は枚挙にいとまがない（▶ 2-6）。

　だがこれらの効果は受け入れ国の社会に均一に作用するのではなく，たとえば新たな低賃金の労働力が流入すれば，それと競合する低賃金層の人々は損失を被るだろう。また多数の低賃金労働者の流入は，社会保障費の受益者を増やす場合が多いだろうから，財政的な負担増となる面もあろう。しかも言語や文化の異なる人々が多数流入して，それを放置すれば，確実に社会の中に固定的な閉鎖的集団が形成されるという社会的コストが発生する。社会保障にせよ所得の再分配にせよ，社会的統合のための施策が一層必要になるとすると，それには経済的・政治的なコストが生じる。

　移民の送出国にとってはどうか。送出国は経済的利益を移民の所得という形で得ることができる。現に移民たちの**本国送金**は，すでに ODA 総額

▶ 2-5　コミュニタリアンの移民観

「歴史的には国家が開かれているときはいつでも，隣人関係は閉鎖的あるいは局地的な共同体になる（法的強制力の事例はわきに置くとして）。たとえば，多数の国民からなる帝国の国際的都市。そこでは国家の役人たちは特定のアイデンティティを育成せず，相異なる集団が自らの制度的構造を作ることを許す（古代アレキサンドリアのように）。あるいは大量移民の移動を受け入れるセンター（20世紀初頭のニューヨーク）。そこでの国というのは，開かれてはいるが異邦の世界，別の言い方をするなら，異邦人に満ちた世界である。この場合は，国家がまったく存在しない，あるいは国家が機能していない地域に似ている。たとえば，17世紀イギリスの救貧区のように福祉のお金が集められ，地区で使われる場合，その地区の人々は，福祉の受け手になる可能性のある新来者を排除しようとするであろう。隣人関係の共同体を，入って来ることを選択したどんな人にも開けておくのが，福祉の国民化（あるいは文化と政治の国民化）にほかならない。

　国が少なくとも可能性として閉じられている場合にのみ，隣人関係が開かれうる。国家が成員志願者を選抜し，選抜した個人の忠誠心，安全，福祉を保証する場合にのみ，地域の共同体は，もっぱら個人的選好と市場能力で決定される，「公平な」団体として形成される。個人の選好が地域の可能性に最も依存しているのであるから，これは私たちのような社会には好ましい仕組みであるように思える。近代の民主主義の政治と文化はたぶん，国家が提供する或る種の広さと，或る種の境界を必要としている。私は地方の文化と人種的共同体の価値を否定するつもりはない。私としては，包括的で保護的な国家が不在の場合には，この両者〔地方文化と人種共同体〕にたいする厳格さが生じることを指摘しておきたいだけである。国家の壁を取り壊すということは，シジウィクが不安そうに指摘したような，壁なしの世界を作るということではなくて，千の小さな砦を作り出すことである。

　砦も取り壊されるかもしれない。そうなると必要なのは，地域共同体を圧倒できるほど十分強力な世界国家だけである。その場合，結果はシジウィクが描いたように，経済者たちの世界であろう。根本的に根なし草の人々の世界，隣人関係は或る自発的な基盤の上に，一世代あるいは二世代は結合力のある文化を維持できるかもしれない。しかし，人は入って来，人は出ていく。結合力はすぐになくなってしまうかもしれない。文化と集団の特徴は閉鎖性に依存しており，それなしでは人間生活にとって安定したものとは思えないだろう。ほとんどの人々がそう思っているように，もしもこの特徴に価値があるのなら（もっとも，その中には世界的多元主義者もいるし，地域中心主義者もいるが），閉鎖性がどこかで許されていなくてはならない。主権国家のようなものは，政治組織の或るレヴェルでは，移民の流れを管理しまたときには制限し，それ自体の受け入れ政策を作る権威を必要とする」（M・ウォルツァー『正義の領分』而立書房，1999年，72-73頁）。

▶ 2-6　移民のイギリス社会への貢献

「英国でエリザベスが権力を掌握していた頃，フランスでは大規模な宗教内乱が起こっていた。この戦争は，ユグノー（フランス新教徒）であったアンリ四世がカソリックに改

を超えていて，直接投資にも匹敵する規模になっている。在外インド人に
よるインドへの送金額は年間1100億ドル余りに及ぶ（世銀，2022年）。ま
た中米のエルサルバドルでは，米国など海外からの送金額がGDPの20％
を超え国民経済全体を左右する規模になっている（▶2-7）。とはいえ，移
住先で弱い立場にある移民の人権や福祉は，当然忘れることのできない問
題である。また今日豊かな国が歓迎する移民は，医者や看護師，IT人材
など養成に大きな投資が必要な専門的技能を持つ人々だが，そうした高度
人材を失うことは送出国にとって大きなマイナスとなる。いわゆる**頭脳流
出**である。また，移民からの送金は少額なので送金コストが高く，しばし
ば地下銀行や犯罪組織が関与することになる。しかも貧しい本国の家族が
多額の海外送金で潤うことは，社会的なアンバランスを伴いがちである
（▶2-8）。

　伝統的に移民を多数受け入れてきた欧米諸国は，経済の高度成長が終
わった1970年代以降，移民の受け入れに厳しい制限を課すようになって
きている。この点は，モノやカネの移動が自由化されてきたのと顕著な対
照をなしている。経済状況が厳しくなると排外的なポピュリズムに結びつ
きがちである。さらに受け入れた移民の処遇は，受け入れ国の国内問題に
留まらず，移民の送出国の様々な政治的・社会的軋轢の影響を受けること
にもつながる。このことは，自国に在住する中東地域からのイスラーム教
徒の移民を通じて，ヨーロッパ諸国が中東での紛争の影響を自国内部に抱
えこむことになっていることから理解できよう。

　もちろん，国際移民の問題性だけを強調するのは誤りである。しかも移
民が増加してきた背景には，移動手段や情報伝達手段のめざましい発達と
いう条件があるので，移民を完全に遮断することは現実的には不可能であ
る。さらに高度人材の海外移住は頭脳流出として懸念されてきたが，そう
した高度人材が海外で受けた教育，培った経験や人脈を本国で活かすこと
によって本国にも利益をもたらすこと，すなわち**頭脳循環**（brain circula-

宗し，ナントの勅令を発して一応の終結を見た。結果的には，ユグノーは戦争に敗れたのである。

　カソリックが金銭を不浄なものとみなしたのに対し，プロテスタントは経済・商業活動を是認した。したがって，プロテスタントはこれまで蔑まれていた金融・産業・技術の分野に大手を振って参入していった。このことは，プロテスタント国ローカントリーがなぜ産業・技術が高かったかの説明にもなっている。

　フランスのユグノーもまったく同じであった。彼らは，フランスの金融・商業・工業を掌握し，地方の最も裕福なブルジョアジーは皆ユグノーであった。

　当初，フランスの宗教戦争は，中央集権コントロールをしようとするブルボン家に対する反乱という政治闘争のかたちをとっていたので，反乱に加わった貴族の半分はユグノーであった。しかし，日和見主義の貴族達は，形勢不利となるとカソリック教会側に寝返った。このため，中産階級のユグノーは一斉にエクソダス（国外脱出）を開始した。一説によれば，17世紀の100年間に，合計100万人近いユグノーが国外に出たといわれる。当時のフランスの人口はおよそ2千万人で，そのうち1割はユグノーであった。……

　大規模なユグノー村が出来たのは，英国，アイルランド，オランダ，ドイツ，スイスの五地方である。英国には，5万から9万人のユグノーが移住した。今世紀の初め，ロンドン周辺にはまだ30のユグノー教会が散らばっていたそうである。

　なぜ，これほど多くのユグノーが徒党を組んで英国に渡ったかについては定説はない。英国の経済史家E・リスボンによれば，もともと英国人は自分たちの国の人口が大陸の強国に比べて少な過ぎるというコンプレックスが強く，そのため外国人移民に対して寛容であったという。たとえば，王政復古後のチャールズ二世は，議会に対してプロテスタント移民の帰化を促進する法案を提出した。

　この法律は，現在の日本が見習うべき内容を持っている。移民の子弟を無差別で英国の学校に編入させること，商業や貿易に従事することを奨励すること，彼らの身の回りのものの搬入には関税をかけないこと，出国港まで英国の入管役人を派遣し，無料で英国入国の際のパスポートを発行するなど，至れり尽くせりである。

　しかし，弟のジェームズ二世はカソリックへの傾斜が強く，また優秀なユグノーがどんどん出国して困っているルイ十四世に同情してか，あまり積極的な移民受け入れ政策をとらなかった。けれども一般民衆はユグノーを歓迎したため，彼らはやすやすと英国経済の中枢に浸透していった」（薬師寺泰蔵『テクノヘゲモニー』中公新書，1989年，64-66頁）。

▶ 2-7　本国送金の意義と規模

「過去20年間に諸国が外国人労働者に国境を開放するにつれて，開発途上国に対する海外送金は1980年の177億ドルから1990年の306億ドルに，さらに2002年には800億ドルへと急増した。貧しい国々にとって海外送金は，重要な外貨源として登場してきたのである。2001年には海外送金は，対外援助の2倍，民間の純資本移動の10倍の金額に達している。受け取りの多いのは，一人当たりの国民総所得が736から2935ドルの下層中流

tion）のメリットも認められつつある。シリコンバレーで働く IT 関連の技術者や起業家にはインド，中国，台湾などの出身者が多く，そうした人材が本国で新たなビジネスを立ち上げる事例も増えた。

　なかでも代表的な人物が，半導体業界で世界最大手の TSMC を台湾で創業した張忠謀（モリス・チャン）である。チャンは 1931 年，中国東部の浙江省で生まれたが，蔣介石の国民党を支持する父とともに国共内戦を逃れ香港へ移住する。さらに日中戦争と国共内戦の戦火を逃れ中国大陸を転々として再び香港に移り，渡米してハーバード大学と MIT で学んだ。修士号取得後，米国でエンジニアとしてキャリアを積み，スタンフォード大学で博士号を取得し，半導体大手の米テキサス・インスツルメンツで上級副社長まで昇進した。しかしその後，国をあげて半導体産業の育成を目指す台湾政府に請われ，50 代で台湾に移住する。チャンは台湾工業技術研究院（ITRI）の院長を務めつつ，1987 年に TSMC を創業する。当時はまだ日本の半導体産業に勢いがあった時代である。設計から製造まで一気通貫で行う日本の電機メーカーと同じやり方ではなく，TSMC は，製造に特化するファウンドリというビジネスモデルに賭けた。米国のメーカーが設計に集中するなか，TSMC は製造受託により業績を伸ばすことに成功する。結果的に，チャンが創業した TSMC が牽引する形で，半導体は台湾が世界に誇る基幹産業となった。中国大陸を追われ，米国の大学で学んだのち半導体産業で経験を積んだチャンは，台湾政府と二人三脚で TSMC を発展させた「台湾半導体の父」と呼ばれている。その成功を支えたのは，チャンをはじめ台湾の人々が長年，グローバル企業と培ってきた人脈であった。他方で，日本企業が 1990 年代後半以降，半導体産業における国際的なシェアを低下させた理由のひとつは，日の丸自前主義にこだわり，世界とつながるオープンイノベーションのエコシステムを築くことができなかったことにあった。

　日本は江戸時代の「鎖国」政策により国境を越える人の移動を制限して

諸国で，世界中の海外送金の半分を受け取っている。……

　しかし諸国政府や国際機関が強い関心を持っているのは，金額だけが理由ではない。海外送金はもっとも安定した金融フローの源泉として現れてきたからだ。海外援助とは違い，海外送金は援助国の気まぐれに左右されることはないし，国際援助機関の面倒な条件をつけられることもない。また対外投資や貸し付けとはちがって，民間投資家やファンドマネージャーのように一斉にカネを出し入れするようなパターンとは無縁である。途上国が一番カネの必要な経済危機に際しても，彼らが一番当てにできるのは，豊かな国々でもなければ，高度な金融手法を駆使するファンドマネージャーでもなく，むしろ何百万もの普段は力のない移民労働者たちなのである。……

　開発問題の専門家の間では，海外送金は彼らの心の琴線に見事に共鳴する。これは，非効率的な社会主義でもなく，乱暴な資本主義でもない，共同体的な「第三の」アプローチにぴったり当てはまり，自助の原則の好例となるからである。貧しい国々の人々は，ただ外国に出てカネを本国に送れば，それで自分の家族だけではなく自分たちの国も助けることになる。それによって，政府ではなく移民たちが最大の対外援助の供給源となるのである」（D. Kapur, J. McHale, "Migration's New Payoff", *Foreign Policy*, November / December 2003, pp. 49-51）。

▶ 2-8　海外送金の送出国への影響

　アフリカのマリは，旧宗主国のフランスへ多数の移民を送り出している。移民からの送金は貧しいマリにとって，経済的な意味が重く複雑である。

　「〔移民による〕利益は移民達が建てた家を一見すればすぐわかる。彼らの家は，藁葺き屋根の泥の煉瓦作りの小屋ではなく，広くてコンクリート造りだ。女性はいろいろな衣服を買えるようになったし，子供達は明るい色のサッカーのジャージーを着ている。村の事務職員のマモドゥー・シラが説明してくれるところでは，主としてフランスに行っている人ばかりの移民が，灌漑用のポンプ，電動脱穀機，新しい大きな井戸，コメの貯蔵庫，学校，そして二つの塔のあるすばらしいモスクなど，2000 人の村の住人の公共施設を維持している。

　「いったん自分の兄が，ここでは運の良い政府の役人が 2 年間で稼ぐ額を 1 ヵ月で稼ぐことがわかれば，なにをしたらいいかはすぐわかるよ」と，ボブ・マーレーの音楽を聴きながら村人の髪を切っている 21 歳のババドゥ・バゴヨゴが言った。「俺も行くよ。そうしないといけないし，アフリカでは何もできないから」。……

　本国に送金された金は公的な開発資金よりすでに多額に上るが，持続的なダイナミクスを現地経済に与えるという意味では，やはり同様に効果がない。それは村をなんとか食べさせるだけである。地元の生産的な資源への投資を欠いて，稼いだ金は主として，コメから建築資材，燃料，そして種などの輸入品を賄うのにあてられる。

　「移民達はあらたな需要をつくり出したのです」と村長のイブラヒム・トラオーレは言う。若者達は地元の伝統的な産物であるサトウモロコシやアワやキビなどの雑穀には見向

いたが，明治維新を機にハワイなど米国や南米への移民が急増し，移民送出国に転じた。これは他の多くの開発途上の国々と同様である。そして戦前に日本が領土を膨張させるなかで中国，朝鮮半島，台湾へ移住したり，また当地で生誕した日本人は，1945年の敗戦とともに引き揚げることになった。1950年代には海外移住を支援する政策がとられ，南米を中心に新たな生活を求めて少なからぬ日本人が海を渡った。その頃から日本国内の経済成長が急速に進み，日本企業はグローバルな事業拡大のため多くの駐在員を世界中へ送り出した。つまり比較的最近まで日本は移民の送出国であり，流入する移民を積極的に受け入れてきたわけではなかった。

　しかし1980年代末から90年代初頭の金融バブルの時代になると，円の対外的価値が急上昇する一方で，日本国内では労働力不足が叫ばれ，海外からの労働力への需要が一挙に高まった。バブル崩壊と日本経済の停滞とともに，こうした移民労働力への関心は一気に失われたが，21世紀に入ると，景気の回復とともに日本の人口減少に対する懸念が強まったこともあり，本格的な移民の受け入れに関するさまざまな提言が，財界や政界の一部から提出されるようになった。

　だが，すでに海外から日本に移り住み日本人と日常生活を共にしながら，日本の労働力の一部を構成している人々を，「移民」と呼ぶことは避けられてきた。そして「多文化共生」という耳当たりはよくても内実の乏しい言葉は繰り返されるが，こういった人々とどのような関係を取り結ぶのかという，多くの欧米諸国が対処に苦慮している難しい問題に正面から取り組んでいるとは言えない。これらの人々を敵対的な集団にしてしまうのか新たな同胞として自国の力にできるのかは，日本という国全体の器量が問われる問題なのである。

きもしなくなり，かつては贅沢品だったタイから輸入したコメを買う。「優れた人材の流
出を防ぐには，われわれは自分たちの消費するものを自分たちで生産することから始める
べきです」。自身海外移民の経験があるトラオーレは，答えは教育と職業訓練にあると確
信している。
……「〔村の若者は〕あまりにも外からの支援に頼っています。彼らは，移民達からほとん
どなんでももらっていて，自分たちはここで失業しているのです」」(*Guardian Weekly,* January
6-12, 2006)。

3　安全保障貿易管理と感染症

　経済が国境を越えてますますグローバルに展開するにもかかわらず，主
権国家は依然として政治的正統性の唯一ではないにせよ究極的な源泉であ
るという事実は，当面変化する気配がない。だがグローバル化は，国家の
中核機能である安全保障に対しても，様々な課題を突きつけてきた。グ
ローバル化の結果，モノやカネや移民だけではなく，大量破壊兵器やテロ
リストも世界中を動き回るようになった。一方で領土防衛という伝統的安
全保障が無意味化したわけではないが，他方で国境を透過する様々な脅威
にどのように対応するのかという問題が先鋭化してきた。

　自由市場経済を唱道してきたアメリカが，冷戦後も躍起になって管理を
強化してきたのが大量破壊兵器関連の機材や技術の国際的な流れである。
冷戦終了に伴って，ココムやチンコムは解体されたが，輸出管理レジーム
はむしろ強化がはかられてきた。その大きなきっかけとなったのは，
1990-91 年の湾岸危機および湾岸戦争である。イラクは 1980 年代のイラ
ン・イラク戦争で化学兵器を使用したことがすでに知られていたが，湾岸
戦争後に国際原子力機関（IAEA）と国連が査察に入ったところ，生物・
化学兵器の生産・保有に加え，核兵器の開発を進めていたことが明らかに
なった。しかもイラクは冷戦期のココムや輸出管理レジームで制限されて
いたスペックを下回る製品や，そもそもリストに載っていない汎用品を利
用していた。これを機に大量破壊兵器の懸念国への拡散（proliferation）が
脅威として認識されるようになり，アメリカをはじめ欧州，日本など先進
国は従来のリスト規制に加え，後述するキャッチオール規制を導入した。
既存の核兵器や生物・化学兵器関連の輸出管理レジームの強化がはかられ，
また通常兵器や機微な関連汎用品・技術の輸出を管理するためワッセ
ナー・アレンジメントが設立された（▶ 3-1）。

▶ 3-1 輸出管理国際レジームの概要

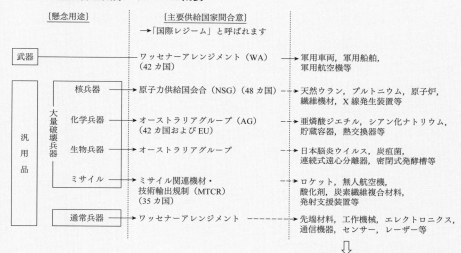

[懸念用途]　　　　　　　　[主要供給国家間合意]
→「国際レジーム」と呼ばれます

武器 ──── ワッセナーアレンジメント（WA）──→ 軍用車両，軍用船舶，
（42 カ国）　　　　　　　　　　軍用航空機等

汎用品 ┌ 大量破壊兵器 ┬ 核兵器 →原子力供給国会合（NSG）（48 カ国）--→ 天然ウラン，プルトニウム，原子炉，繊維機材，X 線発生装置等
│　　　　　├ 化学兵器 →オーストラリアグループ（AG）--→ 亜燐酸ジエチル，シアン化ナトリウム，貯蔵容器，熱交換器等
│　　　　　│　　　　　　（42 カ国および EU）
│　　　　　├ 生物兵器 →オーストラリアグループ --→ 日本脳炎ウイルス，炭疽菌，連続式遠心分離器，密閉式発酵槽等
│　　　　　└ ミサイル →ミサイル関連機材・技術輸出規制（MTCR）（35 カ国）--→ ロケット，無人航空機，酸化剤，炭素繊維複合材料，発射支援装置等
└ 通常兵器 →ワッセナーアレンジメント ------→ 先端材料，工作機械，エレクトロニクス，通信機器，センサー，レーザー等

※上記は「リスト規制」の例。リスト規制に該当しない貨物や技術であっても，需要者が武器禁輸国の軍事企業であるなど兵器開発に用いられるおそれのある場合には「キャッチ・オール規制」の対象となり，大部分の貨物が規制対象となる。

出所）経済産業省「日本と世界の安全保障のための輸出管理」（2004 年 1 月）の図を一部改変。

　多くの国々がかかわる貿易管理は実効性を確保するのが難しい。安全保障上の脅威は国によって様々で，たとえばイランの大量破壊兵器の拡散問題と北朝鮮におけるそれとは，日本にとってまったく切実度の異なる問題である。また安全保障上の利害と経済上の利害は対立しがちである。輸出を規制すればそれにより経済利益を喪失するので，短期的な利益のために規制レジームから抜け駆けする誘因が，企業レベルでも国家レベルでも常に存在する。さらに経済的利益と安全保障上の利益とのバランスをとるのは常に難しいが，戦略的な利害や地政学的な条件が異なる諸国が，そのような微妙なバランスの取り方について合意するのは一層困難である。ロシアのウクライナ侵略後，欧米と中国，インドとの間で，さらには EU 加盟国の間でも対ロシア制裁について足並みが揃わなかったことは，そうした困難さを示す典型的な事例である。

　また言うまでもなく，モノやヒト，情報や知識も国境を越える動きが加速し，それによって輸出規制をすり抜けようとする試みも，第三国への迂回輸出などの方法で巧妙化し，貿易管理は技術的にますます困難になっている。今日では，デュアルユース技術を安全保障目的のためにどのように管理するかが問題の焦点になりつつある。市場で活発に取引されるだけに，そのような汎用品やデュアルユース技術の移転を制御するのは難しい（▶3-2）。そのため，デュアルユース技術の輸出規制には，規制品目を列挙するリスト規制だけではなく，使用目的や最終需要者によって当局の輸出許可を義務づける，キャッチオール規制が導入されるようになった。またどれほど国家が監視を強化しても，水も漏らさない国境措置は不可能なので，企業側の自主的な協力を組織するために，いわゆるコンプライアンス・プログラムを各企業が設けることを奨励し，民間企業を輸出規制ガバナンスに有機的に統合する努力が続けられている。

　豊かな諸国でもグローバル化の安全保障上の挑戦に応ずるのは大変である。ましてや十分な知識の蓄積もカネも人材もない開発途上国は，グロー

▶ 3-2　迂回輸出の摘発事例

「2002 年 11 月，M 社は，直流安定化電源装置を直接，北朝鮮向けに輸出しようとしたが，経済産業省からキャッチオール規制に基づくインフォームを受けた為，輸出を断念した。同装置は，メッキ加工等の民生用途がある一方，核兵器やミサイルの開発に用いられる恐れがあり，とりわけウラン濃縮に使う遠心分離器にも利用され得る貨物である。翌2003 年 4 月，同装置 3 台（販売価格合計 195 万円）を積み込んだコンテナ貨物船が，タイに向けて出港した。経済産業省は，当該貨物船の出港後にその存在を認識し，同社は前年のインフォームに関わらず，タイ経由で北朝鮮向けに輸出を図っている疑いがあるとして，直ちに寄港予定の香港の輸出管理当局に連絡し，結果，同月 8 日，香港税関の協力を得て当該貨物を差し押さえることに成功した。また，同日，東京では，経済産業省の検査官が同社に対して外為法に基づく立入り検査を実施し，またタイでは日本大使館職員が当該貨物の輸入者に対して，任意の調査を実施した。

　結果，同社がタイ経由で北朝鮮向けに輸出しようとしていたことが判明し，同年 5 月の警視庁による同社への強制捜査を経て，11 月，同社は外為法違反容疑で刑事告発された。また，北朝鮮への違法輸出しようとした外為法違反容疑により，同社社長を書類送検した。2004 年 2 月 23 日，東京地裁裁判官は「大量破壊兵器の拡散防止のための輸出規制を無視した犯行は看過できない」と指摘し，同社の社長に対する懲役 1 年・執行猶予 3 年，同社に対する罰金 200 万円の有罪判決を言い渡し，本判決は翌 3 月 8 日に確定した。また，経済産業省は，行政制裁（輸出禁止 3 ヶ月）を決定した。

　……2004 年 5 月に北朝鮮の貿易会社が韓国の企業からタイの化学会社を通じて，化学兵器への転用可能なシアン化ナトリウム 70 トンを輸入しようと試み，タイの捜査当局に輸出を停止させられた事例があり，また，ドイツからシンガポールに向けて輸送中だったシアン化ナトリウムトンについてドイツ政府が「北朝鮮向け密輸の疑いがある」として停止させた事例も報道されている」（鈴木達治郎・田所昌幸・城山英明・青木節子・久住涼子「日本の安全保障貿易管理──その実践と課題」『国際安全保障』2004 年 9 月，第 32 巻第 2 号，22-23 頁）。

バル化に一方的に翻弄されがちである。だが国家が破綻するか，そこまでいかなくても十分な統治ができなければ，その影響は現地の人道的な災禍に留まらず，国境を越えて波及するのが，グローバル化の現実である。

　たとえば組織犯罪も，警察や司法機能が弱い国を隠れ家にして，国際的に行動を拡大する。このような組織犯罪にとって最大の資金源である麻薬売買から得られる利益は，ある推計によると年間3000億ドルから5000億ドルに達する。一部の国では麻薬から得られる利益は，その国のGDPの相当部分を占める重要産業ですらある。それらの麻薬は，豊かな国で消費され，それらの国の安全を日夜脅かしているのである（▶ 3-3）。

　大量破壊兵器の拡散や国際犯罪と並んで，国境を越えるグローバルな脅威となってきたのが，感染症である。公衆衛生の向上や医学・医療の発達などで，感染症は一時は制圧されたかに思われたほどであった。しかし1990年代にグローバル化が進展するなかで，新たな感染症や過去に流行した感染症，つまり新興・再興感染症のパンデミックが懸念されるようになった（▶ 3-4）。その背景には，人口増加と急速な都市化により森林が破壊され，それまで密林の奥の野生動物や家畜が持っていた病原体に人間が接触する機会が増えたこと，グローバル化によって国際的なヒトの移動が激しくなったことなどがあげられる。

　感染症がグローバル化にともなう現実の脅威としてひろく認識されるようになったきっかけは，2002年11月に中国で初症例が確認された新興感染症のSARS（重症急性呼吸器症候群）であった。SARSは中国・広東省を起源とし，香港から世界へ，グローバルな人の流れに乗って短期間に感染が広がった。WHOは香港および広東省への渡航延期勧告を全世界に発出したが，これはWHOが1948年に設立されて以来，初めてのことだった。各国で空港での検疫とサーベイランス（検出）が強化され，感染者やその接触者の隔離が行われた。幸いにも2003年7月にSARSは終息した。その後も，2009年に新型インフルエンザA/H1N1，2012年にMERS（中東呼

▶ 3-3　麻薬と破綻国家

「アフガニスタンでは，大麻，アヘン（オピウム），アヘンを精製して造られるヘロイン
が主に流通している。特にアヘンはアフガニスタンが世界最大の生産国だ。世界で違法に
生産されるアヘンの80％以上はアフガニスタン産だといわれる。国連薬物・犯罪事務所
（UNODC）の統計をみると，アヘン・ヘロインの原料となるケシの栽培は過去20年のあ
いだ高水準を維持してきた。アフガニスタン全国のケシ生産高は2000年には3275.9トン
と推定され，史上最高を記録した2017年には9千トンに達した。それに続く2年間は旱
魃などの影響で減少に転じたが，それでも2020年は6300トンと高い水準にある。……ア
フガニスタンにおける薬物蔓延の背景は複雑である。主な要因として，①およそ40年に
わたる紛争によって国内治安が極度に悪化している，②中央政府の統制が全国に及んでい
ないため失業と貧困が蔓延し，農家や労働者が換金性の高いケシの栽培に従事せざるを得
ない状況がある，④経済・医療インフラがいまだ十分に整備されていないため手に入りや
すい安価な薬物に頼りがちとなる，などが挙げられよう。……（アフガニスタンの違法薬物
の）密輸については三つの主要ルートが特定されている。①中央アジア経由でロシアに流
れる「北方ルート」，②パキスタンやイランの港を経由してインド・湾岸諸国・東アフリ
カに流れる「南方ルート」，③イラン，トルコ，バルカン諸国を経由してヨーロッパに流
れる「バルカン・ルート」だ。ただし密輸手段は日々巧妙化・多様化しているのが現状だ。
犯罪者間の連絡・決済でも，ダークウェブや暗号通貨による追跡困難な手段が用いられる
ようになった。……日本からの支援のもと，2016年にUNODCが実施した女性の薬物使
用障害治療に焦点を当てた調査では，薬物の使用背景が明らかにされている。それによる
と，伝統的な治療薬としてアヘンを使用していたことに加え，男女ともに雇用がないこと，
カーペット製造など重労働による肉体的な痛みの解消，パートナーや家族からの誘い，長
引く紛争や過酷な生活による身体的・精神的な苦痛・ストレスの緩和，といった理由で薬
物が使用されている。地方で働く母親からは，家計を支えるために働かなければならない
が，仕事中に泣き続ける子どもをあやすためアヘンを吸引させているといった報告もあっ
た。……効果的な予防・治療・社会復帰プログラムを広く地域へいきわたらせるために
はいまだ多くの課題が残されている。保健医療，司法・法執行，教育，社会保障・雇用セ
クターなどを含めたより強く幅広いパートナーシップのもとで薬物・保健政策，教育・保
健システム，予防・治療・リハビリテーションなどを包括的かつ継続的に強化していく必
要がある」（樫野亘・保坂英輝「アフガニスタンの麻薬・違法薬物」前田耕作・山内和也編著
『アフガニスタンを知るための70章』明石書店，2021年，330-34頁）。

▶ 3-4　感染症について

「15世紀末には大航海時代が幕を開ける。海を走る船によって大陸間の結びつきは加速
された。新大陸に渡ったピサロやコルテスは，わずかな手勢で強大なインカ帝国やアステ
カ帝国を滅ぼしてしまう。しかし，この文明の真の破壊者は，スペイン人とともに大西洋
を渡った病原微生物である。なかでも天然痘はこの疫病の処女地に襲いかかり猛威をふ

吸器症候群），2013 年に西アフリカでエボラ出血熱が流行したが，これら
も収束していった。

　そして 2019 年末から中国・武漢で流行したのが新型コロナウイルス感
染症（COVID-19）であった。この感染症は SARS 等と異なり，発症前や
無症状であっても他の人へ感染させる特徴があり，感染力が極めて強い。
各国が検疫やサーベイランスを強化したが，封じ込めができるウイルスで
はなかった。武漢から世界中へ，静かに，あっという間に広がった。
WHO は 2020 年 1 月 30 日に新型コロナが，国際的に懸念される公衆衛生
上の緊急事態（PHEIC）であると宣言した。各国政府が感染制御のため国
境管理を強化し，国内では外出や行動に制限をかけるロックダウンを実施
した。グローバルな人の往来により広がった感染を制御するには，人の移
動の自由を制限するしか手がなかったのである。それでも新型コロナの感
染拡大を制御することはできなかった。2020 年 12 月に感染や重症化を予
防する mRNA ワクチンの接種が始まり，さらに治療薬も開発できたこと
は，人類にとって僥倖であった。ウイルスは変異を続け流行の波を繰り返
したが，ワクチンと治療薬がグローバルに普及し，また各国で検査や医療
システムも強化された。2023 年 5 月，WHO は PHEIC を解除し緊急事態
は終了したが，新型コロナはその後も人々の命と健康を脅かし続けた。

　グローバル化は大量破壊兵器の拡散，国際犯罪，感染症など，国境を越
える新たな安全保障上の脅威をもたらしてきた。世界中を動き回る国際テ
ロリズム組織にとって，国家破綻がもたらす無法地帯は絶好の拠点を提供
する。次のパンデミックも新型コロナのように，国境をやすやすと越えて
広がっていくだろう。国境の維持と管理だけでは，大量破壊兵器の拡散も
感染症も食い止めることはできない。

るった。……中央メキシコの人口は，17世紀初頭には，半世紀前と比べて6分の1に激減したと推計する学者さえいる。……

……やがて，ヨーロッパ列強はアジアに進出し，各地に植民地が築かれる。しかし，19世紀になると，それまでインドの風土病とみなされていたコレラが全世界の流行病に変じてしまう。その襲来によって，ヨーロッパの大都市は新しい都市環境づくりに取り組まざるをえなくなる。……イギリス人が紅茶を飲むのも，コレラ菌に侵された生水の代わりであり，消化器疾患の予防薬でもあったからだという」（本村凌二「感染症の世界史」『国際問題』525号，2003年12月，5-6頁）。

「1967年5月，世界保健機関（WHO）は，各国からの要請により，天然痘根絶計画を発足させました。それから10年，アフリカやアジアの山野を文字通りかき分けての活動が続けられ，ついに1977年2月に報告されたソマリアの患者以後報告が途絶えました。WHOは，さらに2年間の調査を行い，79年10月には世界全体からの根絶を宣言しました。公衆衛生上そして感染症対策の歴史に残る大勝利として記録に残っています。現在，天然痘の野生株は米，露の二カ所の研究所で厳重に保管されています。

……日本が所属する〔WHOの〕西太平洋地域事務局は国と地域を所轄していますが，年にはこの地域で報告されたポリオは例以上にのぼりました。しかし，予防接種を一斉に実施した結果，1994年には74例に減り，95年には31例に，そして97，カンボジアの女児を最後に同地域でのポリオはなくなりました。……

……1969年，アメリカの厚生長官は「伝染病に関する書物を閉じるときが来た。これからは悪性腫瘍，心臓病だ」という声明を出しました」（葛西健「アジアの感染症と日本」竹内勤，中谷比呂樹編著『グローバル時代の感染症』慶應義塾大学出版会，2004年，189-90頁）。

「1980年代初頭にHIV/AIDSが発生したことと，薬剤耐性を獲得した病気（特に抗生物質が効かないもの）に対する理解が深まったことが契機となって，各国はようやく伝染病サーベイランスを実施することの重要性に気づき始めた。伝染病の広まりをコントロールすることを，主要先進国が歴史上初めて真剣に考えるようになったのである。

1990年代初頭から半ばにかけて，新旧種々の伝染病が途上国で爆発的に発生した。ペルーでコレラ発生（1991年）。エジプトでリフトバレー熱発生（1994年）。インドとチリでペスト発生（それぞれ1994年，1995年）。ザイールとガボンでのエボラ発見（1996年）。チリでのハンタウィルスの発見（1997年）。……また，ライム病，退役軍人病（肺炎の一種），ハンタウィルス，水や食物を感染経路とする大腸菌がアメリカ合衆国で発生したことはよく知られている」（M・W・ザッチャー「地球規模での伝染病サーベイランス」I・カール他編『地球公共財——グローバル時代の新しい課題』日本経済新聞社，1999年，144-45頁）。

4 グローバル・ガバナンス

伝統的な国際秩序モデルは，世界を主権国家で領域的に分割して統治するというものである。したがって統治は，各領域国家がおのおのの資源と責任で提供するのが原則である。現代でも統治の大部分がこの方法で提供されていることに変化はない。

だが同時に，主権国家の領域統治では対処できない問題がグローバル化にともなって深刻化したことを，この章では示してきた。そのため国家だけではなく国際機関やNGOなど様々な主体が，様々な方法で国際社会の様々な公的秩序供給機能を果たそうとする**グローバル・ガバナンス**が語られるようになった。ただし国家はグローバル・ガバナンスに依然として欠くことのできない要素である。というのは枢要な分野で，国家の役割に取って代われる存在が当面現れそうもないからである。まず軍隊や警察・司法制度などの安全保障機構の正統性については，当面，国家以外にその究極的な源泉は考えられない。またグローバル・ガバナンスのための物的資源も，圧倒的な部分が国家によって管理され分配されることは，当面変化しそうもない。したがって，気候変動にせよ，麻薬や人身売買にせよ，それぞれの国家がそれぞれの領域で統治を確立することは，グローバル・ガバナンスにとっても，十分ではないにせよ必要な条件なのである。

では国家が期待されるような秩序提供機能を果たせない事態，たとえば国家破綻やそれに近い状態が出現すればどうなるのだろうか。帝国や世界政府といった統治モデルを採用しなければ，結局それぞれの国家機能を強化する以外，グローバル・ガバナンスを確立する方法はなさそうである。国家は戦争を起こし圧政を課すかもしれない危険な存在だが，国家なき世界はもっと危険なのである（▶4-1）。つまりグローバル・ガバナンスには，破綻状態の国家を国際的に再建したり，そのような弱い国家の統治能力の

▶ 4-1　イラクにおける国家建設の逆説

「その将軍はのけぞって大笑いしたので，腹の筋肉が大きく波打つほどだった。ジャマル・アハメド将軍は，サダム・フセインが自分の作戦司令室にやって来た時のことを語ってくれた。イラク軍の将軍たちは皆アメリカ軍に叩きのめされることを知っていたが，イラクが勝つのだと言い張るこの指導者が怖くて，違うことを言い出せなかった。

今バグダッドの北部境界に接する地域の 1500 人からなる旅団の司令官として，48 歳のアハメドは，今度は新しいイラク指導者がアメリカ軍に撤退を要請しているのを耳にしなければならないが，もしそうなればイラク軍がもたないことを知っている。

「我々は今絶対にイラクにアメリカ軍を必要としている。でないとイラク軍はもたない。我々は殺されてしまうだろう。訓練も，武器も，装備も皆必要だ」。アハメドは，先週バグダッドから 20 マイル北にあるタジのオフィスでこう語った。

サダム政権下なら，こういう具合に言いたいことを言ったなら，処刑されていただろうが，今日のイラクでは自分の首を危険にさらすことなく，偽善を明らかにできる。今彼の旅団がちゃんと戦えるように懸命に助けているのはアメリカ軍のスタン・ウィルソン大佐である。このウィルソン大佐こそ，アハメドがサダム政権を倒した戦争で，激しく戦った敵だった。彼は，この逆説に大笑いしたのである。

ウィルソンはイラク軍が独力で戦えるように準備をするチームを指揮している。これが成功することは，イラク軍がアメリカ軍の段階的な撤退に応じて，その任務を引き継ぐという，アメリカの出口戦略にとって死活的な重要性があるのである」（*Sunday Times*, November 12, 2006）。

強化（capacity building）を行うといった努力が含まれるのである。そして
多くの場合，統治能力の確立には社会経済の開発が欠かせないが，開発も
逆に国家の統治能力に依存している。最小限の治安が確保されなければ，
人道的な支援活動すら展開できないし，現場での地道な生産努力も，暴力
による破壊で一気に水泡に帰してしまう。国家破綻にともなう極端な混乱
や，大規模な虐殺など人道的災禍が無政府状態から生じた場合には，外部
から何らかの介入によって国際社会の正統な一員たる有効な国家を再建す
る必要がある。それは現地における人道的な災禍に対処するだけではなく，
国際社会全体をテロや犯罪，難民や感染症などのリスクから守ることにつ
ながるからである。

　こうした背景から開発協力は，紛争予防や和平調停など政治的・外交的
な努力や，紛争地域での平和維持や平和執行などの軍事的な活動，そして
紛争影響地域の人々の社会的な統合や信頼醸成といった平和構築との結び
つきが強まった。紛争の発生をできる限り予防し，紛争が勃発してしまっ
た場合でも国連平和活動の展開により早期の収束をはかり，なんとか和平
合意が締結できれば紛争後の秩序を安定させ紛争が再発しないよう「持続
的な平和（sustaining peace）」を達成することが求められるようになった。
国際機関やNGOが提供する政治面や民生面での支援が，社会経済面での
支援と一体として行われねば，グローバル・ガバナンスの向上は期しがた
い。国際機関や国際NGOは，自ら現地でサービスを提供するだけではな
く，世論を喚起して国家や企業行動に影響を及ぼすアドボカシーの役割も
果たす。

　また国際機関にとっては，国際社会における規範作成やルール作りの
フォーラムとして「場を主宰する力（convening power）」を発揮することも
重要な役割である。国際機関や国際NGOがそうした役割を存分に発揮す
るためには，資金や人材などの資源とともに，効率的なオペレーションと，
そのマネジメントが重要となる（▶4-2）。

▶ 4-2　協議体としての国連における交渉と決議

「国連の政府間協議体は，加盟国代表の交渉者と事務局職員の知恵でできている。交渉者は常に，自国の関心事項に適切なリソースをつけるべく，あるいは執行のあるべき姿を実現すべく，如何に既存のしくみやルールの適用の前例を活かすことができるか懸命に検討して交渉し，その適用の実績はさらなる前例となる。また，事務総長のもとで事務職職員は，既存のしくみやルール自体をその時代のニーズにあわせて改新していくためにより多くの加盟国の支持を得られる形を模索し，時には加盟国の側から大幅な修正を施された形で，しくみやルールを進化させていく。国連決議は，そのような知恵の結晶であり，政府間協議体は，その蓄積でできている」（岩谷暢子『国連総会の葛藤と創造──国連の組織，財政，交渉』信山社，2019 年，196 頁）。

　さて，資金面から見ると国際機関はどのようにその資源を調達し，分配しているのか。2022 年時点で，世界銀行の統計によれば諸国政府の財政規模の総額は世界の GDP の 16 ％程度であった。これに対して国連の事務局や諸機関など国連システムの予算は計 743 億ドルほどで，これは世界の GDP の約 0.07 ％程度にすぎない（Financial Statistics, UN System Chief Executives Board for Coordination）。このうち，国連事務局の予算は約 72 億ドル（約 9432 億円）であった。為替の変動はあるものの 2022 年時点のレートで日本の地方自治体の普通会計予算と比較すると，京都府（9950 億円）とほぼ同じ規模である。また国連の現場は紛争国や途上国である。世界の紛争地に展開している国連平和維持活動（PKO）の予算は約 67 億ドル（8777 億円）で，これは熊本県（8780 億円）とほぼ同じ規模である。

　このような国際機関の財政収入の大部分は，加盟国の政府から支払われる分担金や任意拠出金によって賄われている。国連の通常予算は，1970 年代半ばから 1990 年代まで急速に拡大した後，90 年代には横ばいが続いたが，2000 年代にふたたび急上昇を続けた。PKO 関連の予算は冷戦後に一挙に拡大し，ミッションの規模や数によって激しくその財政規模の増減を繰り返している（▶ 4-3）。その後，国連事務局よりも PKO の予算の方が大きい時代がしばらく続いていたが，2010 年代から PKO の撤収が続き，2015 年をピークに PKO 予算は減少傾向にある。

　国連事務局の通常予算が上昇基調にある理由のひとつが，和平調停，和平合意の履行監視，平和構築などを担う「国連特別政治ミッション（Special Political Mission : SPM）」が積極的に展開されるようになったことである。SPM の経費は会計的には通常予算から支弁される。軍事要員が多く配置される PKO は財政的な負担も重い。他方で SPM は文民主体のミッションであり，財政負担をおさえたい加盟国にとっては受け入れやすい事情もある。ただ PKO も SPM も，いずれも安保理決議に基づき紛争影響地域に展開されるミッションであり，そうした活動はまとめて「国連平和活動

▶ 4-3　国連の財政

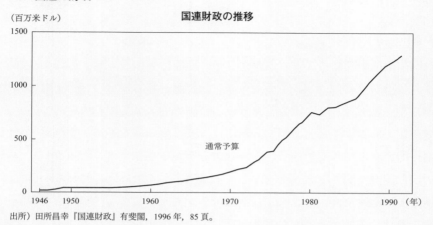

国連財政の推移

（百万米ドル）

通常予算

1946　1950　　　　1960　　　　1970　　　　1980　　　　1990　（年）

出所）田所昌幸『国連財政』有斐閣，1996 年，85 頁。

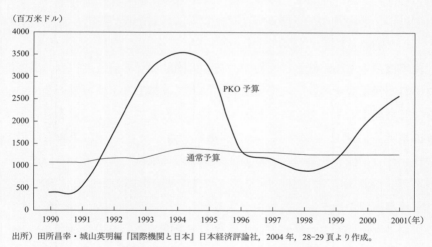

（百万米ドル）

PKO 予算

通常予算

1990　1991　1992　1993　1994　1995　1996　1997　1998　1999　2000　2001（年）

出所）田所昌幸・城山英明編『国際機関と日本』日本経済評論社，2004 年，28-29 頁より作成。

（UN Peace Operations）」と呼ばれる。PKO は南スーダン，中央アフリカ共和国，レバノン等に，SPM は西アフリカ，イエメン，中東，ソマリア等に展開されている。

　国際機関の活動を支える財源のうち，国際機関の設立規定等により加盟国に負担が義務付けられているものを分担金と呼ぶ。その分担率はどのように割り当てられているのだろうか。一国の内部でも税率を定めるのが大変困難であるように，諸国が分担率に合意するのは難しい。主権平等の原則に即すればすべての加盟国が一律の分担金を支払うべきだろうし，一部の国に国際機関の財政が依存することは望ましくないかもしれない。だが他方で，面積や人口，さらには貧富の差が極端に大きな国際社会の現実に照らせば，支払い能力や発言権に応じて分担金を決定すべきであるとする声も強い。実際に分担金と発言権を結びつける制度を採用している IMF のような国際機関もある。

　国際機関の財政制度は様々だが，多くの国際機関の資金分担は，基本的な事務運営経費を義務的な拠出とし，他方で政策的な事業経費の多くの部分を任意拠出とすることで，諸国の合意可能性を大きくしている。たとえば国際連合の場合は，基本的な機構運営をカバーする通常予算と，PKO 予算，さらに様々な事業のための任意拠出の三種類に分類できる。そして通常予算の分担は，「支払い能力」を基礎に加盟諸国が分担し，PKO 予算は常任理事国がやや大きな負担をする別の分担率が用いられる（▶ 4-4）。

　だが「支払い能力」は，どのような基準で決められるのだろうか。また財政負担の大きさと発言権の大きさをどのように関連づけるのだろうか。これらのおなじみの政治的葛藤が国際機関の財政問題にも生ずる。しかも国際機関の分担金は国際法上支払いの義務があるとしても，あくまでも支払いを拒む加盟国に，国際機関が税務署のように支払いを強制することは現実にはできない。そのため，これまでも一部の政府が自分の反対している活動や事業に対する支払いを一方的に拒んできた。そのため平和維持で

▶ 4-4 主要国の国連予算分担率

主要国の国連通常予算分担率の推移

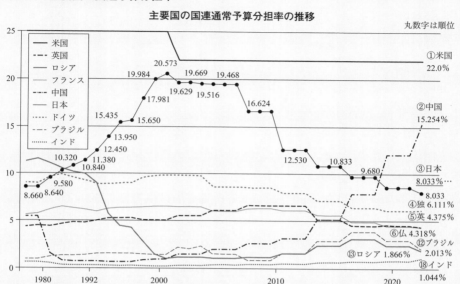

丸数字は順位

出所）https://www.mofa.go.jp/mofaj/files/100091311.pdf

主要国の国連 PKO 予算分担率（単位：%）

順位	国名	2021 年	2022 年	2023-2024 年
1	米国	27.8908	26.9493	26.9493
2	中国	15.2195	18.6857	18.6857
3	日本	8.5640	8.0330	8.0330
4	ドイツ	6.0900	6.1110	6.1110
5	英国	5.7899	5.3592	5.3592
6	フランス	5.6124	5.2894	5.2894
7	イタリア	3.3070	3.1890	3.1890
8	カナダ	2.7340	2.6280	2.6280
9	韓国	2.2670	2.5740	2.5740
10	ロシア	3.0490	2.2858	2.2858

出所）https://www.mofa.go.jp/mofaj/fp/unp_a/page22_001258.html

あれ開発援助であれ，個別のプログラムの予算を，賛同する加盟国政府の任意拠出で賄う方式がとられることが多い。それによって，一部の加盟国政府の非協力により国際機関全体が機能不全に陥ることは避けられる。だが他方で，国際機関の活動の国際的な共同責任としての性格が弱まり，一部の拠出国政府の意向によって国際機関の活動が左右されがちであるという問題が生じざるを得ない。

　一方NGOについて言えば，かつてから宗教団体や政治結社などの民間の団体が慈善事業や教育活動で大きな役割を果たしてきたし，地域共同体での人々の協力関係もありふれた現象だった。NGOの財源としては，一般市民や財団や企業からの寄付，あるいは自らの事業による自己資金などがすぐにイメージされるが，各国政府や国際機関などの公的資金が事業費として大きな役割を占めるNGOも少なくない。とりわけフィールドでの難民支援などの分野では，国際機関が活動の実施を現地のNGOにいわば委託するケースも多い。そして国境なき医師団（MSF）やセーブ・ザ・チルドレンなど大規模な国際NGOには，国際機関や民間企業を行き来しながらキャリアを重ねる職員も多い。人道支援の現場では，ユニセフやUNHCRのような国連機関とともに，国際NGOは欠かせない存在である。

　正確な定量的推計は不可能だが，この分野ではアメリカの様々な民間団体の資金力は群を抜いた影響力があり，企業並みのマネジメント能力を誇っているのは，特筆されるべき現象である。それは寄付を優遇する税制や，民間の慈善団体や宗教団体の活動の伝統，一般市民の公共空間への参加意識にも関連しているのかもしれない。だがNGOやNPOも，資金規模や影響力が大きくなれば，官僚主義，透明性や説明責任の確保といったいかなる組織にもありがちな課題に直面せざるをえない。また有力な国際NGOの多くが，豊かな欧米の諸国を拠点とするものであることは，善意によるものではあっても，グローバルな公共空間のグローバルな意味での民主的制御という観点からは問題をはらんでいる。だが市場での私的な利

313

▶ 4-5　持続可能な開発目標（SDGs）

　2015 年に国連総会で採択された「持続可能な開発のための 2030 アジェンダ」が定める，2030 年を期限とした 17 の開発目標。誰一人取り残さない（leave no one behind），多様性と包摂性のある社会の実現を目指す。17 のゴールの下に 169 のターゲット，231 の指標が定められた。

図版出所）https://www.mofa.go.jp/mofaj/gaiko/oda/sdgs/index.html

益の追求と，税金や選挙といった国家を通じた公的な世界への関わり以外にも，寄付やボランティア活動を通じて展開される，官と民の間の第三のセクターに，新たな公共性の担い手としての期待が高まったとも言える。

　ともあれ，こうした国際機関やNGOに支えられ，途上国が開発を進めてきたことは事実である。そして2015年からグローバル・ガバナンスの主要アジェンダとなったのが「**持続可能な開発目標（SDGs）**」である（▶4-5）。20世紀後半，途上国にとって最大の開発課題は貧困削減であった。1990年時点で極度の貧困（1日1.25ドル未満で生活）に苦しむ人の数は，世界人口の約36％，実に19億人に達していた。そこで2000年の国連ミレニアム・サミットでの宣言をもとにして2001年に策定されたのが「ミレニアム開発目標（MDGs）」であった。MDGsは極度の貧困と飢餓の撲滅など，2015年までに達成すべき八つの目標を掲げた。結果として2015年に極度の貧困で暮らす人の割合は約12％（約8.4億人）と，1990年の3分の1にまで減った。ただしその実態を見てみると，貧困人口を多く抱えていた中国やインドが急激な経済発展を遂げた影響が大きく，サハラ以南のアフリカでは極度の貧困が残された。また途上国政府のなかには，MDGsが自分たちの問題であるはずなのに，専門家中心の策定プロセスで決められたことへの不満が根強かった。そこで2010年頃から新たな開発目標の議論が国際社会で巻き起こり始めた。

　この頃，気候変動が深刻さを増していた。環境問題でキーワードとなってきた概念が「持続可能な開発（sustainable development）」である。その源流は，1987年に国連「環境と開発に関する世界委員会」が公表した報告書「我ら共有の未来」にある。同委員会の委員長は，ノルウェーのブルントラント元首相が務めた。その報告書で，将来の世代の欲求を満たしつつ，現在の世代の欲求も満足させるような，環境保全を考慮した節度ある開発，つまり持続可能な開発が提唱されたのである（▶4-6）。これを機に1992年にブラジルのリオデジャネイロにおいて，地球環境問題を議論する地球

▶ 4-6　ブルントラントの国連創設 70 周年記念寄稿

　グロ・ハーレム・ブルントラントはノルウェー初の女性首相。大学卒業後，小児科医として病院に勤務し，米国ハーバード公衆衛生大学院で学んだのち政治家となった。30 代後半で環境大臣に抜擢され，41 歳で首相に就任した。1998 年から 2003 年まで世界保健機関（WHO）事務局長も務めた。

　「国連が誕生した 1945 年，私は 6 歳でした。世界は第 2 次世界大戦の恐怖から立ち直りつつあり，ノルウェーはナチスによる 5 年の長きにわたる占領後，民主主義を改めて確証，確立しつつありました。10 歳になる頃，私は家族とニューヨークで暮らしていました。同じくノルウェー出身のトリグブ・リーが初代国連事務総長に就任したことを誇りに思い，強く意識しました。しかし当時，私も国連に長く関与することになるとは，知る由もありませんでした。

　……私の国連との関係は 1983 年，当時のハビエル・ペレス・デクエヤル事務総長から，環境と開発に関する世界委員会の設置と委員長就任を打診されたことに端を発します。私たちの委員会では，環境破壊と貧困と人口増加が相互に絡み合うことで生じる問題について検討しました。持続可能な開発という幅広い政治理念を展開したことで最もよく知られるこの委員会は，1987 年 4 月に報告書「我ら共有の未来」を発表しました。

　この報告書は，環境の諸問題を政治的課題としてはっきりと位置づけるとともに，それぞれを個別の問題ではなく，開発と切り離して考えることのできない問題として，そしてすべての人々と国々の権利として，その相互依存性を認識して提示しました。

　……報告書の発表から 25 年以上の間に，私たちは大きな前進を遂げました。特に 2000 年のミレニアム開発目標（MDGs）の設定以来の進展には，目覚ましいものがあります。私たちは，極度の貧困の中で暮らす人々の割合を劇的に減らしました。安全な飲み水を利用できる人々が増えました。乳児死亡率も低下しています。しかし，世の中を少し眺めただけでも，世界の中にはかつてない豊かさを経験している人々がいる一方で，貧富の差が拡大していることはすぐに分かります。環境破壊は続き，気候変動の影響は世界で最も弱い立場に置かれた人々や脆弱な生態系を脅かし始めています」（グロ・ハーレム・ブルントラント「大胆な改革の時」国際連合広報センター『国連創設 70 周年・特別寄稿集』，2015 年）。

サミット（国連環境開発会議）が開催された。その地球サミットから20年後，気候変動をめぐる問題意識の高まりを受け，ふたたびリオデジャネイロにおいて，リオ＋20サミット（国連持続可能な開発会議）が開催されることになった。

　グローバル・ガバナンスにおいて国連がなぜ重要かと言えば，193もの加盟国を有する包摂性と主権平等原則に基づく，大国や他の国際機関には真似できない，卓越した「場を主宰する力」を有しているからである。ただしそれは国連で膨大な会合が開催されているということでもあり，その中には存在意義が明確でなく非効率な会議も少なくない。それでもリオ＋20ほどの大きな国際会議となれば，事務局を務める国連職員や加盟国の外交官が集まり，準備会合が開催される。SDGsはそうした準備会合における，一人の外交官の提言に端を発する（▶ 4-7）。

　リオ＋20サミットでの決定を受け，2013年から国連におけるSDGs交渉が始まった。その議論の場となった作業部会では，何を目標（Goals）にするかのみならず，先進国から途上国への資金協力や技術協力が争点となった。先進国対途上国という，多国間の経済交渉でよく見られる構図である。先進国側はOECD諸国，途上国側は「G77プラス中国」というグループを組んだ。「G77プラス中国」は1964年，国連における交渉力を強めるため77か国の途上国が結成したグループである。その加盟国はいまや135か国にまで増え，その数を力に先進国との交渉時に団結してきた。

　SDGs交渉においてはG77プラス中国のなかでも新興国のブラジル，インド，中国の声が大きくなり，当初から議論をリードしていたコロンビアは力を失ってしまった。他方で先進国側は米国，欧州，日本が連携しながら交渉に臨んだ。この交渉で重要だったのは，共同議長の役割である。途上国からはケニアの大使，先進国からはハンガリーの大使が共同議長に選ばれ，この二人が作業部会の文書作りで主導権を握った。各国が文書の一言一句にコメントしていくプロセスでは到底，妥結できないためであった。

▶ 4-7　SDGs 生みの親とリオ＋20 サミット

　SDGs については日本政府の元首席交渉官であった南博が，その策定までの多国間外交の舞台裏を記している。グローバル・ガバナンスの実践において，国際的な規範がどのように形成されていくかを垣間見ることができる。

　「SDGs は，ある一人の外交官の発案から生まれ，その強力な主張によって国際社会の潮流となっていったものである。その人物は，南米のコロンビア共和国の外務省の環境局長であった，ポーラ・カバジェロであった。彼女が，2011 年 8 月にインドネシアで行われたリオ＋20 サミットの準備会合において，MDGs に範をとって，地球環境問題についても同様のゴール，ターゲット，指標を設け，これをリオ＋20 サミットの成果とすべしと主張をしたのが始まりである。

　リオ＋20 サミットの交渉が始まった当初の頃は，ポーラが率いるコロンビアとグアテマラが SDGs に関する議論をリードしていたが，各国ともどんなものになるかわからない SDGs に対する立場を決めかねている状況であった。ただし，この頃ポーラは，SDGs は水，土地利用，気候，大気，海洋など環境問題に限定されるべきであって，貧困削減はゴールになるべきではない，貧困削減は全体に関わる問題である，という言い方をしていた。したがって，この頃の彼女の考えによれば，SDGs は環境問題に限定されている目標であり，すなわち開発問題一般とは一線を画していたと言えよう。

　リオ＋20 サミットの成果文書の交渉は 2012 年 1 月から始まった。この交渉の中で，SDGs については，リオ＋20 サミットの大きな成果の一つにするということでほぼ各国の合意は得られつつあった。コロンビアのポーラが各国を精力的に説得して回り，かつ開催国であるブラジルもそれに乗ったためである。結局，SDGs の内容は今後の交渉で決めていくこととし，リオ＋20 サミットの合意文書では具体的な分野は特記しないと言うことで合意はできつつあった。しかしながら，最大の争点となっていたのが SDGs の決め方であった。

　途上国は，MDGs の反省から，SDGs は加盟国が関与して政府間交渉で決めるべしと主張し，EU は，SDGs は MDGs 同様，専門家が決めるべし，としていた。EU の懸念は，もし国連加盟国すべてが関与して交渉するようなことになれば SDGs について合意を得ることはできない，仮に合意が得られるとしても膨大なリストになって収拾がつかないものになる，ということであった。そしてその懸念は日本も同様に持っていた。この点の対立は解けず，最終的に議長国ブラジルが出してきた案は，① SDGs に関する包括的かつ透明な政府間交渉プロセスを作る，② 2012 年 9 月までに，5 つの地域グループ（国連で決められている，アフリカ，アジア・太平洋，東欧，中南米，西欧そのほかの 5 グループ）を通じて加盟国から指名された，公正，衡平かつバランスのとれた地域的代表による，30 名からなるオープン作業部会を発足させる，③ 2014 年 9 月までに SDGs を提案する報告書を提出する，というものであり，結局これが合意された文章となった。

　リオ＋20 サミットの成果文書は全部で 283 パラグラフあるが，極論してしまえば，そのうち SDGs に関する 7 パラグラフしか意味がなかった，と言えるであろう」（南博・稲場雅紀『SDGs——危機の時代の羅針盤』岩波新書，2020 年，36-38 頁）。

計 13 回開催された作業部会の最終会合（2014 年 7 月）では，徹夜続きの難交渉が日程を延長して続いたが，結果的に共同議長がやや強引な形で文書を採決し，国連総会に提出した。2015 年 7 月の国連総会における最終交渉でも最後まで調整は続いたが，8 月 2 日，最後はどの国からも異論が出ない「完璧なコンセンサス」により，SDGs を定めた文書「2030 アジェンダ」が実質合意された（南・稲場『SDGs』第 2 章）。

　コンセンサスの背景には，先進国，途上国それぞれが 2 年半に及んだ交渉のなかで，何らかの自国に有利な内容を確保し，SDGs に対してオーナーシップを持っていたことがある。そのため 100 点ではないけれども妥協し合えたことが成立につながった。また SDGs はルールに基づく国際レジームと違い加盟国を法的に拘束せず，あくまで目標の束である，ということも重要な点であった。

　国連総会は毎年 9 月後半に開会する。それにあわせて各国首脳がニューヨークに集い一般討論演説を行うのが恒例行事となっている。2015 年 9 月からの国連総会は第 70 回という節目の年で，SDGs 採択はそのメインイベントの一つであった。2015 年 9 月 25 日，国連総会議場では午前中にローマ教皇フランシスコがスピーチを行ったあと，午後に 2030 アジェンダが正式採択された。総会議場ではその後数日間にわたって，オバマ米大統領，習近平国家主席，ロシアのプーチン大統領，安倍晋三首相など各国首脳が演説を行った。

　グローバル・ガバナンスや多国間主義への期待は 2015 年をピークに，その後は坂道を転げ落ちるように低下していった（▶ 4-8）。地球規模の課題である気候変動や感染症は大国間でも協力できると言われてきたが，その期待はトランプ政権の発足と米中対立，そして新型コロナウイルスの発生源をめぐる米中の非難の応酬により，見事に裏切られた。むしろ感染症ですら米中が協力できなかった事実は，大国間競争時代のグローバル・ガバナンスがいかに難しいかを痛感させた。新型コロナ感染症により 2030

▶ 4-8　多国間主義にとって輝かしい年

　「2015年は国連およびマルチラテラリズム（多国間主義）にとって輝かしい年であった。9月にニューヨークにおいてSDGsが合意され，12月に気候変動交渉におけるパリ合意が成立したことが二大ハイライトである。それだけではなく，その前に，仙台での国連世界防災会議およびエチオピアのアディスアベバでの開発資金会議においても合意が形成され，この年の一連の大きな国際会議は成功を見たわけである。久しく低調と思われていた国連はここで輝きを取り戻したかに思えた」（南・稲場『SDGs』64-65頁）。

年までの SDGs の達成は絶望的な状況になった。しかもロシアのウクライナ侵略により国連安保理の正統性も深く傷ついた。

それでもなお，大量破壊兵器の拡散，感染症，気候変動など，主権国家だけで解決できない問題は山積している。米国，中国，ロシアの安保理常任理事国はもちろん，イランも北朝鮮も，ニューヨークには国連常駐代表部があり大使がいる。かつてチャーチルが述べたとおり「戦争より議論の方がまし（To jaw-jaw is always better than to war-war）」であることだけは間違いない。

5　地経学と新興技術

地理的な条件に着目しつつ，歴史や資源にもとづき国家の行動を分析する見方を地政学（geopolitics）と呼ぶ。マハン流の海洋国家論であれ，マッキンダー流の大陸国家論であれ，国家の置かれた地理的条件によって国家の安全保障がどのように影響を受けるかという問題意識をもっていた。この議論は，地理的な条件がすべてを決めるという似非科学的な決定論に陥る危険があるだけではなく，ナチス・ドイツが東方拡大を正当化するために利用したので，戦後の世界では評判の芳しくない発想方法として敬遠されてきた。

冷戦が終わると貿易，金融，人の移動がグローバルに広がり，インターネットはそれを加速させた。デジタル化が進展し，世界はフラット化するかに思われたが，2010 年代になるとシリア紛争と欧州難民危機，中国の南シナ海進出，ロシアのクリミア侵攻など，国際政治が地理的条件から自由になることなどないことが明らかになった。新しい地政学の時代が到来したとも言える。

考えてみれば，日本が中国や北朝鮮の隣に位置していることが，日本人

▶ 5-1 中央銀行デジタル通貨（CBDC）

通貨のような主権国家の伝統的な制度においても新興技術は大きな影響をもたらしつつある。中央銀行が発行する新たな形態の電子的なマネーを中央銀行デジタル通貨（Central Bank Digital Currency：CBDC）と呼ぶ。CBDC は中央銀行が発行する「通貨」であり，円やドル，人民元など既存の通貨の「決済手段」としての電子マネーや QR コードを用いた決済サービスとは区別して考える必要がある。

CBDC は新興国で社会実装が進んできた。2020 年 10 月にはバハマ中央銀行が「サンド・ダラー」の運用を開始し，これは世界で初めて社会実装された CBDC となった。同じく 2020 年 10 月から運用開始されたのが，カンボジア国立銀行の発行する「バコン」である。アフリカでも 2021 年 10 月にナイジェリア中央銀行が「e ナイラ」を公式発行した。そして中国の中央銀行である中国人民銀行は「デジタル人民元（e-CNY）」を発行している。

CBDC 発行が新興国や途上国で進む背景には，以下のような理由がある。

(1) 金融のデジタル化（DX）：スマートフォンやデジタル決済サービスが急速に普及した。情報通信インフラが整いインターネット利用率が高まった。

(2) 金融包摂の推進：新興国や途上国では銀行口座を持たない貧困層への金融包摂が課題である。また伝統的な金融インフラでは，農村部・山岳地・離島への現金輸送や ATM 維持など，現金に伴うコストが高い。たとえばバハマは 700 以上の島から成る国であり，現金輸送にコストがかかるため銀行の実店舗は縮小の一途をたどっていた。そうした中，2019 年に大型ハリケーンが猛威を振るい一部の銀行や ATM が数か月間にわたり機能を停止した。これを機にバハマでは CBDC のサンド・ダラー発行に向けた機運が高まった。

(3) 送金コスト軽減と決済処理スピードアップ，国際送金の簡素化への期待：従来の金融機関ネットワークや SWIFT（国際銀行間通信協会）を通じた国際金融取引では，複数の金融機関を経由するため手数料がかさみ，また送金から着金までにタイムラグがある。出稼ぎの労働者が母国の家族に送金する際に多額の手数料がかかることで，途上国の多くの人々の頭を悩ませている。CBDC であれば瞬時に送金することが可能になる。

(4) ブロックチェーン（分散台帳）技術の発展：中央銀行が「通貨」として金融のデジタル化を進めるにあたり，現金における偽札対策と同様に，サイバーセキュリティ強化はもちろん，改ざんや不正利用のリスクを限りなくゼロにする必要がある。CBDC のデータ改ざんと不正を防止するコア技術としてブロックチェーン技術が急速に発展した。

(5) 民間のデジタル決済サービス事業者の乱立：新興国では民間決済事業者が乱立している。決済事業者の破綻による消費者被害を防ぐため政府が対応すべき課題となった。また消費者にとってキャッシュレス決済の普及は便利である一方，決済サービス間で互換性がないため加盟店の側がいくつも QR コードを準備しないといけないといった問題もある。

(6) 民間発デジタル通貨「リブラ」構想の衝撃：ビットコインをはじめとする暗号資産はグローバルに流通する新しい通貨として期待が寄せられたものの，金融当局による規制

の安全と無関係なわけはないだろう。逆にロシアのウクライナ侵略が持つ意味も、もし日本がヨーロッパに位置していれば、まったく異なった認識がされていることだろう。

　ただし地理的条件の意味が、さまざまなほかの条件によって変化することには注意が必要である。マッキンダーがハートランド（ユーラシア大陸の中心部）の支配が世界の覇権を左右すると論じたのも、鉄道の発達という技術革新によって陸上輸送が飛躍的に進歩したために大陸国家が有利になったという洞察があったからだ。19世紀に統一されたドイツも、もし鉄道がなければ、中央集権的に組織された強力な軍事国家となって20世紀前半のヨーロッパを揺るがすようなことにはならなかっただろう。

　現代の世界では、戦略的対立関係にある主要国の間に、緊密な経済的相互依存が成立している。むしろ、経済のもつ戦略的意味がますます意識され、国際経済についても国家間の権力争いの場としての色彩が濃くなっている。中国が経済的威圧を行使するようになり、一帯一路構想を推進し、米中対立が深まった。さらにロシアがウクライナを侵略し、欧州は対ロシア制裁の代わりに石油や天然ガスなどエネルギーの途絶とインフレに苦しむことになった。地政学的な対立における経済的要因の比重が高まっており、安全保障と経済が混然一体となることが常態化しつつある。

　こうした背景から、地理的条件と歴史、資源のみならず、経済的要因も織り込んで国家の行動を分析する**地経学**（geoeconomics）のアプローチが求められるようになってきた。

　地経学的な課題は通商、金融、援助、制裁、エネルギー、兵器生産、通貨など多岐にわたる。そして、これらすべてに影響を及ぼすのが新興技術と、それによってもたらされる破壊的イノベーションである（▶5-1）。

　新興技術は米中の地経学的競争の本丸であり、これからの安全保障と経済社会の繁栄を左右するもっとも重要な要素のひとつである。先端半導体を筆頭に、米国が新興技術の育成・保護に躍起になったのは、19世紀後

が難しく，価格変動の度合い（ボラティリティ）も極めて高いため，通貨というよりもむしろ金融商品としての意味合いが強い。これに対して，2019 年にフェイスブック社（当時）が主導した「リブラ」構想は，ビザやマスターカードを含む幅広いグローバル企業とのコンソーシアムとして発足し，自主的な規制をかけ，ドルやユーロ，円など主要通貨と連動（ペッグ）するグローバル・ステーブルコインという通貨として検討が進んだ。しかし，フェイスブック関連サービスのアカウントさえあれば世界中どこでも瞬時に送金できるというリブラが目指すイノベーションは，あまりに破壊的すぎた。ソーシャルメディアへの不信を募らせていた規制当局や中央銀行，伝統的な金融機関にとってリブラは脅威として捉えられた。G7 や G20 の支持が得られず，結果的に計画は頓挫した。それでも，リブラの挑戦は，世界の決済や金融当局に大きな衝撃を与えた。デジタル通貨がもたらす機会と脅威に気づいた各国の中央銀行は，CBDC を現実的な政策として検討し始めることになった。

（7）違法取引対策：現金にともなう偽札，脱税，汚職，地下経済といった違法取引に対して CBDC が一つの打開策になる可能性がある。金融のデジタル化は全てのトランザクション（取引）のデータ化を意味する。中央銀行が CBDC の流通を把握し監視することで，マネーロンダリングおよびテロ資金供与対策（AML / CFT）を強化できる。ただし通貨としての匿名性の確保とのバランスは課題である。

（8）通貨主権の確保：自国通貨の信頼性が低く，米ドルが法定通貨あるいは事実上の通貨として流通する新興国や途上国は多い。そうした米ドル依存を軽減し，通貨主権を確保するために CBDC 導入は有効な手段となる。たとえばカンボジアはドル化が過度に進んできたことで知られており，流通通貨の 8 割以上が米ドルだと見られている。米ドルだけではない。東南アジアではアリペイやウィーチャットペイなど中国発決済サービスが浸透しており，バーチャルに人民元の流通が進んでいる。つまり CBDC 導入は，金融政策の独立性を確保し，静かに侵食する人民元に対する経済安全保障の意味合いもある。

欧州諸国や米国，日本など先進国でも CBDC の検討は進んできた。しかし先進国では CBDC 導入によるベネフィットが低くコストが高い。決済をめぐって既存の金融機関を中心にしたレガシーシステムとビジネスが存在しているからである。たとえば日本の銀行振込を支えるのは全国銀行データ通信システム（全銀システム）である。昭和 48 年に発足した全銀システムは 1 営業日平均で約 675 万件，約 12.2 兆円もの取引をさばく。安定性を高めるため東京と大阪にセンターを設置し回線は多重化されている。先進国における拙速な CBDC 導入は，金融機関にとって銀行振込手数料の減少につながる。さらに銀行の流動性預金が CBDC へ流出するおそれもある。短期的には，ドル基軸通貨体制と既存の決済システムを維持するのが合理的に見える。ただし先進国でも，デジタル社会にふさわしい，安定性と効率性が確保された決済システムへの進化は必要であろう。政府・中央銀行が公共財として新たな決済システムを提供できれば，金融機関や民間企業も参画しやすくなる。金融の DX が一挙に進む可能性がある。（以下を参照。相良祥之「デジタル人民元は国境を越えるのか」『アステイオン』98 号，2023 年 5 月，156-170 頁。）

半から 100 年以上にわたって続いてきた米国の技術覇権が，中国に脅かされているからである。第 5 章で論じたとおり，20 世紀，アメリカの軍事的優位と繁栄，そしてパックス・アメリカーナの基盤にあったのが技術革新（イノベーション）であった。1908 年に登場した T 型フォードによるモータリゼーションに始まり，1995 年に発売された Windows 95 によるインターネットの普及，さらには検索エンジン，ソーシャルメディア，生成 AI に至るまで，米国はイノベーションの震源地であり続けた。

イノベーションが発明（invention）と違うのは，技術に対する巨大な社会的需要と市場があり，産業が成立することである。シュンペーターによれば，イノベーションとは商業的な目的でもって実行される特定の社会的活動である。18 世紀後半に英国では紡績機，蒸気機関，織機といった画期的な発明が続いたが，それが歴史的に重要なのは，イノベーションの連鎖が大規模な工場制機械工業を可能にし，繊維工業や製鉄業という「産業」が興されたからである。技術革命ではなく「産業革命」として語られているのは，そうした背景がある。

技術革新にサイクルがあることは第 5 章で論じたが，ではそのプロセスでは何が起きているのだろうか。

ある研究の成果としての技術が商用化され，産業となることを社会実装という。社会実装のためには，まずは基礎となるサイエンスの研究（基礎研究）を踏まえ，それを学術論文として公表するか，知的財産権を保護するため特許を取得する。そして研究者が起業家とタッグを組み，企業として資金と仲間を集めることが必要である。晴れて製品やサービスとして商用化でき，需要に応え売上が伸びれば，競合企業も参入してくるだろう。そうして認知度が高まれば市場で潜在的な需要が喚起され，消費者が増え，市場が形成され，産業となっていく。

とりわけ巨大な産業を形成できる新興技術は，破壊的イノベーションによってもたらされる。既存の産業を破壊し，新たな産業を創造する，つま

▶ 5–2　リープフロッグ

　新興国や途上国で突如としてイノベーションが起こり，ある新興技術が急速に普及することを，蛙が跳躍し何かを飛び越えていく様になぞらえてリープフロッグ（leapfrogging）と呼ぶ。たとえば固定電話やインターネットのインフラが未整備だったアフリカの遠隔地で，携帯電話やモバイル決済が一気に普及した事例が代表的なものである。

　前述の中央銀行デジタル通貨（CBDC）についても，金融インフラが整った先進国でなく，銀行口座を持つのが一般的でなかった新興国でリープフロッグが生じつつある。それは通貨のデジタル化によるベネフィットが，そのコストを上回るためである。

　世界各国の中央銀行が CBDC の実証実験を進めるなか CBDC の社会実装を一気に進めたのがカンボジアである。中央銀行のカンボジア国立銀行は 2020 年 10 月，世界に先駆け CBDC の「バコン」を社会実装した。バコンは市中銀行の QR コード決済サービス等で利用されている。バコンの開発には独自のプライベートブロックチェーン技術を持つ日本のスタートアップ企業であるソラミツが携わった。バコン導入から 2 年以上が経ち利用者数は 1000 万人を超え，これはカンボジア国民の 6 割以上にバコンが普及したことを意味する。

　CBDC は大きく，一般利用型（リテール型）とホールセール型との二つに分けられる。一般利用型とは中央銀行が発行したデジタル通貨を，個人や企業など幅広い主体が直接利用するものである。ホールセール型とは中央銀行と金融機関との大口取引に限定されて利用されるもので，中央銀行預金に近い。バコンの場合，アプリを使った一般利用型 CBDC としての直接的な個人間決済は伸び悩んだが，銀行間決済におけるホールセール型 CBDC としてバコンが「間接的に」，そして頻繁に利用されている。間接的とは，どういうことか。

　カンボジアでは従来，銀行間決済データは 1 日わずか 2 回のバッチ処理で，着金は翌日，送金手数料もかかっていた。しかしバコンがホールセール型 CBDC として導入されると，これがカンボジアの銀行振込にイノベーションをもたらしたのである。銀行口座を持っている個人は，送金時の通貨を自国通貨リエル，米ドル，バコンのいずれかから選択でき，

り創造的破壊が起きる。かつては持ち運びできる電話にすぎなかった携帯電話は，高性能小型カメラと先端半導体という新興技術と組み合わさりスマートフォンに進化した。スマートフォンの普及に伴い，半導体産業は発展を続け，次から次へと新しいイノベーションが生み出されている（▶5-2）。しかしその先端半導体は，ドローンや携行式ミサイルなど兵器でも使えるデュアルユース技術でもある。

　中国は軍民融合を国家戦略に格上げし，外資系企業に依存している技術について「自立自強」のイノベーションを促進し「科学技術強国」への道を着々と歩んでいる（▶5-3）。中国政府は発展の余地が大きい技術群として「戦略的新興産業」を定めた。これは2010年に公表されたのち2018年に更新されており，次世代情報技術，バイオテクノロジー，新エネルギー，衛星などハイエンド設備製造，新材料，省エネ・環境保護，デジタルクリエイティブなどが対象になった。これらは育成とともに保護の対象でもある。中国は「新型挙国体制」を掲げ，政府補助金のみならず，官民共同ファンドの政府誘導基金，政府系金融機関の融資，特定の企業への法人税率軽減など，あらゆる企業支援策を立て続けに打ち出しており，しかもそれらが海外から見えにくいようステルス化して展開している。

　こうした中国の動きに米国では警戒感が高まった。技術覇権をめぐる米中対立において一つの転換点となったのが2018年8月，米トランプ政権下での「2019年度国防権限法（NDAA 2019）」成立であった。NDAA 2019は輸出管理の恒久法である輸出管理改革法（ECRA）を盛り込み，米議会において超党派で可決された。歴史をたどると米国は1949年，ソ連の核実験後に西側諸国とともにココムを発足させ，国内では輸出管理法を制定した。ただし自由貿易体制の確立に乗り出したばかりの米国は1949年輸出管理法を時限立法とし，それから70年間，期限延長や別の法律に基づき輸出管理を実施してきた。その意味で，輸出管理の根拠法として恒久法のECRAが成立したことは画期的であった。ECRAが画期的だった点は

バコンを選ぶと銀行間の即時グロス決済で処理され，数秒で相手方の銀行口座に着金し，手数料も無料となる。利便性向上を銀行側も歓迎した。しかもマレーシアやタイ等の銀行とのクロスボーダー決済（国際送金）も始まり，出稼ぎ労働者に喜ばれている。

　バコン計画を指揮したのはカンボジア国立銀行のチア・セレイ総裁補佐兼統括局長（当時）であった。カンボジアで産まれ，幼少期をフランスやシンガポールで過ごした彼女は，2002 年にニュージーランドのビクトリア大学ウェリントンを卒業し，カンボジア国立銀行で勤務している。そして 2023 年にはカンボジア国立銀行総裁に就任した。新興国ではチア・セレイ総裁のように先進国で学び，あるいは国際機関で勤務したのち政府幹部として──まさにリープフロッグで──登用されるケースが珍しくない。カンボジアで CBDC 導入のリープフロッグが実現したのは，こうした背景もあった。

▶ 5-3　日本の新幹線と中国の高速鉄道

　中国政府は 1990 年代に北京─上海高速鉄道の整備計画を立ち上げ，欧州と日本が政官財あげて売り込みに励んだ。長大な鉄道網が広がり急速な経済成長を続けていた中国の旅客鉄道は，先進国の鉄道業界にとって大きな商機だったのである。日本勢はきわめて高い安全性と安定性，運行の正確性を誇る新幹線システムに自信を持っており，日中友好のシンボルにしたいという思いもあった。中国政府はフランス，カナダ，ドイツ，日本を競い合わせつつ技術移転を受け，結果的に，独自の高速鉄道システムを開発した。さらに中国は高速鉄道の海外展開を積極的に進めはじめた。2015 年にはインドネシアの高速鉄道プロジェクトを受注した。中国は入札で日本に競り勝ち，一帯一路の看板プロジェクトとした。

　日本が中国への新幹線システム売り込みに躍起になっていた 2000 年代，東海道新幹線を運営する JR 東海の葛西敬之会長（当時）は慎重な構えを崩さなかった。当時の発言が興味深い。

　「鉄道をシステムとして輸出する場合，鉄道会社の役割は運営や保守などです。台湾への新幹線輸出では我々はこの面でメーカーや商社の日本連合を支援していますが，「もうけない代わりにリスクはとらない」を基本にしています。メーカーや商社は車両などを納品し代金を受け取れば終わりですが，鉄道運営は十年，二十年の長期に及び，その間事故が発生する危険もあるからです。そこで台湾では契約で「事故などが起こってもノーリスク」という担保をとってあります。

　しかし中国では法制が未整備で，契約という概念も乏しい。絶対トラブルがないという担保がなければ支援はできません。

　日本連合を支援するのはその結果彼らの収益力，技術力が上がり，我々に納入する物品の品質が良くなってほしいと思うからです。したがって日本の鉄道関連産業の技術空洞化の恐れがある場合も支援する気にはなりませんが，中国の場合，その懸念なしとしないところがあるのです」（葛西敬之東海旅客鉄道（JR 東海）会長「理をもって尊しとなす(5)」日本経済新聞，2005 年 1 月 21 日夕刊，7 頁）。

　もう一つ，デュアルユース製品の輸出を管理する目的として，大量破壊兵器の拡散のみならず，軍事利用され米国の安全を損なうおそれがある新興技術や基盤技術の懸念国への輸出，それ自体に焦点を当てたことである。ここで念頭にあったのは，国家の安全を優先し軍民融合を進める中国である。世界の人々にとって便利で市場も大きい5Gやスマートフォンで使われている先端半導体は，中国では容易に軍事転用され米国の軍事的卓越性を脅かすかもしれないし，監視カメラはウイグルなど少数民族の弾圧に使用されると考えられた。そして米国はこうした新興技術について中国に対し事実上の独自制裁を科すようになった。商務省・産業安全保障局（BIS）のエンティティリストや，財務省・外国資産管理局（OFAC）のSDNリスト（specially designated nationals）といったリストに掲載された組織や個人との取引が禁じられ，中国人民解放軍との繋がりが深い国有企業や大学，個人などが次々とリストに追加されている。厄介なのは，それが米国政府の判断であるにもかかわらず，米国企業のみならず日本企業などグローバル企業にも域外適用されることである。米国で製造された物品や，米国で開発された技術やソフトウェアを組み込んだ製品を，懸念国の組織に輸出することを「再輸出」と呼び，それも規制対象となっている。こうした再輸出規制への違反により，米国当局から罰金，取引禁止処分など重い罰を受ける企業が後を絶たない。これは自由貿易体制のもとで中国に生産と研究開発の拠点を置き，また中国市場を開拓してきた企業にとって悩ましい問題である。さらに中国も似たような輸出管理規則を実施するようになり，新興技術を扱う日本や欧州の企業には，米国を選ぶか中国を選ぶかの二者択一を迫られている企業も増えつつある。

　バイデン政権は，先端半導体や量子コンピュータ，AIなどコンピューティング技術，医薬品や合成生物学などバイオ技術，温室効果ガスを排出させないクリーンエネルギー技術を，戦略的な重要新興技術に位置づけた。そしてすでに述べたとおり"Small yard high fence"を旨に育成・保護を進

▶ 5-4　オペレーショナルなルール作り

　ルールには，規範的（normative）なルールとオペレーショナルなルールがある。国際法をはじめとして，国際機関で議論される軍縮や人権などに関する国際合意は規範的なルールといえる。他方で，FTA などの通商協定，貿易管理や外国企業への投資をめぐる規制（regulation），そして製品やサービスについての国際的な規格や標準（standard）などは，オペレーショナルなルールといえる。

　米中が新興技術をめぐり覇権争いを繰り広げるなか，その競争は技術の国際標準化にも及んでいる。自国に有利な国際標準を策定できれば，それに適合しない他国の製品やサービスを市場から排除できるからである。また先端半導体や AI など新興技術が権威主義国に軍事利用される懸念が高まるなか，西側諸国のあいだでは実効的な規制のすり合わせ，すなわち規制調和が重要になっている。こうした自国に有利な国際標準策定や規制調和は，オペレーショナルなルール作りの一例である。

　国際標準にもいくつかの種類がある。Google や Microsoft など特定の企業の製品・サービスが世界中に普及することで生まれる，事実上の標準化をデファクト・スタンダードと呼ぶ。また政府や国家間，標準化機関における合意を経て制定される，公的な性格を有する標準をデジュール・スタンダードと呼ぶ。米国は大手 IT 企業等が市場をおさえることによるデファクト・スタンダードが強く，欧州では EU を中心にデジュール・スタンダードのルール作りが強いという傾向がある。

　日本では戦後，高い技術力と豊富な労働力を背景に日本企業が家電やバイク，自動車を世界に普及させた。中には家庭用ビデオテープにおける VHS 規格などデファクト・スタンダードを形成したものもあった。しかしプラザ合意と 1990 年代の IT 革命以降は，欧米の企業に技術で勝ってもビジネスで負ける事例が見られるようになった。さらに 2000 年代に世界でデジタル産業化が進むと欧米のみならず中国や韓国，台湾の企業に，技術でもビジネスでも勝てない，という状況すら生じるようになった。そうした中，標準化によるオペレーショナルなルール作りを市場創出につなげようという動きも出てきた。

　標準化については経済産業省の政策当局者の解説が参考になるだろう。

　「――そもそも「標準化」「標準化活動」とはどういったものですか。

　標準化とは，製品やサービスについて互換性を高め，品質，性能，安全性を確保するため，統一化，共有化する取り決めをつくり，合意することを指します。その取り決めをつくり，普及していく一連の活動が標準化活動です。

　例えば，1904 年に米国のボルチモアで大きな火災があり，米国各地から消防団がボルチモアに駆けつけました。しかし，実際には持ち寄ったホースがボルチモアの消火栓と合わず，せっかく集まったのに消火活動ができないといったことが起きました。この教訓から，どんなホースでも消火栓と結合できるようにするため，形や寸法を統一しました。こういったことが標準化です。

　――身の回りにある標準化の例，消費者や企業にとってのメリットを教えてください。

め，それは新興技術の飛び地化（enclavization）につながっている。ただし育成・保護対象の庭が広がり，規制のフェンスが高くなっていることは同盟国にとって問題である。2022年10月7日，中国に軍事転用される可能性のある先端半導体や先端コンピューティング，その製造装置や技術について，バイデン政権は軍民を問わず原則として中国への輸出を禁じる，厳しい輸出管理規制を導入した。これにより同盟国の日本と欧州の半導体関連産業には衝撃が走った。日欧の企業の中には，米国企業と比べて，中国市場でより大きく商売をしてきた企業があるためである。結局，日欧も米国の規制を踏襲することにしたが，政府間では自国の国益と国富を確保すべく，規制調和（regulatory harmonization）のプロセスにおいて激しい交渉が繰り広げられた（▶ 5-4）。

　世界で地経学的競争が激しさを増し，経済的利益と安全保障上の利益とのバランスをとることはますます難しくなった。それでも新興技術と破壊的イノベーションが，民間の研究者，起業家，金融機関のダイナミズムから生じることは変わらない。地経学的競争においては，政・官・財・学の不断の戦略的対話こそが求められている。

6　新興経済大国の国際秩序観

　米中対立が激しくなったとはいえ，世界にある約200の主権国家のなかで，アメリカか中国か，どちらか一方だけを選び，もう一方との関係を断つことができる国など存在しない。それは政治・経済・社会・技術のすべての領域においてアメリカと中国の影響力が巨大だからである。また2022年のロシアによるウクライナ侵略と，それに伴う西側諸国の対ロシア制裁により，エネルギーや食料の価格が高騰し，調達が困難になった。これによって特に深刻な影響を受けたのは途上国である。

　ご家庭にコンセントがあると思います。国内であればどこでも，コンセントもそこに差し込むプラグも形が同じ。標準化しているからです。非常口の緑色のマークは言葉や文字ではなく記号で表すことによって，視力の弱い方や外国人にも一目で非常口だと分かります。これも標準化と言えます。

　コンセントの例で言えば，特別なものを用意しなくても，日本全国どこでも使うことができ，消費者にとって便利なものになっています。また，ライターには，お子さんが触っても簡単に火がつかないように，回しづらくなっていたり，ロックスイッチがついていたりします。安全性の基準を設け，それに沿った製品であることを求めることで，消費者の安心，安全に役立っているのです。一方で企業にとっては，製品やサービスが品質や機能面で求められる水準を満たしていることを，客観的に説明する手段になっています」（経済産業省 METI Journal「ルールテイカーからルールメイカーへ！「標準化」が拓く新しい市場」2024 年 2 月 5 日）。

　日本が優位性を持つ技術やビジネスを，企業主導で，他国に模倣される前に先手を打って国際標準化した取組みとして代表的な事例が，小口保冷配送サービスである。

　小口保冷配送サービスでは「クール宅急便」を 1988 年に始めたヤマト運輸が先駆者として知られている。同社は 2011 年に東南アジアや中国でもクール宅急便を始めた。さらに寿司や和食への人気の高まりを受け，2013 年には日本で取れた魚を翌日には香港に届ける国際クール宅急便を開始した。しかし東南アジアや中国では食品安全への意識が日本ほど高くなく，温度管理が杜撰なまま小口保冷配送に取り組む事業者が出てくるようになった。

　そこでヤマト運輸は 2015 年，小口保冷輸送の国際標準化を目指すことにした。そのためには国際標準化機構（ISO）における審議が必要で，これは政府間交渉のプロセスとなる。ヤマト運輸は経済産業省と国土交通省と連携し，ISO における各国政府との交渉を経て 2020 年 5 月，小口保冷配送サービスの国際標準 ISO 23412 の制定にこぎつけた。

　国際標準化を目指した木川眞ヤマトホールディングス社長（当時）は，その決断について以下のように振り返っている。

　「なぜやらなければならないと思ったかというと，日本で当たり前のクール宅急便と類似のサービスが中国でも広がり始めた時期だったことがあります。せっかく品質のいいものを日本から中国に持っていっても，中国国内で運ぶのは中国の事業者になるため，品質が劣化することが耐えられないという思いがありました。

　もし多少の品質劣化でもいいというのが中国の基準になったら…

　それがアジアの標準になり，ひいては世界標準になるかもしれない。

　小口保冷輸送はヤマトが先駆者であり，シェアも高いので，社内では，今更そんな標準を作る必要があるのかとの意見もありました。

　しかし，日本はモノづくりだけではなく，サービスでも差別化する，ルール・メイキングをするという点を絶対やっていかなければならないと思っています」（政策起業家プラットフォーム PEP「物流のガラパコス化を乗り越えるために」ハフポスト，2021 年 9 月 10 日）。

　問題は，いつも大国からやってくる。そうした大国間競争の影響を受けるのは「我々」だ——2023 年 1 月，インドのモディ首相は「グローバルサウスの声サミット」を開催し，新興国や途上国へ連帯を呼びかけた（▶6-1）。それ以降，新興国や途上国を総称する「**グローバルサウス**」と呼ばれる言葉が盛んに語られるようになった。

　第二次世界大戦後，20 世紀後半には 100 か国近い国々が植民地支配を脱し，独立した。たとえば 1945 年当初，国連の加盟国は 51 か国だったが，1965 年までには 118 か国へと倍増し，2011 年には 193 か国に達した。しかし，赤道地帯から南半球にかけてアジア・アフリカの旧植民地諸国が貧しい発展途上国として取り残され，北半球に豊かな先進工業国があるという構図は脱植民地化によっても変わらず，それが「南北問題」として国際政治上の主要な議題となったのは 1960 年代のことである。1970 年代までには「サウス」に属する途上国が，国際社会の主権国家の圧倒的な多数を占めるようになった。これらの新興独立国は政治的な独立を達成し，その経済的発展に対しても高らかな希望が語られた。開発途上国は，国際社会でも急速に政治的な発言権を強めることになる。1964 年には国連貿易開発会議（UNCTAD）の第 1 回総会を開催し，ここで G77 グループが発足した。UNCTAD はその後，貿易と開発の問題を取り扱う国連総会の補助機関として常設されることになり，開発途上国は南北問題を国際政治上の議題とすることに成功した。だが，開発途上国の経済実績はまったく期待はずれに終わり，1960 年代には一人当たりの所得の先進国との格差は一層大きくなった。多国籍企業は豊かな北の国による南に対する搾取の手先として排斥され，経済的な権利として国際的な所得の再配分を求める主張も強まった。こうした歴史的背景からサウスという呼び方はかつての構造論や従属理論を想起させる。

　ともあれ，そのサウスの国々が米ソのどちらとも軍事的に同盟せず，ゆるやかな第三極のブロックを形成しようとしたのが非同盟運動であり，そ

▶ 6-1 「グローバルサウスの声」サミットにおけるモディ演説（2023 年 1 月 12 日）

インドは 2023 年の G20 議長国であり 9 月にニューデリー・サミットを開催した。その年の初めには新興国や途上国を招待し，オンラインで「グローバルサウスの声」サミットを開催した。開会にあたりインドのモディ首相は演説で以下のように述べた。

「グローバルな課題のほとんどは，グローバルサウスが生み出したものではない。しかし，それらは我々により大きな影響を及ぼしている。新型コロナ感染症のパンデミック，気候変動，テロリズム，さらにはウクライナ紛争と，我々はその影響を目の当たりにしてきた。また解決策の模索においても，我々の役割や声は考慮されていない」。

こでは第三世界という概念が語られていた。ところが冷戦終焉により第三世界という用語も成立しなくなってしまった。

　その代わり頻繁に使われるようになったのが「新興国」という言葉である。その筆頭がブラジル，ロシア，インド，中国，南アフリカの，いわゆる BRICS であった。また東アジア諸国はグローバル化の波に上手く乗って順調な経済的発展を遂げてきた。アジアの経済発展は市場志向政策の結果であった。グローバル・バリューチェーンに統合されたこと，また世界各国からの直接投資と技術提携を活用したことで，東南アジアを含む東アジアの経済は「離陸」した。2008 年に世界金融危機が起きると，グローバルな影響に対処し国際政治経済秩序を安定的に維持するため，新興国も含めた議論の必要性が認識されるようになった。そして始まったのが「金融・世界経済に関する首脳会合」，つまり G20 サミットである。

　そうした中，2010 年代から開発政策の世界で用いられてきたのが「グローバルサウス」という言葉であった。国連開発計画（UNDP）の 2013 年版『人間開発報告書』はグローバルサウスを正面から論じていた（▶ 6-2）。

　そして中国が台頭し米中対立が激化するなか，ロシア・ウクライナ戦争が発生し，グローバルサウスがふたたび注目を集めるようになった。新興国や途上国はもはや国際政治の無力な傍観者ではなく，自らの国益をそれぞれの方法で実現しようとする主体となったのである。それまで開発政策の文脈で使われていた「他称」としてのグローバルサウスは，インドがG20 サミット議長国を務めた 2023 年を機に「自称」へと変わった。

　そこから浮かび上がるのは，新興経済大国として自信をつけたインドの姿である。しかしインド主導のナラティブであるグローバルサウスに，中国の姿は見当たらない。なぜだろうか。

　本章のはじめで述べたとおり中国は，欧米主導の LIO（リベラルな国際秩序）に対抗する国際秩序観として「人類運命共同体」を掲げ，その普及のため国連を積極的に活用してきた。また中国は「制度性話語権」，すな

▶ 6-2　グローバルサウスの起源

　「グローバルという形容詞を付加した「サウス」が議論されるようになった背景には，まさに冷戦の終焉とグローバリゼーション（単一の地球世界の成立）があった。開発政策の世界において南北問題という用語を定着させたのはブラント委員会報告だったが，グローバルサウスという言葉を本格的にとりあげた文書としては，国連開発計画（UNDP）による2013年版の『人間開発報告書』を挙げるべきだろう。同報告書は「南の台頭」（The rise of the South）をタイトルに掲げ，「グローバルサウス」という言葉を明示的に使いながら，多彩なデータを駆使して世界の政治経済の重心が北から南に移行しつつあることを示した。

　同報告書は，ブラジル，中国，インド，インドネシア，南アフリカ，トルコなどの国々が，開発における国家の役割を重視しながら，経済のみならず教育や福祉の面でも前向きの成果をあげてきたとする。そのうえで，これらの国々はグローバルに開かれた世界経済から恩恵を受けてきたことを強調する。格差の拡大などグローバリゼーションの負の側面に手当てすることは不可欠であるが，グローバルな接続性を最大限に活用することで，これらの新興諸国が成長してきたことは間違いない。これからも南は北を必要とするし，北は南をますます必要としている。南の内部にも成長は波及していくだろう」（峯陽一「グローバルサウスと人間の安全保障」『世界』2023年7月号，岩波書店，26-27頁）。

▶ 6-3　インドの対中脅威認識

　「印中関係は，これまで大きなアップダウンを繰り返してきた。インドは初代首相ネルーのもと1949年に成立した中華人民共和国をいち早く承認し，周恩来とのあいだで「平和五原則」を宣言した。その後もアジア，アフリカの新興独立国，いわゆる第三世界のリーダーとして，インドは中国と共闘しようとする姿勢を示した。……（しかし中国は）インドが領有権を主張するカシミール地方の北東部，アクサイチンに一方的な道路建設を着々と進めていた。ここは無人の荒地であったこともあり，無警戒だったインドはまったく気づかないまま道路の完成を許してしまう。こうして中国によるアクサイチンの実効支配化が進んだ。その後，チベット反乱，ダライ・ラマのインド亡命に中国が反発して，両国関係は悪化へ向かう。他の国境係争地でも小規模な衝突が相次ぐなか，ついに1962年，中国人民解放軍がインドへの軍事作戦を開始したのだ。世界の耳目が，キューバ危機に集まるさなかの襲撃であった。まさか中国の侵攻はないと楽観していたインド側は，なすすべもなく敗走を重ねた。インド軍・安全保障関係者のあいだには，60年を経た今日でも，この国境戦争での敗北の記憶が大きなトラウマとして根強く残る。

　国境戦争での敗北は，中国に対抗しうる軍事力構築の必要性をインドに痛感させることになった。核兵器開発はその最たるものだ。……1974年，中国に遅れること10年，インドは最初の地下核実験に成功する。このほか，中国と対立関係に転じたソ連との軍事的関係を深めた。……インドはソ連からありとあらゆる兵器を調達し，通常戦力でも充実を図った。1971年の第3次インド・パキスタン戦争に際して，中国の介入を防ぐために，時のインディラ・ガンディー首相は，ソ連とのあいだで平和友好協力条約を締結した。そ

わちディスコース・パワーを重視し，一帯一路，人類運命共同体といった中国版のナラティブの普及に努めてきた。

　インドはその中国と国境紛争を抱えていて，両国は欧米主導の秩序に挑戦する点では一致しても，相互の関係は常に不信と緊張を孕んでいるのが実情だ（▶ 6-3）。グローバルサウスは，こうした中国ナラティブに対抗するため，新しい国際秩序観を象徴する言葉としてインドが持ち出した言葉なのである。

　インド太平洋における同志国である日本は，インドのグローバルサウスというナラティブを支持する。しかし欧米は異なる立場をとる。たとえばサウスという言葉が持つ構造論的なニュアンスに違和感をぬぐい切れないイギリスは"middle-ground powers"という呼称を好む。

　新興国や途上国の方もインドと足並みが一致しているとは言いがたい。100以上の「グローバルサウス」の国々に，すべからく当てはまる万能な考え方はない（"no one size fits all"）。

　国際秩序を説明する概念として，パックス・アメリカーナが復活するのはしばらく期待できないが，せめて欧米主導のLIOが息を吹き返すことはあるのだろうか。それとも新興経済大国である中国の人類運命共同体や，インドのグローバルサウスが，新たな国際秩序観を説明する概念となるのか。あるいは日本が掲げる「自由で開かれたインド太平洋」が，地域秩序を越えた概念として普及するのか。大国間競争は，軍事力や経済力，技術力といったパワーのみならず，あるべき国際秩序観の競争であるとともに，約200の主権国家にわかれて住む80億の地球の住民から，どのようなビジョンであれば共感を得られるかという，政治的想像力の競争でもある。

れまでの「非同盟」を事実上，放棄したものと受け止められても仕方のないような条約の締結に踏み切ったことをみれば，インドがどれほど中国を脅威として認識していたかがうかがえよう。……

　　インドは中国と直接，陸上で長い国境を接しており，その国境の大半が未解決の「実効支配線」状態にある……これまでも双方が相手方の「侵犯」行為を非難し，牽制するといった事態が繰り返されてきた。……2020年6月に中国軍はインドとの係争地に攻勢をかけてきた。舞台となったのは，インドのラダック地方と中国のチベットとのあいだの実効支配線付近に位置するガルワン渓谷であった。中国側がパトロール中のインドの部隊を石やこん棒で突然襲撃し，インドの兵士はつぎつぎと谷底に突き落とされたという。……実効支配線付近では火器を使用しないといった信頼醸成措置が確立していたこともあって，せいぜい投石や殴り合いにとどまり，長年死者を出すような事態は避けられてきた。しかし，このときは45年ぶりに双方に犠牲者を出す惨事となった。インド側の死者数は20名にも達し，インド国内の反中感情と対中警戒論は決定的なものとなった」（伊藤融『インドの正体』中公新書ラクレ，2023年，79–86頁）。

◆文献案内

　グローバル化とそのガバナンスについて，最初の一冊としてはデヴィッド・ヘルド編『グローバル化とは何か』（法律文化社，2000 年）がよいだろう。環境や資源制約についての文献も数多いが，1970 年代から発表されてきたローマクラブの一連の報告書，たとえば，ドネラ・H・メドウズ他『限界を超えて——生きるための選択』（ダイヤモンド社，1992 年）を挙げておく。

　安全保障貿易管理については，浅田正彦編『輸出管理——制度と実践』（有信堂高文社，2012 年），村山裕三編著『米中の経済安全保障戦略』（芙蓉書房出版，2021 年），そして安全保障貿易情報センター（CISTEC）のウェブサイトで公開されている輸出管理基本情報などが優れている。

　現代の地政学については北岡伸一・細谷雄一編『新しい地政学』（東洋経済新報社，2020 年），新興技術については鈴木一人・西脇修編著『経済安全保障と技術優位』（勁草書房，2023 年）とともに，一橋大学イノベーション研究センター編『イノベーション・マネジメント入門（新装版）』（日経 BP，2022 年）を読むことで理解が深まるだろう。

　国際紛争と紛争解決については上杉勇司『紛争地の歩き方』（ちくま新書，2023 年）に目を通してほしい。政治的に紛争が終結しても争いあった人々は隣人として毎日を生きていかなければならない。多くの紛争地を訪れ現地の人々と交流してきた経験に基づき，和解や正義という難しい問題に向き合った一冊である。国連の行財政については岩谷暢子『国連総会の葛藤と創造——国連の組織，財政，交渉』（信山社，2019 年）が実務家の観点から国連の予算と機構について解説している。

　新興国については恒川惠市『新興国は世界を変えるか』（中公新書，2023 年）がアジア，中南米，東欧など 29 か国について経済成長，政治体制，軍事行動の観点から分析しており，アフリカについては平野克己『経済大陸アフリカ』（中公新書，2013 年）が優れている。

◆重要概念の整理

気候変動　　リベラルな国際秩序（Liberal international order : LIO）　　一帯一路
（移民の）本国送金　　頭脳流出　　頭脳循環　　グローバル・ガバナンス
SDGs　　地経学　　グローバルサウス

◆例　題

①アジアで様々な経済協力が 20 世紀末から活発化したのはなぜか。いくつかの考えられる理由を述べて説明せよ。

②国際移民の功罪を，受け入れ国，送出国，および移民自身のそれぞれの観点から論ぜよ。

③主権国家を基礎としないグローバル・ガバナンスのモデルとして，どのようなものが想定できるかを論じ，その問題点（実現可能性ではなく）を考えよ。

あとがき

　名古屋大学出版会の橘さんから，繰り返し改訂のご要請をうけてはいたが，原著者の田所は 2022 年に慶應義塾大学を退職し，学部学生向けの教科書として書かれていた本書を改訂することもないだろうと思っていた。しかし古典や歴史を紹介しながら，現代的な問題を考えるという本書のスタイルが，北米的な学問的影響の強いこの分野の著作としては風変わりなものだったこともあったのだろうか。意外に一般読者の需要があるからという橘さんの説得に，とうとう折れて改訂に着手したのは，コロナ禍が一段落した 2023 年である。

　旧版は，主要大国間の本格的な武力紛争はなく，グローバル化が世界の基本的な流れだという認識が支配的だった時代に書かれたものだが，歴史や古典に依拠するという古風なスタイルをとっているおかげで，改訂にあたっても議論の枠組みに手をつける必要はなかった。しかし，新たに出版された文献を取り入れ，事例をより現代的なものに改めるだけでも，思ったよりもはるかに大きな作業になった。また同時代的な話題を取り上げる最終章は全面的な再検討が必要なので，国際機関の実態や現代的な問題に詳しい相良祥之が著者に加わって，大幅な書き換えを行った。なお本書の執筆にあたっては，日本学術振興会の科学研究費（22H00818）により助成を受けた。

　日本語で書かれている以上，想定されているのは日本の，しかも若い読者である。「失われた〇〇年」という言説が支配的な時代に育った本書の読者が宿命論的な無気力に陥るのは簡単だが，良かれ悪しかれ無数の人々を行動に駆り立てて，これまでの歴史を突き動かしてきたものが，「夢」だったことを思い出しておきたい。

　カネも力もない明治の日本には，革命的な体制の転換を宿命ではなくチャンスと受け止めて新たな可能性に人生を賭けた人々がいた。敗戦後の荒廃の中でも，「夢」を追い求めた日本人がいた。日本企業は車，バイク，家電製品を必死に開発し，世界の新しい市場を開拓していった。そうした中，ソニー創業者

の一人，井深大は 1960 年の講演で Artificial Brain，つまり AI（人工知能）が自動運転や医療に活用される未来について語っていた。まだテレビは白黒，洗濯機も冷蔵庫も一般家庭にはない時代のことである。電子立国の日本を支えたのは，こういった技術者や経営者たちの「夢」だった。

　今や電子立国という言葉は，中国，韓国，台湾といった国々にこそあてはまるだろう。そして強大になり，ますます抑圧的で攻撃的になっている中国では「中華民族の偉大な復興」という「夢」が，習近平国家主席によって繰り返し語られるようになった。これに対して，日本人はどのような「夢」を語り得るのだろうか。

　本書が，「夢」を語り，失敗の危険があっても敢えて一歩踏み出そうとする，この国のこれからを支えていく人々に，なにがしかの手掛かりになることを，我々著者は願っている。

2024 年 4 月

田所昌幸・相良祥之

資料一覧

第 1 章

▶ 1-1　経済学と政治学のすれ違い ……………………………………… 3
▶ 1-2　政治問題化した国際経済 ………………………………………… 5
▶ 1-3　アメリカによる同盟政策の見直し：ニクソン・ドクトリン ……… 5
▶ 1-4　相互依存論 ……………………………………………………… 7
▶ 1-5　経済学化するアメリカの IPE …………………………………… 9
▶ 1-6　アリストテレスの学問観 ……………………………………… 11
▶ 1-7　分子生物学の世界 ……………………………………………… 11
▶ 1-8　政治学は経済学の植民地か？ ………………………………… 13
▶ 1-9　グローバル化をめぐる論争 …………………………………… 13
▶ 2-1　経済学とは ……………………………………………………… 15
▶ 2-2　市場メカニズム ………………………………………………… 17
▶ 2-3　制度としての市場 ……………………………………………… 17
▶ 2-4　贈答のネットワークと社交 …………………………………… 19
▶ 2-5　経済統合の諸様態 ……………………………………………… 21
▶ 3-1　支配と従属としての政治 ……………………………………… 21
▶ 3-2　協力の組織化としての政治 …………………………………… 23
▶ 3-3　政治の二面性 …………………………………………………… 23
▶ 3-4　権力の限界 ……………………………………………………… 23
▶ 3-5　政治における情念 ……………………………………………… 25
▶ 3-6　予算過程 ………………………………………………………… 27
▶ 4-1　政治学と経済学 ………………………………………………… 29
▶ 4-2　共感について …………………………………………………… 29
▶ 4-3　夜警国家における政治の義務 ………………………………… 31
▶ 4-4　公共財 …………………………………………………………… 33
▶ 4-5　経済体制と政治体制 …………………………………………… 35
▶ 5-1　現代の海賊 ……………………………………………………… 37
▶ 5-2　グローバル化と国家 …………………………………………… 39
▶ 5-3　国際政治経済学の一般的定義 ………………………………… 41
▶ 6-1　貿易の相互利益 ………………………………………………… 43
▶ 6-2　国際経済の社会学 ……………………………………………… 45
▶ 6-3　重商主義 ………………………………………………………… 47

▶ 6-4　国家論なき自由主義への批判 ‥‥‥‥‥‥‥‥‥‥‥‥‥‥‥‥ 47
▶ 6-5　モノを通じてみる世界史 ‥‥‥‥‥‥‥‥‥‥‥‥‥‥‥‥‥ 49
▶ 6-6　マルクスの国際社会像 ‥‥‥‥‥‥‥‥‥‥‥‥‥‥‥‥‥‥ 49
▶ 6-7　ウォーラーステインの世界システム論 ‥‥‥‥‥‥‥‥‥‥‥ 51
▶ 6-8　マンのモデル ‥‥‥‥‥‥‥‥‥‥‥‥‥‥‥‥‥‥‥‥‥‥ 51

第 2 章
▶ 1-1　「モンゴルの平和」 ‥‥‥‥‥‥‥‥‥‥‥‥‥‥‥‥‥‥‥‥ 57
▶ 1-2　大航海の意義 ‥‥‥‥‥‥‥‥‥‥‥‥‥‥‥‥‥‥‥‥‥‥ 59
▶ 1-3　遠隔地貿易の収益性 ‥‥‥‥‥‥‥‥‥‥‥‥‥‥‥‥‥‥‥ 61
▶ 1-4　大航海時代の貿易と暴力 ‥‥‥‥‥‥‥‥‥‥‥‥‥‥‥‥‥ 63
▶ 1-5　戦争と貿易 ‥‥‥‥‥‥‥‥‥‥‥‥‥‥‥‥‥‥‥‥‥‥‥ 63
▶ 2-1　アダム・スミスの重商主義批判 ‥‥‥‥‥‥‥‥‥‥‥‥‥‥ 65
▶ 2-2　19 世紀イギリスの自由貿易運動 ‥‥‥‥‥‥‥‥‥‥‥‥‥‥ 67
▶ 2-3　穀物条例擁護論 ‥‥‥‥‥‥‥‥‥‥‥‥‥‥‥‥‥‥‥‥‥ 67
▶ 2-4　ビスマルクの帝国議会での演説（1879 年 5 月 2 日）‥‥‥‥‥ 69
▶ 2-5　英米の関税率の変遷 ‥‥‥‥‥‥‥‥‥‥‥‥‥‥‥‥‥‥‥ 69
▶ 2-6　世界の貿易量と成長 ‥‥‥‥‥‥‥‥‥‥‥‥‥‥‥‥‥‥‥ 71
▶ 3-1　ケインズのヴェルサイユ条約批判 ‥‥‥‥‥‥‥‥‥‥‥‥‥ 73
▶ 3-2　戦債・賠償問題 ‥‥‥‥‥‥‥‥‥‥‥‥‥‥‥‥‥‥‥‥‥ 75
▶ 3-3　世界大恐慌後の貿易の急縮小 ‥‥‥‥‥‥‥‥‥‥‥‥‥‥‥ 77
▶ 3-4　自由主義的国際経済秩序への挑戦 ‥‥‥‥‥‥‥‥‥‥‥‥‥ 77
▶ 4-1　ハルの自由貿易論 ‥‥‥‥‥‥‥‥‥‥‥‥‥‥‥‥‥‥‥‥ 79
▶ 4-2　マーシャル援助 ‥‥‥‥‥‥‥‥‥‥‥‥‥‥‥‥‥‥‥‥‥ 81
▶ 4-3　冷戦期のアメリカの対日経済政策 ‥‥‥‥‥‥‥‥‥‥‥‥‥ 81
▶ 4-4　パックス・アメリカーナの黄金期 ‥‥‥‥‥‥‥‥‥‥‥‥‥ 83
▶ 4-5　指令経済の行き詰まり ‥‥‥‥‥‥‥‥‥‥‥‥‥‥‥‥‥‥ 83
▶ 5-1　日米経済摩擦 ‥‥‥‥‥‥‥‥‥‥‥‥‥‥‥‥‥‥‥‥‥‥ 85
▶ 5-2　ニクソンの新経済政策 ‥‥‥‥‥‥‥‥‥‥‥‥‥‥‥‥‥‥ 87
▶ 5-3　新しい国際経済秩序の樹立に関する宣言 ‥‥‥‥‥‥‥‥‥‥ 87
▶ 5-4　ネオリベラリズム ‥‥‥‥‥‥‥‥‥‥‥‥‥‥‥‥‥‥‥‥ 89
▶ 5-5　市場自由主義の勝利 ‥‥‥‥‥‥‥‥‥‥‥‥‥‥‥‥‥‥‥ 91
▶ 5-6　日本異質論 ‥‥‥‥‥‥‥‥‥‥‥‥‥‥‥‥‥‥‥‥‥‥‥ 91
▶ 6-1　グローバル化とアメリカの勝利？ ‥‥‥‥‥‥‥‥‥‥‥‥‥ 93
▶ 6-2　エレファント・カーブ：グローバル化の格差の拡大 ‥‥‥‥‥ 95
▶ 6-3　グローバル化と中国の台頭 ‥‥‥‥‥‥‥‥‥‥‥‥‥‥‥‥ 97
▶ 6-4　中国の台頭と武器化する経済 ‥‥‥‥‥‥‥‥‥‥‥‥‥‥‥ 97

第 3 章

▶ 1-1　富裕への文明論的懐疑 ……………………………………… 101
▶ 1-2　GDP の世界 ……………………………………………………… 101
▶ 1-3　豊かさの指標 ……………………………………………………… 101
▶ 1-4　天然資源の呪い ………………………………………………… 105
▶ 1-5　石油による富有化の限界 …………………………………… 105
▶ 2-1　リカード比較優位論 …………………………………………… 109
▶ 2-2　ノーマン・エンジェルの平和論 …………………………… 111
▶ 2-3　経済的相互依存と平和 ……………………………………… 113
▶ 2-4　相互依存の国際関係 …………………………………………… 115
▶ 2-5　国家の退場？ …………………………………………………… 115
▶ 3-1　相対的利得論 ……………………………………………………… 117
▶ 3-2　開発主義あるいは発展指向主義と市場合理主義 ……… 119
▶ 3-3　利益集団の力学とレントシーキング …………………… 119
▶ 3-4　消費者の政治力 …………………………………………………… 121
▶ 4-1　覇権理論 …………………………………………………………… 121
▶ 4-2　イギリスによる国際金融秩序の提供 …………………… 123
▶ 4-3　アメリカの保護主義の伝統 ………………………………… 125
▶ 4-4　パックス・ブリタニカとパックス・アメリカーナ ……… 127
▶ 4-5　国際レジーム ……………………………………………………… 129
▶ 4-6　国際レジームの意義 …………………………………………… 129
▶ 4-7　制度と覇権 ………………………………………………………… 131
▶ 5-1　大西洋憲章 ………………………………………………………… 133
▶ 5-2　GATT 協定 ………………………………………………………… 133
▶ 5-3　埋め込まれた自由主義 ……………………………………… 135
▶ 5-4　途上国とは誰か ………………………………………………… 137
▶ 5-5　WTO に通報された FTA の推移（2023 年 8 月現在） …… 139
▶ 5-6　スパゲッティ・ボール効果 ………………………………… 141
▶ 6-1　国際収支の集計概念とその解釈 ………………………… 143
▶ 6-2　国際通貨レジームの実際 …………………………………… 147
▶ 6-3　頻発する国際金融危機 ……………………………………… 149
▶ 6-4　国際通貨の地位をめぐる競争 …………………………… 149

第 4 章

▶ 1-1　戦後日本経済の戦略的含意 ………………………………… 155
▶ 1-2　総力戦の時代における戦争と経済 ……………………… 157
▶ 1-3　小切手外交の挫折 ……………………………………………… 159

▶ 1-4　ココム，チンコムとは ……………………………………… 159
▶ 1-5　Made In Germany …………………………………………… 161
▶ 1-6　「異質論」について ………………………………………… 161
▶ 2-1　リンケージ・ポリティクス ………………………………… 165
▶ 2-2　関与的政策として貿易の実例 ……………………………… 165
▶ 2-3　日本の東南アジアへの経済関与政策 ……………………… 167
▶ 2-4　逆リンケージ・ポリティクス ……………………………… 167
▶ 2-5　援助のジレンマ：太陽政策とその批判 …………………… 169
▶ 2-6　和平演変 ……………………………………………………… 171
▶ 3-1　アメリカの援助 ……………………………………………… 173
▶ 3-2　戦後のアメリカの援助の大口受取国 ……………………… 173
▶ 3-3　中台援助競争 ………………………………………………… 175
▶ 3-4　主要国の ODA 供与額の推移 ……………………………… 177
▶ 3-5　対中 ODA の評価 …………………………………………… 177
▶ 3-6　中国の対外援助の規模とその特徴 ………………………… 179
▶ 4-1　経済制裁の様態 ……………………………………………… 183
▶ 4-2　価格カルテルの限界 ………………………………………… 183
▶ 4-3　エスカレートした経済制裁 ………………………………… 185
▶ 4-4　成功した経済制裁：ソ連のフィンランドに対する経済制裁 ……… 185
▶ 4-5　対ソ穀物禁輸 ………………………………………………… 187
▶ 5-1　総合安全保障研究グループ報告書（1980 年） …………… 189
▶ 5-2　経済的威圧 …………………………………………………… 191
▶ 5-3　レアアース輸出規制をめぐる WTO 提訴 ………………… 191
▶ 5-4　米国の 1940 年輸出管理法 ………………………………… 195
▶ 5-5　第一次石油危機時のパニック ……………………………… 197
▶ 5-6　食料安全保障論について …………………………………… 197
▶ 5-7　経済安全保障のジレンマ …………………………………… 199
▶ 6-1　軍事予算の構造 ……………………………………………… 201
▶ 6-2　死の商人の素顔 ……………………………………………… 203
▶ 6-3　軍産複合体 …………………………………………………… 205
▶ 6-4　冷戦後の軍事費 ……………………………………………… 205
▶ 6-5　1998 年から 2023 年までの主要国の国防費の推移 ……… 207
▶ 6-6　世界の武器輸出国上位 15 位 ……………………………… 207
▶ 6-7　スピン・オン ………………………………………………… 209

第 5 章
▶ 1-1　マルクス主義の基本的図式 ………………………………… 213

▶ 1-2　レーニンの帝国主義論 ………………………………………… 215
▶ 1-3　疎外論と危険な情念 …………………………………………… 217
▶ 1-4　従属理論の原型 ………………………………………………… 219
▶ 2-1　近代化論的発展論 ……………………………………………… 221
▶ 2-2　ラテン・アメリカと米国資本 ………………………………… 221
▶ 2-3　輸入代替戦略の限界 …………………………………………… 223
▶ 2-4　大躍進計画の悲劇 ……………………………………………… 223
▶ 2-5　アジア経済の従属論的解釈 …………………………………… 225
▶ 2-6　開発独裁の政治経済学 ………………………………………… 227
▶ 3-1　ダイアモンドのモデル ………………………………………… 229
▶ 3-2　文明の生態史観 ………………………………………………… 231
▶ 3-3　海洋史観の試み ………………………………………………… 233
▶ 4-1　技術と経済成長 ………………………………………………… 237
▶ 4-2　ニーダム・パラドックス ……………………………………… 237
▶ 4-3　技術発展のサイクル …………………………………………… 239
▶ 4-4　創造的破壊 ……………………………………………………… 239
▶ 4-5　技術の受容と社会的イノベーション ………………………… 241
▶ 4-6　危機と技術革新 ………………………………………………… 241
▶ 4-7　社会的動脈硬化 ………………………………………………… 243
▶ 4-8　領域国家の形成と技術革新 …………………………………… 245
▶ 4-9　技術と地政学 …………………………………………………… 245
▶ 4-10　コンドラチェフ・サイクル，戦争サイクル，ヘゲモニー・サイクル …… 247
▶ 4-11　長期波動論 …………………………………………………… 249
▶ 5-1　産業社会 ………………………………………………………… 249
▶ 5-2　脱工業社会とは ………………………………………………… 251
▶ 5-3　脱工業社会の政治 ……………………………………………… 253
▶ 5-4　脱工業化と国際関係 …………………………………………… 255
▶ 6-1　技術の社会的受容 ……………………………………………… 255
▶ 6-2　ウェーバーの宗教社会学 ……………………………………… 257
▶ 6-3　ウェーバーの宗教社会学について …………………………… 257
▶ 6-4　人類学的知見と経済 …………………………………………… 259
▶ 6-5　信頼という社会資本について ………………………………… 261
▶ 6-6　日本文化と経済システム ……………………………………… 261

第 6 章

▶ 1-1　グローバル化の二回の波 ……………………………………… 267
▶ 1-2　グローバル化と国家 …………………………………………… 267

▶ 1-3　アフリカの農地開拓 ……………………………………… 269
▶ 1-4　パリ協定の概要 ……………………………………………… 271
▶ 1-5　脅威としてのグローバル化 ………………………………… 273
▶ 1-6　国際秩序の変革を目指す習近平政権 …………………… 275
▶ 1-7　外貨準備の運用先としての「一帯一路」 ……………… 277
▶ 1-8　共産党中央財経委員会第 7 回会議における習近平国家主席の講話（2020 年
　　　4 月） …………………………………………………………… 279
▶ 2-1　国際人口移動と国家 ………………………………………… 281
▶ 2-2　国際移民の規模と動向 ……………………………………… 283
▶ 2-3　難民と国内避難民 …………………………………………… 285
▶ 2-4　人口移動のパターン ………………………………………… 287
▶ 2-5　コミュニタリアンの移民観 ………………………………… 289
▶ 2-6　移民のイギリス社会への貢献 …………………………… 289
▶ 2-7　本国送金の意義と規模 ……………………………………… 291
▶ 2-8　海外送金の送出国への影響 ………………………………… 293
▶ 3-1　輸出管理国際レジームの概要 …………………………… 297
▶ 3-2　迂回輸出の摘発事例 ………………………………………… 299
▶ 3-3　麻薬と破綻国家 ……………………………………………… 301
▶ 3-4　感染症について ……………………………………………… 301
▶ 4-1　イラクにおける国家建設の逆説 …………………………… 305
▶ 4-2　協議体としての国連における交渉と決議 ……………… 307
▶ 4-3　国連の財政 …………………………………………………… 309
▶ 4-4　主要国の国連予算分担率 …………………………………… 311
▶ 4-5　持続可能な開発目標（SDGs） ……………………………… 313
▶ 4-6　ブルントラントの国連創設 70 周年記念寄稿 ………… 315
▶ 4-7　SDGs 生みの親とリオ＋20 サミット …………………… 317
▶ 4-8　多国間主義にとって輝かしい年 …………………………… 319
▶ 5-1　中央銀行デジタル通貨（CBDC） …………………………… 321
▶ 5-2　リープフロッグ ……………………………………………… 325
▶ 5-3　日本の新幹線と中国の高速鉄道 …………………………… 327
▶ 5-4　オペレーショナルなルール作り …………………………… 329
▶ 6-1　「グローバルサウスの声」サミットにおけるモディ演説（2023 年 1 月 12
　　　日） ……………………………………………………………… 333
▶ 6-2　グローバルサウスの起源 …………………………………… 335
▶ 6-3　インドの対中脅威認識 ……………………………………… 335

347

索　引

＊資料については▶の見出しのページを掲げた。

AIIB（アジア・インフラ投資銀行）　2, 96
ASEAN　6, 86, 140, 224, 274
CBDC（中央銀行デジタル通貨）　321
GATT　78, 80, 82, 114, 122, 128, 132–134, 136, 138
GATT・IMF 体制　80
G7　138, 276, 278
G77 プラス中国　316
IMF　78, 80, 92, 114, 122, 128, 144, 146, 148, 262, 310
MSA（相互安全保障法）　172
NAFTA（北米自由貿易圏）　140
NGO　38, 114, 178, 252, 274, 304, 306, 312
NIES　86, 106, 222, 224
ODA　96, 166, 174, 176–178, 288
SDGs（持続可能な開発目標）　313, 314, 316–318, 320
WTO　94, 128, 136, 138–140, 142, 190, 191, 194, 276, 278

ア　行

アジア通貨危機　92
アジア的停滞　214
新しい中世　252
安倍晋三　318
アメリカ第一　94, 192, 276
アリストテレス　10, 11
安全保障　4, 90, 124, 134, 140, 164, 172, 188, 190, 194, 196, 200, 202, 206, 208, 224, 278, 296, 298, 302, 304, 320, 322, 328, 330
安全保障貿易管理　294
一帯一路　2, 96, 274, 276, 277, 322, 336
イノベーション　58, 106, 322, 324, 326, 330
移民　12, 176, 252, 258, 266, 280, 282–284, 286–290, 294, 296
（市場の）インフラストラクチャー　68, 108
ウィルソン，ウッドロー　182
ウェーバー，マックス　256, 257
ヴェルサイユ条約　72, 73
ウクライナ　2, 12, 282, 284, 298, 320, 322, 330, 334
埋め込まれた自由主義　134, 272

梅棹忠夫　230
ウルグアイ・ラウンド　136
エジソン，トーマス　250
エンジェル，ノーマン　110
援助　2, 4, 18, 38, 64, 80, 156, 158, 168, 170, 172–180, 218, 220, 246, 322
黄金の拘束衣　12, 92
オバマ，バラク　270, 276, 318
オランダ病　104

カ　行

改革開放（政策）　88, 158, 166, 224
開発　144, 164, 174, 176, 178, 180, 218, 220, 222, 226, 274, 276, 306, 314, 332, 334
開発援助　166, 170, 174, 176, 178, 180, 312
開発協力　174, 176, 306
開発主義（国家）　118, 119, 122
開発戦略　220
開発独裁　224, 226, 227
開発問題　174, 218, 226
海洋史観　232, 233
格差　12, 38, 50, 206, 218, 226, 284, 286, 332
拡散（proliferation）　296, 300, 302, 318, 326
川勝平太　232
環境保護（論）　94, 114, 198, 326
環境問題　314
緩衝備蓄　196
感染症　58, 300–302, 306, 320
気概　22
企業家精神　242
貴金属　28, 46, 58, 62, 64, 232
気候変動　12, 268, 270, 272, 274, 304, 314, 316
技術　58, 102, 106, 118, 176, 192, 198, 200, 202, 208, 220, 236–240, 242, 244–246, 248, 254, 255, 278, 296, 322, 324, 326, 328, 330
技術革新　40, 52, 208, 236, 238, 240, 246, 250, 322, 324
機能主義　112
キャッチオール規制　296, 298
共産主義　74, 76, 78, 80, 82, 84, 88, 114, 172, 214, 218, 250, 266
京都議定書　270

348

ギルピン，ロバート　246

近代（化）　26, 30, 56, 60, 96, 104, 106, 166, 222, 226, 230, 232, 234, 236, 244, 248, 252, 254, 256, 272, 280, 286

近代化論　220-222, 226

近代資本主義　254, 256

緊張緩和（デタント）　4, 84, 86, 90, 162

禁輸　96, 187

近隣窮乏化政策　76

グローバル化　12, 13, 39, 40, 48, 90, 93-95, 97, 114, 138, 142, 184, 266-268, 272-274, 276, 288, 296, 298, 300, 302, 304, 334

グローバル・ガバナンス　116, 274, 304, 306, 316, 318

グローバルサウス　332-336

グローバル・ヒストリー　232, 234

軍産複合体　204, 205

軍事技術における革命（RMA）　208

軍事費　158, 160, 200, 204

軍隊　64, 102, 200, 202, 204, 304

軍民融合　192, 328

経済安全保障　188, 190, 194, 196, 198-200

経済学　3, 8-10, 12-16, 18, 20, 24, 28-30, 32, 40, 46, 106, 224, 246

経済制裁　2, 180, 182-186, 188

経済的威圧　180, 190-192, 194, 200, 278

経済的関与　162, 164, 166, 168, 172

経済ナショナリズム　46, 48

経済のサービス化　248

経済摩擦　44, 85, 86, 168

経済力　4, 72, 96, 100, 102, 154, 246, 336

ケインズ，ジョン・メイナード　73

ケネディ，ポール　134, 246

ケネディ・ラウンド　82, 134

権威主義（体制）（国家）　12, 94, 224

原始共産制　214

工業　36, 50, 56, 68, 106, 118, 136, 160, 222, 228, 236, 248, 268, 292, 324, 332

工業化　68, 118, 222, 248, 250, 252

公共財　32, 33, 108, 112, 116, 124

構造調整プログラム　92, 148, 262

構造論　50, 212, 332, 336

後発国　118, 246

国際機関　114, 136, 144, 172, 252, 274, 276, 304, 306, 308, 310, 312, 316

国際公共財　114, 120, 170, 270

国際連合（国連）　86, 114, 180, 270, 274, 278, 282, 296, 308-312, 314-316, 318, 332, 334

国際連盟　72, 182

穀物条例　66, 67

国力　22, 28, 46, 60, 64, 126, 154, 170, 244, 246

国連開発計画（UNDP）　334

国連特別政治ミッション（SPM）　308

国連平和維持活動（PKO）　308, 310

国連平和活動　306, 308

国連貿易開発会議（UNCTAD）　332

ココム　159, 160, 202, 296, 326

国家破綻　302, 306

コブデン・シュヴァリエ条約　66

孤立主義　72, 124

ゴルバチョフ，ミハイル　88

コンドラチェフ・サイクル　238, 245

サ 行

再分配（政策）　20, 34, 38, 86, 286, 288

鎖国　234, 292

サプライチェーン　96, 194, 198, 266, 278

産業政策　198, 224

資源ナショナリズム　4, 86

市場経済　8, 10, 12, 16, 32, 34, 42, 44, 46, 48, 80, 88, 90, 92, 96, 106, 114, 132, 142, 218, 220, 256, 258, 260, 266, 274, 288, 296

市場メカニズム　16, 17, 30, 34, 38, 40

持続的な平和　306

死の商人　203, 204

司法（制度）　26, 30, 32, 300, 304

資本主義　50, 56, 74, 76, 78, 82, 84, 86, 126, 214, 216, 218, 220, 224, 236, 254, 258

社会化　42, 164, 166, 168, 170, 184

社会主義（経済）　10, 74, 76, 82, 88, 136, 166, 214, 216, 218, 222, 256, 260, 274

社交性　30

習近平　94, 190, 226, 274, 275, 278, 279, 318

自由主義（的）（経済）（体制）　10, 42, 44, 46-48, 62, 64, 66, 68, 76-78, 91, 92, 94, 110, 114, 116, 120, 124, 126, 130, 132, 135, 136, 146, 160, 162, 220, 222, 226, 250, 256, 262, 266

重商主義（者）　28, 46, 47, 60, 62, 64, 65, 70, 108, 194, 234

囚人のジレンマ　130

従属理論　88, 218, 219, 332

自由貿易（運動）（体制）（政策）　46, 48, 64, 66-68, 70, 76, 78, 94, 110, 126, 130, 132, 138, 140, 142, 160, 278, 326, 328

自由貿易協定（FTA）　138-140, 142

自由貿易論　66, 70, 79, 110, 112, 118, 124, 126, 280

自由放任主義　30, 112, 134, 272

主権国家　26, 28, 36, 38, 56, 60, 174, 230, 232, 242, 272, 280, 282, 294, 304, 320, 330, 332, 336

狩猟・採集（生活）（経済）　18, 56, 102, 228

シュンペーター，ジョゼフ・A　238, 324

蒸気機関　106, 236, 238, 324

常態への復帰　72

情念　22, 24, 25, 34, 44, 217

消費者　16, 24, 120, 324

上部構造　214

植民地　70, 76, 104, 122, 156, 164, 216, 218, 220, 286, 332

植民地帝国主義　70, 214, 216, 218

所有権　30, 32, 34, 136, 266

指令経済　10, 83

新型コロナウイルス感染症　302, 318

新国際経済秩序（NIEO）　86

人道援助　170, 178, 180

進歩主義　112, 226

信用（信頼）　258, 261

スターリン主義（体制）　78, 260

頭脳循環　290

頭脳流出　290

スパゲッティ・ボール効果　141

スピン・オフ　240

スピン・オン　208, 209

スミス，アダム　28, 46, 64, 65, 106, 108, 154

スムート・ホーレー関税　76

生産者　16, 120, 204, 236

生産性の政治　166

生産様式　214

生産力　50, 64, 212, 214, 224, 236, 248

政治学　3, 8, 12-14, 20, 22, 24, 26, 28, 29, 34

生存圏思想　78

生態論　226, 228, 232, 234

西洋の衝撃　60, 232, 234

世界システム論　218

世界大恐慌　76, 77

石油危機　4, 8

世俗内禁欲　256

ゼロサム・ゲーム　110

戦債　74

戦債・賠償問題　74, 75

全体主義　34, 78, 250

戦略援助　170, 174

相互依存（論）　6, 7, 70, 113-116, 120, 140, 164, 168, 182, 194, 278, 322

相互主義　126

創造的破壊　238, 326

相対的利得（論）　116, 117, 124, 168

贈与　18, 176

疎外（論）　216, 217

タ　行

ダイアモンド，ジャレド　228-230

大航海時代　58, 60, 63, 232

第三世界　4, 86, 90, 174, 220, 334

大躍進計画　82, 166, 222, 223

太陽政策　168, 169

大量破壊兵器　296, 298, 300, 302, 320, 328

脱工業（化）（社会）　50, 248, 250-253, 255

地域主義　138

地球温暖化　270

地経学　322

中華民族の偉大な復興　190, 274, 276

長期波動　244, 249

チンギス・ハン　230

チンコム　159, 160, 202, 296

帝国主義　76, 216, 218

帝国主義戦争　74, 216

帝国主義論　214, 215, 218

帝国の過剰拡張　246

鉄道　68, 122, 232, 238, 244, 274, 320, 324

デュアルユース技術　208, 298, 326

ドイツ脅威論　160

都市国家　56, 60, 64, 242

ドーズローン　74

特恵関税制度　76, 78

トッド，エマニュエル　258

飛び地化（enclavization）　280, 330

トランプ，ドナルド　94, 138, 140, 192, 270, 276, 318, 326

取引コスト　128, 260

ナ　行

ナショナリズム　68, 76, 164, 280

難民　12, 282, 285, 306, 312, 320

ニクソン，リチャード　4, 5, 84, 87

ニクソン・ショック　84

ニーダム・パラドックス　236, 237

日米経済摩擦　168

日本異質論　91, 160

ネオリベラリズム　86, 89, 266

農業　36, 38, 56, 66, 68, 82, 118, 136, 140, 164, 220, 228, 236, 248, 268, 284
農耕　102, 156, 228, 232

ハ　行

賠償　72, 74, 174
バイデン, ジョー　194, 278, 328, 330
ハイ・ポリティクス　2
覇権　64, 121, 128, 130, 131, 236, 244, 246, 322, 326
覇権国　120, 122, 124, 126, 128, 130, 246
覇権理論　124, 126
パックス・アメリカーナ　48, 83, 127, 276, 324, 336
パックス・ブリタニカ　127
発展段階論　212, 226
パリ協定　270, 271
半導体　198, 280, 292, 322, 326, 328, 330
比較優位（論）　108, 110, 118
備蓄　194, 196
貧困　74, 86, 92, 100, 102, 218, 220, 224, 226, 258, 272, 314
武器　12, 96, 97, 140, 172, 190, 194, 200, 202, 204, 206, 278
武器貿易　202, 204, 206
武器輸出　206, 207
武器輸出管理レジーム　202
武器輸出三原則　206
フクヤマ, フランシス　258
プラスサム・ゲーム　110
ブレトンウッズ体制　80, 86, 142, 144, 146
ブロック化　142, 280
ブロック経済　76
ブローデル, フェルナン　232
文化（的）　36, 38, 58, 162, 214, 224, 236, 242, 252, 254, 256, 258, 260, 261, 272, 284, 288
文化大革命　82, 166, 260
平和構築　180, 306, 308
ベル, ダニエル　50, 248, 252
ペレストロイカ　88
弁証論　212
変動相場制　8, 146
貿易摩擦　8, 84, 90
封建制　214, 230
牧畜　230, 232, 236, 248
保護主義　66, 68, 70, 74, 76, 124-126, 198, 276
本国送金　288, 291

マ　行

マーシャル援助　80, 81, 144, 174, 218
マッキンレー関税　70
麻薬　40, 299, 300, 304
マルクス, カール　49, 50, 212, 214, 216, 224, 236
マルクス主義　50, 52, 132, 212, 213, 216, 220, 224, 226
マルサス, トーマス・R　268
マン, マイケル　50
民族国家　56, 248
無政府（的）　36, 44, 46, 108, 128, 130, 306
毛沢東　82
モンゴル　56-58, 120, 286
モンテスキュー　228

ヤ・ラ・ワ行

ヤミ市場　40, 184
唯物論　212, 234
遊牧（民）（民族）　56, 156, 228, 230, 244, 286
輸出管理　280, 296, 297, 326, 328, 330
輸出規制　136, 298, 328
輸入代替戦略　222, 223
ライセンス生産　206
利益集団　119
利益の調和　110
リカード, デビッド　108-110
リープフロッグ　325
リベラルな国際秩序（LIO）　274, 334, 336
リーマン危機　92, 148
領域国家　242, 304
離陸　220, 334
リンケージ・ポリティクス　162, 165, 167
ルール　26, 40, 44, 86, 120, 128, 130, 132, 246, 260, 286, 306, 318, 329
冷戦　2, 4, 8, 12, 80-82, 84, 88, 90, 94, 122, 124, 128, 138, 144, 156, 160, 174, 202, 204-206, 224, 296, 334
レーガン, ロナルド　86
レジーム（論）　128-130, 132, 138, 147, 296-298, 318
レーニン, ウラジミール・I　214-216
レントシーキング　118, 119, 242
ロシア革命　216
ロー・ポリティクス　2, 4, 252
ワシントン・コンセンサス　260
ワッセナー・アレンジメント　296

《著者略歴》

田所昌幸
（たどころまさゆき）

1956 年生まれ。京都大学大学院法学研究科修了。慶應義塾大学法学部教授などを経て，現在，国際大学大学院国際関係学研究科特任教授，慶應義塾大学名誉教授。主な著書に，『国連財政』（有斐閣，1996 年），『「アメリカ」を超えたドル』（中公叢書，2001 年，サントリー学芸賞），『越境の国際政治』（有斐閣，2018 年），『素顔の現代インド』（編，慶應義塾大学東アジア研究所，2021 年）他がある。本書『国際政治経済学』の初版により政治研究櫻田會賞（奨励賞）を受賞。

相良祥之
（さがらよしゆき）

1983 年生まれ。慶應義塾大学法学部卒，東京大学公共政策大学院修了。DeNA，国際協力機構（JICA），国際移住機関（IOM）スーダン事務所，国連事務局政務局，外務省北東アジア第二課などを経て，現在，国際文化会館アジア・パシフィック・イニシアティブ（API）主任研究員。主な著書に，『経済安全保障とは何か』（共著，東洋経済新報社，2024 年）他がある。

国際政治経済学［第 2 版］

2008 年 4 月 20 日　初　版第 1 刷発行
2024 年 6 月 20 日　第 2 版第 1 刷発行

定価はカバーに
表示しています

著　者　　田　所　昌　幸
　　　　　相　良　祥　之

発行者　　西　澤　泰　彦

発行所　一般財団法人 名古屋大学出版会
〒 464-0814　名古屋市千種区不老町 1 名古屋大学構内
電話(052)781-5027 / FAX(052)781-0697

© Masayuki Tadokoro & Yoshiyuki Sagara, 2024　　Printed in Japan
印刷・製本 ㈱太洋社　　　　　　　　ISBN978-4-8158-1157-0
乱丁・落丁はお取替えいたします。

JCOPY 〈出版者著作権管理機構 委託出版物〉
本書の全部または一部を無断で複製（コピーを含む）することは，著作権法上での例外を除き，禁じられています。本書からの複製を希望される場合は，そのつど事前に出版者著作権管理機構（Tel：03-5244-5088，FAX：03-5244-5089，e-mail：info@jcopy.or.jp）の許諾を受けてください。

O・A・ウェスタッド著　佐々木雄太監訳
グローバル冷戦史
―第三世界への介入と現代世界の形成―
A5・508 頁
本体6,600円

サラ・ロレンツィーニ著　三須拓也／山本健訳
グローバル開発史
―もう一つの冷戦―
A5・384 頁
本体3,400円

西　平等著
グローバル・ヘルス法
―理念と歴史―
A5・350 頁
本体5,400円

伊藤正直／浅井良夫編
戦後 IMF 史
―創生と変容―
A5・336 頁
本体5,800円

遠藤　乾編
ヨーロッパ統合史［増補版］
A5・402 頁
本体3,200円

杉原　薫著
世界史のなかの東アジアの奇跡
A5・776 頁
本体6,300円

潘　亮著
日本の国連外交
―戦前から現代まで―
A5・806 頁
本体9,000円

毛里和子著
現代中国　内政と外交
A5・240 頁
本体3,600円

中屋信彦著
中国国有企業の政治経済学
―改革と持続―
A5・366 頁
本体6,300円

I・ウォーラーステイン著　川北稔訳
近代世界システム I 〜 IV
A5・全 4 巻
本体各4,800円

ロバート・スキデルスキー著　鍋島直樹訳
経済学のどこが問題なのか
A5・288 頁
本体3,600円